PORT-AU-PRINCE AU COURS DES ANS

TOME IV

LA VILLE CONTEMPORAINE
1934-1950

Nous remercions le Conseil des Arts du Canada ainsi que la SODEC de l'aide accordée à notre programme de publication.

 Le Conseil des Arts du Canada
The Canada Council for the Arts

SODEC
Québec ::

COUVERTURE : Mélanie Piard
CONCEPTION TYPOGRAPHIQUE ET MAQUETTE : Stanley Péan

GEORGES CORVINGTON
Port-au-Prince au cours des ans ı *Tome I*

Dépôt légal : quatrième trimestre 2007
Bibliothèque nationale du Québec
Bibliothèque nationale du Canada
ISBN: 978-2-89454-228-6

Les Éditions du CIDIHCA
430, rue Sainte Hélène, bureau 401
Montréal QC
H2Y 2K7 Canada
Téléphone : (514) 845-0880
Télécopieur : (514) 845-6218
Courriel : edition@cidihca.com

Pour les commandes aux Etats-Unis

EDUCA VISION Inc.
2725 NW 19th Street
Pompano Beach, FL 33069
954 968-7433
www.educavision.com

GEORGES CORVINGTON

Port-au-Prince au cours des ans

Tome IV
LA VILLE CONTEMPORAINE
1934-1950

Édition définitive

LES ÉDITIONS DU CIDIHCA

PREMIÈRE PARTIE

LES RAYONS ET LES OMBRES

(Page ci-contre) Panorama du centre historique de Port-au-Prince en 1939.

UNE DICTATURE PATERNALISTE

L'écho des fêtes de la Libération du territoire ne s'était pas encore tout à fait estompé que déjà les signes avant-coureurs d'une grande réforme de l'État étaient notés. Le président de la République continuait à se plaindre des difficultés que lui suscitait le Parlement, spécialement le Sénat, et qui semblaient devoir entraver toutes les entreprises du gouvernement. Dans son discours du Cap-Haïtien du 27 novembre 1934, il exposait devant la nation les grandes lignes de son programme d'action gouvernementale et ne ratait pas l'occasion de s'appesantir sur le veto qui, au Corps législatif, avait été mis à la plupart des initiatives de l'exécutif. Il s'interrogeait particulièrement sur le sort que réservaient les Chambres au contrat de rachat de la Banque nationale de la République d'Haïti (B.N.R.H.) signé le 12 mai 1934 par le gouvernement haïtien et les propriétaires de cet établissement bancaire. Ce contrat destiné, selon lui, à mettre un terme au contrôle financier des États-Unis en Haïti, demeurait une des préoccupations essentielles de son gouvernement. Mais la politique tâtillonne adoptée par le Corps législatif ne semblait pas encourager les milieux officiels dans la croyance que cet accord, par ailleurs dénoncé par les leaders de l'opposition comme une blessure à la dignité nationale et une violation « de la souveraineté financière de la République d'Haïti », serait sanctionné.

Si sur le Grand Corps, composé d'une majorité d'irréductibles, le président Vincent n'avait guère à compter pour l'assister dans la concrétisation des plans gouvernementaux, à la Chambre des députés en revanche, se faisaient remarquer des hommes politiques qui ne devaient leur position au Parlement qu'à l'emprise qu'avait exercée l'exécutif sur les législatives du 10 janvier 1932. Ils constituaient pour le gouvernement un atout majeur.

Le 12 décembre 1934, vingt-huit des trente-cinq parlementaires qui composaient la Chambre basse adressent au président de la République une résolution par laquelle ils l'invitent à envisager «pour les résoudre promptement, les problèmes de tous ordres qui se posent devant le Pays du fait de la désoccupation du territoire et de la prochaine libération financière», une politique «passive et expectante», à l'heure actuelle, ne pouvant être que «préjudiciable à l'intérêt national».

Un mois plus tard, le chef de l'État, pour répondre à la requête des mandataires de la nation, fait appel au peuple afin de se prononcer par voie de referendum sur la demande produite par les vingt-huit députés. Ce recours à la souveraineté nationale, apparemment autorisé par l'article 28 de la Constitution, allait permettre à l'exécutif de s'appuyer sur la décision populaire pour propulser son plan d'action économique et sociale, le droit de dissolution des Chambres ne lui étant pas légalement reconnu. L'esprit de cet objectif se reflétait clairement dans le libellé du bulletin comportant la question sur laquelle les votants auraient à se prononcer : «*Voulez-vous que soient adoptées par vos représentants les mesures préconisées par le président de la République dans le discours du Cap-Haïtien du 27 novembre 1934, en vue notamment de libérer le pays de tout contrôle financier étranger et d'assurer avec sa complète indépendance, l'amélioration de sa situation économique?*»

Invoquant la plénitude de leurs droits, les sénateurs Fouchard Martineau, Rameau Loubeau, Antoine Télémaque, Justin Latortue, Hector Paultre, Valencourt Pasquet, Price-Mars, Seymour Pradel, Pierre Hudicourt, Léon Nau et David Jeannot, formant la majorité du sénat, firent connaître par l'acte du 18 janvier les réserves du Grand Corps quant à la validité du décret présidentiel du 12 janvier et son refus d'être lié de quelque manière que ce soit par le referendum projeté. Cette consultation populaire, minutieusement préparée par l'exécutif, n'en eut pas moins lieu. Elle se tint le 10 février 1935, et les résultats, nettement favorables au gouvernement, accusèrent un total de 454,357 votes affirmatifs contre 1172 votes négatifs [1].

Se targuant de cette victoire, le chef de l'État, par arrêté du 18 février, se hâta de déclarer déchus de leurs fonctions les onze sénateurs qui, par leur résolution du 18 janvier, s'étaient mis «en rébellion ouverte contre la volonté de leurs mandants». Il convoqua la Chambre des députés à l'extraordinaire le 21 février pour procéder à l'élection des nouveaux Pères conscrits. Et l'on vit alors la Chambre haute présenter un visage qui ne rappelait presque en rien celui qu'elle avait montré dans un passé récent. Le désir des sénateurs de se soumettre désormais aux vues de l'exécutif paraissait si manifeste que, voulant s'associer à la Chambre des Députés qui, au lendemain de la désoccupation avait, par la résolution du 31 août 1934, déclaré que le «citoyen Sténio Vincent avait bien mérité de la Patrie», le sénat par sa résolution du 7 mars 1935, proclamait à son tour le Président de la République, avoir «bien mérité de la Patrie». Dès lors, la ratification de la Convention du 12 mai 1934 ne soulevait plus de difficultés. Le 28 mars 1935, en effet, le contrat de vente de la Banque nationale de la république d'Haïti au gouvernement haïtien recevait enfin la sanction du Corps législatif.

Pour s'épargner les tracasseries de l'opposition parlementaire, le président Vincent n'y avait pas été de main-morte. Il pouvait se féliciter d'avoir atteint son but. Mais les moyens utilisés pour y parvenir fleuraient trop la combine et allaient contribuer à ternir son auréole et à le ranger au nombre des chefs d'État pourfendeurs de la démocratie. De fait, les atteintes à la souveraineté nationale ne vont pas tarder à s'accentuer. Vincent estime que la Constitution de 1932, dont il avait été pourtant le protagoniste, le tenait dans des liens qui lui devenaient de plus en plus insupportables. Elle n'était pas à même, à son avis, de l'aider à trouver la solution des problèmes de tous ordres posés par le départ des marines. Et ce sera le sénat, ce sénat naguère si frondeur, qui trouvera l'issue souhaitée par le gouvernement : la révision constitutionnelle! Le 16 avril 1935, le Grand Corps, considérant que la Charte de 1932 ne répondait plus, entre autres, «aux réalités nationales actuelles», et que «sa force active ne traduisait pas fidèlement le rapport des forces en présence dans la société haïtienne», déclarait dans une résolution qu'il y avait lieu de «réviser les dispositions de la Constitution de 1932». Le vœu du peuple que «le Pacte fondamental ne soit plus désormais un germe de crise entre les Pouvoirs publics, mais réponde plutôt à leur collaboration réelle et constructive» était hardiment évoqué et mis en exergue pour bien indiquer la place qui était désormais assignée à l'universalité des citoyens dans le règlement des affaires de l'État.

Commencent alors à affluer vers la capitale de nombreuses pétitions adressées au Corps législatif par différentes communes de la République, réclamant la révision immédiate de la Constitution et la prolongation du mandat présidentiel. Le 10 mai, une commission spéciale de l'Assemblée nationale est nommée par les Chambres en vue de préparer le projet de la nouvelle charte qui sera soumis à la ratification populaire. Élaboré en moins d'une semaine, le projet qui, de l'avis de la commission spéciale et du secrétaire d'État de l'Intérieur, répondait «aux aspirations exprimées dans les pétitions des populations des communes», était adopté et expédié au département de l'Intérieur. Convoqué le 2 juin dans ses comices, le peuple à qui il avait été demandé de se prononcer sur le projet de Constitution et sur la prolongation du mandat du président de la République, à compter du 15 mai 1936, les ratifiait par 614.217 voix contre 297. Ce fut pour Vincent une journée triomphale. Sorti du Palais vers 11 heures du matin et suivi d'une longue file de voitures, il fut acclamé sur tout son passage. Dans l'après-midi, le peuple, musique en tête, franchissait les grilles de la résidence présidentielle pour rendre ses hommages au chef de l'État.

Telle qu'elle avait été conçue, la Constitution du 2 juin 1935, quoique accordant au peuple un rôle actif dans l'exercice de sa souveraineté, ne présentait pas moins toutes les apparences d'une constitution franchement autocratique. Seul dans l'exécutif, en effet, résidait le pouvoir de l'État, les corps législatif et judiciaire ne faisant que l'assister dans l'administration des divers organes gouvernementaux. Par les multiples attributions et prérogatives dévolues au président de la République, celui-ci devenait la «personnification de la nation». Le moyen pour lui d'exercer son contrôle sur le pouvoir législatif, le plus apte à lui causer des soucis, lui était accordé par le privilège de nommer dix sénateurs sur les vingt-et-un dont se compose le sénat et de faire élire les onze autres par la Chambre des députés sur une liste de candidats présentés par l'Exécutif. Par ailleurs, le droit de dissoudre les Chambres «en cas de conflit grave» lui était reconnu, ainsi que celui de prendre des décrets ayant force de loi dans l'intervalle des sessions législatives. Il était alors assisté d'un Comité permanent de l'Assemblée nationale, formé de six députés et de cinq sénateurs agréés par lui.

La grande mystification à laquelle s'était livrée la commission constitutionnelle résidait dans les attributions éminentes qui avaient été réservées à un corps, en l'occurrence le peuple, dont on était sûr de diriger les options. L'article 13 reconnaissait en effet à l'ensemble des citoyens le droit de désigner le chef du pouvoir exécutif, celui d'élire les membres de la Chambre des députés et les électeurs sénatoriaux et enfin celui d'émettre son opinion, par voie de plébiscite, «sur toutes les questions l'intéressant et au sujet desquelles il est consulté par le chef du Pouvoir exécutif».

Quant au nouveau mandat présidentiel de cinq ans consacré par une disposition spéciale de la Charte, il n'avait été conféré au président Vincent que parce qu'il avait bien mérité de la Patrie et pour satisfaire au désir «manifesté par la majorité du Pays» de ne pas interrompre «l'œuvre entreprise par l'actuel président».

Désormais étaient mises en place les nouvelles structures destinées à permettre au chef de l'État de mieux appréhender les problèmes nationaux et de tenir d'une main plus ferme les rênes du pouvoir. Il n'en demeure pas moins que les libertés citoyennes sortaient outrageusement blessées de cette réforme constitutionnelle qui s'harmonisait avec la forme dictatoriale, qu'en Europe particulièrement, des régimes totalitaires installaient chez eux et qui n'était pas sans corrélation avec l'expansion du fascisme.

Un peu tardivement, et d'une manière assez inattendue, une voix s'élève au sein de la Chambre pour s'insurger contre la réforme constitutionnelle de 1935. Dans une lettre adressée en avril 1936 au secrétaire d'État de l'Intérieur, le député Descartes Albert, considérant cette réforme «comme une méconnaissance coupable des principes d'ordre, de paix, de liberté, de droit et de justice pour lesquels nous avons eu à combattre, souffrir et gémir», estimant d'autre part que le mandat dont le peuple l'avait investi avait pris fin le 6 avril, demandait de cesser toute émission de chèque en son nom à titre de député. Il profita pour dénoncer «le silence de l'abjection et de la couardise prosternée» où se complaisaient la nation et la Chambre des Députés. La réponse à cet «acte révolutionnaire» arrive ferme et cinglante. Dans une résolution en date du 20 avril 1936, la Chambre basse déclare le député Albert «désormais déchu du droit de siéger dans son sein» et dénonce à la Nation «ce mandataire infidèle».

La liquidation de la Convention de 1915 obtenue, restait à résoudre une question assez irritante, la question des frontières, à laquelle le Traité du 21 janvier 1929 n'avait apporté qu'une solution illusoire. Réalisée sur une longueur de 184 kilomètres, la démarcation telle que prévue par le traité, s'était heurtée à des difficultés rencontrées sur une étendue de 92 kilomètres et localisées sur six points distincts. Des deux côtés de la frontière, on tenait à mettre un terme à ce litige malencontreux, en contradiction avec la politique d'amitié et de paix entre leurs peuples que les deux gouvernements de l'île s'étaient promis d'instaurer.

Pour parvenir à un dénouement satisfaisant de cette situation délicate, un premier pas avait été accompli par les présidents Vincent et Trujillo qui, au cours de l'entrevue de Ouanaminthe du 18 octobre 1933, s'étaient entendus pour apporter «en toute bonne foi et en toute équité» des rectifications aux erreurs matérielles dues en grande partie à la méconnaissance des lieux et relevées lors du tracé des limites entre les deux États voisins. Une commission avait été formée par chacun des deux gouvernements, en vue d'élaborer une base d'entente. Et dans son grand discours du Cap du 27 novembre 1934, le président Vincent faisait part au peuple haïtien de sa certitude de voir bientôt vider la vieille question des frontières haïtiano-dominicaines «de façon à assumer enfin l'accomplissement pacifique et harmonieux des destinées des deux peuples qui se partagent la souveraineté politique de l'île»[2].

Désirant affirmer plus clairement sa volonté formelle de fortifier les relations «cordiales et heureuses» entretenues par les deux nations soeurs, le président Trujillo qui avait bénéficié d'un nouveau mandat en août 1934 [3] et dont le déplacement pour Haïti, prévu pour septembre, avait été contrarié par une crise de paludisme, arrive à Port-au-Prince le 2 novembre 1934. Il est accompagné du président du sénat dominicain, du sous-secrétaire d'État de la présidence, de son médecin particulier, du ministre dominicain à Port-au-Prince et d'un colonel de l'armée dominicaine. Chaleureusement reçu à Damien par le président Vincent et les officiels de son gouvernement, Trujillo durant sa visite de six jours dans la capitale haïtienne fut l'objet d'un accueil des plus enthousiastes, non seulement de la part du gouvernement haïtien, mais aussi du peuple de Port-au-Prince qui, massé sur les trottoirs, lui prodiguait ses vivats à chacune de ses apparitions dans les rues de la capitale.

Au cours de la grandiose cérémonie qui se tint au Palais national le 3 novembre, et pendant laquelle le président Vincent conféra au généralissime Rafael Leonidas Trujillo y Molina le grade de Grand'Croix, plaque en vermeil de l'Ordre National «Honneur et Mérite» et lui remit le Grand Cordon de l'Ordre ainsi que la plaque, des discours reflétant l'identique souhait des deux chefs d'État de travailler au resserrement de l'amitié haïtiano-dominicaine furent prononcés. Jugeant sa présence en Haïti comme l'expression ardente et sincère du peuple dominicain d'œuvrer en commun avec le peuple haïtien «pour la paix et la félicité qui sont, à l'ombre de l'Ordre, les plus hautes fins de l 'État»[4], Trujillo, en habit brodé bleu, le bicorne à plumes blanches bien posé sur le chef, la poitrine étincelante de ses nombreuses décorations, évoqua le problème des frontières, seules «difficultés pendantes, naturelles entre voisins limitrophes» et qui, «étudiées et examinées dans un esprit cordial de compréhension et de justice» étaient appelées, après leur règlement, à consolider encore davantage «les racines de l'amitié fraternelle qui règne heureusement entre les deux peuples et les deux gouvernements»[5].

L'Accord additionnel conclu à la suite de nouvelles négocia-tions engagées et poursuivies dans un esprit de compréhension et de concorde et signé le 27 février 1935 à Santo-Domingo par les deux présidents, au cours de la visite de trois jours du président Vincent dans la capitale dominicaine, mettait un terme à la controverse des frontières haïtiano-dominicaines. Admettant la justesse des réclamations haïtiennes, le président Trujillo avait accepté de renoncer à l'annexion d'une étendue assez considérable du territoire haïtien que le traité de 1929 avait garantie à la République Dominicaine. Dans une lettre au président Vincent, les ingénieurs Louis Roy et Gentil Tippenhauer, membres de la commission haïtienne pour la délimitation de la frontière haïtiano-dominicaine[6], déclaraient que grâce à l'Accord du 27 février, «des pertes en territoire qui devaient être de 68.240 carreaux ont été ramenées au chiffre de 5.284 carreaux»[7]. Ainsi, environ 62.956 carreaux de terre dont Haïti s'était vue dépouillée par l'inconséquent traité de 1929 avaient pu être recouvrés et réintégrés dans le territoire national. Le règlement de «l'unique différend» qui existait entre les deux peuples voisins s'était accompli, comme l'avait souhaité Trujillo, sans affecter «d'intérêt ni l'honneur national» des parties en cause.

Au mois de mars 1936, Trujillo décide d'apporter à la patrie de Dessalines et de Pétion un nouveau «message d'amour et de solidarité» de la patrie de Sanchez et de Duarte. Accueilli le dimanche 8 mars par le président Vincent au village frontalier de Belladère, le mandataire dominicain fait son entrée à Port-au-Prince au milieu de vivats enthousiastes[8]. Dans la soirée, les deux chefs d'État, se prêtant volontiers à un démocratique bain de foule, font à pied un tour au Champ-de-Mars. Se mêlant à l'affluence des promeneurs, ils parcoururent dans la plus grande simplicité les allées bourdonnantes de la place, s'arrêtant un moment près du kiosque pour entendre le concert qu'y donnait la Musique du Palais, puis s'amenant au café Beaumont Denis pour se rafraîchir. Ils se rendirent ensuite au Rex où l'on projetait *Judex*, adaptation de l'œuvre d'Arthur Bernede et de Louis Feuillade.

Le lendemain, à l'issue de la cérémonie de la signature du protocole additionnel au Traité du 2 janvier 1929, qui s'était déroulée au Palais national, Trujillo s'approchant du bataillon de la Garde qui lui avait rendu les honneurs, baisa pieusement le drapeau national. Geste symbolique qui arracha aux spectateurs des applaudissements émouvants et nourris.

Le protocole additionnel prévoyait comme ligne-frontière entre Passe Maguane et Passe Tilory, une route internationale riveraine des cours d'eau du Libon et de l'Artibonite, devant relier Banica à Restauración et La Miel à Castilleur et Thomassique. Le 14 avril 1936, le président Vincent, accompagné du colonel Calixte, se transportait une nouvelle fois en République Dominicaine pour procéder, de concert avec son homologue dominicain, à l'échange des instruments de ratification dudit protocole, auquel avait été annexé un mémoire de la Commission mixte des frontières. Ce fut au cours de ce séjour qu'eut lieu, en grand apparat, l'ouverture à la circulation du tronçon de 34 kilomètres de route, nouvellement achevé, reliant Monte Christi à Dajabon et que le président Trujillo avait décidé de placer sous le patronyme du chef d'État haïtien.

L'accord Vincent-Trujillo qui apportait une solution apparemment définitive à l'exaspérante question des frontières fut accueilli avec satisfaction par les populations des deux républiques. À la cathédrale de Port-au-Prince fut célébrée une messe d'action de grâces, en témoignage de reconnaissance à Dieu pour la liquidation d'un litige opérée dans la paix et dans «la compréhension pratique des intérêts communs des deux peuples»... Pris dans l'ambiance de cette sorte d'euphorie quasi générale, on ne semblait pas croire que le dénouement d'une rivalité de frontières pouvait, en dépit des démonstrations d'amitié qui l'avaient accompagné, constituer les prémisses d'une action agressive dont cette même démarcation frontalière supporterait tous les frais.

En attendant, entre les deux chefs d'État, les assauts d'aménité allaient leur train. Trujillo saisit l'opportunité de l'inauguration du second mandat du président Vincent, le 15 mai 1936, pour entreprendre une nouvelle visite à Port-au-Prince.

Débarqué de la frégate dominicaine *Presidente Trujillo* qui avait accosté au wharf le 14 mai à 5 heures du matin, le généralissime retrouve une capitale parée de ses plus beaux atours et toute palpitante de chaleur et de faste. Au Palais législatif où il s'était rendu pour la cérémonie de prestation de serment, le président Vincent, en réponse au discours du président de l'Assemblée nationale, Louis S. Zéphirin, promet de poursuivre «avec la même énergie le grand effort pour qu'il y ait désormais dans ce pays plus de justice sociale, plus de bien-être par le travail, plus de travail par un meilleur aménagement et une meilleure utilisation de nos forces de production... surtout plus de lumière dans les esprits, plus de paix et plus d'amour dans les âmes...» Évoquant la Constitution de 1935 qui, selon lui, «portait la marque de notre mentalité», était «à la taille de nos besoins», il se plut à rassurer ceux que l'autorité renforcée dont l'avait investi la charte paraissait inquiéter. Loin de penser à gouverner en despote, affirmait-il, il entendait au contraire assimiler son pouvoir à «une autorité bienfaisante», seule condition «pour un avenir de prospérité et de dignité» pour la nation haïtienne.

Le lendemain, se déroule la solennelle cérémonie d'inauguration de l'*Avenue Président Trujillo*, anciennement dénommée Grand'Rue ou rue Républicaine. D'importants travaux d'urbanisme, comprenant notamment le terrassement et le nivellement des trottoirs, y avaient été menés à bonne fin. D'une extrémité à l'autre de la chaussée s'étendait une bande gazonnée centrale agrémentée de cyprès. Le président Trujillo voulut bien reconnaître dans la décision du président Vincent d'honorer de son nom l'artère principale de la capitale, «un symbole de concorde appelé à marquer le commencement d'une ère où se sera réalisé... le développement intégral de l'île par la compénétration de tous ses éléments dans une politique d'union, de paix et de travail» [9].

Au cours du gala artistique et littéraire donné dans la soirée à la salle des Bustes du Palais national en l'honneur de l'illustre visiteur, le numéro de danse «*Ombres Bleues*», avec musique de Ludovic Lamothe, présenté par les ballerines du Cours Annette Merceron, fut chaudement applaudi.

Le dimanche dans l'après-midi, la population port-au-princienne put assister, ravie, aux évolutions de l'infanterie de marine dominicaine au Champ-de-Mars. «Comme au 15 mai où elle avait mêlé ses rangs à ceux de nos soldats marchant précédés du double emblème, notait le *Temps-Revue*, ce soir-là encore les porte-drapeaux portaient fièrement les deux drapeaux de l'île, devant lesquels tous se découvraient» [10].

Le départ précipité, à l'aube du lundi 25 mai, et sans prendre congé de son hôte, du chef d'État dominicain, que sa mère, Julia Molina, son épouse, Maria Martinez et son fils Ramfis, le plus jeune colonel du monde, avaient rejoint à Port-au-Prince, cause la plus désagréable surprise. Cet étrange procédé que l'opinion publique haïtienne considérera comme une insulte au président Vincent, on tentera de l'attribuer au mécontentement qu'aurait voulu témoigner le dictateur de l'Est après que Vincent, avec l'indiscrétion qui lui était coutumière, eut répété au ministre américain à Port-au-Prince, George A. Gordon, les propos qu'il lui avait tenus au sujet d'une entente entre les deux pays pour contrer la politique impérialiste des États-Unis dans les Antilles. Aussi bavard que Vincent, le diplomate nord-américain aurait tout rapporté à Trujillo[11]... Son séjour dans la capitale haïtienne n'avait pourtant jamais été aussi long, ni plus empressé l'accueil qui lui avait été fait.

Curieusement cependant, et malgré l'inconvenance de ce comportement, on voit par la suite se manifester de nouveaux gestes d'amitié. L'un parmi les plus transcendants de ces témoignages d'apparente cordialité fut le Congrès de coopération intellectuelle haïtiano-dominicaine organisé à Ciudad-Trujillo en mars 1937, à l'initiative du président Vincent, par Antoine Bervin, président du Rotary-Club, les membres de cette association et le Ministre d'Haïti en République Dominicaine, Élie Lescot. Très remarquée fut la communication en espagnol du docteur Jules Thébaud sur «la plus récente technique opératoire du traitement de la pyorrhée» présentée à ce congrès qui avait eu pour cadre l'Hôtel de Ville de Ciudad-Trujillo.

Les bonnes relations interfrontalières semblaient donc toujours bien réelles. Aussi, ce ne fut pas sans un douloureux étonnement que dans les premiers jours d'octobre 1937, la nouvelle du massacre à l'arme blanche de plusieurs milliers de paysans haïtiens établis de l'autre côté de la frontière, entre le bourg de Dajabon, la ville de Monte-Christi et les contreforts du Cibao, commença à se répandre. On sut que ce véritable génocide, présenté par les autorités trujillistes «comme un grand mouvement spontané des paysans (dominicains) lassés des abus des Haïtiens» [12], avait été préparé par Trujillo lui-même et exécuté par les soldats de la police et de l'armée dominicaines pour mettre un terme aux déprédations reprochées aux Haïtiens vivant dans les zones frontalières et à leur envahissement graduel du territoire dominicain.

À la pénible impression provoquée par l'annonce de ces événements, avait succédé un profond sentiment d'indignation et de révolte qu'entretenaient les récits de ceux qui avaient réussi à s'échapper et à s'enfuir :

«*En longues files, comme après un enterrement,* témoignait Louis Mercier *dans le* Temps-Revue, *ils encombrent les routes et s'éparpillent dans nos campagnes, tels des oiseaux surpris par la tempête, les rescapés des vêpres dominicaines. Sur leurs faces pâles et amaigries sont marqués les caractères profonds de leurs cruelles souffrances, de leurs longues transes, de leurs dures épreuves. Ils s'en vont pareils à des bêtes traquées, ayant encore dans les yeux la vision des scènes d'horreur dont ils furent les témoins et les victimes : les poignards, les baïonnettes, les machettes, les massues levés sur eux, prêts à leur trancher la vie, les pendaisons, les noyades massives, les cadavres mutilés de leurs pères, de leurs mères, de leurs épouses, de leurs enfants et de tous leurs parents et amis assassinés devant eux et dont ils entendent encore les cris déchirants de désespoir, les affreux râles d'agonie, glas sinistre qui tintera éternellement à leurs oreilles et qui leur fend l'âme...*» [13]

Pris littéralement au dépourvu, le gouvernement haïtien s'empressa d'ordonner des enquêtes. Lorsqu'il fut informé de la gravité des faits, il décida d'orienter les négociations relatives aux réclamations haïtiennes sur le terrain diplomatique, une protestation par les armes lui paraissant nettement téméraire, eu égard à la faiblesse militaire de la petite armée d'Haïti et à l'essor qu'avait su imprimer Trujillo aux forces armées dominicaines. L'émotion et l'irritation soulevées après ces tueries féroces ne s'apaisent pas pour autant. Un peu partout, on réclame du gouvernement plus d'énergie et moins de prudence. Pour protester contre «la politique d'abdication» du

~ Passage à la Grand'rue du cortège du président Trujillo
à son arrivée à Port-au-Prince en 1934. ~

~ Arc de triomphe érigé à Santo Domingo à l'occasion de la visite
du président Vincent en République Dominicaine en 1935. ~

~ Autre Arc de triomphe élevé à Santo Domingo
en l'honneur du président Vincent. ~

~ À leur sortie du Palais Législatif, où le président Vincent vient de
prêter serment, leurs Excellences Vincent et Trujillo
reçoivent les honneurs militaires. ~

~ Vincent et Trujillo salués sur le péristyle du Palais National. ~

~ Inauguration de l'avenue Trujillo. ~

~ Le président Trujillo prononçant son discours. ~

~ Trujillo coupe le ruban et livre à la circulation l'avenue qui porte son nom. ~

~ Trujillo et Vincent assistent aux courses à l'hippodrome de Chancerelles. ~

~ Le colonel D.P. Calixte, commandant de la Garde d'Haïti,
limogé après l'attentat du 12 décembre 1937. ~

~ Élie Lescot, président de la République (1941-1946). ~

~ Le président Lescot accueilli au Palais National par le président Vincent,
avant son départ pour Washington. ~

~ Devant le Palais Législatif, le président Lescot reçoit les honneurs militaires à l'issue de la séance de prestation de serment. ~

~ Le président Vincent, entouré de son cabinet ministériel, attendant l'arrivée de Lescot au Palais National pour la cérémonie de passation des pouvoirs. ~

~ Arrivée de Lescot au Palais présidentiel. ~

~ L'accolade Vincent-Lescot. ~

président Vincent, Julio Jean-Pierre Audain démissionne de sa fonction de chef du Cabinet présidentiel. Il est remplacé par Amilcar Duval. Dans *La Relève*, revue pro-gouvernementale de jeunes, dirigée par Jean Fouchard, le génocide perpétré «comme épilogue à la fraternité haïtiano-dominicaine» est stigmatisé en termes violents, et «des réparations du crime» vigoureusement réclamées. Une grève patriotique est décrétée par les étudiants. Craignant que ce mouvement ne tourne en troubles intérieurs, Vincent intervient promptement pour l'empêcher. En faveur des «rescapés» de ces horribles massacres, un mouvement d'aide et de solidarité se dessine. Des quêtes sont prescrites dans toutes les églises, des listes de souscriptions mises en circulation, des matinées patriotiques organisées par diverses associations.

Arcbouté à sa politique de règlement diplomatique qui lui semblait en l'occurrence la seule réaliste, Vincent s'engage résolument sur ce terrain. L'accord bilatéral du 15 octobre ne satisfait toutefois personne. Trujillo qui entend minimiser les faits n'a promis qu'une «investigation minutieuse». Lassé par les lenteurs de cette enquête menée unilatéralement par le gouvernement dominicain, Vincent, un mois plus tard, s'en plaint à Trujillo. Cette intervention n'apporte aucun changement à la situation. Le 12 novembre, aiguillonné par l'opinion publique nationale et internationale franchement montée contre l'hypocrisie manifeste du gouvernement dominicain, le président Vincent réclame la médiation des gouvernements des États-Unis, du Mexique et de Cuba. Trujillo riposte et déclare s'en tenir aux termes de l'accord du 15 octobre. Le 14 décembre, le gouvernement haïtien se voit contraint de saisir la Commission permanente de Conciliation et de solliciter l'application du Pacte Gondra de Santiago du Chili du 3 mai 1923 et de la Convention générale de Conciliation interaméricaine signée à Washington le 5 janvier 1929. Tout en désapprouvant cette décision et en mettant en doute l'opportunité de la procédure de conciliation pour un conflit qui, à son avis, de par son caractère interne, ne relevait pas de cette instance, Trujillo accepta néanmoins d'envoyer des délégués auprès de la Commission permanente de Washington[14].

Sur l'invitation formulée le 19 janvier 1938 par la Commission aux délégations haïtienne et dominicaine à «s'entendre directement au sujet des bases de la conciliation...»[15], les deux gouvernements entreprirent, par l'intermédiaire du nonce apostolique en Haïti et en République Dominicaine, Mgr Maurilio Silvani, des négociations qui aboutirent à un accord transactionnel, lequel mettait fin au différend. Communiqué à la Commission, celle-ci se borna à donner acte de cet accord en sa session du 31 janvier 1938 tenue au Palais de l'Union panaméricaine. Entre autres clauses, l'accord du 31 janvier prévoyait une remise de 750.000 dollars au gouvernement haïtien, à titre de dédommagements aux victimes de l'hécatombe ou à leurs familles. Après un premier paiement immédiat de 250.000 dollars, le solde serait versé, à partir du 31 janvier 1939,par tranches de 100.000 dollars, «au dernier jour de janvier des années subséquentes, jusqu'à totale extinction de la dette» [16].

Le samedi 26 février 1938, se déroulait à la nonciature apostolique de Port-au-Prince à Lalue la cérémonie de ratification du traité haïtiano-dominicain qui avait été déjà signé devant la Commission permanente de Washington. Y apposèrent leur griffe, respectivement pour Haïti et la République Dominicaine, MM. Georges Léger, ministre des Relations extérieures et Enrique Jiménes, Ministre plénipotentiaire dominicain à Port-au-Prince. Après la lecture du procès-verbal en français et en espagnol, M. Jiménes procéda à la remise du chèque de 250,000 dollars, représentant le premier versement[17]. Une vingtaine de personnalités, parmi elles, l'archevêque de Port-au-Prince, assistaient comme témoins à la cérémonie.

Notes

1.   *Bulletin des Lois et Actes*, année 1935, p. 74.
2.   Sténio Vincent : *En posant les jalons*, Tome III, p. 119.
3.   Élu en mai 1930, Trujillo ne prit effectivement possession du pouvoir qu'après sa prestation de   serment, le 16 août suivant.

4. *Bulletin des Lois et Actes*, année 1935, p. 6.

5. *Bulletin des Lois et Actes*, année 1935, p. 7.

6. La Commission haïtienne pour la délimitation de la frontière était composée de Élie Lescot,   ministre d'Haïti à Santo-Domingo et des ingénieurs Louis Roy et Gentil Tippenhauer.

7. Sténio Vincent : *Efforts et Résultats*, p. 28.

8. C'est à la légation dominicaine, immeuble occupé de nos jours par l'Office d'assurance véhicules contre tiers, à proximité du pont du Sacré-Cœur, que prit logement le président Trujillo.

9. *Bulletin des Lois et Actes*, année 1936, p. 253.- Voir les discours à l'appendice I.

10. *Le Temps-Revue*, 20 mai 1936.

11. Version retenue par Julio Jean-Pierre Audain, ancien secrétaire particulier du président Vincent, dans *Les Ombres d'une politique néfaste*, pp. 105-106.

12. Suzy Castor : *Le Massacre de 1937 et les Relations haïtiano-dominicaines*, p. 18.

13. *Le Temps-Revue*, 20 novembre 1937.

14. Cette Commission était formée des ambassadeurs du Pérou et de l'Argentine et de l'envoyé extraordinaire et ministre plénipotentiaire du Guatemala, tous trois accrédités auprès du gouvernement des États-Unis d'Amérique.

15. *Commission Permanente de Washington* - Affaire Dominico-Haïtienne, p. 2.

16. *Commission Permanente de Washington* - Affaire Dominico-Haïtienne, p. 6. - Selon Jésus de Galindez, les répercussions internationales du massacre des Haïtiens, particulièrement au sein du Département d'État, furent telles qu'elles portèrent Trujillo à renoncer «bien à contrecœur» à se faire réélire en 1938. - Jésus de Galindez, *L'Ère de Trujillo*, p. 81.

17. La crise économique aiguë de la fin des années 30 et le pressant besoin d'argent du gouvernement haïtien ne justifient en aucune façon le substantiel rabais de 225.000 dollars accordé en février 1939 à la République Dominicaine, en compensation du versement anticipé de 275.000 dollars, lequel liquidait définitivement la dette de 500.000 dollars que restait devoir le gouvernement dominicain.

AGRÉMENTS ET ENNUIS DU POUVOIR

Durant toutes ces négociations, l'atmosphère n'était pas moins restée chargée, en raison de la frustration irritante dont se prétendait victime le sentiment national. On avait fortement applaudi le geste de Joseph F. Brierre qui, au lendemain des vêpres dominicaines, armé d'une échelle, d'un pinceau et d'une boîte de sapolin noir, avait «en signe de deuil et d'affliction», biffé le nom de Trujillo sur l'une des plaques récemment posées aux encoignures de l'ancienne Grand'Rue.

Mais ce fut surtout dans l'armée où déjà depuis quelque temps s'était installé un insidieux malaise, que le mécontentement fut le plus profond. Des conflits d'autorité y avaient en effet surgi, que semblait encourager le chef de l'État. Beaucoup de jeunes officiers déploraient et condamnaient l'arrogante indépendance qu'affichait le major Durcé Armand, chef de la Garde du Palais, à l'égard du colonel D.P. Calixte, commandant de la Garde d'Haïti. Abusivement, ils pensaient que le colonel noir était victime des préjugés du major mulâtre, soutenu par le mulâtre Vincent, alors que vraisemblablement, en entretenant ces tiraillements, le chef de l'État ne pensait qu'appliquer, pour les besoins de sa politique, la vieille et efficace formule du *diviser pour régner*.

Certes, les profonds accrocs infligés à la démocratie par le président Vincent dès le départ des Américains et qu'avait publiquement désapprouvés l'élite pensante du pays, avaient eu leurs échos dans la jeune armée d'Haïti. L'image entretenue par l'opposition d'un gouvernement livré à l'impérialisme américain et aujourd'hui buvant jusqu'à la lie le calice des provocations dominicaines, n'avait pas peu contribué à saper le prestige du chef de l'État dans les rangs de l'armée. Les conditions paraissaient donc bien réunies pour tenter un coup de force contre un régime que la nation semblait réprouver.

Le dimanche 12 décembre 1937, vers 9 heures 30 du soir, alors qu'au Rex passait la célèbre bande *Le Roman d'un jeune homme pauvre*, tirée de l'œuvre d'Octave Feuillet, et qu'à la terrasse du Rex-Café, mitoyen de la salle de spectacle, s'étaient attablés le major Durcé Armand, commandant de la Garde du Palais, et le capitaine Arnaud Merceron, chef de la Maison militaire du président de la République, on entendit soudainement crépiter des détonations parties d'une automobile qui, après avoir ralenti son allure, face au café, avait, le coup réalisé, repris sa course à fond de train. L'un des projectiles avait atteint le major Armand à la jambe gauche, tandis que le capitaine Merceron recevait une blessure à l'avant-bras droit. Les deux blessés furent aussitôt transportés à l'Hôpital général dans leur voiture respective.

Cette agression ne constituait que la première phase d'une entreprise subversive destinée à porter le colonel Calixte au pouvoir. Armand, l'homme-lige du régime, une fois éliminé, la voie serait ouverte aux conspirateurs pour renverser Vincent. Mais l'échec de l'attentat brouille les cartes et jette parmi les conjurés une certaine confusion. Tout n'est cependant pas perdu, car Vincent, informé de l'agression, s'est rendu à l'Hôpital général, accompagné seulement du ministre de l'Intérieur, Christian Lanoue, du directeur du Service d'Hygiène, le docteur Rulx Léon, de deux officiers et de quelques gardes. La faiblesse de l'escorte présidentielle rendait le président Vincent très vulnérable et le laissait toujours à la merci des conspirateurs. Néanmoins, après sa visite aux officiers victimes de l'attentat, Vincent, entouré de sa suite, regagne à pied le Palais national distant de l'hôpital d'environ trois cents mètres. Il est accueilli non loin du portail d'entrée du Palais, donnant sur la rue Monseigneur-Guilloux, par le commandant de la Garde qui, après une rapide inspection à la caserne Dessalines, limitrophe du Palais, et au Palais lui-même, s'était porté à sa rencontre. Il le protégea de sa personne et l'accompagna jusqu'à sa chambre, l'assurant que le calme était revenu et qu'il n'avait rien à craindre pour lui-même et son gouvernement.

Le lendemain, la nouvelle de l'attentat plonge la ville de Port-au-Prince dans un grand émoi. On assiste dans l'après-midi à un formidable «couri» déclenché dans le monde des écoles. Des mesures de police amènent l'arrestation de plusieurs personnalités politiques connues pour leur opposition au régime, parmi lesquelles, l'ancien sénateur Seymour Pradel, Placide David, Joseph Adam, Boileau Méhu, Pierre Hudicourt. Toute une série de dispositions furent adoptées en vue de consolider le pouvoir central.

Cependant les commentaires allaient leur train et des indices suffisants laissaient nettement croire à la participation de membres de l'armée à l'attentat. En effet, la voiture Ford où avaient pris place les conjurés avait été abandonnée, leur équipée accomplie, dans le faubourg Est de la capitale, le bois Saint-Martin. Repérée le lendemain et identifiée grâce à sa plaque d'immatriculation dont le numéro, facile à retenir (P 3031), avait pu être noté par le lieutenant Bertin qui, ce soir-là, se trouvait au Champ-de-Mars, on sut qu'elle appartenait à la Société Haïtienne d'Automobiles et qu'elle avait été louée par un dealer de cette firme, Robert Bateau, au lieutenant Bonicias Pérard, neveu du colonel Calixte[1]. Écartée la participation à l'agression d'Auguste Délinois, propre beau-frère du major Armand, dénoncé par une femme qui, peu avant l'attentat, avait cru le voir dans la voiture restée en stationnement devant son domicile, rue Lamarre, face à l'hôtel Ansonia, des doutes commencèrent à planer sur le lieutenant Florian Modé, sosie d'Auguste Délinois. Ces doutes ne tardèrent pas à se changer en certitudes, après que le lieutenant Germain Duchêne, responsable du Service des Transports de la Garde d'Haïti, eut déclaré avoir vu passer Pérard et Modé devant son cantonnement, la nuit de l'attaque, en direction de l'Hôpital militaire[2].

Inculpés par la Commission de recherche formée par le GQG[3], d'avoir participé à une agression contre le chef de la Garde présidentielle et le chef de la Maison militaire du président de la République, Pérard et Modé sont appréhendés et incarcérés à la caserne Dessalines. Le procès en cour martiale de Pérard s'ouvre à la caserne Dartiguenave. Il a pour défenseurs les lieutenants Roger Dorsinville et Arthur Bonhomme qui ne parviendront pas à lui épargner la condamnation à la peine capitale qu'avait réclamée l'accusateur militaire, le lieutenant Albert Renard, assisté du lieutenant Ludovic Fils-Aimé.

Le lundi 7 mars 1938, au petit jour, Pérard est amené au champ de tir, à la Saline, par le lieutenant Paul Corvington qui avait été désigné pour cet office par le major Armand. Le nouveau commandant de la Garde, le colonel Jules André, se trouvait sur les lieux. Après avoir remis à l'aumônier du Palais national, le père Pistien, quelques objets personnels, Pérard est attaché au poteau d'exécution, face au peloton de douze gardes, commandé par le lieutenant Saint-Lôt. Le colonel André s'approche du condamné et lui dit qu'il avait encore la chance de voir commuer sa peine s'il acceptait enfin de faire des aveux complets : «Je n'ai pas tiré sur le major Armand, répondit Pérard avec fermeté. Ses véritables assassins dînent tous les jours à sa table». Il refusa de se laisser bander les yeux et mourut instantanément sous les décharges du peloton.[4]

On avait misé sur cette exécution pour porter Modé à dénoncer ses complices, car l'affaire restait ténébreuse, Pérard n'ayant rien voulu avouer. Jugé devant une cour martiale siégeant à la caserne Dartiguenave et défendu par le lieutenant Antoine Levelt, Modé est à son tour condamné à la peine de mort. Ramené en prison, il demande à voir le commandant de la Garde, et contre la promesse formelle de ce dernier qu'il ne serait pas fusillé, il lui livra les noms de ceux qui, avec lui et Pérard, se trouvaient dans la voiture le soir de l'attentat : c'étaient les lieutenants Herbert Hyppolite, Yves Dépestre et Bénony Saint-Martin. La tactique conseillée par le major Armand lui-même avait ainsi porté ses fruits. La sentence prononcée contre Modé ne fut pas exécutée, et un certain jour commença à percer sur ce mystérieux complot.

L'action judiciaire va se précipiter avec la dénonciation par le lieutenant Dépestre, protégé du major Armand et son commensal habituel, de tous ceux qui de près avaient pris part à la tentative d'assassinat perpétrée sur la personne du major Durcé Armand et sur celle du capitaine Arnaud Merceron. Furent aussitôt consignés, les officiers Arthur Bonhomme, Ludovic B. Fils-Aimé, Roger Bordes,

Clément Dascy, Wilfrid Guillaume, Roger Dorsinville, Pierre Rigaud, Hébert Francillon et l'adjudant Gérard Faubert. Déposant devant une nouvelle commission de recherche[5], ces officiers admirent l'existence d'une conjuration ourdie au sein de l'armée, dans le but d'abattre le major Armand, considéré comme le principal soutien du gouvernement, puis de renverser Vincent et de remettre le pouvoir au colonel Calixte, commandant de la Garde d'Haïti. Ils avouèrent le désappointement qu'ils avaient ressenti à rester inactifs après les hécatombes dominicaines, leur mécontentement face à l'insouciance du gouvernement à armer la Garde, insouciance dont ils rendaient responsable le major Armand, enfin leur déception des échecs et des fautes d'un régime qu'ils avaient cependant pour mission de défendre. Ils ne tentèrent guère d'éluder la participation active, quoique discrète, du colonel Calixte à la conjuration. S'étant rendu compte de l'état d'esprit qui régnait chez bon nombre d'officiers, le colonel n'avait pas hésité, suivant les déclarations des inculpés, à leur donner son accord et même à les encourager dans leur détermination. Ainsi, la suspicion qui dès le départ avait pesé sur le commandant de la Garde se justifiait enfin.[6]

Sur l'énergique intervention du ministre de l'Intérieur Christian Lanoue, le gouvernement n'avait pas attendu ces révélations percutantes pour mettre en disponibilité le colonel Calixte. N'ayant pas encore en main toute la trame de l'affaire, il avait dû, pour l'éliminer, user de subterfuge et faire entrer clandestinement à Port-au-Prince le plus ancien gradé de notre petite armée, le colonel Jules André, commandant du département militaire du Nord, qui, par prudence, avait été retenu au Palais même. Le lendemain, 9 janvier 1938, sur la pelouse de la demeure présidentielle, le colonel Jules André, accompagné du commandant sortant, recevait l'investiture comme commandant de la Garde d'Haïti. Dans la soirée, protégé par un déguisement, le colonel Calixte qui croyait ses jours menacés, prenait refuge au presbytère de Pétionville où il demeura asilé pendant vingt-cinq jours[7].

Le procès des inculpés de l'attentat du 12 décembre ne traîna guère. Après avoir subi la dégradation militaire, ils s'en sortirent avec des peines allant des travaux forcés à perpétuité à la réclusion de quinze ans. Mais la participation de Calixte au complot ayant été dévoilée par les conjurés eux-mêmes, le gouvernement haïtien se hâta de mettre fin à sa mission d'Inspecteur général des consulats d'Haïti en Europe qui lui avait été confiée et lui enjoignit de rentrer en Haïti pour répondre des graves charges portées contre lui devant la Commission d'enquête. Une sommation fut également signifiée à Jean-Pierre Mompoint, ancien employé civil de la Garde d'Haïti, qui, selon la déposition des inculpés, avait servi d'intermédiaire entre eux et le colonel Calixte.

Calixte et Mompoint, à ce moment hors du pays, ne répondent pas à l'ordre de convocation du quartier général. Entre-temps s'était formé un Grand Tribunal présidé par le colonel Alexandre Joseph. Cette cour avait été convoquée sur l'ordre du commandant de la Garde d'Haïti pour juger les prévenus D.P. Calixte et J.P. Mompoint sous les chefs d'accusations suivants : 1) Crime contre la sûreté intérieure de l'État. 2) Tentative d'assassinat. 3) Conduite susceptible de porter atteinte au bon ordre et à la discipline.

Le délai imparti aux prévenus pour se présenter étant expiré, le Grand Tribunal décida de les juger par contumace et se réunit le 9 janvier 1939 au Grand Quartier Général de la Garde d'Haïti. Les arguments de l'accusateur militaire, le major Louis Maximilien, pour prouver la culpabilité des accusés, reposeront presque entièrement sur des motifs identiques à ceux sur lesquels s'était fondé le Grand Tribunal pour condamner les officiers impliqués dans l'attentat du 12 décembre, et sur la déposition faite, sur sa propre demande, par l'accusé Roger Dorsinville devant le même Grand Tribunal.

Reconnus coupables des trois chefs d'accusation formulés contre eux, Démosthènes P. Calixte, ex-commandant de la Garde d'Haïti et Jean-Pierre Mompoint, ex-employé civil du même corps, sont, le 9 janvier 1939, condamnés à la peine de mort[8]. Ce verdict fut proclamé publiquement le dimanche suivant, par des officiers à cheval, à la sortie des messes de toutes les églises paroissiales de Port-au-Prince.

Ainsi s'achevait cette extraordinaire affaire Calixte qui avait si sérieusement ébranlé les assises du régime et marqué le point de départ de la déstabilisation de la jeune armée d'Haïti à laquelle le président Vincent avait sa part de responsabilité pour avoir permis au major Durcé Armand de s'arroger une autorité impérative qui transgressait les règlements militaires.

Le colonel Calixte s'est toujours défendu d'avoir fomenté aucun complot contre la sûreté intérieure de l'État. Quoique le comportement des accusés, traumatisés par l'exécution de Pérard, et pour sauver leur peau, se dénonçant les uns les autres, fût loin d'être édifiant, on ne peut sous-estimer la concordance de leurs témoignages quant à la participation effective du colonel Calixte à la conjuration. Ce dernier n'a d'ailleurs jamais pu établir son innocence d'une manière péremptoire, et sa dérobade, face à la convocation du GQG, ne joue pas en sa faveur. Après s'être décidé à répondre à l'assignation, il n'invoque aucune raison pertinente qui l'aurait incliné à croire, en arrivant à New-York, qu'il «ne pouvait plus continuer pour Haïti» et ne dit pas comment tout, selon lui, avait été «mis en œuvre pour le tenir loin de son pays» [9]. Encore tout imprégné des préceptes de discipline, de dévouement et d'honneur que lui avaient inculqués ses anciens instructeurs américains, il dut lui sembler indigne, malgré les motifs apparemment valables allégués devant lui, de prendre le pouvoir, sa tunique d'officier tachée du sang du chef qu'il avait pour devoir de protéger. Tout laisse supposer en effet qu'il n'avait tenu qu'à lui que Vincent fût abattu à son retour au Palais, la nuit de l'attentat. Peut-être n'eut-il pas usé de tant de droiture envers le président, si son accession au pouvoir ne lui eût coûté que la tête d'Armand. Sa pusillanimité lui valut toutefois celle de Pérard.

Ce climat de suspicion et de tension qu'avait créé la découverte du complot antigouvernemental n'était pas pour disposer le chef de l'État au respect des normes démocratiques. Sa défiance à l'égard de ceux qui, comme dans l'armée, lui paraissaient travailler en sous-main à son renversement, se traduisit brutalement par la révocation, vers la fin d'octobre 1938, de cinq sénateurs qu'il avait nommés et que des rapports de police accusaient de s'être livrés «à des activités subversives de l'ordre public». C'étaient les sénateurs

Villehardouin Leconte, du département du Nord, Charles Fombrun et Joseph Titus, de l'Artibonite, Edgard Fanfan, de l'Ouest et Ulysse Simon, du Sud[10]. L'équilibre politique était presque aussitôt rétabli par la nomination le 5 novembre suivant, aux sièges vacants du Sénat, du général Alfred Nemours pour le Nord, du docteur Antoine Féthière pour le Sud, de Barnave Craft pour l'Ouest et d'Estilus Estimé et François Kernizan pour l'Artibonite. Mais se voulant, en dépit de tout, l'artisan de la paix et de la concorde, le chef de l'État s'empressait, à l'occasion de l'anniversaire de l'indépendance nationale, d'accorder amnistie pleine et entière aux personnes arrêtées ou en fuite, à la suite du mouvement séditieux du 29 octobre 1938 qui avait conduit à la révocation des cinq sénateurs...

Quatre ans après la proclamation de la Constitution de 1935, ratifiée par le plébiscite du 2 juin de la même année, une nouvelle réforme constitutionnelle voit le jour. Dans son message au Corps législatif du 22 mars 1939, Vincent essaiera de justifier les modifications à introduire dans la charte de 1935 par «la nécessité pour l'État de changer au besoin de tendances et de directives, sous l'empire des contingences»[11]. En dehors de nombreux amendements visant à une plus juste interprétation de la Constitution, et qui tous portaient «sur des questions de détail», deux importants changements avaient été apportés, qui ne tendaient qu'à une emprise plus accentuée de l'exécutif sur le Sénat et à une procédure plus simplifiée, et partant plus commode, de l'élection présidentielle. En accord avec les constitutions précédentes, l'Assemblée nationale était de nouveau désignée pour procéder à l'élection du président de la République, le suffrage universel en matière d'élection présidentielle qui semblait avoir été une des grandes conquêtes de 1935 étant aboli. Quant aux sénateurs nommés par l'exécutif, ils étaient désormais assimilés à de simples fonctionnaires que le président de la République pouvait remplacer «suivant les circonstances».

Le dimanche 23 juillet, le peuple haïtien appelé dans ses comices pour répondre aux modifications opérées dans la Constitution de 1935, les approuve toutes. En compensation du droit de choisir lui-même le chef du pouvoir exécutif qui lui avait été enlevé, on ne lui avait accordé, comme fiche de consolation, que «le privilège d'émettre par voie de referendum et par oui ou par non, son opinion sur toutes les questions politiques, économiques ou sociales au sujet desquelles le président de la République jugerait bon de le consulter».

... En dépit des efforts du gouvernement pour affronter la crise aiguë, séquelle de la dépression mondiale qui était apparue en 1929, la situation économique et financière d'Haïti ne s'améliorait guère. En novembre 1937, elle se complique du brusque abandon par le Brésil de sa politique de valorisation du café. Au mois de janvier 1938, s'opère une réforme administrative rendue nécessaire par l'état des finances publiques perturbées par la mévente du café et du cacao et par la maladie des cotonniers attaqués par le charençon mexicain. Des mesures visant à la revalorisation de certaines taxations et à la suppression de charges publiques jugées inutiles n'empêchent pas le gouvernement de se voir contraint de recourir à la réduction assez sensible des crédits budgétaires de l'exercice 1937-1938 et de frapper les appointements, subventions et salaires d'un prélèvement mensuel de 5 et de 10%.

Le traité de commerce signé le 28 mars 1935 avec les États-Unis, s'il contribua à ouvrir largement le marché américain au café haïtien, amena en revanche la perte pour quelque temps du marché havrais qui avait été l'unique débouché de notre principale denrée d'exportation. En protestation de la clause inconditionnelle de la nation la plus favorisée énoncée dans la convention et qui faisait perdre à la France des avantages commerciaux qui lui avaient été reconnus par les accords des 12 avril 1930 et 10 mars 1934, le marché du Havre fut fermé à la fève haïtienne, décision qui détermina automatiquement un nouveau déficit commercial. La convention de commerce franco-haïtienne, signée à Paris le 24 juin 1938, apportera toutefois de nouvelles perspectives pour l'écoulement dans des conditions équitables du café d'Haïti sur le marché français.

La déclaration de guerre en Europe, le 3 septembre 1939, assène un nouveau coup à l'économie nationale déjà si anémiée. De plus en plus empêtré dans une situation financière alarmante, le gouvernement sera forcé de porter à 15 puis à 20% le prélèvement pratiqué sur les appointements des employés de l'administration. Vive émotion dans le monde des fonctionnaires. On espère néanmoins que face à la guerre et aux embarras qu'elle suscite dans tous les domaines, l'idéal panaméricain disposera les milieux financiers de la République étoilée à une meilleure compréhension de la situation haïtienne.

Le 4 décembre 1939, à bord d'un hydravion de la Pan American Airways, le président Vincent, accompagné de quelques personnalités civiles et militaires, se rend aux États-Unis. Il va poursuivre avec le président Roosevelt et de hauts personnages de son gouvernement d'importantes conversations relatives à l'accélération de la production nationale, pour tenter de parer à la crise économique aggravée par la guerre européenne. Il venait à Washington, déclarera-t-il à la presse américaine, «moins en politique qu'en homme d'affaires»... Le lundi 18 décembre, après quinze jours d'absence, il rentrait à Port-au-Prince par un paquebot de la Panama Line.

Si sur le plan économique les résultats de ces conversations à haut niveau ne parurent pas au peuple haïtien particulièrement brillants, le gouvernement ayant fait montre en l'occurrence d'une prudente discrétion, l'insuccès sur le plan politique - on le sut par la suite - fut encore plus cuisant, l'éventualité d'un troisième mandat présidentiel à accorder à Vincent ayant été adroitement déconseillée par le président Roosevelt lui-même.

Dès le premier semestre de 1939 en effet, faisant fi de la Constitution de 1935 révisée qui, selon l'article 34, deuxième alinéa, interdisait une seconde réélection, des partisans et amis du chef de l'État avaient ouvert une campagne très active pour le renouvellement de son mandat. Dans une adresse au peuple, le 13 juin 1939, le président Vincent se déclarait satisfait de la réforme de l'État qu'il avait opérée et qui, selon lui, avait «définitivement mis nos institutions à la taille de nos mœurs». Évoquant par ailleurs sa santé «naguère encore excellente» et qui «s'altérait peu à peu», il avait résolu, malgré le souhait des «milliers et milliers de citoyens qui chaque jour et de tous les points du pays» sollicitaient de lui qu'il assume «une troisième fois les responsabilités du pouvoir», de se soustraire à l'appel de ses

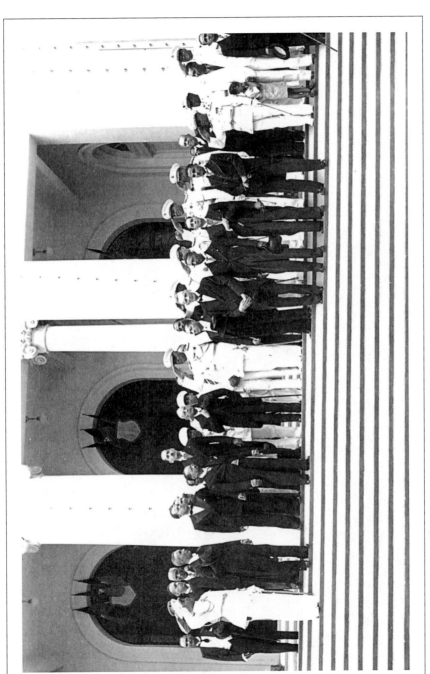

~ À sa sortie du Palais, Vincent est une dernière fois salué par l'armée. ~

~ Arrivée en la résidence de Vincent à Pétionville des présidents Vincent et Lescot, assis côte à côte dans la même voiture. ~

~ Reposoir de la Fête-Dieu du 12 juin 1941, érigé devant le péristyle du Palais National. ~

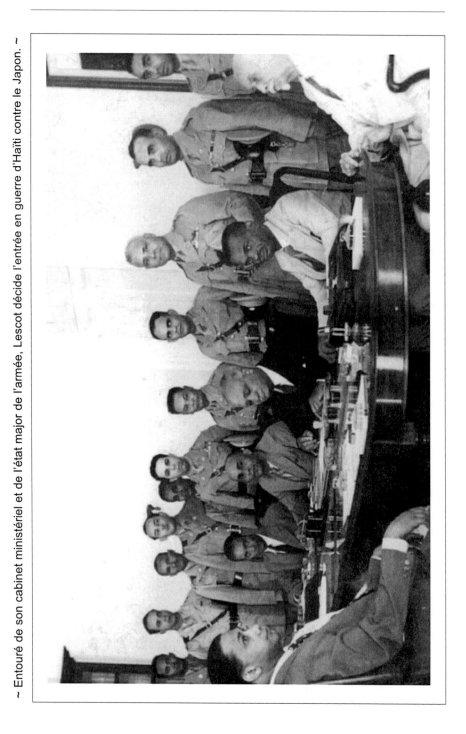

~ Entouré de son cabinet ministériel et de l'état major de l'armée, Lescot décide l'entrée en guerre d'Haïti contre le Japon. ~

~ Le Manoir des Lauriers au temps où le président Lescot l'habitait. ~

~ Inauguration de la cale de radoub de Bizoton et lancement du navire garde-côte *Savannah*. ~

~ Le Bureau d'Ethnologie quand il logeait dans
le soubassement de l'Hôtel de ville. ~

~ Lors de sa visite aux États-Unis en 1943, le président Lescot
s'entretient avec l'ambassadeur d'Haïti à Washington André Liautaud.
À ses côtés, son adjudant spécial le lieutenant Roger Lescot. ~

~ Un dîner au Salon Rouge du Palais National. ~

~ Une réception au Salon Diplomatique. ~

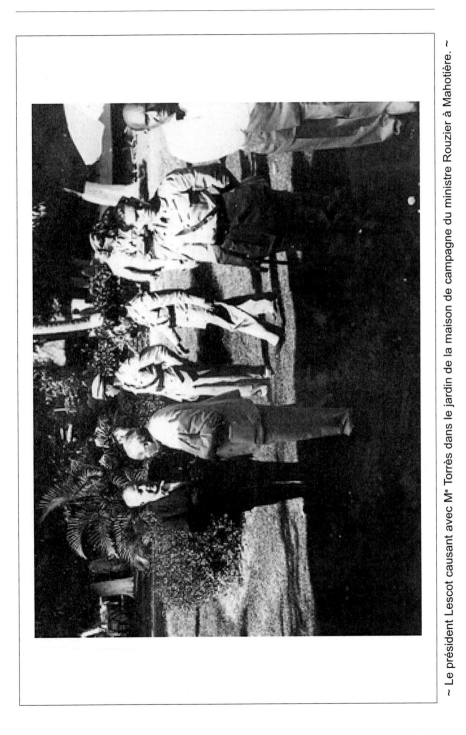

~ Le président Lescot causant avec Me Torrès dans le jardin de la maison de campagne du ministre Rouzier à Mahotière. ~

~ Mᵉ Torrès entouré de journalistes et de membres de l'intellectualité haïtienne. À sa droite, le général Nemours, président du Sénat et Léon Laleau. À sa gauche, Antonio Vieux, Dominique Hyppolite et Jean Fouchard. ~

~ Cérémonie organisée devant les tribunes du Champ-de-Mars pendant le séjour de Mᵉ Henri Torrès à Port-au-Prince. ~

~ La princesse Juliana de Hollande accueillie à l'aéroport de Chancerelles
par le Président de la République. ~

~ Le village de Kenscoff dans les années trente. ~

~ Un cottage à Furcy à 1 800 mètres d'altitude. ~

compatriotes, sans avoir subi, en s'arrêtant à ce parti, «aucune pression d'aucune sorte»[12]. Déclaration purement formelle, car intérieurement, Vincent souhaitait encore garder le pouvoir et ne se résignera à renoncer à son rêve que lorsqu'il se rendra compte que sa santé s'affaiblissait effectivement et qu'il n'avait rien à opposer au désaveu de Washington et aux chantages dont il se savait menacé.

La campagne déclenchée par ses amis ne fléchit pas pour autant. Cependant la décision expresse du président de se refuser aux suffrages du peuple ouvre, à partir de mai 1940, la compétition pour la première magistrature de l'État. Son concours est sollicité par quelques amis proches pour les porter au fauteuil présidentiel. À tous il fait de vagues promesses, sans vraiment s'arrêter à aucune décision.

Mais une personnalité politique dont le passage dans les hauts cadres avait fait d'elle un personnage influent, Élie Lescot, s'était présentée comme un candidat potentiel, dont les atouts paraissaient majeurs et les chances nombreuses[13]. Occupant alors la charge de ministre d'Haïti à Washington, Lescot voulut, pour en imposer, se faire passer pour le favori du Département d'État où effectivement il comptait de solides amitiés. Opposant résolu à la loi de naturalisation in absentia qui avait été adoptée en vue de faciliter la naturalisation et l'immigration en Haïti des Juifs traqués par les nazis et d'aider à combler les déficits du Trésor, il détenait, relativement à cette question et à d'autres pas très propres se référant aux relations haïtiano-dominicaines, certains documents compromettants dont Vincent redoutait la divulgation[14]. Pour s'assurer l'appui du président, il n'était pas exclu qu'il ne dut jouer cette carte au besoin. Vincent n'ignorait pas, d'autre part, l'existence des liens étroits qui unissaient son ministre plénipotentiaire au généralissime Trujillo et à l'ex-colonel Calixte. Depuis sa condamnation par le tribunal militaire, ce dernier n'avait cessé de travailler à miner le gouvernement d'Haïti, et sa présence en République Dominicaine ne pouvait qu'augmenter les alarmes de Vincent.

Mis au pied du mur, et confiant dans la quiétude qu'il pouvait espérer d'un gouvernement présidé par Lescot, il se résolut à épauler d'une façon effective sa candidature[15]. Les élections législatives d'où émergeront ceux qui seront appelés à élire son successeur sont montées de toutes pièces par le délégué du président Vincent, le docteur Rulx Léon, de concert avec le représentant d'Élie Lescot, Gontran Rouzier. Les 15 et 16 décembre 1940, la Chambre basse est renouvelée. Mais curieusement, la campagne électorale s'est déroulée avec pour leitmotiv «la nécessité de continuer la politique du gouvernement» par «la prolongation du mandat présidentiel[16]».

Les 10 et 13 mars 1941, en dépit du vœu du chef de l'État, mais s'appuyant sur l'article 13 de la Constitution qui reconnait au peuple le pouvoir d'émettre son opinion «sur toutes les questions qui l'intéressent», les deux branches du Corps législatif déclarent le président Sténio Vincent «prisonnier de la nécessité nationale» et décident «qu'il y a lieu de *prolonger* de cinq ans la durée du second mandat dont est investi le président de la République, le citoyen Sténio Vincent, à compter du 15 mai 1941». Cette résolution est transmise au président pour être soumise à la ratification populaire. Dans son message du 12 avril à l'Assemblée nationale, Vincent décline cette démarche des Chambres, qui «l'honore et le flatte» et qui traduisait positivement la volonté exprimée par le peuple lors des élections de décembre. Pour lui, le maintien de sa détermination d'abandonner le pouvoir et de se retirer «dans le calme de la vie privée» demeurait irrévocable[17].

Cette résolution des Chambres fut la dernière et éclatante démonstration de force donnée par Vincent pour persuader l'opinion que jusqu'à la veille de l'expiration de son mandat, il avait encore la situation bien en main.

Le mardi 15 avril, le sénateur Louis Antoine Léocardie Élie Lescot est élu pour cinq ans à la suprême magistrature de l'État, par les deux Chambres réunies en Assemblée nationale sous la présidence du général Alfred Nemours. Scrutin impressionnant : 56 voix sur 58 votants[18]. Le président élu présente ses remerciements aux membres des deux Chambres qui avaient sollicité à son intention le vote de leurs collègues et formule la solennelle déclaration de «remplir les devoirs de sa haute fonction au péril même de sa vie». À son départ de la Maison nationale, il embrasse l'emblème de la Patrie, et suivi de la foule de ses partisans et amis, se rend à sa résidence de l'avenue Lamartinière[19]. Peu de jours après, il partait pour Washington, et par le *Panama*, rentrait le 5 mai suivant, vivement ovationné au quai. Des entretiens qu'il avait eus dans la capitale fédérale, il en était résulté des suites satisfaisantes que le président élu se hâta d'annoncer au peuple haïtien : suppression du bureau de contrôle financier américain dit Agence fiscale, nouvelle impulsion à l'agriculture haïtienne par l'augmentation de la production de la figue-banane, développement des ressources forestières et implantation de la culture de l'hévéa, extension de la petite industrie manuelle, nouveau crédit d'un demi-million de dollars pour l'achèvement du programme de travaux publics de la J.G. White.

Le Troisième Congrès des États caraïbes tenu à Port-au-Prince du 22 au 30 avril 1941, sera le suprême couronnement des onze années de pouvoir du président Vincent. Ouvert à la Salle des Bustes du Palais national, ce congrès destiné «à renforcer la solidarité des pays baignés par la mer des Caraïbes, pour se mieux connaître et développer un système de compénétration appelé au meilleur avenir», connut un grand succès. De nombreuses réceptions jalonnèrent cette semaine qui vit la réunion à Port-au-Prince de personnages de tout premier plan, diplomates et journalistes. À la séance plénière et de clôture du mardi 29 avril à la salle des Bustes, Vincent prononce l'un des plus beaux discours de sa carrière. Adieu triomphal qui lui-même mettait fin, avec un éclat exceptionnel, aux utiles travaux accomplis par les délégués durant la semaine.

Les deux mandats de Vincent exercés dans une période difficile, où l'assistance économique et financière internationale était inconnue, s'ils apportèrent au peuple haïtien certains déboires sur le plan politique, furent toutefois marqués dans d'autres domaines, par un souci évident du chef de l'État de travailler à la régénération du pays. En témoignent le contrat de figues-bananes de 1935 concédant à la Standard Fruit le privilège exclusif d'achat de cette denrée, moyennant pour la compagnie de porter la production et l'exportation à 4.000.000 de régimes; le contrat de travaux publics de 1938, chargeant la J.G. White Engineering Corporation de l'exécution d'une série de travaux de drainage, d'irrigation, d'extension agricole, de captage de sources et de construction de rues et routes; l'institution en 1938 de la fête de l'Arbre, en vue d'accélérer le reboisement du pays...

Ses efforts pour promouvoir une politique de justice sociale effective furent indéniables, et il reste le premier de nos chefs d'État à avoir établi un «plan technique et rationnel d'un programme sérieux et continu de l'assistance» publique[20]. Création de la Loterie nationale, instauration de l'Oeuvre des Enfants assistés, réorganisation de l'École centrale des Arts et Métiers, fondation de la Maison nationale de Rééducation, institution de la Caisse d'Assistance sociale, autant de réalisations qui confirment la vocation sociale de ce gouvernement. Conjointement avec ce plan d'action, se concrétisa un programme tout à fait nouveau d'amélioration des conditions matérielles des travailleurs. La loi sur la réglementation du Travail de 1934, l'érection la même année, dans le quartier malsain de la Saline, de la première cité ouvrière, devenue la Cité Vincent, l'ouverture de bibliothèques populaires dans les principales villes de la République demeurent quelques-uns des «jalons» de la politique fondée sur le mieux-être des masses, instaurée par Vincent dès sa prise du pouvoir.

Notes

1. Lien de parenté révélé par le lieutenant Yves Dépestre dans sa déposition.
2. Le garage de l'Armée se trouvait à cette époque au bois Saint-Martin. L'Hôpital militaire occupait les locaux de l'ancien hôpital des Marines, limitrophe du camp d'aviation.
3. La Commission de Recherche était composée du colonel Henri Clermont, commandant du département militaire de l'Ouest, du major Roche Laroche, chef de la Police et du lieutenant Albert Renard, commandant de l'artillerie légère du Palais.
4. Selon le témoignage d'officiers présents au champ de tir lors de l 'exécution de Pérard, Modé ne fut pas «amené sur les lieux aux fins d'y assister», comme l'affirme Calixte dans son livre *Calvaire d'un Soldat*, p. 120.
5. La deuxième Commission de Recherche qui siégeait à la caserne Dessalines était formée du capitaine Pierre L. Montrosier, du lieutenant Max Corvington, du sous-lieutenant Roger Aubry et d'Hermann Fife, rapporteur.

6. Voir les interrogatoires de Dépestre et de Francillon aux Appendices II et III

7. D.P. Calixte : op. cit., pp. 114-116.

8. Tous les officiers condamnés bénéficieront dans la suite de la grâce du président Vincent. Calixte et Mompoint seront eux-mêmes graciés par le président Lescot en septembre 1941.

9. D.P. Calixte : op. cit., pp. 133-134.

10. Trois des cinq anciens sénateurs, Ulysse Simon, Villehardouin Leconte et Joseph Titus avaient été arrêtés, tandis que Charles Fombrun et Edgard Fanfan avaient eu le temps de se mettre à couvert.

11. Sténio Vincent : *En posant les Jalons*, tome IV, p. 263.

12. Sténio Vincent : op. cit. tome IV, p. 286 et suivantes.

13. Dès janvier 1940, dans une lettre adressée à Vincent, Lescot, alors ministre d'Haïti à Washington, lui avait fait part de son désir de lui succéder à la présidence de la République et lui avait demandé son appui moral, «s'il le jugeait digne de cette succession». - Lettre d'Élie Lescot au président Vincent du 4 janvier 1940.

14. Lettre d'Élie Lescot au président Vincent du 26 août 1940 et réponse de ce dernier datée du 31 août 1940.

15. Malgré l'espoir qu'il nourrissait de couler une retraite paisible, Vincent dut s'astreindre, pendant plus de sept ans, à combattre par de longs et épuisants procès, son prétendu créancier Milo Rigaud qui usa de tous les sophismes pour essayer d'atteindre l'ancien président dans son honneur. Milo Rigaud n'en fut pas moins condamné à deux reprises, respectivement par jugement du Tribunal criminel de Port-au-Prince, le 30 juin 1943, et par jugement du Tribunal criminel de Saint-Marc, le 28 mars 1950.

16. En accord avec Lescot et pour lui faciliter l'accès au pouvoir, Vincent le nommera sénateur de la République, comme le lui permettait la constitution de 1935 révisée.

17. Sténio Vincent : op. cit., tome V, pp. 164 et suivantes.

18. Les deux membres du parlement qui ne lui donnèrent pas leur vote sont Dumarsais Estimé et Frédéric Duvigneaud.

19. Cet immeuble faisait face à l'impasse Jeanty et a été récemment démoli.

20. Dr Augustin Mathurin : *Assistance Sociale en Haïti* (1804-1972), p. 202.

DÉMOCRATIE DÉGUISÉE

Quinze mai 1941 ! Journée d'apothéose. À l'issue de la cérémonie de prestation de serment du nouveau chef d'État, celui-ci laisse le Palais législatif pour se rendre à la cathédrale et de là, au Palais national où va se dérouler la cérémonie de passation des pouvoirs. Au Salon diplomatique, Vincent le prévient : «Ce sera une lourde charge pour vos épaules, mon cher et fraternel ami, mais que vous aideront à porter tous les honnêtes citoyens, la nation tout entière et Celui qui dirige tous les empires». Lescot prend ensuite la parole. À la fin de son discours, enlaçant avec affection son prédécesseur, il lui dit : «Croyez que le baiser que je vous donne ne sera jamais celui d'un ingrat!»[1].

À sa sortie du palais, dans la voiture où allaient prendre place les deux chefs d'État, Vincent voulut se mettre à gauche du nouveau président, mais celui-ci, grand seigneur, le força à prendre la droite, sous les applaudissements approbateurs de l'assistance qui se tenait dans la cour du palais. Le cortège aussitôt se forma pour une grande tournée à travers la ville. Il longea les rues Pavée, du Peuple, le Bel-Air, la rue Justin-Lhérisson, la Saline, le parc Vincent, la rue du Quai, la rue des Miracles, la rue Geffrard, l'avenue John-Brown pour atteindre Pétionville et aboutir au quartier de la Tête-de-l'Eau, lieu de résidence du président Vincent. Partout, les acclamations n'avaient cessé de retentir pour saluer les deux chefs d'État, assis côte-à-côte dans la Packard présidentielle dont la capote, pour la circonstance, avait été abaissée...

Aucune tournure particulière dans la gestion de la chose

publique n'est envisagée dans l'immédiat par le nouveau président qui dans sa proclamation du 15 mai au peuple haïtien a déclaré qu'il désirait être le continuateur de la politique de «paix féconde fondée sur l'ordre, le travail, le renforcement de nos capacités productives et le concept généreux d'une justice sociale de plus en plus élargie» [2] de son prédécesseur. Plus rénovatrice paraîtra sa politique internationale qu'il entendait aligner irréversiblement sur celle des États-Unis, «notre sort étant profondément lié au sort» de notre puissant voisin, sans omettre la consolidation, «sous le signe du respect mutuel de leurs droits, des rapports amicaux qui doivent exister entre Haïti et la République Dominicaine».

Lescot n'entend pas pour autant se départir de toute personnalité, et son premier souci sera d'affirmer sa volonté de contrôle de toutes les branches de l'administration. Moins de trois semaines après son entrée en fonction, n'oubliant ni les conflits d'autorité qu'une insuffisante vigilance de l'exécutif avait laissé se développer au sein de l'armée, ni les «incursions de la politique» qui s'y étaient ouvertement manifestées, et s'autorisant de la disposition constitutionnelle qui fait du président de la République, «le chef suprême des forces de terre, de mer et de l'air», Lescot, par décret du 5 juin 1941, déclare assumer «le commandement effectif de toutes les forces armées de terre, de l'air et de mer de la République». À partir de cette date fut supprimée la fonction de commandant de la Garde d'Haïti qui fut remplacée par celle de chef d'État-Major. Celui-ci, nommé par le président de la République pour une période de deux ans renouvelable, était assisté de colonels répartis en quatre bureaux. L'assistant-commandant qui auparavant avait le titre de chef d'État-Major, fut désigné par celui d'adjudant-général et garda ses mêmes attributions. La garde du Palais et le Corps de police furent placés sous les ordres directs du président, commandant en chef de l'armée. Par ces nouvelles dispositions, les attributions du chef d'État-Major allaient se trouver grandement limitées, et seul l'accord du président de la République autorisait désormais l'exécution d'un ordre émané de lui. De plus en plus dans la suite, s'amenuiseront les pouvoirs de l'ancien commandant de la Garde.

Au cours d'une prise d'armes, le vendredi 6 juin, devant les tribunes du Champ-de-Mars, Lescot harangue l'armée et prend le commandement des troupes, donnant ainsi à l'événement sa consécration publique.

À la même époque et dans le dessein d'assurer au gouvernement la priorité dans la diffusion des nouvelles à caractère politique, fut créé le Bureau d'Information à la Presse (B.I.P.) rattaché au département de l'Intérieur.

Ces changements et créations sont symptomatiques d'un état d'esprit nouveau, tendant à une volonté bien déterminée du pouvoir de dominer et de régenter. S'appuyant sur sa déclaration liminaire du 15 mai, selon laquelle il désirait bannir de la mentalité haïtienne les concepts pernicieux de la dénonciation, de l'intrigue, du tripotage, du mensonge et de la calomnie, Lescot fermera l'oreille à toute critique, même à toute suggestion et n'entendra s'inspirer que de ses propres idées et de celles de ses conseillers intimes. L'expansion du conflit mondial, consécutive à l'entrée en guerre des États-Unis en Extrême-Orient et en Europe semblera justifier les mesures d'exception qu'adoptera Lescot pour la sauvegarde des intérêts stratégiques des puissances alliées. Au fait, ces dispositions, si elles permettront un contrôle plus effectif et plus sévère des activités touchant de près ou de loin la conflagration internationale, serviront aussi admirablement les penchants à l'autocratie du nouveau chef d'État. Tous les pouvoirs bientôt se trouveront centralisés entre ses mains. Il prétextera de l'impréparation du peuple haïtien pour déclarer que la démocratie, telle que les utopistes voudraient l'instaurer, serait pour Haïti une dangereuse expérience, et dans sa proclamation du 15 mai 1944, il n'hésitera pas à conditionner l'application en Haïti des «quatre libertés préconisées par la Charte de l'Atlantique», au degré de maturité qu'aura atteint l'Haïtien quand il se découvrira «un véritable citoyen, conscient de ses droits et de ses devoirs» [3].

Trop confiant en lui-même et en la pureté de ses intentions, Lescot ne s'apercevra pas de la dualité qui s'établissait entre certains actes répressifs de son gouvernement réclamés, selon lui, par les conjonctures, et les idées libérales et démocratiques pour le respect desquelles le monde s'était mis en guerre et auxquelles Haïti avait solennellement adhéré. Cette contradiction patente qu'il refusait d'admettre et dont l'esprit subsistera même après la fin des hostilités, servira d'argument favori à ceux qui aspiraient à un renouveau dans la conduite des affaires du pays. Il ne s'en rendra compte que trop tardivement.

Dès l'entrée de Lescot au Palais national, on observe quelques gestes spectaculaires bien dans la note de son tempérament et de l'image qu'il désirait donner de son attachement aux valeurs spirituelles et morales. À l'occasion de la Fête-Dieu de 1941, il fait ériger au Palais un magnifique reposoir couronné par un tableau du Sacré-Cœur de 28 pieds de haut, brossé par le frère Régis de Saint-Louis de Gonzague et que l'on fixe à une vingtaine de mètres, dans l'entrecolonnement du péristyle. Le mois suivant, un communiqué du ministère de l'Intérieur ordonne l'arrêt du fonctionnement, jugé pernicieux, des boîtes à sous et la suppression de la perception de la taxe communale des marchés en pleine rue, source d'incessants abus. Au parc de l'Hôtel de Ville, des centaines de spectateurs assistent à la destruction, par les sapeurs-pompiers, des boites à sous vulgairement appelées *jack pot*... introduites dans le pays en 1932 par le garagiste américain Anton Kneer, dans le dessein apparent d'alimenter les ressources consacrées à la restauration des monuments historiques[4]. Mais ce qui contribua le plus à réjouir le peuple haïtien et en particulier les employés de l'Administration, ce fut l'annonce de la réduction, à partir d'octobre 1941, du prélèvement de 20% pratiqué sur leurs appointements, et qui fut ramené à 10%.

Donnant suite aux directives concernant les relations futures d'Haïti et des États-Unis, émises dans son discours d'entrée en fonction, Lescot inaugure le 13 novembre 1941 l'aérodrome de Chancerelles, doté d'une piste asphaltée. Geste qui sera considéré comme la preuve «de la participation sans réserve de la République d'Haïti à la politique salutaire de Bon Voisinage» et aussi, comme la première étape du gouvernement haïtien à l'œuvre commune de la protection continentale. Toute la population est conviée à participer à cette solennité. Invité par Lescot, Trujillo se fait représenter par une délégation spéciale. En présence du général Collins, commandant en chef des Forces aériennes américaines des Caraïbes, le président Lescot coupe le ruban et ouvre l'aérodrome «au service de la défense du continent». À cette occasion, il renouvelle l'assurance de laisser pénétrer sur le territoire de la République, si besoin se faisait sentir, les forces du gouvernement américain, comme celles de tous les autres gouvernements de l'hémisphère, certains qu'ils y trouveraient «la collaboration la plus complète en vue de la défense commune de ce que l'homme digne de ce nom a de plus cher au monde : sa Liberté et son Indépendance». Cinq bombardiers et six chasseurs, composant l'escadrille américaine qui était venue prendre part à la cérémonie, offrent le lendemain une intéressante exhibition aérienne à la population de Port-au-Prince.

La menace de guerre qui depuis déjà quelque temps planait sur le continent américain, se transforme subitement en cruelle réalité. Le dimanche 7 décembre 1941, à 7 heures 55, la base aéronavale de Pearl Harbour dans le Pacifique est attaquée par surprise par l'aviation japonaise. D'énormes pertes en navires et en avions sont infligées aux forces armées américaines. Devançant les États-Unis, le président Lescot, dès le lendemain, réclame dans un message au Comité permanent de l'Assemblée nationale l'autorisation de déclarer la guerre au Japon. Elle lui est accordée séance tenante. Le même jour, la république d'Haïti se déclare «en état de guerre avec l'Empire Nippon». L'état de siège est décrété sur tout le territoire, et les activités nationales sont placées sous le contrôle de l'autorité militaire et la haute direction du président de la République, chef suprême des forces armées. Dans sa proclamation au peuple haïtien, Lescot donne à ceux, Haïtiens ou étrangers, qui se rendraient coupables de tentatives de sabotage, le solennel avertissement qu'ils seraient sans délai «traduits par devant la Cour martiale, jugés et passés par les armes».

Les événements se précipitent. Comme corollaire à la déclaration de guerre des États-Unis aux puissances de l'axe Rome-Berlin-Tokyo, le président, dans son message du 12 décembre 1941, sollicite du Comité permanent de l'Assemblée nationale la permission de déclarer la guerre au Reich allemand et à l'Italie. Du Palais législatif où il s'est amené et où l'autorisation demandée lui a été donnée, le chef de l'État lance une énergique proclamation au peuple :

> «*Haïtiens,* dira-t-il, *je veux que vous réalisiez que les déclarations de guerre que nous avons faites ne constituent pas des gestes purement symboliques. Je veux que vous vous pénétriez de notre décision inébranlable de subir le poids des bombes et de voir, s'il le faut, notre pays brûler comme une torche, plutôt que de plier sous la botte du nazisme ou du fascisme blanc et jaune.*

> «*Je veux que vous sachiez aussi que pour la défense de la Démocratie, nous devons être prêts à supporter les restrictions de toutes sortes et à consentir tous les sacrifices de quelque nature qu'ils puissent être.*

> «*L'Allemagne, l'Italie et le Japon, pareils à des déments atteints du délire du crime, doivent être garottés ! Et tous les peuples qui jouissent encore des bienfaits de la liberté, doivent se serrer les coudes pour leur passer la camisole de force.*

> «*... Nous prendrons nos responsabilités avec toutes les conséquences qu'elles peuvent emporter, dans la position que nous avons prise pour la défense de la Démocratie. Notre pays est petit, mais il doit être une grande Nation!*» [5]

Par décret-loi du 17 décembre 1941, les biens mobiliers et immobiliers des ressortissants des pays ennemis sont mis sous séquestre, et leurs maisons de commerce ou toutes autres entreprises leur appartenant, liquidées. À la Banque nationale de la république d'Haïti est confiée la fonction de séquestre liquidateur général. Six mois plus tard, le décret du 15 juin 1942 permettra au gouvernement de prélever sur les fonds provenant du séquestre et de la liquidation des biens des ressortissants ennemis «toutes valeurs nécessaires aux besoins de la défense nationale». Les obligations impérieuses créées par l'état de guerre au gouvernement haïtien, les charges de trésorerie auxquelles il avait à faire face, la nécessité pour lui de renforcer la défense économique conduiront, le 25 mars 1944, le gouvernement à décréter «biens de l'État haïtien» tous les biens meubles et immeubles mis sous séquestre en vertu du décret-loi du 17 décembre 1941 [6]. Quant à ces ressortissants eux-mêmes, quelques jours après la

déclaration de guerre, ils avaient été appréhendés et internés au fort National où ils jouiront d'agréables loisirs. Un rapport de la Croix-Rouge Internationale le signalera opportunément. Quelques Haïtiens suspects d'activités antinationales furent également emprisonnés.

Dérogeant à une très ancienne coutume, le président Lescot, en décembre 1941, abandonne sa résidence officielle du Palais national pour aller prendre logement dans sa maison privée de Bourdon, le *Manoir des Lauriers*. Le début de l'année nouvelle voit l'intensification des mesures adoptées dans le cadre d'une véritable mise sur pied de guerre de la république d'Haïti. En vue d'une éventuelle mobilisation, Lescot ordonne l'inscription de tous les citoyens mâles âgés de 18 à 40 ans. Il autorise le débarquement, dans tous les ports haïtiens, et sans aucune formalité douanière, du matériel de guerre nécessaire à l'armée américaine. Afin d'éveiller le civisme des jeunes et de renforcer chez eux l'amour de la Patrie, il encourage les directeurs des écoles publiques et privées à introduire dans leurs établissements le culte du drapeau national. N'obéissant qu'à leur juvénile générosité, les élèves des classes de Philosophie et de Première du collège Saint-Martial, dans une lettre ouverte au président de la République, se déclarent prêts à répondre à tous ses mots d'ordre, «fût-ce au prix de notre sang» [7]. Pour éviter une discordance nuisible d'avec l'horaire international, «l'heure de guerre» est adoptée le 21 juillet 1942. La population est invitée à avancer d'une heure, à partir de minuit, horloges, pendules et montres.

... Un procès qui depuis quatre ans n'avait cessé de soulever la curiosité des foules trouve son épilogue à cette époque. En février 1942, un communiqué du département de la Justice informait du rejet par le président de la République du recours en grâce d'Otto Bellan, alias Otto Johnson, âgé de 34 ans, condamné à la peine capitale par le Tribunal criminel de Port-au-Prince, le 16 novembre 1941, pour avoir donné la mort par strangulation à son épouse, la dame Anna Bernateau.

Malfaiteur invétéré, Otto Bellan n'en n'était pas à son coup d'essai. Après avoir été, à 18 ans, condamné pour vol au préjudice du garage Kneer, il subissait en 1935 une peine de 3 ans de travaux forcés

que lui avait infligée le Tribunal criminel de Port-au-Prince pour tentative d'assassinat sur sa concubine Carmen Alvarez, quand il rencontra Anna Bernateau, infirmière à la prison. Celle-ci se laissa séduire, entreprit des démarches, obtint la grâce du condamné et l'épousa l'année suivante. Maltraitée à son tour, elle réclame le divorce. Bellan s'y oppose, la menace. Le 26 novembre 1937, c'est le drame. Otto Bellan se précipite sur son épouse, la saisit à la gorge et l'étrangle.

À l'aube du mercredi 11 février 1942, l'assassin est exécuté aux environs du cimetière de Pétionville. Il était accompagné du curé, le père Alfred Monteil, qui l'exhortait au courage et lui administra les derniers sacrements. Il avoua son forfait et ses dernières paroles furent de résignation face à l'impartiale justice. «Vous pourrez rapporter, déclara-t-il aux journalistes présents, qu'Otto Bellan considère la vie comme un rêve... un rêve qui pour moi va s'achever». Avec émotion, il demanda à ceux qui en auraient l'occasion, de «tendre la main à sa mère et à ses deux enfants». Il refusa de se laisser bander les yeux, et c'est en fumant une cigarette qu'il reçut la décharge du peloton d'exécution.

... Vers la fin de mai 1942, désireux de discuter de vive voix avec les responsables américains des problèmes relatifs à la situation économique et à la défense de l'hémisphère, le président Lescot se rend une nouvelle fois aux États-Unis. Les résultats concrets de ce déplacement sont exposés au peuple haïtien par le chef de l'État : ouverture de crédit obtenue de la Export-Import Bank en vue de fortifier la position de la gourde et d'assurer l'exécution normale du budget, placement garanti jusqu'à la fin de la guerre de la totalité de la récolte de coton, extension sur 24.000 acres de la culture de la pite par l'intermédiaire de la Société Haïtiano-Américaine de Développement Agricole (SHADA), modernisation des abattoirs et marchés publics, assainissement des régions marécageuses, amélioration du système hydraulique.

Aussi positifs se révélaient sur le plan militaire, les fruits de ces contacts au sommet : défense des côtes haïtiennes assurée en partie par la marine de guerre américaine, construction prochaine au dock de Bizoton d'un bassin de radoub permettant de construire ou de réparer

des navires d'au moins 600 tonneaux, mise à la disposition de la république d'Haïti d'un navire de patrouille et d'un certain nombre d'avions militaires avec mécaniciens et instructeurs, remise de batteries d'artillerie pour la défense des côtes.

La plus cordiale entente semblait désormais animer les relations haïtiano-américaines. Pris dans le piège de ses illusions et de son optimisme débordant, le président Lescot ne craindra pas, à l'occasion de la fête nationale de la république étoilée de prononcer ces propos d'une redoutable conséquence : «N'en déplaise à ceux qui se leurrent d'être les dépositaires d'un nationalisme désuet et de parade, tout nous commande de nous intégrer aux États-Unis»[8].

De fait, le Grand Voisin ne minimisant pas l'importance stratégique du bassin des Caraïbes, va mettre tout en œuvre pour propulser l'équipement adéquat des forces militaires des pays de cet archipel, appelés à répondre à une éventuelle extension de la guerre européenne à l'hémisphère occidental. En juillet 1942, le Service côtier de la Garde d'Haïti devient les *Garde-Côtes d'Haïti*, placées sous le contrôle immédiat et les ordres directs du Président de la République. Au dock de Bizoton, six patrouilleurs, distraits de la U.S. Navy, sont remis au nouveau service pour la défense des côtes haïtiennes. La construction de la cale de halage annoncée par Lescot à son retour de Washington est entamée sans délai. Dans l'après-midi du 11 mars 1944, en présence du contre-amiral Lewis Cowbs, elle est solennellement inaugurée par le président Lescot. Le même jour est lancé le navire garde-côte *Savannah*, cédé par les États-Unis en fonction des accords «prêt-bail». Madame Lescot, la marraine[9], brise sur la coque du navire la bouteille de champagne traditionnelle. La cérémonie se termine par une garden-party organisée par le capitaine de vaisseau Philippe Cham, commandant des Garde-Côtes d'Haïti, sur la cour de la base de Bizoton. Convenablement équipée, la cale de halage, dès sa mise en service, sera en mesure de procéder, en l'espace d'un mois, aux réparations d'environ trois à quatre bateaux de 175 pieds de long et de 1000 tonnes de déplacement.

Toujours en fonction des impératifs d'une défense unifiée du continent américain, le *Corps d'aviation de la Garde d'Haïti* est créé et

officiellement inauguré le 16 octobre 1942. Six avions Douglas 038-E transférés au gouvernement haïtien avaient servi à l'entraînement des pilotes haïtiens. À ces derniers, se joignirent les pilotes et techniciens régnicoles formés aux États-Unis. En septembre 1943, le capitaine Édouard Roy est nommé premier commandant du Corps d'aviation. La formation technique des jeunes postulants haïtiens s'étant révélée concluante, dès cette époque les appareils du Corps d'aviation ne seront plus pilotés que par des aviateurs du terroir. Se signaleront parmi eux, les sous-lieutenants Maignan et Danache.

Grâce à la loi «Prêt-Bail», la Garde d'Haïti s'était vue en quelques mois pourvue d'un matériel de guerre que le public sera heureux et fier d'admirer au cours de la parade militaire organisée le 1er août 1943, à l'occasion du Jour de l'Armée... Le défilé débute sous le commandement du colonel Durcé Armand, à cheval, suivi des officiers de son état-major. Voici d'abord les fusiliers marins, resplendissant dans leur uniforme d'une blancheur immaculée, puis le Corps des signaleurs et celui des infirmiers. Passent ensuite les différentes compagnies du premier bataillon de la Garde présidentielle. À l'infanterie succède l'artillerie mécanisée dont les servants sont casqués d'acier. Chars d'assaut, command-cars, mortiers, batteries de D.C.A. roulent dans un grondement tumultueux. Une file imposante de camions de transport bâchés de vert foncé, ferme le défilé. La foule applaudit et s'écoule ensuite, le cœur vibrant, conquise par ce déploiement de force, tandis que dans le ciel port-au-princien, les appareils du Corps d'aviation continuent à se livrer à leurs évolutions acrobatiques.

Sensationnelle et réconfortante volte-face pour les alliés occidentaux! Le 8 septembre 1943, la nouvelle de la capitulation de l'Italie, signée depuis le 3 par le maréchal Badoglio, nouveau chef du gouvernement italien, est divulguée aux quatre coins du monde. Pour fêter cette éclatante victoire, une impressionnante retraite aux flambeaux animée par deux corps de musique, défile à travers le Champ-de-Mars. Du balcon du cercle Port-au-Princien où avait lieu une réception en l'honneur des professeurs des cours d'été, le président Lescot suivit la manifestation. Les Italiens internés au fort National furent remis en liberté.

À la fin de 1943, répondant aux invitations que lui avaient adressées le comte d'Athlone, gouverneur général du Canada, Franklin D. Roosevelt, président des États-Unis et le général Fulgencio Batista, président de la République de Cuba, le président Lescot entreprend un périple mémorable qui va le conduire dans chacun de ces trois pays amis. Cette tournée, placée sous le signe du panaméricanisme et de la volonté de mise en commun des ressources naturelles et de tous «les éléments de défense matérielle», sera à juste titre considérée comme un événement diplomatique sans précédent dans les annales des relations internationales de la république d'Haïti. Pendant plus d'un mois, du 27 septembre au 31 octobre, le président Lescot, accompagné de quelques-uns de ses proches collaborateurs, Abel Lacroix, secrétaire d'État des Finances, du Commerce et de l'Économie nationale, Maurice Dartigue, secrétaire d'État de l'Instruction Publique, de l'agriculture et du travail, Gontran Rouzier, sous-secrétaire d'État à l'Information et à la Police générale, Daniel Heurtelou, secrétaire particulier du président, sera partout chaleureusement accueilli et cordialement choyé. Entre autres hommages qui lui seront rendus, son élévation au grade de docteur en Droit honoris causa de l'Université Laval de Québec. De retour à Port-au-Prince, le président Lescot, apparaissant à l'un des balcons de l'Hôtel de Ville, est acclamé par une foule compacte massée à la rue du Quai.

Cette longue randonnée ne s'était pas limitée à des réceptions, dîners ou autres démonstrations mondaines. D'importantes conversations roulant non seulement sur les problèmes de défense, mais aussi sur le programme de développement d'Haïti, élaboré par Lescot et ses conseillers, avaient été tenues entre les responsables haïtiens et ceux des divers pays visités. Le bilan de ces discussions se révélait assez positif, compte tenu des résultats appréciables obtenus principalement dans les domaines économique et agricole : majoration du budget de dépenses de 7.000.000 de gourdes, grâce à l'augmentation des quotas de produits haïtiens consentie par les États-Unis, suppression de la retenue de 10% pratiquée sur les appointements des fonctionnaires de l'État, affectation par la Rubber Development Corporation d'une valeur de 9.600.000 dollars pour l'intensification de la culture de la cryptostégia, mise en train d'un plan de développement des relations commerciales haïtiano-canadiennes. Avaient encore fait l'objet de discussions fructueuses, la création prochaine de l'Organisme des Assurances sociales avec l'aide du Bureau International du Travail, l'adoption d'un carburant national avec le concours de spécialistes cubains, le prolongement pour une période additionnelle de trois ans de projets d'assainissement financés par l'Institut des Affaires Inter américaines, l'échange entre Haïti et les États-Unis de professeurs et d'étudiants en vertu du programme de coopération éducative.

Au cours de l'année 1943, la république d'Haïti se voit honorée de la visite de très hautes personnalités politiques : le président de la Bolivie, M. Penaranda, la princesse Juliana, héritière du trône de Hollande et Paul Van Zeeland, éminent homme d'État belge qui prononce deux retentissantes conférences à l'Hôtel de Ville.

Succès de sa politique internationale, encourageants espoirs pour l'aboutissement de son plan de développement interne, Lescot en cette année 1943 peut se considérer comme gâté par le destin. Toutefois, l'image de lui-même qu'il souhaiterait donner à la nation et à l'étranger, celle d'un chef d'État démocrate, engagé résolument dans l'exaltante tâche de rénover son pays, cette image qui le hante, le fuit désespérément. Une démocratie de façade, voilà celle à laquelle il veut bien s'accommoder et qui lui laisse croire qu'il est un doctrinaire de la souveraineté nationale. «Nul n'est plus peuple que moi», proclamera-t-il dans son discours du 1ᵉʳ janvier 1944... Assez souvent, il se rend aux représentations cinématographiques ou théâtrales de Rex ou de Paramount et prend plaisir à se mêler aux spectateurs, alors que ne s'embarrassant d'aucune forme, il ferme jusqu'à nouvel ordre *Le Nouvelliste*, à la suite d'une note consacrée au contrat pour l'achat de tresses de sisal, ou interdit une conférence sur Constantin Mayard du Dʳ René Salomon, estimant le caractère de cette causerie susceptible «de soulever inutilement des passions et de dresser les citoyens les uns contre les autres, juste au moment où, en raison de l'état de guerre, le pays a besoin de l'union la plus large de tous ses enfants»[10].

L'état de guerre ! Voilà le leitmotiv qui voudra excuser toutes les dispositions antidémocratiques arrêtées par le gouvernement et apparemment autorisées par l'état de siège. Le processus de rejet progressif de tout contrôle de l'exécutif commencera dès janvier 1942, par la promulgation du décret-loi du 13 janvier conférant au président de la république, pour la durée de la guerre, le droit, assimilable aux pleins pouvoirs, de prendre «par décrets... toutes les mesures qui pourront être imposées par les circonstances». Le décret du 2 février 1942 rend justiciables des tribunaux militaires les auteurs des crimes et délits contre la sûreté de l'État et contre l'ordre et la paix publique et octroie au chef de l'État le privilège de déférer à ces mêmes tribunaux, s'il le juge nécessaire, les auteurs de crimes et délits de droit commun. Conséquence logique de l'état de siège et de l'exercice des pleins pouvoirs, le décret du 23 février 1942 viendra suspendre les garanties constitutionnelles pour toute la durée des hostilités.

L'affaire Déclasse Moise qui émut profondément l'opinion publique, sera la première des grandes causes criminelles portées par devant la juridiction du Conseil supérieur militaire et permanent. Sous la présidence du colonel Alexandre Joseph, s'ouvre aux casernes Dessalines, en avril 1942, le procès de l'assassinat à Kenscoff, de la dame Philippe Vincent, d'origine syrienne, épicière de son état et compagne du maire de la localité, Déclasse Moise...

Le samedi 21 juin 1941, Anna Lefèvre, servante chez madame Vincent, et qui brûlait du désir de s'établir elle-même boutiquière, recevait de son concubin Victor Antoine alias Couloute, 47 ans, l'ordre de se cacher sous le lit de sa maîtresse afin, la nuit venue, de lui ouvrir la porte de l'épicerie. S'étant amené sur les lieux, Victor Antoine trouva effectivement la voie libre et, suivi de son complice Pauléma Paul Guelcé dit Gros Collier, âgé de 28 ans, pénétra à l'intérieur de la boutique. Pendant que sa concubine et Gros Collier se hâtaient de remplir les sacs dont ils s'étaient munis de marchandises trouvées çà et là, il se tenait dans la chambre de madame Vincent pour faire le guet. Ces allées et venues insolites finissent par réveiller la pauvre femme. Celle-ci tente de se défendre et d'appeler au secours. Couloute la maîtrise et fébrilement lui assène plusieurs coups de machette. Pris de panique, les trois malfaiteurs s'empressèrent alors de déguerpir avec le fruit de leurs rapines, non sans avoir auparavant mis le feu à la maison.

Convaincus de crimes de vol, d'assassinat et d'incendie, Victor Antoine, Anna Lefèvre et Pauléma Paul Guelcé sont condamnés à la peine capitale. La sentence prononcée, ils déclarèrent renoncer à tout recours. À l'aube du 20 juin, Victor Antoine et Pauléma Paul Guelcé sont fusillés sur les lieux du crime. Quant à Anna Lefèvre, bénéficiaire de la clémence présidentielle, elle avait vu commuer sa peine en celle de travaux forcés à perpétuité...

Nanti de droits aussi étendus et aussi absolus que ceux qui lui avaient été reconnus, Lescot ne pouvait gouverner qu'en dictateur, ayant réussi à concentrer dans ses mains tous les pouvoirs. Dès lors, il n'arrêtera pas de tenir ses antennes toujours braquées sur les deux institutions, les seules capables de se hasarder à lui faire obstacle : le Corps législatif et la presse. Aussi, verra-t-on le député de Dame-Marie, Édouard Piou, membre d'une Chambre pourtant entièrement soumise, déclaré déchu de sa fonction, pour avoir présenté un projet de résolution «jugé attentatoire à la souveraineté nationale». De même, verra-t-on de nombreuses feuilles publiques, telles que l'*Opinion*, le *Réveil*, l'*Action Nationale*, l'*Oeuvre*, fermées par l'autorité supérieure et leurs directeurs et collaborateurs jetés en prison, pour avoir émis des opinions contraires à l'optique gouvernementale.

La censure sur les dépêches, la correspondance et la presse, établie en décembre 1941, et qui fonctionnera sous la supervision du sous-secrétaire d'État à l'Information et à la Police générale, facilitera dans une large mesure l'extension du pouvoir dominateur du gouvernement. Les cours militaires elles-mêmes, bien qu'assujetties, quant à l'instruction et au jugement des affaires, aux prescriptions du Code de justice militaire, seront plutôt des tribunaux répressifs dont les décisions reflétaient presque toujours les vues du gouvernement. Elles se prêteront à merveille aux propensions du régime à masquer d'une façade légale des règlements arbitraires, comme celui émis en décembre 1943, par le sous-secrétariat d'État à la Présidence et à la Défense nationale, et qui prévoyait que sera tenue pour «contraire à l'ordre et à la paix publics toute publication d'informations mensongères concernant... l'effort de guerre ou l'action économique du gouvernement pour parer aux difficultés créées par l'état de guerre». De telles informations, poursuivait le communiqué, «sont considérées d'un caractère nettement tendancieux et demeurent justiciables de la cour militaire, en vertu de l'état de siège».

Vers la fin du régime, on verra brandir l'épouvantail des tribunaux militaires devant ceux qui avaient pris l'initiative de se livrer à «une discussion académique» autour de la Constitution, certains articles de la loi fondamentale leur ayant paru en désaccord avec la Charte des Nations Unies, récemment signée par le gouvernement haïtien. Un communiqué du B.I.P. s'empressera de prévenir les promoteurs de ces débats que le gouvernement était décidé «à faire appréhender et juger tout individu qui se risquerait à entreprendre pareilles manœuvres qui ne tendent à rien moins qu'à troubler l'ordre public».

Pourtant, cette Constitution depuis peu amendée, comportait effectivement des dispositions en flagrante contradiction avec les principes démocratiques formulés par la Charte des Nations Unies que les représentants de cinquante pays, réunis à San Francisco, avaient, en avril 1945, adoptés et consacrés...

Tout avait débuté le 11 avril 1944, lorsque le Corps Législatif, prétextant «le côté défectueux de certaines dispositions de la Constitution qui nous régit», avait voté la résolution déclarant «qu'il y a lieu de réviser partiellement les dispositions de la Constitution en vigueur». Convoqué à l'extraordinaire par l'exécutif, le Parlement se réunit le 19 avril, en vue de statuer en Assemblée nationale sur la révision partielle de la Constitution. L'exposé des motifs, à l'appui des changements à apporter à 13 articles de la Charte, est présenté par les députés Adelphin Telson et Philippe Charlier. Lecture est ensuite donnée par le ministre de l'Intérieur, Vély Thébaud, du message du président de la République accompagnant les amendements à trois articles de la Constitution proposés par le pouvoir exécutif.

En dehors de quelques modifications de forme opérées dans la charte, les deux pouvoirs s'étaient surtout appliqués à des échanges cordiaux de faveurs spéciales, où, bien sûr, le devenir de la nation n'était pas concerné. Ainsi avait été porté à sept ans le mandat présidentiel fixé auparavant à cinq ans. Ce mandat était renouvelable. Par ailleurs, le chef de l'État était désormais investi du droit de combler par arrêté les vacances qui pourraient se produire à la Chambre des Députés ou au Sénat, parmi les onze sénateurs élus, dans les circonstances de «mort, démission, déchéance, interdiction judiciaire d'un sénateur élu ou d'un député, ou par abstention volontaire non justifiée de plus d'un mois». Enfin par une disposition spéciale, le nouveau mandat présidentiel de sept ans, commençant le 15 mai 1944, pour prendre fin le 15 mai 1951, était conféré au «citoyen Élie Lescot, actuellement président de la République»[11].

À l'endroit de parlementaires aussi dévoués à sa personne, le chef de l'État ne pouvait manquer de payer de réciprocité. Pour leur garantir la stabilité de leur mandat, il proposa à l'Assemblée nationale que les sénateurs et les députés restent en fonction «jusqu'à ce que le peuple soit appelé dans ses comices» et qu'il ne le serait «qu'une année après la signature du Traité de Paix avec toutes les puissances en guerre avec la République d'Haïti». Et pour s'assurer la sympathie et l'appui du sexe faible qui depuis quelque temps menait une lutte ardente pour l'obtention de ses droits, il profita de l'opportunité de la révision constitutionnelle pour demander l'éligibilité de la femme haïtienne âgée de 30 ans accomplis aux fonctions de député, de sénateur et de membre des administrations communales et son admission aux charges de secrétaire et de sous-secrétaire d'État.

Cette importante réforme de l'État ne s'était pourtant accomplie qu'au nom de la sauvegarde de la paix intérieure et pour «la garantie de la sécurité de ce continent devenu le théâtre de certains événements étranges qui ne sauraient laisser indifférents ceux qui ont le souci de la protection de cet hémisphère contre l'assaut des forces déchaînées de la barbarie totalitaire»[12]. Si elle fut bien appréciée des femmes haïtiennes qui, par la voix de Madame Garoute, de Madame Sylvain-Bouchereau et de Mademoiselle Simone Hyppolite, adressèrent par le truchement de la radio des remerciements au chef de l'État, et, le lendemain, organisèrent en son honneur un défilé du Palais législatif au Palais national, cette réforme n'attira en revanche au régime que reproches et réprobations, aussi bien en Haïti que de la part de nombreux gouvernements amis. À Washington, révèle Dantès Bellegarde, «on trouva scandaleux que le président Lescot eût invoqué l'état de guerre pour justifier son «coup de main» parlementaire, lorsqu'à ce même moment aux États-Unis, dans un pays plus directement engagé dans le conflit mondial... on préparait en toute discipline, et dans l'ordre constitutionnel, les élections de novembre 1944...»[13].

Notes

1.   *La Phalange*, 16 mai 1941.

2.   *Bulletin des Lois et Actes*, 15 mai 1941 - 15 septembre 1942, p. 3.

3.   *Bulletin des Lois et Actes*, septembre 1943 - septembre 1944, p. 552. Les «quatre libertés» furent énoncées pour la première fois par le président Roosevelt à Casablanca, le 6 janvier 1942. La première d'entre elles prônait «la liberté de parole et d'expression partout dans le monde».

4.   Jean Desquiron : *Haïti à la Une*, t. 6, p. 111.

5.   *Bulletin des Lois et Actes*, mai 1941 - septembre 1942, pp. 335-336.

6.   Décrets-Lois du 25 février 1944. Voir *Bulletin des Lois et Actes*, septembre 1943 - septembre 1944, pp. 396 et suivantes.

7.   *La Phalange*, 22 janvier 1942.

8.   *Haïti-Journal*, 6 juillet 1942.

9.   De son nom de jeune fille, Georgina Saint-Aude.

10. Communiqué du 4 décembre 1942 du Bureau d'Information à la Presse (BIP).

11. *Bulletin des Lois et Actes*, septembre 1943 - septembre 1944, pp. 471 et suivantes.

12. Message du Président de la République au Corps Législatif - *Bulletin des Lois et Actes*, septembre 1943 - septembre 1944, p. 486.

13. Dantès Bellegarde : *Histoire du Peuple Haïtien*, p. 313.

LES DANGERS DE L'OUTRECUIDANCE

Malgré le malaise engendré par ces malencontreuses réformes, les cérémonies de prestation de serment se déroulèrent avec toute la pompe officielle d'usage. Dans sa proclamation au peuple haïtien à cette occasion, le président Lescot s'attarda longuement sur l'action néfaste des «chevaliers du Nationalisme... jeunes politiciens jouant aux mécréants, jouant aux sans-Dieu, pseudo-défenseurs du prolétariat haïtien en mal de paraître ou plutôt en hâte de faire ripaille avec les fonds publics». Menaçant, il avertit la nation que «rien ne peut nous empêcher de porter la main au collet des gredins qui ne savent pas que nous connaissons la source à laquelle ils boivent et là où ils prennent leurs directives». Quant aux «quatre libertés» derrière lesquelles croyaient pouvoir s'abriter ces "pauvres naïfs", il se déclara prêt à tout pour «éviter qu'elles ne se muent chez nous en quatre licences»[1].

Le prestige du chef de l'État, quoique désormais bien diminué, n'est pas pour cela perdu. Le charme attractif de sa personne continue à jouer pour lui. En avril 1944, au cours d'une cérémonie au Palais national, il reçoit du recteur de l'Université d'Ottawa, Philippe Cornellier, le diplôme de docteur honoris causa décerné par cette université dirigée par les Oblats. Sur l'invitation officielle du gouvernement haïtien, le général Isaias Medina Angarita, président de la république du Venezuela, débarque à Port-au-Prince le 5 février 1944 et est cordialement reçu par son homologue, le président Lescot. Invité à son tour par le gouvernement vénézuélien, ce dernier se rend, le 3 juillet 1944, à Caracas où il est l'objet d'une réception chaleureuse.

Sur le chemin du retour, il fait une escale diplomatique à Curaçao, en réponse à la visite en Haïti de la princesse Juliana de Hollande.

Sur le plan intérieur, mêmes attentions, mêmes prévenances du secteur conservateur. Le Commerce, toujours attentif à entretenir de bonnes relations avec le pouvoir, organise en l'honneur du chef de l'État une magnifique réception. À cette réunion mondaine, Oswald Brandt et Henri Deschamps lui remettent, au nom des commerçants de la capitale, un chèque de 10.000 dollars pour une école publique de la Cité Vincent dirigée par les soeurs salésiennes. Enfin, motif d'une grande satisfaction personnelle et qu'il voudra associer au rayonnement de son gouvernement, les festivités du mariage, le 2 août 1944, de sa fille Éliane avec le jeune sous-secrétaire d'État des Finances, du Commerce et de l'Économie nationale, Pierre Chauvet.

À la cathédrale, les époux montent à l'autel, accompagnés du président Lescot en habit carré orné de la plus haute décoration nationale, donnant le bras à Mme Alexandre Lilavois, grand-mère du marié. Au cours de la cérémonie, Mgr l'Archevêque donne lecture d'un câblogramme du cardinal Maglione, transmettant la bénédiction du Très Saint-Père au nouveau couple. À l'issue de la célébration religieuse, au cours de laquelle de remarquables solos exécutés tour à tour par Édouard Woolley et Andrée Lescot avaient enchanté l'assistance, une grande réception allait réunir, dans la résidence du président de la République à Bourdon, tout le gratin port-au-princien.

«Le Manoir est artistiquement illuminé, décrit *Haïti-Journal*. Le nouvel ameublement et la décoration réalisés par l'architecte Max Ewald ne manquent ni de bon goût ni de somptuosité. Les salons sont ornés d'innombrables corbeilles de fleurs. Partout des roses, des camélias, des orchidées. À l'étage où une immense terrasse a été aménagée, le président et Madame Lescot, avec leur bonne grâce habituelle comblent leurs invités des plus exquises attentions. À la table d'honneur, le monumental gâteau de la mariée, réalisé par Mlle Claire Denis qui à cette occasion a battu tous ses records. Les buffets sont bien garnis et dans les différents bars, les boissons et liqueurs sont inépuisables. Trois orchestres animent le bal ouvert par Monsieur le Président et Madame la Présidente. La foule entoure les mariés et chacun apporte ses souhaits de bonheur au gracieux couple... Cette brillante fête de nuit se poursuivit jusqu'à 2 heures du matin»[2].

Un événement malheureux, le décès le 22 avril 1944, de Damase Pierre-Louis, directeur du journal *L'Opinion*, qui avait été arrêté sous l'accusation de délit de presse, contribue à élargir le fossé qui insensiblement se creusait entre le peuple haïtien et son gouvernement. On accusera des membres influents du régime d'avoir provoqué cette mort survenue deux mois après l'arrestation du directeur de *L'Opinion*, alors que ce dernier avait plutôt été victime d'un choc reçu à la suite d'une interruption du courant électrique qui s'était produite dans la soirée au Pénitencier national et avait provoqué au sein de l'établissement un inquiétant branle-bas. Transporté d'urgence à l'Hôpital général, Damase Pierre-Louis qui souffrait de tension artérielle y expirait, terrassé par une hémorragie cérébrale[3].

Au fond, Lescot est inquiet. Il est conscient de l'impopularité que ses multiples accrocs à la démocratie, dont pourtant il veut se faire le champion, lui ont créée. Il sait que son action politique est sévèrement critiquée par l'opinion publique et qu'une partie de la jeunesse, nourrie des idées de Lénine, de Gorki, de Victor Hugo, d'André Malraux... ne lui voue qu'aigreur et animosité.

En juin 1944, quelques sous-officiers des casernes Dessalines, las du régime et surtout des discriminations dont ils étaient l'objet, décident, sous l'instigation d'Anaius Pognon, pasteur de la secte de Father Divine, de renverser le gouvernement et de porter au pouvoir un noir prestigieux. Le complot est dévoilé par un des conjurés et dénoncé au colonel Armand, commandant de la Garde du Palais. Après enquête, les conspirateurs, au nombre de sept, sont sommairement fusillés, les uns au camp de Lamentin, les autres au champ de tir... Répression expéditive qui ne se justifie pas, car l'existence du complot ayant été établie, la poursuite de l'affaire en cour martiale était la seule voie à suivre[4].

Au mois d'août 1944, le président Lescot opère dans l'armée, pilier du pouvoir central, une réforme à l'échelon supérieur. Le colonel Franck Lavaud est nommé chef d'État-Major de la Garde d'Haïti, à la place du colonel Jules André mis à la retraite. Est mis en disponibilité, le colonel Durcé Armand, commandant de la Garde présidentielle, qui est nommé chargé d'Affaires d'Haïti au Mexique et est remplacé par le capitaine Paul Magloire, chef de la Police de Port-au-Prince.

Le limogeage du colonel Durcé Armand provoqua la surprise générale. On le savait le bras droit du chef de l'État et doué d'un dévouement et d'un sens du devoir à toute épreuve. Très ombrageux cependant, le président supportait de moins en moins le comportement frisant la présomption du commandant de sa garde, comportement dont même la Première Dame avait eu à se plaindre. Cette situation avait fini par exaspérer Lescot qui dès lors n'avait plus pensé qu'à se séparer de lui...

Ces remaniements ne dissipent pas l'inquiétude. Vers octobre 1944, est découvert un complot contre la vie du président Lescot, préparé par Trujillo que les sentiments bienveillants manifestés par le chef d'État haïtien aux exilés dominicains, lors de sa visite à Caracas en juillet 1944, avaient porté au faîte de l'irritation. Deux des principaux accusés, Max Audain et Excellent Desrosiers, jugés par la cour prévôtale qui s'était réunie à huis-clos à la caserne Dessalines, par crainte de l'impact dangereux que pourrait avoir sur les esprits la publicité des débats et surtout, par peur des «complications politiques» avec la République Dominicaine qui pourraient en découler, sont condamnés à la peine capitale. Ce dénouement dramatique n'eut, suivant le vœu du gouvernement, aucun écho dans la presse, et l'exécution des coupables n'eut lieu que bien des mois après leur condamnation[5].

À quelques jours de la fin de la guerre en Europe, le destin ravit au président Roosevelt la satisfaction de savourer une victoire dont il avait été l'un des grands artisans. À l'occasion de son décès inopiné, le président Lescot décrète le deuil national et la mise en berne du drapeau pendant huit jours. Au Palais législatif se déroule une émouvante cérémonie. Le président y prendra la parole pour exalter la mémoire de l'illustre défunt. Cloches des églises paroissiales et canon de deuil se feront entendre pendant la célébration à la cathédrale de l'office funèbre qui avait été commandé pour la circonstance[6].

Aux premières heures de la matinée du 7 mai 1945, l'annonce de la fin de la guerre européenne est lancée par les stations de radio de l'Europe et des États-Unis. Vers 11 heures 30, les salves de joie du fort National et le carillon de toutes les églises confirment la nouvelle. En un clin d'œil, les rues de la capitale s'emplissent d'une foule de citoyens exprimant leur allégresse, tandis qu'au quartier commerçant, sont arborés les pavillons des nations alliées. Te Deum, tournée présidentielle, retraite aux flambeaux, bals de la Victoire au cercle Ambassadeur, à l'Amicale, au cercle Bellevue, à Cabane Choucoune marqueront d'une manière plus spéciale la célébration de la fin du cauchemar européen qui pendant six ans avait pesé sur le monde.

Moins de trois mois plus tard, la diffusion de la reddition japonaise, acceptée par les Alliés, secoue une nouvelle fois la capitale. Le lundi 20 août est décrété jour de la Victoire. À la cathédrale de Port-au-Prince et dans toutes les églises de la République, des messes d'action de grâces sont célébrées, suivies de Te Deum. Les réjouissances au Champ-de-Mars durent toute la nuit. Mais ce sera au Palais national que la fin tant souhaitée de la grande tourmente mondiale sera, par l'impeccabilité du protocole de réception, la richesse décorative des salons et l'interprétation musicale sans bavure de quatre orchestres, le plus splendidement fêtée. «Tous les invités ont été ravis de l'atmosphère de cette fête de nuit, qu'on pourrait recréer, sans doute, égaler en somptuosité et distinction, mais jamais surpasser», concluait *Haïti-Journal*[7].

Le climat politique, lui, reste toujours morose. Dans son édition du 23 août 1945, *Le Matin* essaie adroitement d'exprimer les changements que le pays, en cet après-guerre encore si confus, attend du gouvernement : «Ce ne sont pas des hommes nouveaux qu'il nous faut, mais plutôt une autre atmosphère politique. Or nous l'aurons fatalement avec la fin de la guerre, la levée des censures, de l'état de siège, des restrictions de toutes sortes. Et c'est alors seulement que l'on pourra connaître le tirant d'eau de chaque homme politique, actuellement au pouvoir, que ce soit dans l'exécutif, que ce soit dans le législatif...».

En attendant, les brimades continuent. Félix Lavelanet est arrêté et déféré au Tribunal militaire pour avoir publié dans son journal *Le Peuple* une note jugée tendancieuse sur l'administration de l'armée. Mais l'événement qui, en ce mois d'août, va faire grand bruit sera l'affaire de tracts subversifs qui éclate avec fracas et entraîne l'arrestation de Joseph Carré et Maurice Rey et des journalistes Alphonse Henriquez, Louis Défay et Marc Séide. Reynold Jean-Baptiste et Ernest Clorissaint sont aussi appréhendés pour avoir répandu les tracts et les avoir communiqués à des enrôlés de la 4ème compagnie de la Police. Dans ces écrits séditieux, invitation était faite aux citoyens à s'armer contre l'autorité du chef de l'État et à renverser le gouvernement établi.

Le procès s'ouvre devant la Cour militaire permanente présidée par le colonel Louis Romain. Au banc des accusés, six prévenus qui plaident tous non coupables[8]. À la défense, quelques avocats chevronnés, François Moïse, Antoine Rigal, Emmanuel Cauvin, et d'autres moins célèbres, mais qui commencent à se faire un nom, Roger Ancion, Dato Daumec, Martial Célestin, E. Séjour Laurent. L'accusation est soutenue par le capitaine Eugène Kerby et le commissaire Marc Kernizan. On saura au cours du procès que dans le numéro du 20 juin 1945 en préparation du journal clandestin d'Alphonse Henriquez, *Le Justicier*, figurait un appel à l'opinion nationale, un autre à la presse locale et une lettre-supplique aux ambassades et légations établies en Haïti, réclamant la formation d'une Commission internationale, «composée de quatre Européens et de quatre Américains..., érigée en gouvernement provisoire» et chargée de convoquer «une assemblée constituante pour le vote d'une nouvelle constitution et d'une loi électorale»[9]... Aux débats généraux, le capitaine Kerby prononce durant plus d'une heure un réquisitoire des plus violents. Reconnus coupables d'attentat contre la sûreté de l'État, Alphonse Henriquez est condamné à six ans de détention et Maurice Rey à trois ans de la même peine. Les autres prévenus sont déchargés de l'accusation.

Au Tribunal de Cassation, devant lequel s'étaient pourvus les condamnés, le jugement du tribunal militaire est cassé et les parties renvoyées au Conseil militaire de Révision. 1945 tirant à sa fin, l'affaire des tracts ne devait une nouvelle fois être entendue qu'à la prochaine session. Le soulèvement séditieux des premiers jours de janvier 1946 rendra sans objet la reprise de ce procès politique qui n'avait pas manqué, durant son déroulement, de raviver l'antipathie qu'affichait ouvertement à l'égard du gouvernement une bonne partie de l'opinion publique.

Ces démêlés acrimonieux entre le pouvoir central et les citoyens ne contrarient en rien la saison d'été 1945 qui, dans le cadre enchanteur de la station estivale de Kenscoff-la-Fraîche, déploie tous ses attraits. Longues chevauchées à travers les beaux sites montagneux de Godet ou de Bois d'Avril, joyeuses randonnées à la cascade de Bassin-Bleu, promenades en groupe, au clair de la lune, dans le frisquet du soir et la senteur odoriférante des pins et des eucalyptus, barbacos, sauteries, surprises-parties, bals chez Dereix, toutes ces délicieuses distractions auxquelles s'adonnent d'innombrables vacanciers, heureux de se trouver hors des atteintes de la canicule métropolitaine, entretiennent dans le petit village une ambiance de gaieté et de douce insouciance. Le président Lescot y a lui aussi transporté ses pénates et loge avec sa famille dans l'ancienne maison de campagne du président Vincent. Dans l'entourage présidentiel et parmi les grosses têtes du régime qui se sont également offert un séjour à Kenscoff, le mot d'ordre, bien sûr, est à la détente. La journée «typiquement haïtienne» organisée dans leur chalet par le sénateur Alfred Vieux et madame en l'honneur du président de la République et de son épouse fera date. Pour la première fois à cette occasion, le succulent grillot national arrosé de rhum sera à l'honneur à une réunion de la high-life. Ne voulant pas être en reste, le président Lescot, quelques jours plus tard, donnera en sa résidence d'été une fête champêtre fort réussie, animée par le jazz les Gais Troubadours.

Un nouveau succès de la politique extérieure du gouvernement, la présentation à la Conférence interaméricaine de Mexico, en mars 1945, par le ministre des Relations extérieures d'Haïti, Gérard Lescot, d'une motion contre la discrimination raciale. Approuvée par l'unanimité des délégués des nations américaines, la motion est incorporée dans le texte de la Déclaration de Chapultepec. Le président Lescot s'en fait d'autant plus une gloire qu'il n'ignore pas la réputation de "raciste" que ses ennemis se plaisent à lui coller et que paraissaient contredire ses formelles prises de position «anti racistes»[10]. Pour calmer les esprits, il supprime quelques mesures exceptionnelles adoptées durant la guerre, telles que la délimitation des zones stratégiques et les règlements concernant les produits destinés aux besoins de la guerre. Minces compensations qui n'auront aucune résonance sur les vrais desiderata de la nation.

La prospérité d'Haïti, tel était pourtant le point de mire de Lescot. Voyant venir la victoire des armées alliées et réalisant le moment venu de se préparer à répondre aux problèmes de l'après-guerre et à intégrer Haïti dans le mouvement évolutif qu'on attendait de la fin des hostilités, il avait décidé d'élaborer un plan économique quinquennal, base de l'action politique future de son gouvernement.

Au début d'octobre 1944, dans une circulaire aux Secrétaires d'État de l'Économie nationale, des Relations extérieures, des Travaux publics, de l'Agriculture et du Travail et au sous-secrétaire d'État à la Présidence, il leur avait demandé de préparer, dans un délai de trois mois, des projets sur une période de cinq ans, accompagnés de devis estimatifs et divisés en tranches annuelles. Dans ses vues, les plans devaient principalement embrasser l'irrigation et l'extension de la production agricole, l'asphaltage de la route Port-au-Prince — Cap et la construction de routes de pénétration, l'organisation du cabotage et le développement d'un service maritime dans le bassin caraïbéen, l'établissement d'un programme d'action et de propagande touristiques et l'intensification de la petite industrie[11]. L'excellente situation financière et budgétaire laissait présager au gouvernement la possibilité d'exécuter le plan quinquennal à l'aide des seules ressources du pays.

Toutefois, les valeurs destinées à le financer ne pourraient être disponibles qu'autant que le gouvernement américain acceptât de considérer un réajustement des emprunts 1922, 1923 et 1938 en permettant une prolongation de la période de remboursement. La désaffectation d'une partie des fonds destinés au service de la Dette publique eut ainsi permis au gouvernement haïtien de disposer de voies et moyens suffisants pour mettre à exécution le plan d'État et arriver ainsi à «asseoir l'économie haïtienne sur des bases solides».

Malgré l'honnêteté et le sérieux qui avaient présidé à la préparation du plan, le gouvernement fédéral ne se montra guère intéressé à répondre aux souhaits du gouvernement haïtien. Le temps pressant, celui-ci confia l'affaire à une firme d'avocats, la Pruitt, Hale and Coursen de New York, avec instruction d'obtenir «l'annulation totale ou partielle ou le refinancement des dettes actuelles de la république d'Haïti aux États-Unis»[12]. La chute du régime devait mettre fin à ces démarches. Faisant preuve d'un optimisme assurément exagéré, Gontran Rouzier qui avait été désigné par le chef de l'État pour servir d'intermédiaire entre le gouvernement et la firme d'avocats, dit dans ses notes que l'affaire était «en bonne voie». C'était faire fi de l'animosité que nourrissait le Département d'État à l'endroit du régime de Port-au-Prince et que l'intrusion de la Pruitt, Hale and Coursen dans des questions qui n'avaient toujours été débattues que par voie diplomatique, n'avait certainement contribué qu'à renforcer.

Sans attendre le résultat des négociations en cours, le 18 octobre 1945, à Saint-Raphaël, dans le Nord, le président Lescot hâte le départ des travaux du plan quinquennal en posant la première pierre du grand canal qui doit assurer l'irrigation de 3.000 carreaux de terre jusqu'ici inculte. La veille, à l'occasion de l'inauguration du nouvel Hôtel de Ville du Cap-Haïtien, il a, dans un discours percutant, tracé les grandes lignes du projet de développement général des ressources haïtiennes pour l'exécution duquel, il faudra disposer d'environ 50.000.000 de gourdes. Cette audacieuse entreprise, dira le président, il entend la réaliser «par les seuls moyens dont dispose le gouvernement de la République». Évoquant en passant les menées de l'opposition qui l'irritent, il déclarera : «*Je souris avec dédain lorsque je vois des jouisseurs d'hier dont le mépris pour le peuple est un fait notoire, réclamer à tue-tête, au nom de la Démocratie, les droits fondamentaux de ce peuple, alors qu'en réalité, ils ne rêvent que d'un chambardement général qui les replacerait dans des positions dites lucratives, où ils recommenceraient, au nom des grands principes, à dépouiller le pauvre peuple ignorant...*»

Pourtant, les raisons du mécontentement sont multiples et l'une parmi les plus essentielles, se référait aux déceptions causées par la Société Haïtiano-Américaine de Développement Agricole (SHADA) dont la formation avait été annoncée avec éclat par le gouvernement. Moins de deux ans après le début de ses activités, cette société avouait l'échec de son programme de production de caoutchouc par la culture de la cryptostégia. De vastes étendues de terre, occupées par des paysans et leurs champs, et que le gouvernement avait décrétées «zones stratégiques», avaient été rasées pour faire place à la nouvelle denrée. Plus de 4.200.000 dollars avaient ainsi été dépensés en pures pertes, et de nombreuses familles paysannes dépossédées s'étaient trouvées subitement sans ressources et sans biens. Forcées d'abandonner son programme, la SHADA s'était déterminée à restituer plusieurs centaines de carreaux à leurs propriétaires. Mais ces derniers, sans capitaux et sans crédit, s'étaient vus incapables de remettre leurs champs en valeur. Le gouvernement lui-même, devant l'étendue du désastre, avait tenté d'obtenir du gouvernement américain une certaine compensation pour dédommager les paysans des préjudices subis. Ce fut en vain. Dans son discours du 1er mai 1944 aux Gonaïves, Lescot essayera de s'expliquer sur les circonstances qui l'avaient obligé à pratiquer ces dépossessions terriennes, «afin d'assurer, sur une large échelle, la culture des plantes stratégiques nécessaires à la défense continentale et à notre propre défense»[13]. Il s'en prendra en termes à peine voilés aux bureaux américains qui s'étaient refusés à fournir le moindre concours au gouvernement haïtien pour lui permettre de résoudre les problèmes créés par les insuccès de la Shada. S'érigeant en défenseur de la terre haïtienne, il s'écriera :

«Tout notre système politique repose sur le régime de la petite propriété. Nous devons nous en convaincre et opposer dès aujourd'hui une barrière aux grandes sociétés haïtiennes ou étrangères dont les fonds sont illimités, et qui voudraient proposer pour le développement de leurs entreprises, l'aliénation d'immenses étendues de nos bonnes terres... Si jamais nous permettons la généralisation des latifundia sur notre territoire, c'en est fait de la liberté de nos frères des campagnes que nous aurons transformés en véritable esclaves. Et cela, nous ne le voulons pas et ne le voudrons jamais»[14].

Toutefois, le 28 août 1944, un mémorandum d'accord sera signé entre le gouvernement haïtien et l'Institut des Affaires Inter américaines, organisme du gouvernement des États-Unis, pour entreprendre «un programme coopératif de production de vivres alimentaires» dans les zones dévastées. L'insignifiance des fonds avancés pour l'exécution d'un projet de si grande envergure — 125.000 dollars par l'Institut et 50.000 dollars par le gouvernement — ne permit d'obtenir que de médiocres résultats. Muette victime des déprédations de la SHADA, le paysan haïtien ne récolta de l'expérience fâcheuse de cette société qu'un accroissement de sa misère.

Autres objets de ressentiment : les outrances du marché noir dont les bénéficiaires sont de gros commerçants, amis du pouvoir; le trafic illicite des biens ennemis nationalisés estimés à 1.583.000 dollars; les agressions contre les traditions culturelles des masses populaires; l'écartement, intentionnel ou non, de l'élément noir des cadres administratifs; la monopolisation d'entreprises lucratives au bénéfice de favoris du régime et enfin la persistance du maintien dans toute leur rigueur des réglementations d'exception qui avaient été imposées en raison de l'état de guerre.

Vers la fin de 1945, la propagation sous le boisseau, par des éléments gauchistes, d'une lettre que le président de la République Dominicaine, Rafael L. Trujillo, avait adressée le 1er novembre 1943 au président d'Haïti, soulève une tempête d'indignation. Si l'on excepte le passage de cette correspondance où il est fait mention d'une valeur de 31.250 dollars mise par Trujillo à la disposition d'Élie Lescot, alors ministre d'Haïti à Washington, pour lui permettre de rembourser au gouvernement haïtien pareille valeur qui lui avait été confiée pour l'achat de fusils[15], rien de vraiment infamant ne s'y remarquait, sinon peut-être, les relations trop étroites entretenues par un haut fonctionnaire haïtien avec un personnage qui, depuis les vêpres dominicaines de 1937, était honni des Haïtiens. Pourtant, la divulgation de cette lettre, à un moment où les esprits étaient très échauffés, devait, dans le processus de détérioration de la situation politique, jouer un rôle de premier plan. Par le ton de cette longue épître et les extraits de lettres confidentielles qui s'y trouvaient reproduits, il parut aux plus réfléchis que la rupture des rapports cordiaux qui unissaient Trujillo à Lescot et que la présomption du dictateur de l'Est avait grandement contribué à disloquer[16], se vérifiait tout au moins.

Sur le plan international, la position de Lescot est désormais bien affaiblie, car les deux principaux piliers sur qui reposait sa politique étrangère se sont dangereusement lézardés. L'oligarchique réforme d'État de 1944 a amené chez le partenaire américain une prise de position sinon hostile, du moins peu amicale vis-à-vis du régime de Port-au-Prince. À l'Est, la dégradation est encore plus perceptible, depuis la visite de Lescot à Caracas, la dénonciation par son gouvernement de la Convention commerciale haïtiano-dominicaine et les mesures adoptées en vue d'interdire l'embauchage des coupeurs de cannes pour la République Dominicaine[17].

Cependant, au président du Chili Juan Antonio Rios, hôte d'honneur du gouvernement haïtien, qui arrive à Port-au-Prince le 20 novembre 1945, Lescot ménage la plus chaleureuse réception. «Dans aucun pays au cours de sa tournée, le président Rios n'a trouvé un accueil plus cordial, plus affectueux, d'une plus grande somptuosité ou d'une plus grande distinction», déclarera une des personnalités de la suite du président chilien.

Sur le plan intérieur, les institutions sont sérieusement ébranlées car l'opposition s'est généralisée. Le pays semble maintenant mûr pour un bouleversement général. Pas un secteur des différentes couches sociales qui n'ait son lot de dépit sur le cœur. La bourgeoisie commerçante se plaint des monopoles qui entravent l'essor de son négoce. De leur côté, les petits commerçants récriminent contre la fixation officielle du prix de vente en gros et en détail qui ne leur laisse que de minces profits. Les classes moyennes protestent contre l'indifférence du gouvernement à leur situation marginale, aggravée d'une angoissante stagnation. Les paysans, ruinés par les méfaits de la SHADA, ne se sont pas relevés de la catastrophe et désespèrent de trouver auprès des pouvoirs publics une amélioration à leur malheureux sort.

Dans le monde intellectuel, on reproche au gouvernement le contrôle exercé sur toute forme de production littéraire. L'intelligentsia noire, frustrée de son éloignement de la machine administrative et des divers avantages qui semblaient la chasse gardée du groupe au pouvoir, a trouvé dans le périodique *Chantiers*, fondé en 1942 par Daniel Fignolé, l'organe de défense de ses intérêts méconnus. Des intellectuels, pour la plupart membres du corps enseignant ou des publicistes parmi lesquels se font remarquer un Lorimer Denis, un Klébert G. Jacob, un François Duvalier, un Joseph L. Déjean, y exposent leurs idées teintées d'indigénisme et de noirisme. Bientôt interdit par le gouvernement, le journal aura eu cependant le temps de secouer de son apathie la jeunesse intellectuelle noire qui semblait se complaire dans son inertie et sa résignation. D'autres noirs, groupés autour du docteur René Salomon, se retrouvent au Cénacle d'Études et de Recherches de la rue Cappoix, où s'opère sans bruit un brassage d'idées révolutionnaires axées sur le noirisme.

Moins attirés par cette dernière doctrine, mais professant une idéologie franchement révolutionnaire, des jeunes de la petite bourgeoisie mènent dans le journal *La Ruche* la lutte pour la conquête des libertés démocratiques. Fondée en 1942 par Théodore Baker, avec Laurore Saint-Juste comme administrateur[18], *La Ruche* qui paraissait irrégulièrement avait ouvert ses colonnes, en décembre 1945, à un groupe de jeunes gauchistes, parmi eux, Jacques S. Alexis, Gérald Bloncourt, René Dépestre, Max Ménard, Édris St-Amand, Roger Mercier, qui imprimèrent une nouvelle allure au journal en y faisant claironner leurs exigences doctrinales. Sans se réclamer ouvertement du communisme, leur action combative s'orientera fortement vers la gauche et s'inspirera de la dialectique marxiste pour justifier leur position.

À l'inverse des noiristes, un parti de bourgeois libéraux, le *Front Démocratique* s'est formé en avril 1945, dans le but de canaliser l'opposition contre la dictature de Lescot et d'ouvrir la crise. Dans le journal *La Nation*, porte-parole du front, Max Hudicourt, Étienne Charlier, Michel Roumain, Max D. Sam, Anthony Lespès, préparent les esprits à ce qui sera considéré comme la grande commotion de 1946.

Une conscientisation non moins significative s'opérait subtilement dans certaines écoles de la capitale, en vue d'instaurer dans le pays un nouvel ordre politico-social. Au lycée Pétion, Émile Saint-Lôt, Félix Diambois, Princivil Pierre, au collège de Port-au-Prince, Edner Brutus, Antonio Vieux, Mesmin Gabriel, Lorimer Denis, Joseph L. Déjean, s'adonnaient intensément à ce travail de dénigrement et de sape.

Jouant double jeu avec le gouvernement haïtien, l'ambassade américaine, en s'infiltrant dans les milieux qui mènent l'opposition, leur apporte l'encouragement et le soutien du grand voisin. Cette œuvre de déstabilisation, patronnée par l'ambassadeur américain Orme Wilson lui-même, s'accomplissait par l'entremise de deux membres de cette représentation diplomatique que leurs fonctions mettaient souvent en rapport avec les Haïtiens : Joseph Montlor, secrétaire-exécutif du Comité de rapprochement haïtiano-américain et Horace Ashton, délégué culturel du gouvernement des États-Unis en Haïti. L'action de ces deux personnages dans la préparation du mouvement de 1946 devait se révéler considérable.

En ce deuxième semestre de 1945, l'abcès est déjà mûr et ne demande qu'à percer. Dans toutes les consciences, c'est un bouillonnement d'idées subversives qui profitent de toutes les occasions pour se manifester et s'exprimer. L'arrivée à Port-au-Prince, en décembre 1945, du poète surréaliste marxiste André Breton soulève une nouvelle vague d'enthousiasme révolutionnaire. Dans l'interview qu'il accorde à René Bélance, Breton dissimule à peine son encouragement à la sédition. «Le Surréalisme a partie liée avec les peuples de couleur, déclarera-t-il, parce qu'il a toujours été à leur côté contre toutes les formes d'impérialisme et de brigandage blancs». Il rappela, entre autres missions du Surréalisme, celle de «transformer» le monde en abolissant les différences existant entre les hommes.

Plus que *Étincelles*, le recueil de poèmes révolutionnaires du jeune René Dépestre, paru en juin 1945, et qui, rapidement épuisé, avait connu dès le mois suivant les honneurs d'une nouvelle édition, plus que *L'Héritage* de Martial Day qui, joué sur la scène du Rex en avril 1945, avait suscité un certain émoi en raison des tabous sociaux évoqués, *Barrières* de Roger Dorsinville, «peinture fidèle d'abominables préjugés sociaux», représentée pour la première fois au Rex le 6 décembre 1945, met la ville en effervescence. À la deuxième représentation du 8 décembre, Lescot assiste à la pièce. Contrairement à ses habitudes, l'élite bourgeoise ne lui tient pas compagnie, absence que *La Ruche* tentera d'expliquer en ces termes : «Les fauteuils rouges[19] n'avaient pas d'occupants. Et nous le comprenons sans peine. Le bourgeois est aussi intelligent qu'il est méchant. Il a été à la première de *Barrières*, a compris le sens de la pièce de Dorsinville et il s'est abstenu. L'auteur doit être tenu pour satisfait : son coup a porté. Il n'aura pas parlé dans le désert»[20].

À la troisième reprise de *Barrières*, le 4 janvier 1946, plus de quatre cents personnes ne trouvent pas de place. Roger Dorsinville et les interprètes sont acclamés. Mais dès le lendemain, un communiqué du département de l'Intérieur interdisait la pièce.

Entre-temps, était sorti, le 1ᵉʳ janvier 1946, le numéro spécial de fin d'année de *La Ruche*, dédié à «l'antifascisme international et à ce qu'il y a de plus frondeur dans le Surréalisme européen». C'était, dira René Dépestre, «un véritable appel à l'insurrection, adressé au peuple opprimé d'Haïti»[21].

«*Que 1946,* hurlait le jeune périodique, *soit une année de liberté, qu'elle voie le triomphe de la démocratie réelle sur toutes les formes d'oppression fasciste.*
À BAS TOUS LES FRANCOS !
VIVE LA DÉMOCRATIE EN MARCHE !
VIVE LA JUSTICE SOCIALE !
VIVE LE PROLÉTARIAT MONDIAL !
VIVE 1804 !

Le 4 janvier, le directeur de *La Ruche*, Théodore Baker, est convoqué à la Police par le capitaine Stéphan Woolley. Il s'y amène avec son camarade de combat René Dépestre à qui il avait demandé de l'accompagner. Reçus par le chef de la Police, puis aux casernes Dessalines, par le commandant de la Garde présidentielle, le major Paul E. Magloire, et enfin au palais des Ministères, par le sous-secrétaire d'État à l'Information Gontran Rouzier, ils essuyèrent le reproche de ce dernier de s'être mis en contravention avec son département, pour avoir publié *La Ruche* sans autorisation légale. Pourtant, cette autorisation sollicitée par Laurore Saint-Juste, rédacteur en chef, avait été donnée dès la fondation du journal. Néanmoins, ils reçoivent l'ordre de cesser la publication de leur périodique. Relatant cette convocation, *Haïti-Journal* qui avait déclaré que les jeunes dirigeants de *La Ruche* avaient été «réprimandés», s'attire de leur part cette téméraire réfutation : «En aucune circonstance nous n'accepterons à être «réprimandés» par qui que ce soit, même au péril de notre vie». - «Les abeilles de *La Ruche* se muent... en guêpes. Ce n'était pas bien nécessaire...» avait conclu *Haïti-Journal*, railleur[22].

La température monte, des rumeurs menaçantes grondent. Le régime est sur le qui-vive. Le 6 janvier, appelé une nouvelle fois au Bureau de la Police, Théodore Baker s'entend dire sur un ton cassant par le capitaine Woolley que «s'il se produisait des manifestations de rues, il aurait cette fois affaire au Chef de la Police»[23].

Apparemment normale, cette journée du 6 janvier, qui est marquée, dans la matinée, par les réjouissances traditionnelles de la fête des Rois à l'Intrépide Club et au Cénacle d'Études, et s'achève au rythme des attractions coutumières des dimanches port-au-princiens. Au parc Leconte, dans le cadre du championnat de foot-ball de Port-au-Prince, l'«Étoile Haïtienne» se fait battre par 4 à 1 par le «Violette Athletic Club». Dans la soirée, le Rex projette *La Bataille silencieuse*, titre qui curieusement reflétait la situation explosive qui mijotait en cette veille du 7 janvier 1946.

Dans le camp de l'opposition, des conciliabules animés ont jalonné cette première semaine de l'année 1946. Dès le 4 janvier, l'entente a été conclue entre le Front Démocratique, représenté par Max D. Sam et Albert Mangonès, et les jeunes de *La Ruche* pour le déclenchement, à l'ouverture des classes, d'une grève générale, au lieu d'une manifestation au Rex que projetaient ces derniers, à l'occasion de la représentation de *Barrières*. Entre étudiants, professeurs d'établissements scolaires ou universitaires et les membres de *La Ruche*, les contacts se sont multipliés. Le 6 janvier, à son domicile de

~ Le président Lescot allant poser la première pierre du grand canal d'irrigation de Saint-Raphaël. ~

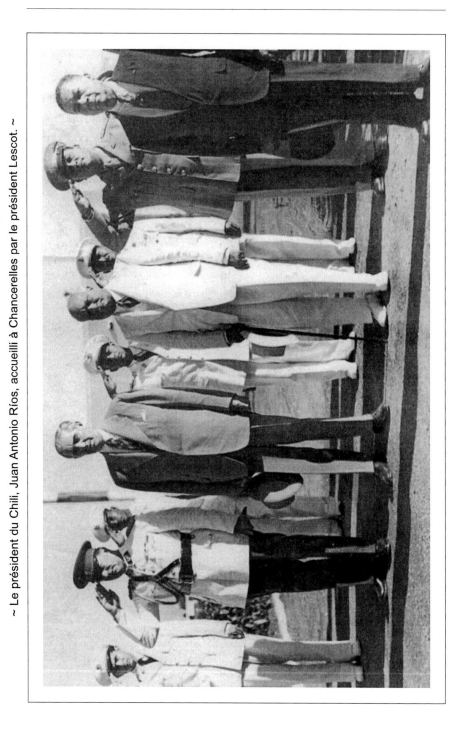

~ Le président du Chili, Juan Antonio Ríos, accueilli à Chancerelles par le président Lescot. ~

~ Manifestation de rue lors du soulèvement de janvier 1946. ~

~ Manifestants descendant la rue Pavée. ~

~ Un tank de l'armée dont la mission était de contrer toute aggravation de la situation. ~

~ Après la démission de Lescot, la foule effervescente se dirigeant vers le Quartier Général de la Garde d'Haïti. ~

~ La foule devant le Quartier Général. ~

~ La place Toussaint-Louverture, que bordent le Palais National et le Quartier Général de la Garde d'Haïti, avant sa dévastation. ~

~ La place Toussaint-Louverture saccagée par le peuple au renversement du président Lescot. ~

~ Pillage de la bijouterie de Mattéis au Bord-de-Mer. ~

~ L'atelier de confection d'objets en pite de la firme Jackson-Henri Lescot
à la rue Oswald Durand après son déchouquage. ~

~ La maison de plaisance du ministre Gontran Rouzier à Mahotières incendiée à la chute du président Lescot. ~

~ Le Comité Exécutif et le cabinet militaire. ~

~ Les « camarades » du Parti communiste présidé par le pasteur épiscopalien Félix Dorléans Juste Constant. ~

~ Manifestation anticommuniste du 14 février 1946 : avant de gagner les rues, la foule se rassemble sur le parvis de la cathédrale. ~

~ Les manifestants à la rue Dantès-Destouches. ~

Pétionville, Étienne Charlier, au nom du Front Démocratique, donne à Gérald Bloncourt l'assurance de l'appui du Front à la grève du lendemain, renouvelant la promesse qui avait été faite, dans la deuxième quinzaine de décembre, par Michel Roumain, à Dépestre et à son équipe, de soutien du Front dans la lutte pour l'instauration d'un régime démocratique[24].

À l'ordre de grève des écoles lancé par la Jeunesse groupée autour de *La Ruche*, répondent les élèves du Collège de Port-au-Prince d'Henri Odeide qui, les premiers, dans la matinée du 7 janvier, abandonnent leur établissement de l'avenue Charles-Sumner, gagnent les rues et prennent la direction du Champ-de-Mars. Ils sont rejoints par les étudiants de la Faculté de Médecine et les élèves du Lycée de Jeunes Filles. Brutalement dispersés par la Police, les grévistes se répandent au Bord-de-Mer, en scandant des slogans révolutionnaires et en contraignant les établissements scolaires de ce secteur de la ville qui fonctionnaient encore, à fermer leurs portes. Des arrestations s'opèrent parmi les manifestants. Croyant calmer l'exaltation de ces derniers, les forces de l'ordre relaxent les étudiants Max Pénette et Lucien Daumec.

Assoupies en fin de matinée, les manifestations reprennent de plus belle l'après-midi. Au Champ-de-Mars, les pompiers utilisent leurs lances pour disperser les grévistes.

Dans la soirée, paraît le communiqué suivant :

«Ce matin, des jeunes gens ont cru bon de sortir dans les rues pour manifester contre la fermeture du journal révolutionnaire La Ruche, *paru sans autorisation définitive légale.*

«La Police, d'ordre du Gouvernement, a accordé la protection nécessaire aux jeunes gens manifestant contre cette décision. La répétition de ces faits pouvant entraîner des conséquences fâcheuses pour l'ordre public, le Gouvernement a décidé de les interdire.

«Les pères et mères de famille sont invités à recommander à leurs enfants de ne plus participer à de pareilles manifestations.

«Les mesures adéquates seront prises»

Loin de se laisser intimider, les grévistes, tôt dans la matinée du lendemain, regagnent les rues aux cris de *Vive la Liberté* ! *Vive la*

Démocratie ! Entre-temps, les jeunes de *La Ruche* ont annoncé la constitution du *Parti Démocratique Populaire de la Jeunesse Haïtienne* et ont délégué Jacques S. Alexis, Rodolphe Moïse, Gérald Bloncourt, Gérard Chenet et Georges Beaufils auprès des autorités pour leur exprimer les desiderata de la Jeunesse : reconnaissance effective des quatre libertés, application de la Charte de San Francisco ratifiée par les Chambres haïtiennes, mise en liberté de tous les prisonniers politiques, élections législatives dans le plus bref délai, réintégration dans leurs droits des journaux suspendus et ratification de l'existence du Parti Démocratique Populaire. Au ministère de l'Information, il leur sera répondu «qu'aucune communication ne (leur) sera faite jusqu'au rétablissement de l'ordre public».

Au Parti Démocratique Populaire s'est joint le Comité Démocratique Féminin qui prend ouvertement position en faveur des grévistes. Redoublant d'activités, le Front Démocratique, de son côté, multiplie les rencontres pour un élargissement du Front et un appui de toutes les forces d'opposition à la grève.

Le premier de la presse conservatrice, *Haïti-Journal* ose émettre sur la situation des commentaires pertinents. Il souhaite que le gouvernement saisisse «da leçon des événements» et «ne voudra pas aller à l'encontre du sentiment populaire»: bénéficier intégralement des pratiques démocratiques au nom desquelles la guerre a été faite.

La grève s'étend. Le 9 janvier, elle atteint les entreprises américaines, comme la Mission sanitaire américaine, la Standard Fruit, ainsi que le transport. En province, Léogane, Jacmel, les Cayes, Miragoane soutiennent les revendications des grévistes de la capitale, tandis que dans d'autres villes apparaît une fermentation très significative. Inquiet de la tournure des choses, Lescot réitère ses menaces. Dans sa proclamation du 9 janvier, il déclare que son désir était d'appeler le peuple dans ses comices, selon le vœu de la Constitution, afin de le consulter en vue des élections législatives. Mais pareille démarche ne pouvait être envisagée que dans un climat de quiétude, d'ordre et de paix. Évoquant la situation actuelle, il s'écria:

«Le Président de la République, en tant que Chef constitutionnel des Forces Armées, demande aux manifestants de cesser leurs

activités. Il supplie les familles d'empêcher leurs enfants de se mêler à ces fauteurs de troubles, supplie tout citoyen vaquant à ses affaires de ne pas se mêler à ceux qui veulent semer l'anarchie.

«C'est un dernier avertissement. Les mesures les plus drastiques seront prises au cas échéant pour rétablir l'ordre public. Il n'y a pas de vacance présidentielle. Aucune anarchie ne peut et ne doit régner dans ce pays. Nous avons juré de défendre les intérêts du peuple au péril de notre vie. Nous le ferons.

«La Garde d'Haïti a reçu l'ordre d'agir opportunément.

«Ce n'est pas au moment où nous venons d'établir le bilan annuel des activités fructueuses d'une administration honnête et consciencieuse que nous donnerons droit de cité à l'anarchie.

«La Nation est prévenue. Le Monde entier est averti !»

Le couvre-feu est établi de 20 heures à 5 heures. Nuit agitée. Coups d'armes sporadiques et grêles de pierres sur le toit des maisons dès l'annonce par la sirène de la Police de l'entrée en vigueur du couvre-feu.

Le jeudi 10 janvier, la grève est générale. L'administration publique a été la dernière à adhérer au mouvement. Se solidarisant tous avec la campagne déclenchée par la Jeunesse, manifestes et déclarations arrivent de partout : Manifeste du Front de la Jeunesse démocratique de la Grand'Anse, Manifeste du Front Démocratique Unifié, Appel au Gouvernement de 76 commerçants de la capitale...

Cette agitation qui se développe d'heure en heure et semble irréversible, entraîne la démission collective du Cabinet. Ce geste qui avait été accompli «pour permettre au président de dénouer la crise» n'amène aucune amélioration à la situation. Plusieurs personnalités consultées déclinent l'offre d'un ministère. Émile Saint-Lôt qui a accepté le département de l'Intérieur et à qui Lescot a confié le soin de lui trouver des collaborateurs n'arrivera pas à rallier des notabilités susceptibles d'être agréées par tous les secteurs et devra se retirer.

La journée du 11 janvier se lève sur une capitale totalement paralysée. Au Manoir des Lauriers, les consultations pour la composition du nouveau Cabinet se poursuivent fébrilement durant toute la matinée. Conscient de la gravité de l'heure, mais certain de surmonter la crise, Lescot qui s'est déclaré prêt «à adhérer à tous les vœux et réclamations contenus dans les manifestes populaires» et même à renoncer à son second mandat et à laisser le pouvoir le 15 mai 1946[25], annonce un message à la nation pour une heure de l'après-midi. Bousculé par les impératifs du moment, il n'arrivera pas à le délivrer.

Toutes les délibérations avaient en effet eu lieu jusqu'ici, sans la participation des organisateurs de la grève. Tant que ceux-ci n'auraient pas donné leur accord, aucune formation de ministère n'avait la chance d'être viable. Lescot qui maintenant est prêt à toutes les concessions, invite le *Front Démocratique Unifié*, qui était parvenu à englober l'équipe de *La Ruche*, la jeunesse universitaire et les différents partis, groupes et personnalités du Front Démocratique, à déléguer un représentant au Manoir. À leur arrivée vers midi en la demeure présidentielle, le Dr Georges Rigaud et Jacques S. Alexis, délégués du Front, auxquels s'était joint René Dépestre, signifièrent sans ambages au président que «les manifestations et réclamations populaires étaient dirigées contre sa personne et contre son régime et qu'il devait s'effacer immédiatement»[26]. Décontenancé et n'espérant aucune réaction positive du chef d'État-Major de l'armée, le colonel Lavaud, ni du commandant de la Garde du Palais, le major Magloire, qui, dans le salon du Manoir où s'éternisaient les pourparlers, se contentaient d' «observations judicieuses», au lieu d'organiser la défense du gouvernement, le président Lescot se leva et, maîtrisant son émotion, prit congé des leaders politiques.

Deux heures plus tard, le peuple haïtien qui depuis une heure de l'après-midi était dans l'attente anxieuse du message du président, apprenait par la voix des ondes sa destitution, son incarcération au Manoir des Lauriers et la formation d'un Comité exécutif militaire...

Sincère dans son souci d'engager le pays dans la voie du progrès et de lui attirer la sympathie et la considération du monde international, mais desservi par son tempérament autoritaire et son incapacité de saisir les courants de la pensée démocratique moderne, Élie Lescot abandonnait le pouvoir, laissant en chantier des projets d'infrastructures d'une incontestable portée. En dehors de la crise économique et financière qu'il réussit à vaincre, malgré les obstacles créés par la guerre, on relève d'assez nombreuses initiatives méritoires de son gouvernement, telles, concernant les problèmes sociaux, la fondation de la Caisse d'Assurances sociales, la réglementation des cités ouvrières, la fixation du salaire minimum, les démarches décisives en vue de la création du Bureau du Travail, l'obligation pour les jeunes médecins nouvellement diplômés de fournir pendant deux ans des soins médicaux aux campagnards... Si dans d'autres domaines, les résultats ne furent pas aussi satisfaisants, ils reflètent néanmoins les louables efforts d'une équipe où figuraient des personnalités probes et compétentes, heureuses de prêter leur expérience et leur science à l'organisation de la chose publique.

La tolérance certainement blâmable dont fit preuve Lescot, relativement à des cas de transactions peu orthodoxes, enregistrés dans le monde des affaires ou dans la vente des biens ennemis nationalisés, ne peut empêcher de ranger son gouvernement au nombre des moins routiniers et des plus honnêtes de l'histoire d'Haïti.

Notes

1. Proclamation du président de la République au peuple haïtien - *Bulletin des Lois et Actes*, septembre 1943 - septembre 1944, pp. 552-553.
2. *Haïti-Journal*, 3 août 1944.
3. Rapport médical du Dr Gérard Boyer, médecin du Pénitencier national, relatif au décès de Damase Pierre-Louis.
4. Témoignage du lieutenant Paul Corvington, commandant du camp de Lamentin, paru dans la *Revue de la Société Haïtienne d'Histoire*, n° 167, septembre 1990.
5. *Revue de la Société Haïtienne d'Histoire*, n° 167, septembre 1990, article d'Alain Turnier sur cet événement.
6. La disparition subite de Roosevelt amènera à la présidence des États-Unis le vice-président Harry Truman.
7. *Haïti-Journal*, 2 septembre 1945.
8. Seul Marc Séide avait été mis hors de cause par insuffisance de preuves.
9. *Revue de la Société Haïtienne d'Histoire*, n° 167, septembre 1990 : Un complot ourdi par Trujillo pour assassiner le président Lescot (étude d'Alain Turnier).

10. Entre autres interventions similaires, Lescot dans sa proclamation du 1er janvier 1942, dénonçant les doctrines racistes d'Hitler, invitait les nègres du monde entier à se grouper autour des Nations Unies.

11. *Bulletin des Lois et Actes*, septembre 1944 - septembre 1945, pp. 77 et suivantes.

12. *Le Nouvelliste*, 13 novembre 1987 - «La vraie cause de la chute d'Élie Lescot», par Laurore Saint-Juste.

13. *Bulletin des Lois et Actes*, septembre 1943 - septembre 1944, p. 531.

14. *Bulletin des Lois et Actes*, Septembre 1943 - septembre 1944, p. 530. Voir Appendice IV.

15. La lettre de Trujillo à Lescot est reproduite intégralement dans l'ouvrage de J.J.P. Audain, *Les Ombres d'une politique néfaste*, au chapitre "Notes et Documents", p. 409.

16. Estimant Lescot son obligé, Trujillo voulut plus d'une fois lui imposer ses points de vue. Mais en vain. Sympathique aux forces de l'Axe, il ne réussit jamais, par exemple, à obtenir du président d'Haïti, qui vouait une amitié cordiale au Sous-Secrétaire d'État Sumner Welles, pour lequel il éprouvait lui-même une profonde antipathie, une attitude neutre dans le conflit mondial. Les refus successifs du chef d'État haïtien aux propositions de son homologue dominicain finirent par éveiller chez ce dernier une rancœur qu'il ne parut pas devoir dissimuler à son ancien ami.

17. *Bulletin des Los et Actes*, septembre 1944 - septembre 1945, pp. 181-182.

18. *La Ruche* avait succédé à l'hebdomadaire *A.E.C.I.* (Association Estudiantine de Correspondance Inter Américaine) fondé la même année par Théodore Baker, alors âgé de 15 ans.

19. Aux séances cinématographiques ou théâtrales du Rex, les fauteuils du parterre capitonnés en cuir rouge, les plus chers de la salle, étaient toujours occupés par les membres de l' élite bourgeoise.

20. Reproduit par *Haïti-Journal* du 14 décembre 1945.

21. *Trente ans de Pouvoir noir*, 1976, p. 44.

22. *Haïti-Journal*, 5 janvier 1946.

23. *Le Nouvelliste*, 4 octobre 1977 - Rectification de Théodore Baker.

24. *Le Nouvelliste*, 13 mars 1979 - Mise au point de Michel Roumain.

25. Colbert Bonhomme : *Les Origines et les Leçons d'une Révolution...*, p. 37.

26. Colbert Bonhomme : op. cit., p. 38.

UNE RÉVOLUTION ESCAMOTÉE

C'est une marée humaine délirante de joie qui, en cet après-midi ensoleillé du 11 janvier, conduit au quartier général, juchés sur un char d'assaut, les triumvirs Franck Lavaud, chef d'État-Major de l'armée, Paul E. Magloire, commandant de la Garde du Palais, et Antoine Levelt, directeur de l'Académie militaire. En un clin d'oeil, le jardin public de la place Louverture s'est vu dépouillé de ses plantes ornementales fiévreusement transformées par le peuple en trophées de victoire. Plusieurs résidences de suppôts du régime déchu, dont celles des détectives Lafleur, Stacco, Magnan et du commerçant Lucien Marchand, sont pillées et démolies par une multitude en furie. Dans la soirée, les prisonniers politiques au nombre desquels se trouvaient Alphonse Henriquez, Georges Petit, Jean Brierre, Félix Baker, Antoine Rigal, René Salomon, Julio Jean-Pierre Audain, sont relaxés[1]. À sa sortie de prison, Jean Brierre est porté en triomphe au Savoy où il demande à la foule considérable qui se tenait face au café d'avoir foi en la junte, l'armée, déclarait-il, étant «la seule force capable d'assumer les responsabilités du pouvoir».

Cette invitation était une réponse au Comité de Salut Public formé par le Front Démocratique Unifié, peu avant le renversement de Lescot, et qui réclamait à la tête du pays un gouvernement provisoire civilo-militaire où figureraient les vrais artisans de l'effondrement du régime. Est alors brandie au grand jour la question de couleur qui, sous le gouvernement déchu, avait soulevé tant d'acrimonie refoulée. On dénonce les politiciens mulâtres du Front qui, par le biais du Comité de Salut Public, voudraient assauter le pouvoir. Pour les noiristes, la présence du major Paul E. Magloire au sein du nouveau gouvernement était la garantie que leurs revendications ne seraient pas méconnues. Incapable de résister à ce puissant courant émotif qu'entretenait le Comité exécutif militaire dont le major Magloire tenait les rênes, le Front Démocratique Unifié qui, avec l'effacement de Lescot, considérait sa mission comme remplie, se retira de l'arène.

Le Comité de Salut Public n'abandonne pas pour autant ses exigences. Pour faire droit à ses desiderata, le CEM, quoique assuré d'un ferme appui populaire, convoquera le 4 février les juges du Tribunal de Cassation et leur confiera le soin de former un gouvernement provisoire. Le refus des membres de la Haute Cour rejaillit en succès sur la junte. L'échec d'une manifestation organisée quelques jours plus tard par le CSP contre le CEM, l'oblige à prendre conscience de son isolement.

De fait, le Comité exécutif a la situation bien en main. Déjà, au lendemain de sa prise de pouvoir, les jeunes leaders de la grève s'étaient ralliés à lui, en exprimant avec véhémence leur méfiance des politiciens *véreux* et en demandant au peuple de «favoriser le rétablissement de l'ordre et de faire confiance au Comité Exécutif qui a formellement promis d'aider à la restauration des institutions démocratiques en Haïti». Le soutien de la jeunesse constituait pour la junte un apport considérable à la légitimité de son pouvoir. Ses premiers actes de gouvernement tendront à se faire agréer non seulement de la jeunesse, mais de toute la population, en satisfaisant quelques-uns de ses plus vifs désirs. Par décret du 12 janvier, les Chambres fantoches sont dissoutes. Un communiqué du 15 janvier met sous séquestre les biens de l'ex-président Lescot qui, tôt dans la matinée du 14, était parti avec sa famille pour le Canada par un avion spécial de la Pan American Airways. Pour bien marquer leur «complet désintéressement» et leur unique souci de se dévouer à l'instauration de la démocratie, les membres du Comité exécutif militaire et les officiers chargés de la direction des différents Départements ministériels déclarent renoncer «à toutes indemnités attachées aux fonctions qu'ils occupent, ne désirant, jusqu'à la fin, ne recevoir du

Trésor public que leur solde d'officiers»[2].

L'ambiguïté de la position de la junte ne demeure pas moins pour les forces progressistes un sujet d'inquiétude qui les empêche de croire en sa bonne foi. Mais au sein de ces mêmes forces, l'unité de pensée et d'action est loin d'être effective. Une question épineuse, la question de couleur, s'est interposée dans les rapports de ceux qui s'étaient unis pour renverser la dictature de Lescot, et cette question ne fait que s'étendre et s'envenimer. On se méfie de l'alliance de certains bourgeois mulâtres progressistes avec les communistes. On qualifie leur action de «manœuvres d'une même classe». La gauche paie les frais de cette suspicion : elle se scinde en Parti Communiste d'Haïti à tendance noiriste et en Parti Socialiste Populaire, héritier en ligne directe du Front Démocratique.

Sur la scène politique font irruption des partis se réclamant d'un nationalisme authentique et pour lesquels la pigmentation plus ou moins foncée de l'épiderme semblait devoir servir de critère infaillible, - d'où le terme d'*authentique* qu'ils adopteront pour désigner leurs membres. Se prévalent de ce substrat, le *Parti Populaire National*, fondé par Émile St-Lot, Daniel Fignolé, Lorimer Denis, Pierre Blain, Love Léger, Emmanuel C. Paul..., la *Ligue d'Action Sociale et Démocratique* de Ludovic Vandal, le *Front Populaire de la Jeunesse Démocratique Haïtienne* de Joseph Pierre-Louis, l'*Union Libre du Bel-Air* de Ludovic Bellanton, le *Parti National Démocratique Populaire* d'Edner Pauyo... Refusant de s'engager sur cette pente, et ne se fiant pas non plus à la sincérité des bourgeois gauchistes, les jeunes de *La Ruche*, dont la plupart étaient de jeunes mulâtres peu fortunés, et ceux du *Parti Démocratique Populaire de la Jeunesse Haïtienne* qu'ils avaient fondé se cantonneront, orientés par leur formation marxiste, dans la seule lutte pour l'établissement d'une démocratie populaire.

Au début de février, les leaders noiristes décident d'unir leurs forces en un *Front Révolutionnaire Haïtien*, en vue d'établir un régime favorable aux masses prolétariennes et paysannes, d'instaurer une démocratie intégrale, de lutter contre la réaction bourgeoise et d'assurer la prise du pouvoir à une personnalité noire. La lutte contre les velléités de la bourgeoisie de participer à la direction des affaires publiques, par le truchement de certains leaders mulâtres, s'accentue. La première visée du Front, encouragé par le Comité exécutif, sera de se rapprocher de celui-ci et de lui accorder son soutien pour isoler définitivement le Comité de Salut Public qui ne cessait de remettre en question l'opportunité de la présence du major Paul E. Magloire au sein de la junte.

Le 6 février, onze partis politiques de gauche répondent à l'appel des leaders noiristes : le Parti Populaire National, le Parti Communiste d'Haïti, la Ligue d'Action Sociale et Démocratique, le Parti Démocratique Populaire de la Jeunesse Haïtienne, le Front Populaire de la jeunesse Démocratique Haïtienne, le Front populaire Haïtien, la Mission Patriotique des Jeunes, l'Union Libre du Bel-Air, le Parti National Démocratique Populaire, le Parti Démocratique de la Grand'Anse et le Club Le Rempart des Cayes. Un comité provisoire de direction du Front est formé, dont Émile St-Lot reçoit la présidence, Dorléans Juste Constant et Daniel Fignolé la vice-présidence et Joseph L. Déjean le secrétariat général.

Le premier meeting du Front a lieu le 8 février, dans la cour de l'école Guillaume Manigat de la Grand'Rue. Après le chant de l'*Internationale*, entonné sur la demande du pasteur Félix Dorléans Juste Constant, président du Parti Communiste, prennent la parole, introduits par le secrétaire général, les leaders Dorléans Juste Constant, Émile St-Lot, Daniel Fignolé, Ludovic Vandal, Marc Séide et Edris St-Amand. Dans leurs messages, ils mettent tous l'accent sur la nécessité de travailler à une vraie révolution au profit des masses. Le meeting se termine par un grand défilé à travers les rues.

Autre manifestation bien plus imposante, celle organisée le 14 février par l'Action catholique pour implorer la protection divine en faveur du pays et le préserver du matérialisme athée dont il semble menacé. Plus de 30.000 manifestants partis de l'esplanade de la cathédrale défilent en chantant et en priant par les rues du Bord-de-Mer.

La campagne pour le renouvellement des deux Chambres fixé au 12 mai s'ouvre dans un climat de tension et d'intrigue. On ne peut plus importantes ces comices du 12 mai qui vont désigner les députés et sénateurs qui seront investis de la double mission d'élire le président de la République et d'élaborer une nouvelle constitution. Le mot d'ordre de cette campagne est de barrer coûte que coûte la route aux mulâtres considérés comme les exploiteurs, sinon les ennemis naturels de «la classe» et de «voter noir». Elle est menée tambour battant par des tribuns qui, dans les meetings populaires ou dans les organes de presse comme *Flambeau* d'Émile Saint-Lôt, *Le Réveil* de Marc Séide, *Chantiers* de Daniel Fignolé, *La République* de Jean Rémy, *L'Action Nationale* de Julio Jean-Pierre Audain, clament l'obligation pour les masses noires d'être dirigées par des hommes politiques proches d'elles et s'identifiant avec leurs traits héréditaires.

Un peu plus fondamentalement réformiste, sans démordre de détruire les structures semi-féodales par quoi prospéraient les groupes dominants, se présentera le Mouvement Ouvrier Paysan (M.O.P.), fondé par Daniel Fignolé qui, tout en prônant avec violence l'authentisme, orientera également son action vers l'organisation syndicale et l'amélioration du sort des masses. Se réclamant d'un nationalisme intransigeant sur lequel l'idéologie communiste ne semblait avoir aucune prise et appuyé sans retour par son *rouleau compresseur*, terreur de la bourgeoisie, Fignolé parviendra à contrôler quelques syndicats importants et à se poser en leader incontesté des couches populaires de Port-au-Prince et de sa banlieue.

Cette levée de boucliers contre la bourgeoisie mulâtre ne paraît pas trop intimider les politiciens de cette classe qui, aux invectives de la presse «authentique» dénoncent dans *La Nation* les vrais desseins de la propagande noiriste : flatter les masses pour les endormir et mieux les exploiter. Quant au MOP, ils l'assimilaient à un mouvement fasciste, prêt à toutes les compromissions pour instaurer son totalitarisme.

Dans le camp opposé, l'harmonie est loin d'être parfaite, car si tous les groupements sont d'accord pour «éliminer les mulâtres», ils ont aussi leurs intérêts propres qu'ils entendent défendre d'estoc et de taille. Première fissure du Front Révolutionnaire Haïtien : à la fin de mars, le Parti Communiste estimant que «de rôle historique du Front a pris fin», se retire de cette fédération. Le 9 avril, Fignolé qui avait été nommé président du Comité de direction du Front Révolutionnaire

Haïtien, démissionne comme président et membre du Front, en raison de «circonstances indépendantes de sa volonté». Il est clair que ces décisions étaient en corrélation avec le désir, chez Dorléans Juste et Fignolé, de recouvrer une liberté d'action qu'ils n'avaient pas à l'intérieur du Front.

Crise également à *La Ruche*, par suite de la rupture qui s'est produite entre Théodore Baker et les collaborateurs du journal qui voulaient s'en emparer "pour en faire un instrument du parti communiste". Dans une note datée du 22 avril, Félix Baker, père de Théodore Baker et propriétaire de *La Ruche*, informe le public qu'il «n'a jamais autorisé son fils mineur à faire don de *La Ruche* à aucun groupement, qu'en conséquence il considère comme nulle toute donation qui aurait été faite par ledit mineur Théodore Baker...»[3].

La réaction de l'équipe rédactionnelle de *La Ruche*, celle qui avait porté l'hebdomadaire à son plus haut niveau, ne se fait pas attendre. Au nom de cette équipe combative, René Dépestre fait savoir que «ne pouvant *se servir* comme par le passé du titre de *La Ruche* qui, par un paradoxe étrange, est la propriété d'une personne, elle fait paraître à la fin de cette semaine *La Nouvelle Ruche* qui devient l'organe du Parti Démocratique Populaire de la Jeunesse Haïtienne»[4]. Abandonné de tous les rédacteurs, Théodore Baker se vit forcé d'annoncer que la parution de *La Ruche* serait momentanément discontinuée, par suite de «circonstances exceptionnelles et indépendantes de sa volonté». À René Dépestre fut confiée la direction de *La Nouvelle Ruche* dont les bureaux prirent logement au 108 de la rue du Peuple.

À l'égard du Comité exécutif militaire, la position du Parti Démocratique Populaire de la Jeunesse Haïtienne qui avait été le fer de lance de la sédition du 7 janvier, s'était sensiblement modifiée, au point qu'il en était venu jusqu'à lui retirer sa confiance, l'accusant de corruption et de machinations dans la préparation des prochaines élections législatives. Aussi, s'était-il empressé d'apporter son total soutien à la nouvelle grève déclenchée le 20 mars par les écoles contre le C.E.M. «Dans toute la presse haïtienne, dans toutes les familles haïtiennes honnêtes, il n'y a qu'un seul mot : la Révolution est trahie !

lisait-on dans un communiqué du Parti signé de Laurore Saint-Juste et de Kesler Clermont, relativement à la grève et à la récente arrestation de Baker et de Dépestre. Si aujourd'hui le CEM est en fonction, c'est que la Jeunesse, réprimant un préjugé naturel pour sauver la Patrie malgré tout, vous a appuyés. La Jeunesse est en droit de vous demander compte de votre gestion... Vous n'avez pas rempli votre devoir, vous avez pris des mesures attentatoires à la démocratie réelle, la démocratie intégrale que nous réclamons... La Jeunesse déclare solennellement au CEM qu'elle est décidée à mourir pour que justice soit faite, pour la démocratie réelle et pour la Révolution du 7 janvier, selon l'esprit du 7 janvier»[5]. Entre autres demandes, le parti réclamait la mise en liberté immédiate de Baker et de Dépestre, le droit de vote en faveur des jeunes de 18 ans et «l'annulation et la cessation de la dangereuse formalité des inscriptions électorales».

Cette grève à laquelle n'avait pas participé l'Université ne produira pas grand effet. Après l'élargissement de Baker et de Dépestre, le Parti Démocratique Populaire procédera à une réorganisation de ses structures, déclarera rejeter tout sectarisme et annoncera sa résolution de «rester en dehors de la bataille électorale actuelle», se donnant pour seuls objectifs de «défendre les droits de l'homme haïtien, d'amener les masses haïtiennes à une conscience politique, économique et sociale, de lutter pour une démocratie totale haïtienne et pour une justice sociale agissante»[6].

Dans ce climat déjà suffisamment échauffé se produit un événement qui va bouleverser la vie politique haïtienne et dont les suites éventuelles apparaîtront à plus d'un comme inquiétantes sinon dangereuses : le débarquement à Port-au-Prince, le 11 avril, du riche industriel Henri Laraque, ancien ministre d'Haïti en Italie, établi en Angleterre et qui s'était constitué candidat à la présidence. À sa descente d'avion à Chancerelles, il déclare que s'il obtenait les suffrages de l'Assemblée nationale, il renoncerait à tout traitement de l'État et que son administration apporterait «des millions à la République».

Cinq jours plus tard, ayant mobilisé les quatre stations de

radiodiffusion de la capitale pour une conférence radiophonique, il expose durant plus d'une heure les grandes lignes de son programme placé sous l'égide de trois entités salutaires : TRAVAIL, ORDRE, MÉTHODE (TOM). Au Cap, sa ville natale, où il se transporte pour préparer sa campagne électorale et où il déchaîne un enthousiasme extraordinaire, il révèle la raison de sa détermination à se porter candidat : remplir une promesse qu'il avait faite à Rosalvo Bobo, lequel, sur son lit de mort, l'avait supplié de travailler au relèvement d'Haïti. Le lui ayant rappelé en songe, il s'était résolu à partir sans délai pour s'acquitter de sa mission.

Deux jours avant l'ouverture des urnes, le Comité Exécutif Militaire réitère dans un communiqué, et «sous la foi des garanties qui ont été données à la nation» sa stricte neutralité à l'égard des élections législatives et déclare qu'«à propos de tous ceux qui se réclameraient d'un appui du CEM pour essayer de s'attirer des sympathies ou escamoter des suffrages, aucun de ses membres n'a promis ni laissé croire qu'il promettait un appui officiel sous quelque forme que ce soit»[7].

C'est dans un calme insolite que se déroulent le dimanche 12 mai les opérations électorales à la capitale. Tranquillité interrompue dans l'après-midi par une effervescence au Bel-Air et dans le voisinage de la gare du Nord, fief de Daniel Fignolé, candidat à la députation pour la première circonscription de Port-au-Prince, et qui sera dispersée par la police à l'aide de gaz lacrymogène.

Dans l'attente des résultats définitifs du scrutin, l'impatience grandit, la fièvre monte. Les rumeurs de fraudes électorales commises tant à Port-au-Prince qu'en province commencent à se préciser. Dans certains quartiers populaires de la capitale, des bagarres se produisent. Au Cap, de graves incidents éclatent, faisant des morts. La Fédération des Étudiants réclame une messe de requiem pour les victimes des troubles : elle est interdite d'ordre supérieur. L'agitation ne diminue pas moins. Le Comité de Défense Nationale formé pour rallier les secteurs contestataires est dissous. Le 27 mai, prétextant «d'agitation croissante de l'esprit public» et «des excès persistants et criminels d'une certaine presse», le Comité exécutif militaire décrète la loi martiale sur toute l'étendue du territoire et le couvre-feu de 8 heures du soir à 5 heures du matin. Réagissant contre ces mesures, le Parti Communiste élève d'énergiques protestations et recommande «l'état d'alerte».

Le relevé par le Bureau de Recensement des candidats qui avaient été presque tous élus selon les directives de l'exécutif n'eut pas moins lieu, et les résultats officiellement proclamés sous le couvert de l'état de siège. C'est alors qu'on put mesurer le degré d'improbité qui avait présidé à la préparation de cette prétendue consultation populaire d'où étaient sortis vaincus des citoyens tels qu'un Daniel Fignolé à Port-au-Prince ou un Henri Laraque au Cap-Haïtien, dont la popularité était indéniable. Deux jours après, le couvre-feu était aboli, la loi martiale supprimée, le Corps législatif convoqué à l'extraordinaire pour le lundi 17 juin et les manifestations publiques formellement interdites jusqu'à nouvel ordre.

La vie nationale va désormais se cristalliser sur le déroulement de la campagne présidentielle. Dans l'intervalle a débarqué à Port-au-Prince l'ex-colonel D.P. Calixte, ancienne figure proéminente de l'armée, qui se déclare candidat à la présidence. Il inaugure peu après ses activités électorales en parcourant le Bel-Air et d'autres quartiers populaires, en compagnie de Daniel Fignolé qui avait pris le parti d'appuyer sa candidature, eu égard à l'influence que lui-même il exerçait sur la base de l'armée, presque entièrement fignoliste.

2 juillet, ouverture solennelle de l'Assemblée nationale. Sur la proposition du sénateur Fombrun, elle se mue en Assemblée constituante. Une commission est formée en vue d'établir un projet de constitution. Des débats orageux, des propos violents, parfois même choquants, marquent le vote des articles de la nouvelle loi fondamentale. Une bonne partie de l'opinion s'insurge contre la neutralité religieuse et le rejet de l'égalité politique pour la femme envisagés dans le projet. En revanche, on se réjouit des nouvelles dispositions qui réservent aux seuls nationaux le commerce de détail et les travaux de la petite industrie.

Cependant, à la Constituante, les discussions s'éternisent, et le peuple s'impatiente. Au cours de la séance du 12 août, le député Philippe Charlier présente à l'Assemblée la résolution qu'il avait préparée de concert avec les constituants Thomas Désulmé, Jean David et Jean Bélizaire. Elle suggérait l'adoption provisoire de la Constitution de 1932 pour permettre aux Chambres de passer sans retard à l'élection présidentielle, quitte à poursuivre ensuite le vote des articles de la nouvelle charte.

Combattue avec ardeur par plusieurs parlementaires, dont les sénateurs Émile Saint-Lôt et Max Hudicourt et le député Rossini Pierre-Louis étaient parmi les plus intraitables, mais fermement défendue par le jeune député de Port-au-Prince Thomas Désulmé qui en avait été un des inspirateurs, sachant que c'était par ce seul subterfuge que son candidat Dumarsais Estimé, de plus en plus vilipendé par les fignolistes, fervents partisans de Calixte, avait la chance d'accéder au pouvoir, la résolution est votée par une majorité de 35 voix. Intimidés par la violence verbale des adversaires de la résolution, aucun des parlementaires qui au préalable y avaient apposé leur signature n'avait osé la soutenir publiquement. Seuls avaient fait front à l'orage les députés Désulmé et Charlier.

Le vote exprimé, la date du 16 août est fixée pour l'élection par l'Assemblée nationale du prochain chef d'État dont le mandat présidentiel prendra fin le 15 mai 1952.

De fébriles combinaisons électorales marquent ces derniers jours de la campagne présidentielle. Le vendredi 16 août, au deuxième tour de scrutin, le député des Verrettes, Dumarsais Estimé, est élu par 31 voix sur 58 votants. Vivement ému, Estimé gravit les marches de la tribune, encadré du sénateur Charles Fombrun et du député Décius Jean et prête le serment constitutionnel. Après le discours du président de l'Assemblée nationale, le nouvel élu adresse ses remerciements à l'Assemblée :

> *«C'est la grande famille des masses dont je suis un représentant que vous avez voulu honorer, dit-il... Mon gouvernement n'appellera jamais personne à la servitude... Si bergers du troupeau, nous nous en constituons les loups, si gardiens de la maison, nous nous faisons nous-mêmes les voleurs qui la brisent et la pillent, si rebelles au meilleur de*

nous-mêmes, nous manquons à nos engagements solennels, alors il sera temps d'entrer en jugement avec nous et de nous demander compte...»[8].

Le même jour, à l'issue du Te Deum traditionnel à la cathédrale, a lieu au Palais national la cérémonie de la transmission des pouvoirs, au cours de laquelle des discours sont échangés entre le colonel Lavaud, président du Comité exécutif militaire, et le président Dumarsais Estimé.

Il est de notoriété publique que ce fut grâce au solide concours du colonel Astrel Roland, commandant du département militaire de l'Artibonite, que le candidat Dumarsais Estimé, qui avait en face de lui des compétiteurs d'une réelle popularité, fut élu député des Verrettes[9]. Les élections truquées du 12 mai constituaient la première étape du processus qui réglait à l'avance l'effacement sans heurt du gouvernement militaire et le maintien de ses membres dans leurs positions et privilèges. Confusions, divisions, incohérence, démagogie exacerbée avaient contribué à affaiblir le secteur libéral et révolutionnaire et à faciliter la tâche au gouvernement provisoire dans sa volonté, avec l'approbation de l'armée, de contourner les desiderata du peuple et de mener la barque de l'État selon ses seules vues. «En écartant du pouvoir les forces qu'elle jugeait indésirables, écrit avec à propos Antonin Dumas-Pierre, et en imposant à la nation le secteur qui avait sa sympathie, la Garde d'Haïti avait prouvé qu'elle était la structure-clé du régime politique dictatorial et réactionnaire en Haïti»[10]. Jaugeant les courants en présence, le Comité Exécutif s'était finalement déterminé à donner son agrément à Dumarsais Estimé farouchement soutenu par les noiristes de la classe moyenne et de la petite bourgeoisie. Le sénateur Bignon Pierre-Louis, patronné par le riche industriel Oswald J. Brandt, devait se voir emporté par l'irrésistible vague authentique, tout comme le serait le colonel Calixte, en dépit de l'appui du MOP, mouvement jugé trop radical par les responsables de l'armée...

La «révolution» du 7 janvier, malgré tous les espoirs qu'elle avait suscités, tant au niveau national que sur le plan international, se trouvait ainsi réduite à sa portion congrue. Et cette frustration était l'œuvre du Comité exécutif militaire qui avait pris soin de conserver intact le système en place et de ne pas contrarier l'avènement au pouvoir d'une personnalité politique qui s'était engagée à ne pas s'ingérer dans les questions relatives à l'armée.

Si la grève de 46, déclenchée au lendemain de la fin du conflit mondial, n'apporta, en dépit du puissant souffle antifasciste qui l'avait animée, aucun changement à l'infrastructure économique et politique du pays, elle marqua néanmoins un tournant important, par l'émergence qu'elle provoqua d'une couche sociale acquise aux idées noiristes et qui allait faire de sa pérennité au pouvoir et de son embourgeoisement accéléré l'essentiel de sa philosophie politique. Des conquêtes positives de 46, liberté de la presse, organisation des partis politiques, développement du syndicalisme... seule devait subsister une certaine conscience de classe assez nuageuse et assez diversifiée.

Notes

1.   Edmond Sylvain, arrêté pour délit politique, avait bénéficié de la grâce présidentielle au lendemain des fêtes de fin d'année.

2.   *Bulletin des Lois et Actes,* 11 janvier 1946 - 16 août 1946, p. 7.

3.   *Haïti-Journal,* 24 avril 1946.

4.   *Haïti-Journal,* 24 avril 1946.

5.   *Haïti-Journal,* 21 mars 1946.

6.   Communiqué signé de René Dépestre, secrétaire général et d'Antonio F. Chevalier, secrétaire général adjoint, paru dans *Haïti-Journal* du 26 mars 1946.

7.   *Haïti-Journal,* 10 mai 1946.

8.   *Bulletin des Lois et Actes* - août 1946 - août 1947 - Réponse du Président élu au président de l'Assemblée nationale, pp. 3 à 5.

9.   Astrel Roland : *Le Naufrage d'une Nation*, pp. 247 à 251.

10.   *Trente ans de pouvoir noir en Haïti*, 1976, p. 203.

LE DRAME D'UN GOUVERNEMENT ÉCARTELÉ

Malgré la popularité qu'à coups de grosse caisse les partisans d'Estimé avaient cru créer à leur candidat pendant la campagne présidentielle, c'est dans une ville en deuil que le président Estimé effectue sa première tournée à travers les rues de la capitale. Sûr d'obtenir progressivement cette confiance que, dans son discours du 16 août à l'Assemblée nationale, il a réclamé de tous les Haïtiens, et assuré de la protection de l'armée qu'il laisse sous le commandement des anciens membres de la junte, il se consacre résolument à sa mission.

Premières difficultés : la crise ministérielle qui éclate moins de trois mois après l'installation du gouvernement et qu'une sourde question de dissensions épidermiques semble avoir déterminée. Dans ce premier cabinet ministériel qu'Estimé avait voulu un cabinet d'union nationale et où figuraient des personnalités choisies dans divers secteurs de la politique haïtienne, ce différend met en présence le professeur Daniel Fignolé, secrétaire d'État de l'Éducation nationale et de la Santé publique et le docteur Georges Rigaud, secrétaire d'État du Commerce et de l'Agriculture. Pendant près d'une semaine, le conflit tient en haleine l'opinion publique. Désespérant d'arriver à une conciliation, Estimé est forcé d'accepter la démission en bloc du cabinet. Incident malheureux qui ravive la question de couleur et assène un nouveau coup aux visées généreuses du soulèvement du 7 janvier qui étaient de remodeler la nation dans un moule authentiquement révolutionnaire.

Pourtant, à leurs postes respectifs, Rigaud et Fignolé s'étaient révélés des fonctionnaires incorruptibles et d'ardents défenseurs des masses, le premier, en s'attaquant énergiquement au marché noir, le deuxième, en imprimant à l'instruction populaire une vive impulsion. Malgré la psychose de couleur qui obsède le pays, Estimé tente de planer au-dessus des partis, et pour la composition du nouveau cabinet, fait appel à des hommes marquants, de différentes couches sociales.

La proclamation, le 22 novembre 1946, de la nouvelle constitution va permettre au chef de l'État d'œuvrer dans un climat plus en harmonie avec ce qu'on croyait être «les conquêtes de la Révolution du 7 janvier»[1]. Déjà avait été formée, par arrêté du président de la République, une commission de cinq membres préposée à enquêter sur l'administration du gouvernement de l'ex-président Lescot[2]. Le 9 octobre 1946, au département du Travail, est créé l'organisme technique et administratif dénommé Bureau du Travail qui, entre autres fonctions, était chargé «de recommander les moyens d'améliorer les conditions de travail en Haïti, de coordonner l'organisation syndicale, de veiller à l'application des lois et règlements relatifs au travail et aux conditions de travail». Cette création visait à concrétiser les promesses faites par Estimé dans son discours de prestation de serment, de protéger le travailleur et d'encourager le développement du syndicalisme. De nombreux syndicats verront effectivement le jour au début de son gouvernement. La plupart d'entre eux se grouperont en deux importantes fédérations, la *Fédération des Travailleurs Haïtiens* de tendance progressiste, dirigée par André Cameau, Victor Vabre et Edris St-Amand et la *Fédération des Syndicats d'Ouvriers et Travailleurs,* constituée de syndicats unis au MOP et forcément imprégnés de fignolisme.

Le renouveau économique mondial qui fait suite à la fin des hostilités provoque des retombés favorables sur l'économie haïtienne à qui le gouvernement précédent avait imprimé un notable essor. Avec la hausse du café et du sisal et la croissance des exportations, les finances de la République bénéficient d'un appréciable apport en numéraires. Mais les recettes fiscales, au lieu d'être consacrées au développement, serviront plutôt au financement de travaux de prestige, source de prébendes qui aideront à consolider les assises de la nouvelle bourgeoisie noire.

Première initiative spectaculaire dans le domaine des travaux publics : la reconstruction de la ville frontalière de Belladère. Afin d'associer le peuple haïtien à cette œuvre de fierté nationale, des listes de souscription sont mises en circulation. Le dimanche 12 janvier 1947 a lieu la pose de la première pierre de la nouvelle cité par le ministre de l'Intérieur Georges Honorat. L'opposition, par l'organe du sénateur Alphonse Henriquez, ne considérera pas moins cette entreprise comme «la plus grosse bêtise du temps».

Incontestablement, Estimé a des visions grandioses pour l'avenir du pays. Le besoin de disposer de fonds suffisants pour la réalisation de ses nombreux projets le détermine à envoyer à Washington une «mission de bonne volonté» afin d'obtenir la mise à la disposition du gouvernement des fonds provenant des recettes fiscales tenues en réserve pour «conserver à la trésorerie une forte position en espèces». Cette mission aboutit à un échec, le partenaire américain ayant refusé de rien déroger au régime de tutelle établi pour garantir l'émission de l'emprunt 1922 - 1923. «Heureux mécompte!» proclame le président qui invite la nation à faire appel à ses sentiments nationalistes pour payer elle-même la dette extérieure contractée sous Borno et recouvrer ainsi sa complète liberté financière.

Un formidable mouvement patriotique se déclenche en réponse à l'invitation du chef de l'État. De nombreux secteurs de la population se déclarent prêts à tous les sacrifices pour débarrasser le pays de l'humiliant contrôle financier américain. En signe de protestation contre l'ingérence étrangère dans les affaires d'Haïti, la Fédération des Étudiants organise une manifestation de rue à laquelle s'associent les élèves des lycées Toussaint Louverture et Alexandre Pétion et ceux d'un certain nombre d'autres établissements scolaires. Sur les pancartes, des slogans significatifs : «À bas l'Impérialisme !», «Confiance en la politique extérieure du Gouvernement». À l'issue de la manifestation, les bannières sont déposées au pied de la statue de l'Empereur.

L'initiative d'une campagne en vue de recueillir les souscriptions du public part de la Société Toussaint-Louverture que préside Timoléon C. Brutus, assisté comme vice-président de Délinois Célestin et de Marceau Lecorps. Dans sa résolution du 27 mars 1947, la Société décide de «convier toutes les forces vives du pays à se grouper autour d'elle en formant faisceau avec le Gouvernement dans l'initiative d'une souscription nationale, en vue de liquider la dette haïtienne et nous libérer de l'outrageant contrôle qui sévit sur l'administration du pays». Un Comité national de Libération financière est aussitôt formé qui fait appel «à toutes les influences nationales, en quelque point que ce soit du territoire». Au Sénat, les pères conscrits abandonnent 20% de leurs émoluments et demandent au gouvernement d'établir des prélèvements sur les salaires des employés de l'administration, suivant une échelle allant de 5 à 20%.

La croisade pour la libération financière s'étend. Le 2 avril, plus de 5.000 ouvriers syndiqués, précédés des membres du Comité syndical de la Libération financière, gagnent les rues et soulèvent sur leur passage un débordement d'enthousiasme. Pour la première fois, le 14 avril 1947, au cours de l'entretien de T.C. Brutus à la station de radiodiffusion HH2S, est joué l'*Hymne de la Libération Financière*, musique et paroles de Constantin Dumervé, qui, grâce à sa mélodie facilement assimilable et à son allure entraînante et martiale, animera toutes les manifestations de la Libération financière.

Après quatre mois d'une campagne intensive, l'ouverture solennelle des opérations de souscription débute dans la matinée du 27 avril par un défilé qui, parti des Tribunes du Champ-de-Mars, sous les accents de l'hymne de la Libération, s'immobilise au monument de Dessalines, puis à celui de Toussaint Louverture et enfin au mausolée des Pères de la Patrie. Aux tribunes du Champ-de-Mars s'est installé le bureau de perception. Le souscripteur reçoit un certificat émis par le Comité et représentant le montant versé, attestation qui lui permettra d'obtenir par la suite des bons du prochain emprunt intérieur. Parmi les souscripteurs, beaucoup de personnalités officielles. En fin de matinée, accompagné de Jean Coradin, membre du Comité, le président Estimé se présente et achète son certificat.

Au 3 juillet, la provision nécessaire au rachat des titres en circulation des Emprunts 1922 - 1923 était créée. Le 10 juillet, le gouvernement soumettait aux Chambres la loi d'emprunt intérieur de 10.000.000 de dollars au taux d'intérêt de 5%, en vue du remboursement intégral du solde des emprunts extérieurs de 1922 et 1923 et de «l'exécution d'un important programme d'équipement économique et de travaux publics rentables». Votée le 10 juillet à la Chambre des députés et le 12 juillet au Sénat, la loi d'emprunt consacrait la libération financière du pays qui toutefois ne sera rendue effective qu'au 1er octobre 1947. L'opération de rachat des titres, devancée par le gouvernement, s'était effectuée à l'aide des fonds de l'État haïtien, grâce à l'appui de la Banque nationale de la république d'Haïti, qui jouissait d'une «situation de liquidité très forte». Cet heureux résultat est célébré par une formidable manifestation organisée au Champ-de-Mars par le Syndicat des Chauffeurs. Bouillons populaires, retraite aux flambeaux, bals au marché Vallière et dans les quartiers plébéiens marqueront dans la soirée la fin de l'ingérence américaine dans les finances haïtiennes.

Parachevant l'acte de la libération financière, le ministre de l'Intérieur, M. Georges Honorat, procédait, le 1er octobre, en présence du président Estimé et de son cabinet, à l'installation du nouveau conseil d'administration de la BNRH, la dernière des institutions nationales à se trouver encore sous le contrôle de l'étranger. Les cinq membres du Conseil avaient été nommés par le président de la République, selon le vœu de l'article 11 de la loi d'emprunt intérieur. Le secrétaire d'État des Finances, Gaston Margron, fut appelé à la direction générale de la BNRH et Alexandre Dominique désigné comme vice-président du département fiscal de la BNRH, en remplacement de l'américain Pearson. Par ces nouvelles dispositions, le gouvernement haïtien prenait en main la complète direction de sa politique financière et se voyait investi d'un droit de contrôle sur les activités de la Banque nationale, lesquelles ne devaient désormais tendre qu'à la défense des intérêts financiers nationaux.

Malgré ces succès brillants, l'opposition ne sommeillait pas, et Estimé savait qu'il n'avait à attendre aucune complaisance des leaders politiques qui continuaient à contester sa présence à la première magistrature de l'État. Le premier parmi les jeunes leaders qui avaient été à l'origine du mouvement de 46, Théodore Baker, se sentant menacé, avait profité de l'invitation qu'il avait reçue à participer au congrès de la jeunesse noire américaine à Columbia, en Caroline du Sud, pour quitter le pays et s'exiler. L'avaient suivi le mois d'après, conviés d'une façon élégante par le gouvernement à s'éloigner des rives d'Haïti, René Dépestre, bénéficiaire d'une bourse d'études à l'École des Sciences Sociales et Politiques de Paris, et Laurore Saint-Juste, nommé attaché de presse au consulat d'Haïti à Ottawa[3].

Le principal obstacle à la stabilité du gouvernement restait le communisme dont la branche «bourgeoise», représentée par le Parti Socialiste Populaire (PSP) manifestait vis-à-vis du régime une hostilité des plus évidentes. La branche noiriste du Parti Communiste, dirigée par Dorléans Juste Constant, avait, quelques mois après l'installation du nouveau gouvernement, mis fin à ses activités, obéissant ainsi au pacte secret qui, prétend-on, la liait à Estimé. La lutte anti-communiste allait dès lors s'orienter vers le démantèlement du P.S.P. et atteindre son point culminant par le vote, le 19 février 1948, d'une résolution présentée par le député Alcindor, assimilant à des attentats contre la Constitution et contre la sûreté de l'État «les activités communistes ou manifestations à caractère subversif de l'ordre et de la paix publique».

À la Chambre, seuls les députés Rossini Pierre-Louis, Laborde Cadet, Salnave Zamor et Justin Latortue refusent leur vote à cette loi. Dans la presse, elle est combattue avec acharnement par le journal *L'Action* qui demande au peuple de gagner les rues pour manifester sa désapprobation. Même invitation formulée par la Fédération des Travailleurs Haïtiens et le Parti Ouvrier Progressiste Haïtien pour protester contre cette loi «immorale» votée par une Chambre "immorale". À la Faculté de Droit, tohu-bohu tumultueux à la suite du «blackout» survenu pendant que les étudiants, convoqués par l'Association des Étudiants, discutaient sur l'inconstitutionnalité de la loi anti communiste.

Les leaders de l'opposition qui n'étaient pas nécessairement gauchistes ne poursuivent pas moins leurs attaques contre le gouvernement. Au Sénat où subrepticement apparaissait une certaine résistance aux projets de l'exécutif, les immunités du sénateur Alphonse Henriquez, un des leaders de la contestation au Grand Corps, sont levées pour permettre à son collègue Jean Bélizaire, considéré comme ami du régime, de le poursuivre par devant les tribunaux, en raison des insultes proférées à son endroit par Henriquez dans son journal *Le Justicier*[4].

Une opposition très active se montrait chez Daniel Fignolé, candidat évincé aux législatives de mai 1946, et qui avait gardé sur les masses prolétariennes de la capitale toute son autorité. À la suite du vote d'une loi relative au travail et jugée antisyndicale par la Fédération des Syndicats d'Ouvriers et Travailleurs présidée par Fignolé, celui-ci lance un ordre de grève qui n'est pas suivi[5]. Au sein du Mouvement Ouvrier Paysan, une scission se produit. Dans une lettre au président du MOP, datée du 11 novembre 1947, des membres du Bureau politique, parmi eux, Lorimer Denis, Jean Montès Lefranc, Dr François Duvalier, Seymour Lamothe, Gérard Gourgue, André Dérose... déclarent reprendre leur liberté d'action, face à "la gravité de la situation politique que confronte le Parti". Malgré le démembrement du Mouvement, Fignolé ne renoncera pas au combat et poursuivra dans son hebdomadaire *Chantiers* son ardente croisade en faveur du bien-être de la classe laborieuse.

Autre volet de l'opposition, les «démocrates conséquents», groupe de jeunes gens[6] qui, dans un «appel aux travailleurs haïtiens», rédigé par Jacques S. Alexis et publié en janvier 1948, dénient tout effort au gouvernement «pour améliorer le standard de vie des travailleurs et répondre à leurs desiderata». Ceux d'entre eux qui occupaient une fonction publique sont invités à démissionner. Sur leur refus, ils sont révoqués. Le mois suivant, ils formeront le *Parti Progressiste Haïtien*, fortement teinté de marxisme.

L'affaire Viau est symptomatique de ce climat d'incessantes controverses qui devait subsister durant toute l'administration d'Estimé. Lauréat de la Faculté de Droit, Gérard Viau était, selon les règlements établis, d'emblée désigné pour obtenir l'une des trois bourses d'études à Paris, accordées par l'Institut Français. Mais c'est Ernst Laraque, fils du secrétaire d'État de l'Éducation nationale, qui est choisi à sa place. Protestation dans *Le Nouvelliste* d'Alfred Viau, père de Gérard, qui prend à parti le ministre Laraque. Réplique du journal gouvernemental *La République*, dirigé par Jean Rémy, qui prétend naturel que le ministre Laraque, après avoir pensé à tant d'autres, «ait eu aussi une pensée pour son fils... L'indécence, poursuivait le journal, est du côté de ceux qui, après avoir usé et abusé de privilèges, croient pouvoir maintenant se poser en redresseurs de torts...»[7]

Le 6 juillet au matin, alors que Jean Rémy, en stationnement au volant de sa voiture devant l'Imprimerie de l'État dont il était le directeur, deux de ses enfants en bas âge assis sur le coussin arrière, achevait la lecture d'un manuscrit, il est interpellé par Gérard Viau qui venait de descendre d'un camion de transport de la Maison Barbancourt, et, à bout portant, reçoit de celui-ci une décharge de pistolet. Transportée à l'Hôpital général, la victime expire en y arrivant. Au bruit de la détonation, un attroupement considérable s'est formé devant l'Imprimerie de l'État. L'agresseur est brutalement maîtrisé et conduit au Bureau de la Police, puis ramené sur les lieux du meurtre. Après son interrogatoire, tandis que sous bonne escorte, il s'apprêtait à laisser les bureaux de l'imprimerie, il est assailli et lynché par des partisans du gouvernement. Transpercé de balles et de plusieurs coups de couteau, son corps gît inanimé sur les marches de l'imprimerie.

Les funérailles des deux victimes donnent lieu à des manifestations tout à fait divergentes. L'oraison funèbre de Gérard Viau, prononcée par le sénateur Henriquez, est un acte d'accusation du gouvernement. Celles de Jean Rémy, de violentes attaques contre la bourgeoisie. En raison des vives passions qu'avait soulevées cet événement, Alfred Viau, qui s'était réfugié à la légation de Cuba, prit le parti de s'exiler au Venezuela avec sa famille.

Une autre affaire bien plus grosse de conséquences et dont se régalera l'opposition par les révélations sensationnelles, mais offensantes pour le gouvernement, qu'elle apportera, l'affaire Roland, éclate brusquement. Nommé attaché militaire à Washington, à l'instigation du colonel Magloire qui voulait l'éloigner du pays, le colonel Astrel Roland, quelques mois plus tard, avait été mis en disponibilité de l'armée et transféré comme chargé d'affaires à la légation d'Haïti à Quito. Tandis qu'il était encore à Washington, une proposition pour un prêt de 50.000.000 de dollars avait été présentée par des capitalistes américains au colonel Roland, qui devait l'introduire directement au président Estimé. Se défiant de la convoitise de l'équipe au pouvoir qui s'empresserait de s'accaparer de cette affaire pour en tirer le meilleur profit, Roland communiqua l'offre au président, sans donner les noms et adresses des éventuels bailleurs.

Muté dans l'intervalle à Quito, et s'étant rendu aux États-Unis pour raison de santé, le secrétaire de la légation, Jean Coradin, œuvrant sur les instructions du gouvernement, profita de son absence pour se livrer à des explorations dans la résidence du chargé d'affaires et s'emparer de ses archives. De l'avis de Roland, cette rafle n'avait qu'un but : prendre possession de certaines pièces comportant des informations relatives à l'emprunt, qu'il tardait à transmettre. Selon le gouvernement, l'opération s'était plutôt réalisée dans le dessein d'acquérir des preuves de la collusion qui existait entre Trujillo et l'ancien commandant du département militaire du Nord pour le renversement d'Estimé et la prise du pouvoir par Roland[8].

De fait, à la suite de cette perquisition, le gouvernement annonça la découverte, dans les papiers du chargé d'affaires d'Haïti à Quito, de documents qui établissaient ses accointances avec le régime trujilliste : sa correspondance avec Anselmo Paulino Alvarez, proche collaborateur de Trujillo, et avec Annibal Diaz, consul dominicain au Cap. À son retour à Quito, Roland, qui avait été informé par sa femme de la violation de leur domicile, se hâta d'exprimer au gouvernement ses plus véhémentes protestations. Il ne reçut en retour que notification de sa révocation.

Réfugié en République Dominicaine, Roland à la station officielle de radiodiffusion, *Voz Dominicana*, attaque sévèrement le régime d'Estimé, et tout en prônant l'amitié haïtiano-dominicaine, incite le peuple à se révolter et à renverser «ce sanguinaire, ce malhonnête et lâche assassin Dumarsais Estimé». L'invasion prochaine d'Haïti par une armée qu'il commanderait lui-même était solennellement annoncée, si le peuple haïtien se dérobait à ses devoirs.

En réponse à ces invectives, le gouvernement haïtien rappelle son ambassadeur à Ciudad-Trujillo. Les Chambres réunies à l'extraordinaire autorisent un emprunt de 3.000.000 de dollars pour la défense nationale, qui sera bien vite couvert, et demandent au pouvoir exécutif de mettre en application la loi sur le service militaire obligatoire. «Nous les combattrons avec des machettes, des canifs au besoin, s'écrie le député d'Aquin Philippe Charlier dans une envolée oratoire. Aucun Haïtien n'a peur d'un Dominicain, même quand celui-ci est armé de destroyers et de bombardiers»[9]. La foule présente au Palais législatif couvre l'orateur d'ovations frénétiques.

Tandis qu'à l'OEA, l'ambassadeur Joseph D. Charles dénonce l'agression dont la république d'Haïti est victime, l'ex-colonel Astrel Roland est jugé par contumace et condamné comme traître à la Patrie. À l'Organisation des États Américains, cinq pays - les États-Unis, Cuba, le Mexique, le Brésil et l'Argentine - ont été désignés pour enquêter sur le litige haïtiano-dominicain. L'affaire se corse par l'irruption sur la scène de l'ex-juge Alfred Viau, établi en République Dominicaine, qui se met à son tour à lancer à la *Voz Dominicana* des diatribes contre le gouvernement. Roland, de son côté, ne cessant de proclamer ses intentions belliqueuses, le gouvernement haïtien envoie une note sévère au gouvernement dominicain et menace de rompre les relations diplomatiques.

Les adresses fielleuses de Roland et de Viau étaient écoutées par une grande partie de la population qui, à treize heures trente, se groupait devant les postes récepteurs transmettant ces émissions. Bien que l'annonce de la prochaine invasion fût condamnée par tous les secteurs, les incriminations plus spécifiquement antigouvernementales étaient cordialement reçues par les opposants au régime. La campagne contre Roland était menée avec vigueur à Radio Port-au-Prince par Antoine R. Hérard qui avait affublé l'ex-colonel du sobriquet de *Roland-la-Honte*.

En pleine dissension nationale et internationale, un nouvel incident se produit qui oblige le gouvernement à réagir drastiquement. Sous prétexte de défendre leurs intérêts menacés par la loi d'emprunt de la Défense nationale, les employés de commerce réunis à la Chambre de commerce décrètent la grève «jusqu'à ce que les mesures en ce qui les concerne, prises par le gouvernement, soient rapportées». Rapprochant la résolution adoptée des incitations d'éléments politiques liés aux activités communistes, le gouvernement proclame l'état de siège sur toute l'étendue du territoire et la suspension de certaines garanties constitutionnelles. Pour appuyer cette décision, plus de deux cents véhicules du Syndicat des chauffeurs parcourent la ville, montés par des supporteurs du régime, fulminant contre «des fauteurs de troubles et les traîtres à la Patrie»...

Pour vivifier le culte du drapeau en ces temps où paraissait planer sur le pays un certain danger, le ministre des Cultes T.C. Brutus demande aux curés et aux responsables des cultes réformés l'intronisation du bicolore dans l'enceinte de leurs églises. Le 18 mai 1949, dans les lieux de culte, on procède à la bénédiction du drapeau haïtien qui désormais aura sa place dans tous les sanctuaires religieux.

Quant au différend haïtiano-dominicain, il trouve un dénouement grâce aux bons offices de la Commission interaméricaine pour le règlement pacifique des conflits. Le 10 juin, à la Chambre des députés, le ministre Brutus informe l'Assemblée de la signature, la veille, à Washington, par les délégués des gouvernements haïtien et dominicain, d'une déclaration conjointe selon laquelle les deux gouvernements s'engageaient solennellement à ne pas tolérer «sur leurs territoires respectifs les activités d'aucun individu, groupe ou parti politique quelconque qui auraient pour but de troubler la paix intérieure de l'une des deux républiques voisines ou de toute autre nation» et de recourir «aux négociations directes et aux procédés de règlements pacifiques pour résoudre à l'avenir tout différend entre les deux pays»[10].

Notes

1. La Constitution de 1946 entrera effectivement en vigueur par sa publication au *Moniteur* du 23 décembre 1946.

2. Cette commission était composée de MM. Amilcar Duval, Racster Racine, Louis Émile Élie, Ernest Leys et Dupont Day. Devant l'inconsistance des accusations portées contre le gouvernement du 15 mai 1941, le juge d'instruction Anthony Rivière devait renvoyer des liens de la prévention l'ex-président Lescot et ceux de ses collaborateurs accusés de corruption et de malversation.

3. Dès février 1946, Gérald Bloncourt, un des plus actifs promoteurs du mouvement séditieux du 7 janvier, reconnu comme Français et accusé de s'être immiscé «dans les affaires intérieures du pays», avait été frappé d'une mesure d'expulsion. Il était le frère de Tony Bloncourt qui avait été torturé et assassiné en France par la Gestapo, pour faits de Résistance.

4. Un an après avoir édicté cette mesure, le Sénat par sa résolution du 22 février, déclarera inopérante l'autorisation qui avait été donnée de poursuivre en justice le sénateur Henriquez, «aucune suite légale n'ayant été donnée à la dite autorisation».

5. L'ordre de grève avait été donné dans le dessein de provoquer la démission du ministre du Travail, M. Émile Saint-Lôt.

6. Parmi eux, Gérard Chenet, Édris Saint-Amand, Marcel Bonny, Louis Neptune, Georges Beaufils, Kesler Clermont, Gérard C. Montasse.

7. *La République*, 3 juillet 1948.

8. Trujillo ne pouvait supporter les critiques acerbes de la presse haïtienne de gauche à l'endroit du régime inhumain infligé aux braceros haïtiens en République Dominicaine. Il les assimilera à une campagne de dénigrement et en voudra au gouvernement haïtien de la tolérer.

9. *Haïti-Journal*, 18 février 1949.

10. *Haïti-Journal*, 10 juin 1949.

LES CONTRADICTIONS D'UNE POLITIQUE DE GRANDEUR

Le gouvernement, qui se voulait celui des masses et de la classe ouvrière, tout en essayant de ménager à la bourgeoisie nouvelle qu'il voulait créer des privilèges qui forcément ne pouvaient aller qu'à l'encontre des intérêts des couches défavorisées, n'était pas parvenu à se concilier la classe laborieuse. Sa mainmise accentuée sur les syndicats, afin de les avoir à sa dévotion, avait commencé en février 1948, lorsque, manœuvrés par les agents du pouvoir, plusieurs syndicats affiliés à la Fédération des Travailleurs Haïtiens, s'étaient, à la suite de la grève des ouvriers des Gonaïves, retirés de cette fédération, provoquant ainsi le début de sa désintégration. La mise sous contrôle gouvernemental des syndicats s'accélérera dès lors. Le caractère indépendant qui est le fondement de tout mouvement d'action syndicale ne sera bientôt plus, pour ces associations, qu'un souvenir.

Pour se prévaloir d'une certaine popularité et afficher sa puissance, Estimé était en droit de s'attendre au soutien de ces forces dirigées. Toutefois, l'organisation sur laquelle il comptait le plus en l'occurrence était l'armée, cette armée dont il se plaisait, pour se l'attacher, à satisfaire tous les vœux.

Dès son avènement à la présidence, la position de ce corps s'était trouvée nettement renforcée, et les avantages matériels dont profitaient ses chefs paraissaient devoir les inféoder irrémédiablement au régime. Estimé s'était déchargé de toutes les questions d'ordre militaire sur le colonel Magloire en qui il avait une aveugle confiance. Certain de son appui inconditionnel, il croyait pouvoir tout oser, se sachant couvert de l'ombre protectrice et souriante du commandant de la Garde du Palais.

C'est en avril 1949 qu'avaient commencé à circuler des rumeurs de remaniements constitutionnels. Malgré le drame qu'il vivait et que son proche collaborateur Roger Dorsinville a clairement exposé, en évoquant ses tiraillements «entre l'ambassade américaine, l'armée, les féodaux, la gauche qui lui a fait crédit et le guette, l'authentisme qui voudrait faire bonne figure progressiste, mais qui est déjà travaillé d'appétits»[1], Estimé était vivement pénétré du désir de se faire réélire et de braver la loi mère qui s'opposait à de telles prétentions. Elle prescrivait, en effet, que le président de la République n'était pas immédiatement rééligible et ne pouvait pas bénéficier de prolongation de mandat. La révision constitutionnelle s'était alors présentée comme la seule issue pouvant permettre de contourner les obstacles. Le scénario classique est bien vite échafaudé, avec le déferlement à Port-au-Prince des pétitions prorévisionnistes et l'apparition sur les murs de la capitale d'affiches réclamant ces changements.

Le 1ᵉʳ juillet 1949, l'importante question de l'amendement de la Charte de 1946 est introduite à la Chambre basse par le député Salnave Zamor. Il soumet une résolution comportant la dénonciation de 23 articles de la Constitution. Elle est adoptée à une forte majorité. Acheminée au Sénat, la résolution Zamor y obtient également un vote favorable. Seuls l'ont rejetée, les sénateurs Lorrain Dehoux et Alphonse Henriquez.

Cet outrage à l'ordre constitutionnel ouvrait l'ère d'une remontée farouche de l'opposition. Mais la trêve des grandes vacances d'été semble noyer toute réaction immédiate. Le président se retire à la villa Dotch, à Pétionville, pour se reposer. L'anniversaire de son accession à la première magistrature de l'État est fêté, le 16 août, par une splendide réception que lui offrent, en la villa Edgard Canez, rue Bazelais[2], le commandant et les officiers du district militaire du Palais national. Dans son discours, le colonel Magloire prononcera ces paroles mémorables :

«Depuis l'haïtianisation du Corps, aucun chef d'État n'a tant fait pour le soldat, pour son moral, son confort, et je dirai pour son respect

et sa dignité. Il est donc naturel que nous formions votre garde d'honneur - je parle aussi de l'armée tout entière, avec la permission et l'adhésion complète du chef d'état-major qui est ici avec nous - il est naturel que nous dressions autour de votre personne cette chaîne de loyalisme et de dévouement : c'est le remerciement de cette organisation qui vous doit tant de choses. Cette manifestation publique que pour la première fois nous offrons à un chef d'État sera bien au-dessous de ce que vous doit notre reconnaissance; nous l'avons cependant organisée avec tout notre cœur et toute notre foi de soldat. Si vous en emportez, Monsieur le Président, quelque satisfaction ou quelque encouragement, nous serons une fois de plus comblés par vous»[3].

Arrivés aux environs de 10 heures du soir, le président et son épouse quittent la fête vers 2 heures du matin.

La rentrée d'octobre est marquée dans le domaine politique par la formation d'un nouveau cabinet ministériel où l'on note la présence du Dr François Duvalier à la tête des départements de la Santé publique et du Travail.

Pour se préserver de nouvelles attaques hostiles auxquelles il s'attend, le gouvernement édicte, le 9 novembre 1949, un arrêté prohibant «toutes manifestations, activités, réunions, propagandes à caractère communiste ou de nature à troubler l'ordre des choses établies». De plus, les sociétés et organisations» qui se livreraient à des activités et manifestations prévues et interdites par la loi du 27 février 1948 seraient dissoutes et leurs membres déférés à la justice.

Une vive animosité se répand aussitôt dans les rangs de l'opposition. Stimulés par des leaders politiques, les étudiants de la Faculté de Médecine et de l'École Polytechnique décrètent la grève. La presse gouvernementale se rebiffe. *Haïti-Journal* titre en grandes manchettes : «Les Politiciens provoquent le désordre et ont introduit dans les facultés l'agitation communiste. L'ordre public est menacé. Des mesures énergiques s'imposent»[4]. Elles ne se font pas attendre. Par arrêté du 14 novembre, le gouvernement rétablit l'état de siège qui venait d'être suspendu pour la période comprise entre le 15 octobre 1949 et le 30 janvier 1950. S'appuyant sur l'arrêté du 9 novembre, le département de l'Intérieur proclame, le même jour, dans un communiqué, la dissolution de la Fédération des Étudiants, des associations qui s'y rattachent et des partis politiques, PSP, MOP et PPSC[5]. De plus, étaient fermés jusqu'à nouvel ordre plus d'une dizaine de journaux indépendants, parmi lesquels *La Nation, Chantiers* et *L'Action Sociale*, organes respectifs du PSP, du MOP et du PPSC. À ces partis étaient reprochés certaines activités susceptibles «de troubler la paix intérieure du pays et l'ordre continental».

Sur l'invitation du doyen de l'Université aux étudiants non communistes de reprendre leurs cours dans les vingt-quatre heures, sous peine d'être considérés comme n'étant plus inscrits, certains regagnent leurs facultés, mais le plus grand nombre d'entre eux poursuit la grève. Les élèves des classes secondaires de plusieurs établissements scolaires, tels que Saint-Louis de Gonzague, Petit Séminaire-Collège, Duvivier-Hall, Collège de Port-au-Prince, lycée Toussaint Louverture se solidarisent avec les grévistes. Ceux-ci sont sévèrement réprimés par le major Antonio Th. Kébreau, tandis qu'à la Faculté de Médecine, le ministre de la Santé, le docteur François Duvalier, procède personnellement à la fermeture des portes de cet établissement. Cependant, dès le 18 novembre, livrés à eux-mêmes et sevrés de directives, étudiants et élèves réintégraient leurs cours. Le gouvernement pouvait se féliciter d'avoir gagné une rude bataille.

Jouant sur le malaise engendré par l'état de siège et le mécontentement des secteurs de l'opposition, Astrel Roland et Alfred Viau reprennent leurs attaques antigouvernementales à la radio officielle dominicaine. Une note de protestation est adressée au gouvernement dominicain par le gouvernement haïtien. Mais la découverte, quelques semaines plus tard, des vrais mobiles de la reprise de ces émissions portera celui-ci à recourir à l'OEA pour mettre un terme à ce nouveau conflit.

À l'approche des fêtes du Bicentenaire de la fondation de Port-au-Prince, Estimé signe un arrêté d'amnistie en faveur de tous ceux qui, après le 14 novembre, avaient été arrêtés, recherchés ou poursuivis pour subversion. Les asilés dans les ambassades étaient conviés à vaquer sans crainte à leurs affaires. C'est donc dans un climat plutôt rasséréné, qu'en dépit de la tension haïtiano-dominicaine, se déroulent les brillantes festivités du 8 décembre 1949, marquant l'ouverture de l'Exposition Internationale du Bicentenaire. L'équilibre du pouvoir en profite à merveille, et les élections législatives du 8 janvier, malgré les tricheries habituelles dont sont l'objet en Haïti les consultations populaires, ont lieu sans histoire, l'état de siège aidant. Vingt-et-un députés, sur les trente-sept de l'ancienne législature, retrouvent leurs fauteuils à la Chambre.

En dépit de la Résolution du 9 juin 1949, le plan de déstabilisation et de renversement du gouvernement, établi par les ennemis du régime, de concert avec le caudillo de l'Est, n'avait pas été abandonné. Vers la mi-décembre 1949, la police gouvernementale, qui depuis quelque temps suivait la piste de John Dupuy, dit Bibine, charcutier de son état et «tête chaude» bien connue, découvre un complot contre la sûreté intérieure de l'État. Un mois auparavant, John Dupuy avait été surpris en pleine nuit, dans un quartier isolé de la ville, en compagnie du premier secrétaire de l'ambassade dominicaine, Rafael Oscar de Moya. Impliqué dans la conjuration, il se réfugie chez sa mère à Pacot. Après une vaine tentative de résistance aux forces de l'ordre venues pour l'arrêter, il est maîtrisé et conduit au bois Saint-Martin où il est sommairement exécuté... Chez les conjurés Édouard Bellande et Jude Craan, on trouve des mitrailleuses et une caisse de cartouches.

Eu égard au peu de rayonnement politique des conspirateurs, ceux-ci ne pouvaient être que des comparses, de simples pions sur l'échiquier subversif et ne pouvaient avoir agi que sur les directives d'un cerveau que le gouvernement haïtien n'hésitera pas à identifier à celui du chef d'État voisin. Une nouvelle plainte d'Haïti est déposée à l'OEA. Elle accusait le gouvernement dominicain d'avoir fomenté un complot visant à assassiner de hauts gradés de l'armée haïtienne et à incendier les locaux de l'ambassade dominicaine, afin de justifier l'envahissement du territoire haïtien par l'armée dominicaine et les mercenaires de l'ex-colonel Astrel Roland.

Dans son rapport, la Commission instituée par l'Organe provisoire de consultation de l'OEA pour enquêter sur la véracité de ces faits, conclut à leur exactitude. Au cours de sa séance du 8 avril

1950, diverses recommandations furent adoptées, en vue de parvenir à la normalisation des relations entre les deux gouvernements. L'une d'elles suggérait l'adoption de clauses spéciales «visant à empêcher les habitants, nationaux et étrangers de chacun des deux pays, de participer à des entreprises... susceptibles d'altérer l'ordre à l'intérieur du pays voisin»[6]. Un comité constitué de personnalités de cinq pays fut formé pour constater la mise en application effective des recommandations formulées par la Commission d'investigation. Mais bien avant la remise du rapport, Trujillo, mesurant la précarité de sa position dans cette affaire, avait demandé au colonel Astrel Roland et à maître Alfred Viau de laisser le territoire dominicain.

L'enquête ordonnée par le gouvernement haïtien avait établi que les principales personnes à abattre, afin de créer la confusion et faciliter une intervention militaire dominicaine, étaient le colonel Paul Magloire, commandant de la Garde du Palais, et le major Marcaisse Prosper, chef de la Police de Port-au-Prince. Le secrétaire d'ambassade, Oscar de Moya, chargé de coordonner les contacts avec les conjurés, avait fourni la somme nécessaire à l'acquisition de deux automobiles usagées destinées à véhiculer ceux qui devaient perpétrer le meurtre des deux militaires. Aristide Perrin, un houngan de Bizoton, avait donné la date la plus favorable pour déclencher les opérations : le 19 décembre 1949.

Le jeudi 23 mars 1950, devant la Cour prévôtale réunie à la caserne Dessalines et présidée par le colonel Henri Fils-Aimé assisté des majors Georges Bayard et Linné Xavier et des capitaines Lucien Mainville et Bernadin Augustin, s'ouvre le procès. Au banc des accusés, seize prévenus qui plaident non coupables[7]. Leur défense est assurée par maîtres Hermann Benjamin, Emmanuel Cauvin, Victor Duncan, Martial B. Coulanges, P. Juvigny Vaugues, Émile Pélissier, Maurice Bazile, presque tous des sommités du barreau de la capitale. Soutiennent l'accusation, le lieutenant Christophe Mervilus assisté du lieutenant Henri Perpignand.

Interrompu par la Cour prévôtale, en attendant l'arrêt de la Cour de Cassation concernant l'exception déclinatoire du conseil du prévenu Édouard Craan, qui avait été préalablement rejetée par le

~ Dumarsais Estimé, président de la République d'Haïti (1946-1950). ~

~ Deux aspects de la Grande salle des séances du Palais Législatif,
le jour de l'élection d'Estimé. ~

~ Le Corps diplomatique au Palais Législatif le 16 août. ~

~ Le président Estimé assistant à la cathédrale de Port-au-Prince
au *Te Deum* chanté en son honneur après sa prestation de serment. ~

~ Le Comité Exécutif Militaire attendant l'arrivée au Palais du président Estimé. ~

~ Le président Estimé répondant au discours du président du Comité Exécutif, le colonel Franck Lavaud. ~

~ Le président Estimé en conseil de cabinet. ~

~ Manifestation au Champ de Mars pour fêter la libération financière. ~

~ Le président Estimé entouré du nouveau Conseil d'Administration de la BNRH. ~

~ Au cours d'un meeting organisé dans la cour arrière du Palais National, le président Estimé s'adressant aux officiers et soldats de la Garde présidentielle. ~

~ Parade militaire exécutée à l'occasion du Jour de l'Armée d'Haïti sous le commandement du colonel Paul E. Magloire, commandant de la Garde du Palais.
Au fond, sur la grande tribune, le président Estimé chef suprême de l'Armée et la foule des spectateurs. ~

~ Le colonel Magloire présentant les troupes sous son commandement. ~

~ Défilé des artilleurs, des fusiliers-marins et des engins lourds. ~

~ Au cocktail du Club Militaire, le président de la République
dansant avec Madame la générale Lavaud. ~

~ Les invités participant gaiement à la liesse du Jour de l'Armée. ~

~ Les sénateurs dissidents réunis dans la salle des séances au lendemain du sac du Sénat. ~

tribunal militaire, ce procès qui avait soulevé peu d'intérêt dans le grand public ne sera pas repris, la Cour prévôtale ayant reçu du Grand Quartier Général l'ordre d'ajourner ses travaux...[8]

En s'obstinant à jongler pour s'assurer une plus longue durée à la présidence, Estimé ne semblait pas comprendre qu'il dérangeait les plans et heurtait l'ambition de celui de qui dépendaient son autorité et sa force. Sûr de son ascendant sur l'armée, et particulièrement sur les officiers de la garnison des casernes Dessalines, le colonel Magloire, qui visait à occuper la première magistrature de l'État, ne pardonnait pas à Estimé de contrarier ses vues et de prolonger son attente. Les interventions souterraines du commandant du district militaire du Palais national, aussi bien dans la magistrature qu'au Parlement, dans le dessein de ruiner l'autorité exécutive, allaient se multiplier, avec d'autant plus de hardiesse qu'en soutenant les défenseurs de la Constitution, le colonel Magloire se posait en «gardien de la légalité».

Depuis la réouverture des Chambres, l'intérêt du public était porté sur un désaccord qui couvait au Parlement et dont la réforme constitutionnelle paraissait être le mobile. Déjà le 2 avril, à l'inauguration des travaux de la 35e législature, l'élection du président du Sénat s'était heurtée à des difficultés qui avaient obligé le doyen d'âge, le sénateur Alphonse Henriquez, à lever l'audience. Le 5 avril, cette crise qui avait amené le sénateur Hugues Bourjolly à retirer sa candidature, «devant les intérêts permanents de la Patrie», avait été résolue par l'élection de son compétiteur, le sénateur Louis Bazin, ami personnel du président Estimé.

Une bien plus importante question avait depuis lors retenu l'attention des Pères conscrits, celle de la résolution Zamor qui, quoique déjà votée par les deux Chambres, semblait désormais aux yeux de la plupart d'entre eux, nettement inacceptable. Les sénateurs Joseph Buteau et Alphonse Henriquez soulignaient la fausse position où se mettraient des parlementaires qui, nommés par le peuple pour élaborer et voter la Constitution de 1946, en seraient eux-mêmes les propres fossoyeurs. Des approbations formelles de cette prise de position se manifestent dans la presse. *L'Haïtien* va jusqu'à demander au Sénat de rejeter les élections du 8 janvier 1950, «les plus scandaleusement officielles de toute l'histoire politico-électorale de ce pays».

Une des plus orageuses dans nos annales parlementaires, la séance du mardi 18 avril, au cours de laquelle le Sénat, se référant aux articles 145, 146 et 147 de la Constitution de 1946, décide, à la majorité de treize de ses membres, ne pas pouvoir «se joindre à la Chambre des députés élus en 1950 pour constituer l'Assemblée nationale appelée à statuer sur la révision constitutionnelle»[9]. C'était signifier à l'exécutif sa détermination de rejeter le projet de remaniement de la charte. Les révisionnistes regimbent. Dans le dessein de boycotter les débats, le Bureau en entier se retire. Mais le doyen d'âge Alphonse Henriquez, requis par ses collègues pour présider la séance, prête le serment d'usage et fait constater une majorité de quinze sénateurs. Avaient voté contre la révision, les sénateurs Joseph Buteau, Émile Saint-Lôt, Jacques Magloire, Charles Fombrun, Louis Déjoie, Rameau Loubeau, René E. Roy, Lorrain Dehoux, Hugues Bourjolly, Bignon Pierre-Louis, Jean Bélizaire, Offrane Poux et Alphonse Henriquez. Les sénateurs Jean David, Ernst Élysée et Louis Zéphirin avaient été les seuls à déposer un vote positif, leurs collègues Louis Bazin, Franck Legendre, Crescent Jean-Baptiste, Beauharnais Boisrond et Pressoir Bayard ayant abandonné la séance.

Ainsi donc, la décision préalablement adoptée par le Corps législatif de réviser certains articles de la Constitution qui méritaient d'être modifiés, se trouvait bloquée par le Grand Corps, et la Chambre des députés se retrouvait seule, face à la loi de dénonciation dont elle avait eu l'initiative.

Arrivant à la rescousse, la presse gouvernementale s'insurge contre le Sénat. Entre autres organes conservateurs, *Le Nouvelliste* déclare «qu'on ne saurait consacrer pour publication au *Moniteur*, la flagrante illégalité doublée d'inconstitutionnalité qu'est la résolution du 18 avril» et qui de plus n'était rien d'autre «qu'un acte de rébellion contre la Constitution». Sous la signature de M.D. (Marceau Désinor), son rédacteur en chef, le même journal n'hésitera pas, dans des insinuations à peine voilées, à rappeler le mot de Fouché à Napoléon: «Si un corps quelconque seul s'arroge le droit de représenter le Souverain, il n'y a pas d'autre parti à prendre que de le dissoudre»[10].

À la séance du 5 mai, le sénateur Bélizaire s'élève contre les injures lancées tant par des suppôts du régime que par certains organes de presse, telle *La République*, à l'adresse d'honorables membres du Sénat. En signe de protestation, il recommande de lever la séance à l'extraordinaire. Les treize sénateurs auteurs de la résolution contre la loi de révision laissent la salle. La majorité est infirmée.

En dépit des incitations de la presse conservatrice, la résolution du Sénat est publiée avec un assez grand retard dans *Le Moniteur* : véritable capitulation du gouvernement, qui va pousser les sénateurs dissidents à s'enhardir davantage. Mais pour Estimé, la bataille n'est pas perdue. Désirant s'entourer de collaborateurs fidèles, prêts à affronter les grands dangers du moment, il remanie le Conseil des ministres. Dans la matinée du 6 mai, le nouveau cabinet où figure le député baroudeur Castel Démesmin, titulaire du ministère de l'Intérieur, reçoit l'investiture.

Sur les murs des écoles, des églises, des édifices publics commencent à s'étaler des graffiti subversifs : *À bas Estimé ! À bas les députés de 1950 ! Vive L'OEA ! Vive la Démocratie !*

Dans la matinée du 8 mai, des détonations éclatent au marché Vallière, déterminant dans ce centre d'achat et ses environs un sauve-qui-peut général. Lucien Chauvet, propriétaire de la boulangerie Sainte-Thérèse, est surpris les armes à la main, invitant les marchandes à se hâter d'abandonner le marché et les commerçants du voisinage à fermer leurs portes. Cet apparent signal du déclenchement d'une grève générale n'est suivi d'aucune action positive de la part des opposants. Très rapidement au contraire, le gouvernement prend la situation en main. Lucien Chauvet est appréhendé et copieusement rossé. Les rues sont parcourues par une foule menaçante, ayant à sa tête le ministre Castel Démesmin et qui frénétiquement crie : *Vive Estimé ! À bas le Sénat ! À bas Saint-Lôt !* Devant l'agitation grandissante, la plupart des écoles renvoient leurs élèves. Ceux des grandes classes auxquels se sont joints des étudiants des facultés se mêlent aux groupes isolés qui sournoisement manifestaient leur hostilité au gouvernement. Des camions du Syndicat des Chauffeurs, bondés de partisans du régime, sont criblés de pierres.

Entre-temps, des éléments soudoyés ont envahi le Sénat et mettent à sac les locaux. Les sièges des sénateurs sont brisés, les armoires éventrées, les archives dispersées. Arrêtés par les agents de police dans leur œuvre de destruction, ils se précipitent dans les rues aux cris de *Vive Estimé* ! brandissant qui, le pan d'un fauteuil, qui, le couvercle d'un pupitre. L'un d'eux, tenant bien en vue le siège d'un fauteuil : *Min chaise Saint-Lôt an* ! clame-t-il à tue-tête[11].

L'agitation se maintenant, vers midi, le président Estimé, accompagné du chef d'état-major, le général Lavaud, qu'il avait été chercher au Quartier Général, du colonel Magloire et de nombreux partisans, entreprend une tournée à travers les rues de la ville. Partout sur son passage, des cris de *Vive Estimé* ! À son retour au Palais, il est accueilli par des ovations nourries. Soulevé par ses partisans, il est porté triomphalement jusqu'au vestibule. Dans l'après-midi, plusieurs demeures de Pères conscrits, dont celles des sénateurs Déjoie, Saint-Lôt et Henriquez, sont assaillies par des estimistes furieux. Protégées par la police, elles sont quittes pour quelques rafales de pierres.

Réunie à l'extraordinaire, la Chambre vote une résolution invitant le gouvernement à «prendre les mesures constitutionnelles que réclame la situation». Cependant, malgré le support des masses qui s'était clairement exprimé durant les heures fiévreuses de la matinée et le pressant appel de ses proches collaborateurs en vue d'une réaction ferme et décisive, Estimé hésite à user des grands moyens. Pour la sauvegarde de son régime, il ne veut toujours se reposer que sur l'armée dont il cherche encore à se persuader de l'entière loyauté. Dans l'après-midi du 8 mai, voulant placer les autorités militaires face à leurs responsabilités et les obliger à se prononcer, il convoque au Palais national les membres du haut État-Major et les commandants des différentes organisations militaires de la capitale, et s'adressant à chacun d'eux, leur demande de lui renouveler leur appui. Le colonel Paul Magloire et le major Marcaisse

Prosper qui, de concert avec le commandant de la garde présidentielle, orientait la marche des événements, furent les seuls à formuler certaines objections tendant à conditionner leur soutien au respect qui serait porté à la résolution du 18 avril du Sénat.

Dans la soirée, entouré des membres du cabinet ministériel et du haut État-Major, Estimé, de la salle du Conseil, adresse un message au peuple :

«Votre éloquente attitude de ce jour qui est incontestablement sans précédent dans notre histoire, s'écria-t-il, témoigne de votre maturité politique et de votre participation directe à vos affaires». Il invita la population «au calme, à l'ordre, au respect des lois» et réaffirma sa volonté de continuer à travailler à l'évolution des masses et au bien-être collectif. Évoquant le dévouement à la cause du peuple des membres de l'armée, il renouvela sa confiance en «la fidélité à toute épreuve» de chacun d'eux, «du chef d'État-Major au simple soldat».

Le lendemain, sous la protection de la police qui avait maintenu un extraordinaire service d'ordre aux alentours du Palais législatif, la «majorité dissidente» du Sénat, qui s'était rendue à la salle des séances pour siéger, dressa un procès-verbal établissant l'impossibilité pour elle de travailler, vu l'absence de mobilier. Après quoi, les Pères conscrits, au milieu des décombres qui jonchaient encore le parquet, posèrent devant l'objectif pour la postérité. Quelques députés qui s'étaient également réunis dans l'enceinte du Palais législatif durent se retirer, faute de quorum.

En dépit de l'apparente victoire du gouvernement, la crise était loin d'être surmontée, et le maintien des sénateurs dissidents dans leurs droits et prérogatives indiquait que c'était plutôt eux - et jusqu'à nouvel ordre - les gagnants de la partie. Or, suivant la haute décision de l'exécutif, ils auraient dû déjà disparaître de la scène politique, le Grand Corps ayant été frappé par un décret de dissolution qui avait été envoyé au *Moniteur* pour publication. Désignés par le général Lavaud qui, selon ses propres déclarations, avait, dans la soirée même du sac, reçu du président Estimé un ordre de retrait du décret, les lieutenants Henri Perpignan et docteur Gérard

Boyer s'étaient, tard dans la nuit du 8 au 9 mai, rendus à l'imprimerie du Journal Officiel et avaient ramené à la caserne Dessalines, pour être brûlés, tous les numéros du *Moniteur* déjà prêts à être distribués et où figurait le décret de dissolution...[12]. Encore une fois, Estimé, devant l'omnipotence de l'armée, s'était courbé.

... Rien d'anormal en ce début de matinée du 10 mai où, le calme apparemment revenu, chacun vaque à ses affaires. Vers 9 heures, la garde aux barrières du Palais national est doublée. On observe dans la cour un remue-ménage inaccoutumé. Des soldats de plus en plus nombreux prennent position en différents points de l'enceinte du bâtiment. Les employés du ministère des Relations extérieures installé dans l'aile ouest de l'édifice, se hâtent de gagner la sortie. Des voitures garées dans la cour s'empressent de vider les lieux. Quelques personnalités et amis du gouvernement qui s'apprêtaient à pénétrer à l'intérieur du Palais sont arrêtés et désarmés.

Aux environs de midi, le bruit se répandait qu'Estimé avait démissionné et qu'il se trouvait prisonnier au Palais national. À 1hre30, dans un message à la nation, le général Franck Lavaud, chef d'état-major de l'armée, confirmait la démission du président de la République et annonçait la formation d'une junte composée des mêmes personnalités militaires qui avaient assumé le pouvoir au départ de Lescot. Dans sa proclamation, le général Lavaud, président de la junte, déclarait que le chef de l'État avait «perdu le contrôle des événements qui se sont développés avec une extrême rapidité, vu l'ambition de certains depuis le rejet de la révision constitutionnelle par le Sénat. Pour ne pas avoir à se trouver devant une situation incontrôlable, l'armée avait décidé, par l'organe de son état-major, de prendre les mesures nécessaires pour la sauvegarde de la paix publique... et endosser la responsabilité de dénouer la crise»[13]. Le même jour, les Chambres législatives étaient dissoutes, «vu l'impossibilité dans laquelle (se trouvaient) les deux branches du Corps législatif de s'entendre».

Le 16 mai, à 3 heures 30 du matin, le président Estimé, qui avait été placé en résidence surveillée à la villa Marcaisse Prosper, avenue Christophe, laissait la terre haïtienne à destination de New

York, via Tampa (Floride), en compagnie de son épouse, née Lucienne Heurtelou, et de ses trois enfants, à bord d'un appareil DC 3 du corps d'aviation de l'armée d'Haïti, piloté par le major Édouard Roy. Jusqu'à son arrivée à New York, l'ex-couple présidentiel sera accompagné du capitaine Maurice Flambert, chef de la Maison militaire du Palais national, du lieutenant Desravines O. Janvier et de madame Maurice Flambert. Après un court séjour à l'hôtel Plaza, le président Estimé s'embarquera avec sa famille sur le *New-Amsterdam* qui lèvera l'ancre le 19 mai à destination de la France...

Mû par la volonté de travailler au bonheur de la nation, Estimé eut peut-être atteint son but, s'il n'avait été la proie d'amis rapaces qui ne se déclaraient jamais satisfaits de ses bienfaits et à qui il alla jusqu'à jeter en pâture l'exploitation de la figue-banane, importante source de revenus publics. Son recours à l'Organisation des Nations Unies pour des recommandations sur les mesures à adopter en vue d'une amélioration de la situation économique, financière, éducative et sanitaire du pays semble confirmer sa bonne foi. Cependant, obnubilé par la hantise de travaux somptuaires appelés à soigner son image et, par ricochet, à lui permettre de satisfaire la cupidité de ses partisans, il négligea les investissements de base et ne commença sérieusement à s'y intéresser que trois ans après son accession au pouvoir en entreprenant, grâce à un accord conclu entre le gouvernement haïtien et la Export-Import Bank, l'exécution d'un ambitieux plan de mise en valeur de la vallée de l'Artibonite.

Handicapé, d'autre part, dans sa liberté d'action par certains engagements auxquels il avait dû souscrire pour accéder à la suprême magistrature de l'État, il ne réalisa pas qu'en pareille circonstance, le respect de la Constitution restait sa meilleure armure et persévéra dans ses intentions d'y passer outre et de s'accrocher au pouvoir. Ce défi à la circonspection lui ravit la satisfaction de voir mûrir les fruits de son programme de développement économique qui, au moment de son effacement de la scène politique, était en plein démarrage.

Notes

1.   *Trente Ans de pouvoir noir*, 1976, p. 111.

2.   Cette belle villa de style gingerbread s'élevait sur l'emplacement où se dresse aujourd'hui le nouveau building de la Teleco, rue Martin Luther King.

3.   16 août 1946 - 16 août 1949 ... *La Patrie reconnaissante*, p. 17. Voir Appendice V.

4.   *Haïti-Journal*, 14 novembre 1949.

5.   Parti Populaire Social Chrétien présidé par Emmanuel Lajoie.

6.   Dantès Bellegarde : *Histoire du Peuple Haïtien*, p. 326.

7.   C'étaient Frédéric Arlet, Roger Délinois, Jude Craan ,Édouard Craan, Aristide Perrin, Roger Bertin, Robert Desmangles, Nemours Pélissier, Alphonse Dujour, Lucien Cham, Félix Manus, Yolande Austin, Édouard Bellande, Louis Nelson, Pierre Moïse et Paul Bonnard.

8.   L'interruption du procès semble avoir été demandée par Estimé lui-même qui avait admis l'incompétence de la juridiction prévôtale pour le jugement d'une affaire où n'étaient impliqués que des civils. Les prévenus ne furent pas moins gardés en prison et ne bénéficièrent d'une «amnistie pleine et entière» qu'en juillet 1950, laquelle leur fut accordée par la Junte de Gouvernement.

9.   *Le Moniteur*, 4 mai 1950. - La majorité du Sénat avait étayé sa position sur le fait que le Sénat, élu pour 6 ans, n'était pas habile à participer à la révision constitutionnelle, celle-ci ne pouvant intervenir, selon la Constitution, «qu'à la dernière session d'une législature complète».

10.   *Le Nouvelliste*, 4 mai 1950.

11.   Gerhartt Brutus : *Mon Carnet quotidien*, 8 mai 1950.

12.   Interview aimablement accordée à l'auteur par le docteur Gérard Boyer.

13.   *Bulletin des Lois et Actes,* janvier - décembre 1950, pp. 194-195.

DEUXIÈME PARTIE

LES TRAVAUX ET LES JOURS D'UNE CAPITALE ANTILLAISE

PHYSIONOMIE DE PORT-AU-PRINCE
DANS LES ANNÉES 1934 À 1950

Affranchi de la présence de l'occupant, libéré du malaise que cette présence lui faisait éprouver dans ses tendances et dans son cœur, Port-au-Prince se retrouve enfin lui-même, évoluant au rythme de vie de ses habitants... Bien que redevenue maîtresse de ses destinées, la capitale n'est pas moins demeurée une ville de contrastes, où aisance et misère se côtoient.

«Aujourd'hui, Port-au-Prince ne dort plus, s'enthousiasmait un vieux flâneur de la capitale. Ses nuits sont agitées. Des milliers de personnes parcourent ses rues à minuit, au sortir des cinémas. Les autos passent, repassent, s'arrêtent, ronflent. Partout, c'est la radio qui parle, qui chante. Par la radio, Port-au-Prince communique avec le monde entier : c'est le tango, la rumba, le boléro, le blues, le fox-trot qui remplissent le silence des nuits d'autrefois. Port-au-Prince peut être placée parmi les cités qui chantent la nuit... Il fallait à la capitale des distractions. Elles sont venues, mais avec elles, l'âme de la cité est-elle toujours l'âme d'autrefois?»[1]

Propos lyriques qui ne pouvaient effacer l'envers de la médaille que Nassou-El-Limac décrivait en ces termes : «Port-au-Prince, ville de plaisir, d'oisiveté, d'amour et d'ennui, cœur d'un pays qui souffre, qui pleure et qui agonise, jusque dans quelle profondeur de tes entrailles... souffres-tu donc?... Ta misère, Port-au-Prince, cité d'orgueil et de bassesses, de courage et de lâcheté, ta misère, je le sais, c'est la lèpre de ton grand cœur, une lèpre d'envie et d'oisiveté»[2].

Faudrait-il faire grief aux Port-au-Princiens de s'entêter, en dépit de la dureté des temps, à se procurer un peu de plaisir? Bien sûr que non, car en y souscrivant, c'était moins par esprit de frivolité que pour s'évader de la monotonie de la vie port-au-princienne et s'armer de courage.

Cette recherche de la détente restera pour toutes les couches sociales la note dominante du Port-au-Prince des années trente et quarante. Quel exemple plus frappant de cet état d'esprit que cet irrésistible attrait pour les baignades, surtout à la Rivière Froide, que Pierre Mayard évoque en termes suggestifs :

«Quand vient dimanche, l'*ite missa est* est tout juste prononcé que les chapitres s'organisent vers ce coin de campagne qui, à dix minutes de voiture de la capitale, est la Providence des bourses modestes. Tout le monde y va, car l'eau coule, l'eau coule que c'est un plaisir, une fête, une débauche ! Et puis, comme on ne fait rien payer pour le bain qui est partout, hommes, femmes, enfants, tout le monde en maillots multicolores, se croise. On se dit bonjour gaiement, d'un geste de la main, d'un sourire qui éclot sous le grand chapeau de paille et qui sent bon le grand soleil, la bonne terre montagnarde...»[3].

Toujours à la hauteur, les classes aisées dont l'expressive et brillante mondanité n'en finit pas d'étonner les visiteurs.

«Nous tous qui avons été à Haïti, écrivait Marius-Ary Leblond, journaliste français de passage à Port-au-Prince, nous avons été stupéfaits, émerveillés de l'aspect du public lors des fêtes... C'était absolument une foule parisienne au pesage de Longchamp, avec la seule différence que les visages avaient naturellement atteint à la perfection la couleur recherchée par nos mondaines sur les plages... De haut en bas les Haïtiennes sont à la dernière mode, et nos grands magasins règnent sur leur budget. Sans oublier nos parfumeurs.

«... J'ai assisté à une garden-party organisée par le président de la République, M. Sténio Vincent, dans son palais spacieux, majestueux, tout blanc et même candide, qui est l'œuvre d'un architecte noir de talent formé à Paris, M. Baussan. Sous des roseraies presque de la Malmaison se balançaient les dernières créations de Madame Lanvin, des sourires à la Nattier et des flirts à la Paul Bourget revu par Giraudoux...»[4]

Si dans les clubs et dancings trône le *Lambeth Walk*, qui exige qu'en le dansant, «on pousse un cri perçant», *Tout va très bien, Madame la Marquise*, la nouvelle scie parisienne popularisée par la radio, court les rues.

Au Rex, le grand ciné-théâtre du Champ-de-Mars, conférences, matinées littéraires, soirées théâtrales, concerts, distributions solennelles de prix et bien entendu projections de «superproductions cinématographiques» se succèdent. Et c'est encore Pierre Mayard qui, dans ce style qui lui est propre, brosse le tableau à peine forcé de la presse coutumière aux séances cinématographiques dominicales :

«Dans cette bonne ville de Port-au-Prince, les plaisirs sont rares. Ça fait l'affaire du cinéma. Aussi, quand vient dimanche les cartes de soirée sont en vente dès dix heures du matin. Et le soir, dès sept heures, la garde montante des gogos vient prendre service devant les portes du Rex. Les hommes sont tout raidis de fierté dans leur complet du dimanche. Les femmes bien attifées, pour une fois sont prêtes avant l'heure... Le Rex vient d'ouvrir sa porte d'entrée. Alors, doux Jésus, ce qui se passe est inimaginable. Les femmes prises aux cheveux sont refoulées à l'arrière où elles poussent des cris de putois. On marche sur les cors des vieillards qui, blancs d'héroïsme, rattrapent leurs chapeaux que des mains sacrilèges ont fait culbuter sur d'autres têtes. Les hommes dont le faux-col s'est retourné dans la bagarre, montrent des dents de Soviet et se frayent un passage à coups de poing sur les nuques et coups de talon dans les tibias...

«Quand enfin, la demi-heure passée, chacun ayant enfilé les Thermopyles de l'escalier d'accès arrive à se caser, la salle semble être un vivant dessin de Dubout. Le rouge des lèvres s'est prolongé jusqu'aux oreilles et donne aux femmes des faciès de clowns, cependant que leurs cheveux, délivrés de la contrainte des épingles, prennent une fuite éperdue vers leurs épaules ou sur leurs fronts. Les hommes, suant et soufflant comme des phoques, le nœud de leurs cravates flânant quelque part sur leurs poitrines délabrées, ont l'air de pendus dont la corde s'est cassée. Ils ont des perles de transpiration jusqu'au retour de leurs moustaches. Leurs entrecuisses suent aussi à plein rendement, mais qu'importe, tout le monde est assis...»[5].

On continue à sévir contre la projection dans les salles obscures de films jugés pervers[6]. Dans son édition du 21 juillet 1941, *Haïti-Journal* informait : «De sévères dispositions lues hier au prône dans toutes les paroisses, ont été prises contre ceux qui vont voir les films à proscrire préalablement signalés...» Le clergé estimait de son devoir de préserver les jeunes d'une licence qui précisément se manifestait en particulier dans les salles de spectacle et que dans *Le Réveil* Edner C. Day flétrissait en ces termes : «*Houla* ! est le cri de ces jeunes dépravés. *Houla ! Qui laquelle* ! Quand par malheur des gens sérieux, des jeunes filles ou des dames s'égarent dans une salle de spectacles où manœuvrent ces ours à croupière, le climat leur devient étouffant et massacrant»[7].

Plus irascible se montrait Pierre Mayard qui, à propos du comportement d'une certaine jeunesse, tonnait : «Essayez un jour de surprendre leur conversation, et vous me direz s'il n'y a pas de quoi mourir de honte. Pour eux, l'existence est une éternelle récréation peuplée de fesses et claironnantes de *Houla* ! de *Bulova* ! et de *Fatiguez-moi* ! lesquels cris, si bêtes, si stupides, si inutilement sauvages trouvent leur parfaite résonance dans le cœur des parents qui, tout à l'admiration de leurs enfants, se disent avec une criminelle complaisance qu'il faut bien que jeunesse se passe... Que seront-ils demain par votre faute ?... Il y a une grande partie de notre jeunesse des deux sexes qui est tellement bête qu'on est parfois étonné de les entendre articuler des mots, des sons humains, tant on s'attendait à les entendre braire, hennir ou aboyer»[8].

Violente satire qui ne cadrait pas avec les soucis qu'inspirait aux jeunes l'incertitude du lendemain. Répondant à une enquête du *Temps*, Morisseau Leroy livrait ces réflexions amères :

«Je travaille dans l'anxiété, dans l'appréhension de l'avenir, parce que la vie sociale, économique, intellectuelle haïtienne est une suite d'écœurantes anomalies, de contradictions et de faillites, parce que aucune réaction d'envergure touchant le mal haïtien n'a été entreprise et ne semble possible. Je travaille dans l'inquiétude parce que la culture est en péril... parce que je suis convaincu de l'inutilité de l'effort isolé que font quelques-uns pour tirer ce pays des bords de l'abîme où l'entraînent les forces de nuit. La jeune génération se sait perdue. Elle serait admirable si elle avait seulement le courage de professer les idées qu'elle a et de vivre selon sa foi... Une manière commune aux deux générations : la singerie, le snobisme ridicule... Au-dessus de tout cela, le grand désespoir de tous ceux qui, jeunes et vieux, se penchent sérieusement sur le problème social et économique haïtien avec les mille contingences à retardement que posent notre vie anarchique, l'étroitesse d'esprit des béotiens toujours à l'affût des tripotages et de toutes sortes d'exploitations... Nous travaillons dans le cauchemar»[9].

Misant sur les capacités constructives de la jeune génération, et se démarquant ainsi des appréhensions de Pierre Mayard, l'administration Lescot s'était lancée dans une active politique de «rajeunissement des cadres». Dans le cabinet ministériel de 1943, on ne comptait pas moins de cinq titulaires ayant «moins de quarante ans»[10]. Bien des services administratifs étaient également coiffés de cadres qui n'avaient pas franchi la quarantaine.

Quant aux jeunes filles, elles étaient de plus en plus attirées par les études secondaires, et pour répondre à cette propension, de nombreuses écoles de filles liquidaient progressivement l'enseignement primaire-supérieur au profit de l'enseignement secondaire...

La jeunesse des années 30 et 40 ne montrait ni plus d'exubérance ni plus d'exaltation que celles des générations précédentes. Si parfois elle se laissait aller à des écarts fort compréhensibles à cet âge, elle n'hésitait pas avec autant d'ardeur à manifester sa générosité pour la défense des bonnes causes. Bien plus sympathique que déplaisante, telle paraîtrait l'appréciation la plus judicieuse qu'il conviendrait d'appliquer à cette jeunesse de notre «belle époque».

Grande et audacieuse nouveauté de la mode : la prohibition «du plus bel attrait de l'élégance féminine» : le bas. Le soulier dit «carioca» chausse maintenant le pied des dames, laissant visible la partie antérieure de ce membre, «et la parfaite distinction chez-elles, c'est de faire voir les ongles de ces pieds coloriés de rose». La jupe, observait Fleury Féquière, «est devenue courte, très courte, s'arrêtant aux genoux et même plus haut, étroite à l'excès, mettant en belle évidence le ventre et les fesses, et les corsages décolletés devant et derrière, indécis à savoir jusqu'où ils pourraient descendre... C'est donc le nu parfait, concluait le publiciste, de la tête aux pieds, cela constitue la suprême élégance, et comme dit la chanson, "c'est la mode et voilà tout!...»[11].

Une curieuse statistique, établie par l'administration communale en 1943, estimait le nombre de Port-au-Princiens élégamment vêtus à 2%, les «semi-chiffonnés» à 13%, les «chiffonnés» à 25% et ceux dont les vêtements étaient à «reconditionner» à 60%[12]... Pour se confectionner des complets dont le ton blanc prime, les hommes trouvent à leur choix le drill Union, pur fil ou fantaisie, le crash ou drill millionnaire, le palmbeach, le sharkskin... Dans les collèges de garçons, l'uniforme kaki fait fureur, parce que solide et pas salissant.

Tandis que les nantis et ceux qui sont en passe de le devenir se font une gloire de posséder une Dynaflow, la flambante automobile récemment lancée sur le marché, au point que Gerhartt Brutus, en le signalant dans son Carnet, s'écrie : «Oh! Dynaflow, que de fautes on commet pour t'avoir ! Car tout le monde veut d'une Dynaflow. On ne parle que de Dynaflow, on ne parle qu'en Dynaflow et on ne veut circuler qu'en Dynaflow». Auprès des classes moyennes et populaires, ce sont les marchandises dites «odéïdes» qui, elles, connaissent la plus grande vogue. Pour se libérer de la dictature des vendeurs de tissus et de souliers, qui avait commencé à sévir avec la guerre, les classes laborieuses se rabattent sur le commerce d'odéïdes qui leur offre à prix réduit, costumes, robes, souliers usagés, importés des États-Unis et préalablement stérilisés et fumigés.

Assez surprenant le retour du duel dans les mœurs port-au-princiennes. Au cours du seul mois de janvier 1947, deux provocations en duel ont lieu entre les journalistes Jean Rémy, directeur de *La République* et Georges Petit, directeur de *L'Action* et entre Joseph L. Déjean et Max D. Sam de la même confrérie. À la satisfaction des parties, ces deux affaires d'honneur sont réglées à l'amiable.

Conversations animées autour des «écorcheurs» de bœufs qui, en plaine du Cul-de-Sac, sèment la terreur parmi les campagnards, ou sur «l'abondance», méthode de guérison «du mal par le mal» dont s'est fait le champion le docteur Martial Bourand, accueil favorable, dans les milieux bourgeois, du nouveau protocole de conduite des cortèges funèbres qui substituait au convoi à pied, le convoi en voiture, épanouissement de l'amitié haïtiano-canadienne, grâce aux efforts persévérants de Philippe Cantave, vague d'optimisme soulevée par la fin de la guerre mondiale, voilà, entre mille autres, de quels reflets se mariait la trame de la vie port-au-princienne dans les années quarante.

Notes

1.   *Le Temps-Revue*, 13 juin 1936 (article de Candelon Rigaud).

2.   *Le Temps-Revue*, 6 février 1935.

3.   *Le Temps-Revue*, 2 septembre 1939.

4.   M.-A. Leblond : *Belles et fières Antilles*, 1937, pp. 158-159.

5.   *Le Temps-Revue*, 25 octobre 1939.

6.   La loi du 7 juillet 1935 interdisait, sous peine d'amende, de «faire figurer aux programmes des matinées cinématographiques où sont admis les enfants, des films licencieux et corrupteurs des mœurs» (art. 6).

7.   *Haïti-Journal*, 22 juin 1944.

8.   *Haïti-Journal*, 18 janvier 1945.

9.   *Le Temps-Revue*, 29 décembre 1937.

10. C'étaient Maurice Dartigue, Jacques C. Antoine, Gontran Rouzier, Gérard Lescot, Alix Mathon.

11. *Le Temps-Revue*, 24 février 1940.

12. *Bulletin de Statistiques,* Administration Communale de Port-au-Prince, (ex. 1943-1944) n°.2, p. 20.

URBANISME, PLACES PUBLIQUES ET MONUMENTS

Depuis le 31 juillet 1937, une excellente loi sur l'urbanisme dont l'application était appelée à contribuer à l'embellissement des villes haïtiennes, est entrée en vigueur. Les principales dispositions prévoyaient le ravalement triennal des façades passées à la chaux et quinquennal de celles qui étaient peintes, la révision de l'alignement, les servitudes à observer pour les constructions à ériger dans les avenues ou au pourtour des places publiques, l'examen plus strict des plans de construction des architectes et le contrôle plus rigoureux de l'exécution de leurs projets. Des prescriptions sur l'évacuation des eaux pluviales, des eaux usées et des ordures ménagères, sur les cimetières et le logement des animaux y étaient également édictées. Mais la volonté des pouvoirs publics à contraindre au respect de ces règlements, se heurtera presque toujours aussi bien à leur propre mollesse qu'au refus des particuliers à se plier à la moindre injonction.

Guidés par leurs seules options, les propriétaires fortunés continuent à s'offrir de belles habitations urbaines, en utilisant toujours la tôle ondulée comme matériau de toiture. Les esthètes n'en finissaient pas de s'élever contre cette coutume désuète et nocive et suggéraient l'ardoise ou la tuile à la place de la tôle qui, maugréait Fleury Féquière, étalait «avec une franchise brutale... tout le mal dont elle était capable».

Dans la voirie, deux importantes réalisations à l'actif des Travaux publics : d'abord la réfection totale de la Grand'Rue qu'on embellit d'une bande gazonnée aménagée sur l'emplacement de l'ancienne voie ferrée et qu'on dote de trottoirs uniformes construits sous les galeries; ensuite l'élargissement et l'asphaltage de la rue Monseigneur-Guilloux, de l'intersection du Palais de Justice jusqu'à la ruelle Alerte, et l'établissement de trottoirs bétonnés d'une extrémité à l'autre de la chaussée.

L'inondation du mois de mai 1937, provoquée par la formation d'un bouchon sous le pont-viaduc de la rue Cappoix et qui avait causé des dégâts assez importants à toute la région voisine, détermine les Travaux publics à entreprendre l'endiguement de la partie vulnérable du Bois-de-Chênes pour prévenir la répétition de nouveaux malheurs. Sur plus d'une centaine de mètres, le long du lit élargi de la ravine, on élève une digue empierrée d'un peu plus de 2 mètres de haut, formée de rocs calcaires encastrés entre deux lignes de solides pieux créosotés, le tout enveloppé de treillis métalliques. Une double rangée de bambous est alignée sur les deux rives pour maintenir les mottes de terre et s'opposer à la rapidité du courant.

En juin 1938, est inauguré le boulevard Roosevelt, importante voie de communication reliant la capitale au village de Carrefour. Appelée à canaliser le transport routier du département du Sud et d'une partie du département de l'Ouest vers la capitale, et à devenir l'épine dorsale d'un immense quartier dont le développement allait être abandonné à l'irresponsabilité des lotisseurs, cette magnifique chaussée asphaltée, large de 9 mètres et bordée de jeunes amandiers et de charmants jardinets, constituait sur le plan de l'urbanisme une réalisation majeure. Sa construction avait nécessité, dit le Rapport annuel des T.P. pour l'exercice 1936-1937, «des expropriations de terrains, des déplacements de pylônes électriques, de lignes téléphoniques, de la voie de chemin de fer et de la canalisation hydraulique».

Une démographie galopante, dont les prodromes se manifestaient déjà, allait encourager les particuliers à s'installer dans toute la région que desservait la nouvelle voie. Deux ans après son inauguration, observant l'anarchie qui commençait à prévaloir dans le lotissement de la merveilleuse banlieue qu'elle traversait, Hermann

Doret poussait ce cri d'alarme : «Je tremble à constater le sort qu'on veut faire déjà à ce coin de la ville... C'est aux pouvoirs publics que nous demandons de tracer ce quartier, s'ils ne veulent pas qu'il soit gâché, comme ceux qui ont été laissés à la fantaisie des propriétaires»[1].

Dans le dessein d'atténuer les méfaits du chômage et pour répondre aux exigences de son plan d'urbanisme, le gouvernement signe, en juillet 1938, un important contrat de travaux publics avec la J.G. White Engineering Corporation. Le secteur sud de la ville, englobant l'environnement du cimetière Extérieur, sera le premier à bénéficier des soins de la compagnie dont le Bureau central avait été installé à l'aile est de l'étage du Palais des Ministères. Dès le mois d'août, débutaient au portail Léogane les travaux de construction de la chaussée asphaltée. Élargissement et drainage des rues Oswald-Durand et Dr Dehoux, avoisinant le cimetière, seront également exécutés. Parallèlement à l'aménagement de la route de Carrefour qui donne accès à la ville au sud, l'asphaltage de la route de Damien qui débouche sur l'entrée nord est entrepris et sera achevé en septembre 1939.

La deuxième moitié des années 30 verra la création de deux places publiques d'un très beau dessin, l'une à Pétionville, dans la proche banlieue de la capitale, l'autre à l'emplacement de l'ancien Whaf-Zèb, derrière l'Hôtel de Ville... C'est en 1935 que, sous la direction de l'architecte Franck Jeanton, s'ouvrent les travaux de la place Saint-Pierre de Pétionville. Ils comprendront l'élargissement des rues de pourtour, la création de deux ronds-points aux coins sud-est et sud-ouest du parc et l'exécution du nouveau tracé. Ce n'est cependant qu'en 1940, après que les lampadaires à canalisation électrique souterraine auront été installés, que les allées et trottoirs, d'abord huilés, auront reçu leur couche d'asphalte et que de nouvelles plantes d'ornementation se seront ajoutées à celles qui l'ornaient déjà, que l'aménagement de la place Saint-Pierre de Pétionville, un des plus charmants jardins publics d'Haïti, rebaptisée à son inauguration *place Sténio Vincent*, sera considéré comme achevé.

Encore une très belle réalisation dans le domaine des places publiques, la création de la place de l'Hôtel de Ville, sur le vaste terrain qui s'étendait à l'ouest de cet édifice jusqu'au rivage. La nature friable du sol et son niveau par rapport à la mer nécessiteront des remblais d'importance et des fondations en pierres calcaires dures. La construction de ce ravissant jardin d'agrément préludait à l'aménagement futur du front de mer.

En 1935, le président Vincent dote le quartier populaire de la Croix-des-Martyrs d'un coquet square et réédifie la chapelle dédiée à saint Alexandre. Cinq ans plus tard, la vieille place Geffrard, située en plein centre des affaires, reçoit un nouvel aménagement par l'agencement d'un nouveau tracé, la disposition de nouvelles plates-bandes et la plantation le long des trottoirs de parkinsonias au feuillage léger. Changeant encore une fois de site, la statue en fonte de la République ira se dresser au centre du jardin.

Progrès marquant dans l'embellissement du Champ-de-Mars. En 1937, le système d'éclairage de ce vaste espace vert est entièrement rénové par l'installation de 49 lampadaires à globe, au Champ-de-Mars proprement dit, et de 12 autres du même modèle à la place voisine de Toussaint-Louverture. Ce nouvel éclairage assuré par une canalisation souterraine apportait une séduisante note de modernisme à ce parc très fréquenté.

En dépit des efforts peu soutenus des pouvoirs publics pour donner à la capitale un visage attrayant, Port-au-Prince demeure dans l'ensemble une ville à l'aspect minable. Les Port-au-Princiens des années 40 ne finissaient pas de s'alarmer de la laideur et de l'insalubrité de nombreux quartiers : «... C'est pitié, pitié, je vous dis, de regarder ce qu'on construit ici, ce qu'on trace ici la plupart du temps, gémissait Roussan Camille dans sa chronique "Regards" d'*Haïti-Journal*. Vu d'un avion volant à faible altitude, le spectacle de Port-au-Prince, capitale d'un pays découvert en 1492 et indépendant depuis cent cinquante ans, inspirerait de la terreur, si la nature tropicale, providence des pauvres, n'avait ennobli le décor d'une verdure qui compose avec la lumière abondante une consolation dont les sens plutôt que l'esprit peuvent se réjouir. C'est pitié de voir ce que la misère secondée amoureusement par l'imbécillité et le manque d'imagination a fait du plus beau pays du monde». Et d'ajouter que

~ Dans les milieux bourgeois, la douceur de vivre avant les commotions de 1946. ~

~ Aspect de la Grand'rue en 1940. ~

~ Un immeuble du centre commercial. ~

~ L'ancienne manufacture de tabac de Pantaléon Guilbaut devenue propriété de la firme Gébara. ~

~ Vue aérienne de Pétionville et de la place Sténio Vincent ou place Saint-Pierre en 1940. ~

~ Une villa dans un des beaux quartiers résidentiels de Port-au-Prince. ~

~ Panorama qui s'offre au regard de la terrasse d'une villa érigée dans les hauteurs. ~

~ Embellissement du quartier résidentiel de Pacot :
la cité Wilson nouvellement aménagée. ~

~ Le premier parc d'attractions pour enfants, le parc Élie Lescot. ~

~ Le président de la République et son épouse à l'inauguration du Parc Élie Lescot. ~

~ Le président Lescot lançant le premier petit bateau du grand bassin du parc. ~

~ Le président Vincent à l'inauguration de la place de Pétionville. ~

~ Le père Eugène Christ, supérieur des pères de la Congrégation du Saint-Esprit en Haïti, procédant à la bénédiction de la place. ~

~ La place Geffrard rénovée (fin des années 30). ~

~ La place de l'Indépendance où reposaient jusqu'en 1983 les restes de Dessalines et de Pétion. ~

~ Le Champ-de-Mars dans les décennies 30 et 40. ~

Port-au-Prince devait être considéré comme «un campement provisoire, érigé hâtivement et qu'il faudra détruire pour bâtir une capitale à sa place», le jour où les Haïtiens éprouveront réellement le désir «de devenir une nation cultivée, vivant dans un cadre décent»[2].

Se moquant de l'irritation du directeur du *Soir*, Gérard de Catalogne, qui s'indignait d'avoir heurté à la rue Pavée, «des noix de coco vides», *Haïti-Journal* lui conseillait malicieusement, «pour éviter la congestion», de ne pas s'aventurer au Bord de Mer où s'accumulent des immondices qui restent «plus d'un mois à la même place» et où, à certains carrefours, s'étalent «des mares soigneusement entretenues où grouillent des têtards à l'époque des pluies et que l'on pourrait à peu de frais élever au rang de piscines»[3]

Mis à part le secteur de la Grand'Rue, le quartier commerçant présente, en effet, un aspect vraiment peu enchanteur, eu égard au manque de coquetterie des magasins et à l'insalubrité qu'entretient, surtout à l'époque des pluies, la poussière provenant de la boue apportée à chaque averse et qui se dessèche sous l'action énergique du chaud soleil des tropiques.

On tentera de contrer le problème de l'insalubrité en s'armant des prescriptions de la loi de 1937 sur l'urbanisme et en obligeant les tanneurs à transporter, dans la zone de l'Abattoir, leurs établissements disséminés dans les quartiers du bas de la ville. Pour décongestionner les marchés Vallière et de la Croix-des-Bossales, un nouveau centre d'achat sera érigé à Chancerelles, à l'entrée nord de la ville, par les soins de la Mission sanitaire américaine et inauguré en janvier 1944[4]. Enfin d'importants travaux de nivellement, d'alignement et de construction de nouvelles allées seront entrepris dans le secteur nord-est du cimetière, qui mettront en valeur la beauté des caveaux érigés dans cette zone.

La brusque extension de Port-au-Prince, amorcée dans les années 1880, a porté, soixante ans plus tard, la superficie de la ville à 9 kilomètres carrés. Sa population, d'après le Bulletin de Statistiques de la commune de Port-au-Prince, est estimée à 115.000 habitants ou à 160.000 en incorporant la banlieue[5]. Du rivage de la mer au quartier de la source de Turgeau où elle atteint sa hauteur la plus élevée, la ville accuse une altitude de 189 mètres[6]. Répartie en 327 blocs, elle est sillonnée par 241 rues de longueur inégale. La plus étendue de ces voies est la rue Monseigneur-Guilloux, longue de 2.935 mètres. Partant du bois Saint-Martin, elle finit sur les premiers contreforts du morne l'Hôpital. La suivent en étendue, la rue Abraham-Lincoln ou rue du Magasin de l'État, longue de 2.255 mètres, la rue Hammerton-Killick ou rue du Centre, longue de 2.170 mètres, la Grand'rue qui s'étend sur 2.100 mètres et l'avenue John-Brown qui compte 2.000 mètres de long. La plus courte rue de la capitale est la rue Brouard au Morne-à-Tuf qui commence à la rue du Centre et finit à la Grand'Rue et ne mesure que 125 mètres de long.

Trois grandes voies de communication donnent accès à Port-au-Prince: l'avenue Dessalines ou route de Damien au nord, l'avenue Panaméricaine ou route de Pétionville à l'est, laquelle se prolonge par l'avenue Simon Bolivar ou route de Kenscoff[7] et l'avenue Franklin Delano Roosevelt ou route de Carrefour au sud. Si l'avenue Panaméricaine, ombragée de flamboyants aux fleurs vives et éclatantes, signale très agréablement les approches de la cité, c'est plutôt l'avenue Roosevelt, agrémentée de jardinets, la plus belle de ses voies d'accès. En 1941, le publiciste cubain Armando Maribona, dans *Diario de la Marina*, la proposait en exemple à la municipalité de La Havane, en vue de la construction dans la capitale cubaine d'une promenade à caractère touristique[8]. Séduit par la splendeur des amandiers bordant l'avenue, Frédéric Burr-Reynaud remarquait avec une pointe de lyrisme : «C'est une gloire de tons vifs comme une floraison d'incendie... Chacun manifeste une personnalité différente, car si tous ils sont d'accord pour une révision de leur garde-robe, ils ne sont pas uniformément engagés dans le geste de se dévêtir en même temps. L'un a fini de se dénuder que l'autre semble étranger à ce souci, comme par une sorte de pudeur ou de résistance végétale»[9].

Une statistique des immeubles, dressée en 1941, révèle que le nombre de maisons à Port-au-Prince était de 11.806, dont 2.680 impropres à l'habitation et vouées à la démolition, et 2.800 «sans valeur»[10].

Ville en grande partie basse, la capitale ne compte alors qu'un nombre restreint d'immeubles à deux étages, pas plus d'une trentaine, parmi lesquels le building Cordasco à la rue Bonne-Foi, celui du docteur Armand à la rue Pavée, la pharmacie Castera et la pension Angèle Dehoux à la Grand'Rue, l'hôtel de France, rue du Quai, l'hôtel Antillas, place Geffrard, l'hôtel Bellevue au Champ-de-Mars, l'hôtel Sans-Souci à Turgeau, l'hôtel Splendid et la villa Cordasco à Peu-de-Chose, les bâtiments scolaires de Saint-Louis de Gonzague à la rue du Centre, ceux de Sainte-Rose de Lima à Lalue, la maison des pères du collège Saint-Martial à la rue Geffrard, l'école Jean-Marie Guilloux, à la rue du même nom, l'archevêché de Port-au-Prince, limitrophe de la cathédrale.

Après le premier essai à la Saline de réhabilitation de quartiers populeux, les pouvoirs publics s'attaquent, dix ans plus tard, aux derniers taudis des Pisquettes qui faisaient à l'aéroport du bas de la rue des Casernes un décor pour le moins affligeant. Dans le voisinage de la Hasco, une cité est érigée, destinée aux personnes dont les cahutes avaient été démolies. Pourtant, ils sont encore nombreux les îlots insalubres où vit dans une promiscuité révoltante une population dense et démunie. Dans un article intitulé «Port-au-Prince inconnu», Léon Mathon en faisait le relevé : le corridor Bois-de-Chêne, le passage reliant la rue de la Réunion à la rue de la Révolution, dans les parages du Palais de Justice, le tronçon partant de la rue Charles-Annoual et aboutissant à la clôture ouest du lycée Pétion, la zone s'étendant de l'église Saint-Joseph au rivage, l'extrémité ouest de la rue du Champ-de-Mars, la partie sud de la rue Abraham-Lincoln ou du Magasin de l'État, façades est et ouest jusqu'au littoral, le quartier des Palmistes, celui de Bolosse et le bas du fort National dont la bidonvillisation avait commencé avec l'installation dans ce secteur des gens déplacés de la Saline.

«Quel chaos ! pestait Léon Mathon. Là, point de villas somptueuses aux parterres souriants, pas de riches ameublements, pas de rues déterminées, (mais) de simples couloirs fétides, sans eau, absence de conforts, rien que la présence de quelques fosses mal conditionnées, amas de constructions... implantées là, sans ordre, sans méthode, sans aucun contrôle administratif, en un mot, toute la gamme des maisons malsaines : maisonnettes, chambrettes, taudis, cahutes, masures... L'ensemble est triste, sombre, malsain et piteux...»[11].

Contrastant avec ces zones putrides, vrais foyers d'infections contagieuses, et que Léon Mathon souhaitait voir livrer "aux pioches des démolisseurs", de nouveaux quartiers selects ont pris naissance, qui font à Port-au-Prince une superbe parure. À l'initiative de l'architecte Georges Baussan a éclos, au haut de Turgeau, vers le début des années quarante, le beau quartier de Montjoli desservi par des rues pavées de roches plates et dont les coquettes résidences «ne dépareraient pas les grandes avenues de n'importe quel pays».

Le plus spectaculaire effort dans l'application des méthodes urbanistiques se réalisera à Pacot où, en 1944, le commerçant homme d'affaires Franck W. Wilson entreprend sous la supervision de l'architecte Léonce Maignan, l'exécution d'un projet de transformation d'un large secteur de ce quartier en une cité moderne et attrayante. Huit grandes villas sont mises à la fois en chantier, qui seront desservies par trois rues pour lesquelles Wilson abandonne plusieurs pieds de terrain, afin de permettre l'établissement de chaussées de 13 mètres de large. Le gouvernement s'associera à cette intéressante initiative en mettant en adjudication les travaux d'asphaltage et de drainage de ce chic quartier.

C'est sans doute après avoir parcouru ces beaux secteurs de la ville que l'architecte italien Morpugo émettait sur la capitale d'Haïti cette flatteuse opinion : «Le visage de Port-au-Prince m'a paru des plus enchanteurs. La capitale possède des villas splendides qui feraient bonne figure dans n'importe quelle ville du monde»[12].

À la même époque, Arcachon, dans la banlieue sud de Port-au-Prince, connaît un certain développement. Ce seront à l'origine des particuliers jouissant d'une bonne situation financière, les Oswald Brandt, les Élias Noustas, les Horace Ashton qui, en y élevant de jolies villas couvertes de chaume - la tôle étant devenue depuis la guerre un matériau dont on ne s'approvisionnait qu'au marché noir - lui donnent son élan. Au Carrefour La Boule, sur la route de Kenscoff, on verra se produire le même phénomène par l'établissement d'un village où les propriétaires avaient adopté pour leurs maisons le style des cases paysannes. François et Alix Mathon, Georges Dreyfuss, Édouard Gentil, Arnold Braun, Charles Radlein, Jules Farmer, D^r. Alfons Waag, François Letellier, Emmanuel Éthéart, R.P. Emile Varron, Hans Kalmar seront les premiers à venir implanter leurs maisons de campagne dans ce cadre reposant et rustique.

Par décision communale, le Champ-de-Mars reçoit en octobre 1945 la dénomination officielle de *Place des Héros de l'Indépendance*. Défense est notifiée d'y élever aucun monument commémoratif, statue ou stèle, si ce n'est à la gloire des preux. La même année, on apporte à la place Louverture de notables embellissements par le pavage en pierres plates des nouvelles allées, tandis qu'à Pétionville sont entrepris les travaux de transformation de la place Boyer[13].

Un grand événement dans le monde des petits : l'inauguration dans l'après-midi du jeudi 31 mai 1945 sous l'égide de la Direction Générale des Sports, du premier centre d'attractions pour enfants, le *Parc Élie Lescot*, œuvre de l'architecte René Villejoint et de l'ingénieur Harry Tippenhauer, aménagé sur le terrain qui s'étend derrière les Tribunes. Pourvu de nombreux manèges, d'appareils de gymnastique et d'acrobatie, le parc drainera dans son enceinte les mardis, jeudis et dimanches une nuée d'enfants qui, pour la modique somme de vingt-cinq centimes, s'y donneront aux plaisirs tout nouveaux pour eux des manèges et des balançoires.

La deuxième moitié de la décennie quarante voit le développement rapide du quartier de Carrefour-Feuilles, derrière l'église de Saint-Gérard. Beaucoup de familles de la classe moyenne viennent s'y établir...

Comme deux satellites gravitant autour de la capitale, Pétionville et Carrefour, l'un fief de la bourgeoisie, l'autre domaine des classes nécessiteuses, offrent chacun des charmes que ne sauraient mieux décrire ceux qui, en ces années de douce illusion, en éprouvaient si profondément la qualité de vie.

«Exubérance des jardins tropicaux qui se lèvent accueillants, par leur beauté, au passage émerveillé du touriste, s'écriait Chamis de la Torre, jeune écrivain bolivien en vacances à Pétionville. Fleurs éclatantes qui prodiguent leurs parfums et la caresse de leurs pétales... Des arbres verts, énormes... Des couples romantiques qui se promènent dans le parc en susurrant peut-être à l'oreille des serments de fidélité. Tout cela au milieu d'une paix enchanteresse et d'une tranquillité caressée par le murmure d'un vent léger qui arrive comme une fée bienfaisante en ces jours de chaleur...»[14].

Relatant une randonnée vespérale à Carrefour, Roussan Camille, de son côté, écrivait :

«Au moment où le soir tombait et que le peuple altier des grands arbres de Carrefour frémissait dans la poussière d'or du couchant, j'entrai dans le village avec un ami. Le ruisseau, le long de la rue principale, confondait sa chanson éternelle avec le grésillement des fritures. Jean-Marie moulait une méringue sur un phonographe plus vieux que la science. Des clôtures de leurs chaumières, les jolies filles en sandales multicolores se parlaient par-dessus toute la largeur de la rue. Les radios de Zèf, Ti Luc, Anna incendiaient le soir de rumbas et de guarachas furieuses. Sur une piste de danse du coin, une femme qui paraissait porter le génie même de ses hanches, saccageait un petit vieux dans le tourbillon fou d'une méringue. Et faisant contraste avec les gestes de la vie du village, mais cadrant bien avec le décor, un grand cabrouet tiré par quatre bœufs bas et conduits par un travailleur bucolique, descend lentement sur ses essieux qui grincent et ses roues qui se tordent. Puis, sur toutes choses, sur les jolies filles, les radios, le ruisseau, les fritures, le cabrouet et nous-mêmes : les arbres. Cent arbres-à-pain tiennent compagnie à cent cocotiers et palmistes, tandis que les hibiscus et les bougainvilliers mettent au loin de la pourpre et de la flamme sur le vert puissant du paysage...»[15].

Pour la première fois en 1950 est organisé sur des bases techniques le recensement général de la population d'Haïti. Avec étonnement, les Port-au-Princiens apprennent que le nombre d'habitants, pour Port-au-Prince et Pétionville, ne se chiffre qu'à 143.594[16]. On en conclut à l'insincérité du dénombrement, car compte tenu de l'exode vers Port-au-Prince qui s'accentuait, la population de la capitale ne devrait pas être inférieure à 200.000 habitants. Le même recensement de 1950 accusait pour Port-au-Prince et Pétionville le chiffre de 34.925 unités d'habitations, dont 11.230 utilisant l'eau courante et 10.936 éclairées à l'électricité[17], ce qui n'empêchait pas la crise de logement de s'intensifier et les loyers d'atteindre des montants exorbitants.

Dès cette époque s'amorce une situation qui ira en s'aggravant et se présente pour les responsables d'aujourd'hui comme un casse-tête quasiment insoluble : l'envahissement graduel des galeries des magasins ou maisons situées aux abords des marchés ou dans le centre commerçant du Bord-de-Mer par les vendeurs de toute espèce. Les déguerpissements sporadiques qui s'opèrent avec l'aide de la police s'accompagnent toujours de protestations véhémentes et de plaintes portées par devant le magistrat communal.

En 1947, le président Estimé qui rêve de modifier le visage triste et délabré du secteur commercial lance, à l'occasion du bicentenaire de la fondation de Port-au-Prince, de concert avec la Chambre de commerce présidée par Henri Deschamps, un projet d'embellissement du Bord-de-Mer basé sur des facilités à accorder aux commerçants pour leur permettre d'aménager des vitrines, de moderniser leurs étalages, d'utiliser pour signaler leurs magasins des enseignes lumineuses qui fonctionneraient selon un tarif réduit accordé par la Compagnie d'éclairage électrique. On verra à cette époque le spécialiste cubain Guerrero Tomayo confectionner des enseignes lumineuses qu'il livrait, suivant les dessins et dimensions, à des prix variant entre 50 et 200 dollars. Dans le même ordre d'idées, l'architecte Jeanton sera chargé de présenter un devis pour la transformation de la Grand'Rue.

Bientôt, des prescriptions légales viendront renforcer des mesures qui jusqu'ici n'avaient été que facultatives. La nouvelle loi sur l'urbanisme de février 1948 comblera les lacunes de l'ancienne législation qui entre autres ne prévoyait pas de pénalités. Seront tour à tour sanctionnés les règlements connexes en vue de l'embellissement de la capitale, telle la loi sur les enseignes lumineuses et celle du 20 mai 1948 relative à la restauration des façades des maisons de commerce, conformément au plan établi par les Travaux publics. Contre les propriétaires récalcitrants, des sanctions seront prises. Pour avoir méprisé les lois sur l'embellissement de la capitale, certains commerçants seront effectivement traînés devant les tribunaux et condamnés à l'amende.

Dans l'intervalle s'est concrétisée l'idée téméraire de commémorer les deux cents ans de la capitale haïtienne par une Exposition Internationale dont les stands et pavillons s'étendront tout le long du front de mer. Dès le mois de septembre 1948, commence la démolition des maisons et établissements commerciaux situés dans la zone réservée à la future Exposition. Entre-temps, les travaux de modification de façades se multipliaient au Bord-de-Mer qui bientôt ne sera plus qu'un grand chantier où des centaines d'ouvriers trouvaient à s'occuper. Galeries aux poteaux en bois et couvertes de feuilles de tôles rouillées font peu à peu place à des galeries au toit bétonné et aux piliers de brique, de béton ou de blocs.

À l'entrée nord de la capitale, on réserve une zone spéciale aux établissements industriels établis dans l'aire de l'Exposition et aux ateliers de la petite industrie disséminés jusqu'ici dans des immeubles des quartiers résidentiels. D'autres industries viendront s'y regrouper.

Au début de 1948, un autre grand projet du gouvernement, qui visait à l'extension future de la capitale, est mis à exécution : la construction de la route de Delmas qui par Chancerelles aboutit à Pétionville. Partant du camp d'aviation, la voie d'une emprise de 20 mètres et qui sera bordée de trottoirs et d'arbres aura une longueur totale de 8 kilomètres 400 et longera un ensemble de cinq cités ouvrières de 155 maisons chacune, avec dispensaire et salle de cinéma... Dès la fin de l'année, la nouvelle chaussée, asphaltée seulement sur deux kilomètres, atteignait le cimetière de Pétionville. Cette importante voie de communication était appelée à servir d'axe au nouveau Port-au-Prince auquel les vastes étendues de Delmas, au nord-est de l'ancienne ville, devaient servir de site. On ne cessera de se lamenter sur l'échec de ce beau projet.

L'embellissement des places publiques se poursuit avec l'installation de deux fontaines lumineuses, place Toussaint Louverture, l'asphaltage des rues bordant la place de l'Hôtel de Ville dite place des États Caraïbes et la reprise des travaux d 'aménagement de la place Boyer à Pétionville. La place Sainte-Anne est entièrement rénovée et un kiosque à musique d'une conception architecturale osée érigé à l'emplacement de l'ancien. De justesse la place Geffrard échappe au mercantilisme de certains hommes d'affaires qui voulaient s'en approprier. Les pouvoirs publics mettent fin à leur prétention en leur signifiant que «l'affectation de ce terrain à une entreprise privée nuirait à l'exécution du programme d'urbanisme du gouvernement»[18].

Sur ces places publiques, peu d'érection d'œuvres sculpturales. On note plutôt des translations de monuments, telle la stèle de Dessalines érigée par les soins du président Hyppolite au cimetière Intérieur, qu'on installe au Pont-Rouge en mars 1936; tel le monument de Pétion dressé dans la cour de la bibliothèque de l'Amicale du lycée Pétion qui, en septembre 1939, est transporté place de la Cathédrale, rebaptisée *place Alexandre Pétion*. Pour la circonstance, on y a exécuté un nouveau tracé, procédé à l'installation de dix bancs en granit et mis en terre de nombreuses plantes ornementales. Le monument de la Libération, hommage de Port-au-Prince et des villes d'Haïti au président Vincent, dont la pose de la première pierre a lieu en août 1937, place de l'Hôtel de Ville, restera à l'état de projet.

Hubermann Charles qui s'est délibérément lancé sur les traces de son père Normil, et dont le talent commence à s'épanouir, reçoit du Comité Anténor Firmin la commande du buste du grand sociologue. Destiné à l'origine au Champ-de-Mars, le buste sera finalement installé au centre du square de la Faculté de Droit.

L'inauguration, le dimanche 15 avril 1945, dans le petit jardin public qui fait face à la cathédrale, du monument de Mgr Jean-Marie Guilloux, deuxième archevêque de Port-au-Prince, met en évidence le talent d'un jeune sculpteur jusqu'alors peu connu : Antoine Derenoncourt. C'est à lui que sera confiée la réalisation du buste du Dr Paul Salomon que l'on voit aujourd'hui à l'hôpital Saint-François de Sales.

Notes

1. *Le Temps-Revue*, 13 avril 1940.

2. *Haïti-Journal*, 2 décembre 1943.

3. *Haïti-Journal*, 9 novembre 1945.

4. Transformé depuis en une maternité qui a été placée sous le patronyme des docteurs Isaïe Jeanty et Léon Audain. En septembre 1943, avait été inauguré le marché public de Pétionville érigé grâce au concours de la même mission.

5. *Bulletin de Statistiques*, Administration Communale de Port-au-Prince, (ex 1943-1944) n°.2.

6. Suivant les mêmes sources, l'altitude de la Grand'Rue par rapport au niveau de la mer est de 5 mètres et celle du Champ-de-Mars de 45 m.

7. En 1944, par arrêté communal, la rue de la Réunion deviendra également rue Simon-Bolivar.

8. *Haïti-Journal*, 16 juillet 1941.

9. *Haïti-Journal*, 8 février 1945.

10. *Bulletin de Statistiques*, Administration Communale de Port-au-Prince, ex. 1942-1943, n°.1, p 12.

11. *Haïti-Journal*, 18 novembre 1942.

12. *Haïti-Journal*, 29 juillet 1948.

13. C'est dans la cour du Palais national détruit en 1912 que se trouvait la fontaine en fonte qui décore la place Boyer. Elle y fut transportée sous Dartiguenave, par les soins d'Émile Élie et de Constantin Mayard.

14. *Haïti-Journal*, 11 août 1948.

15. *Haïti-Journal*, 25 juin 1948.

16. Institut Haïtien de Statistique, *Recensement général de la République d'Haïti*, Août 1950, volume IV, tome I, p. 26.

17. Institut Haïtien de Statistique, *Recensement général de la République d'Haïti*, Août 1950, volume IV, tome II, pp. 220 à 223.

18. *Haïti-Journal*, 12 mars 1949.

ÉDIFICES PUBLICS, ÉCLAIRAGE, DISTRIBUTION DE L'EAU ET INCENDIES

Très mince le bilan des édifices publics érigés à la capitale à cette époque. Au Champ-de-Mars, dans le voisinage des casernes Dessalines, on inaugure le bâtiment de l'École Militaire et, le 23 janvier 1938, celui du premier musée consacré à la conservation de papiers et d'objets historiques, le Musée Sténio Vincent, placé sous la direction du colonel Alfred Nemours. C'est un coquet édifice, œuvre de l'architecte Franck Jeanton, secondé par l'ingénieur Maurice Boisette, dont seulement une partie du plan a été exécutée. Autre acquisition au bénéfice de la culture, l'érection, rue Oswald Durand, de l'École de Droit et celle, rue du Centre, de la Bibliothèque nationale, nouvellement fondée, et que le président Vincent inaugure le 24 mars 1940. Beau bâtiment de style moderne en briques, galets et béton armé, conçu par le Bureau de génie des Travaux publics. La direction en est confiée à un intellectuel de belle eau, doublé d'un historien perspicace, Mentor Laurent.

En juillet 1944, est installé un ascenseur au Palais national, le premier de la capitale. À la suite de la remise aux héritiers Lahens, en juin 1943, de l'immeuble de la rue Bonne-Foi où logeaient depuis plus de cinquante ans les bureaux de la représentation diplomatique des États-Unis[1], le gouvernement haïtien s'en est porté acquéreur pour la somme de 91.000 gourdes. Des services de l'État viendront s'y caser.

En attendant la mise en branle des travaux de l'Exposition du Bicentenaire, l'important chantier du Centre de Rééducation de Carrefour est ouvert sous la conduite de l'ingénieur Maurice Salomon.

Prévu pour cinq étages et 600 internes, le bâtiment qui s'étendra sur 2.500 mètres carrés ne sera jamais achevé et restera comme le symbole de l'inconstance et du caprice de l'administration haïtienne.

Un autre grand chantier, celui de l'extension des casernes Dessalines dans le style originel de l'édifice, est entamé le 24 novembre 1947. Un an plus tard, la façade ouest nouvellement achevée s'effondre, entraînant la mort de deux ouvriers. À la fin des travaux, les casernes Dessalines présenteront un aspect encore plus imposant qu'auparavant.

Le 21 décembre 1948 est inauguré le chalet du Service des décès dont l'ingénieur Fénélon Alphonse avait eu l'adjudication des travaux. Il donne accès au cimetière Extérieur. Son dôme central surmonté d'un clocheton lui fait une élégante «belle-entrée». Ce coquet édifice a malheureusement été sacrifié lors des grands travaux de drainage des années 80.

Le plus vénérable édifice de Port-au-Prince, en l'occurrence l'ancienne cathédrale métropolitaine, victime de l'impétuosité des averses saisonnières, voit une partie de ses superstructures s'effondrer dans la nuit du 9 au 10 septembre 1949. Deux ans s'écouleront avant qu'on y entreprenne une restauration qui, hélas ! ne s'effectuera pas suivant les règles architectoniques du temps de son édification[2].

Dans le domaine de l'éclairage, la grande réalisation des années 30 sera l'électrification de Pétionville. En décembre 1935, a lieu la connexion des installations d'éclairage de la station estivale au circuit de la Compagnie d'éclairage des villes de Port-au-Prince et du Cap-Haïtien. À 6 heures 12, le président de la République tire sur le cordon du commutateur, et c'est aussitôt, avec le jaillissement de la lumière, les cris de joie des Pétionvillois groupés au seuil de leurs maisons ou sur la place Saint-Pierre décorée de colliers d'ampoules multicolores.

Contretemps résultant de la guerre européenne : en juillet 1942, le rationnement de l'électricité est pour la première fois, en raison de la rareté du combustible, imposé à la ville de Port-au-Prince. Rues et maisons sont soumises à une restriction d'énergie électrique assez sévère. Une des conséquences de cette situation, le journal *Le*

Nouvelliste se voit obligé de se transporter dans un secteur de la ville où il lui était plus aisé de trouver l'électricité à des heures susceptibles de lui permettre de préparer le journal. En décembre 1943, la reprise de l'alimentation régulière de l'usine électrique en huile lourde amène la fin du blackout. Le retour à la normale est salué par une véritable explosion de joie. Pourtant, malgré l'élimination des coupures de courant, Port-au-Prince conservera l'aspect d'une ville peu éclairée, dépourvue de publicités lumineuses, attrait magique des grandes métropoles.

L'amélioration du réseau hydraulique se poursuit inlassablement. En 1935, la chambre supplémentaire du réservoir de Pacot est achevée, entraînant un progrès sensible dans l'alimentation en eau de ce quartier. À cette époque, quatre grands réservoirs assurent à Port-au-Prince la distribution adéquate de l'eau potable. Ceux de Bolosse et du Bel-Air reçoivent les eaux des sources de Diquini, de Chaudeau et de Leclerc, amenées par l'aqueduc de Leclerc. Celui de Bourdon est approvisionné par la source Plaisance-Cerisier, celui de Pacot par les eaux de Turgeau et ceux de Pétionville par les sources Desplumes et Tête-de-l'Eau.

La construction par la J.G. White Engineering des tunnels de Carrefour Feuilles et de Diquini apporte de nouvelles améliorations au système d'alimentation du précieux liquide. Le 1er mars 1940, les eaux des deux tunnels de Carrefour Feuilles et de Diquini sont livrées à la consommation. Cet événement est solennisé à Carrefour Feuilles par la bénédiction, par le vicaire général de l'archidiocèse, du tunnel orné de son joli fronton, suivie du discours du ministre des Travaux publics, Léon Laleau. Plus de 3.000.000 de gallons d'eau potable par jour vont pouvoir être fournis supplémentairement, soit plus des 2/3 du débit des sources qui ravitaillaient jusqu'ici la ville[3].

L'abondance relative de l'eau contribuera à circonscrire bien des incendies et à préserver bien des maisons menacées par le feu. Il n'en reste pas moins que la présence du fléau continuera à se manifester périodiquement, engendrant misère et affliction. Un des plus mémorables de l'époque, l'incendie du 4 juillet 1937 qui éclate entre 2 heures et 3 heures de l'après-midi et détruit les huilerie et savonnerie Madsen situées au bas de la rue des Casernes. Pendant de longues heures roulent dans le ciel les flots d'une lourde fumée noire, entretenus par les matières grasses en combustion.

Le 8 mai 1939, dans la soirée, un incendie se déclare dans le quartier du Sacré-Cœur. En dépit du dévouement des pompiers et des sauveteurs bénévoles, plus d'une demi-douzaine de maisons, dont celle du général Septimus Marius, disparaissent dans les flammes ou sont abattues pour limiter les dégâts. Le danger que courait l'église du Sacré-Cœur amène la présence sur les lieux du sinistre de l'archevêque de Port-au-Prince et de nombreux paroissiens.

Par décret-loi du 14 octobre 1941, le service d'incendie assuré par le Corps des pompiers de Port-au-Prince est incorporé à la Garde d'Haïti. Cette décision découlait, selon le gouvernement, de l'opportunité «de réunir sous un seul commandement et de coordonner les Organisations appelées à sauvegarder la sécurité publique»[4]. Désormais, était enlevé tout caractère civil à un corps qui, même sous le régime de l'Occupation, avait gardé ses attaches avec l'administration communale de Port-au-Prince. Son commandant Georges Élie sera maintenu à son poste et recevra le grade de capitaine.

Autres dramatiques incendies, celui du 25 septembre 1944, causé par la foudre, qui détruit la chapelle, le dépôt et les ateliers de l'École professionnelle des Pères salésiens située à la Saline, et celui de la nuit des 16 au 17 novembre 1946, qui consume une partie de la filature Brandt, au bas de Delmas. L'intervention de mains criminelles dans la perpétration de ce dernier incendie paraissant manifeste, la Police reçut l'ordre de faire feu «sur toute personne suspecte trouvée aux environs immédiats des usines, entrepôts de marchandises et édifices publics».

Aussi tragique, l'incendie du 30 mai 1949 qui se déclare aux environs de 5 heures 30 du matin au bas de Lalue et dévore six maisons d'habitation et le dépôt de films du Ciné Paramount. Réveillés par le fléau, les occupants s'échappent en accoutrements sommaires, abandonnant tout leur avoir. De son balcon, Mme Boulouse Sada se précipite dans sa cour et se brise les vertèbres. Au nombre des maisons consumées, celles de Siméon Benjamin, de Solon Appollon, de Rite Pinckombe, de Mme Nevers Constant et l'École de Commerce Maurice Laroche. Les pertes sont estimées à plus de 350.000 dollars.

Notes

1.   Maison naguère occupée par les bureaux du rectorat de l'Université... En ce même mois de juin 1943, les bureaux de l'ambassade des États-Unis et le consulat américain iront s'installer dans la maison Laroche, au Champ-de-Mars, aujourd'hui local de l'ambassade de France.

2.   En pleine restauration postérieure, cet ultime échantillon d'édifice colonial à Port-au-Prince a, comme on le sait, disparu dans les flammes, au cours de la malheureuse journée du 7 janvier 1991, victime innocente de la bêtise humaine.

3.   *Rapport annuel du Département des Travaux Publics*, exercice 1938-1939, p. 102.

4.   *Bulletin des Lois et Actes*, mai 1941 - septembre 1942, p. 253.

TRANSPORT ET COMMUNICATIONS

Première tentative d'une organisation rationnelle du transport en commun, le contrat signé en septembre 1934 entre le Conseil communal de Port-au-Prince et Léon F. Desportes, Américain de couleur, président de la société anonyme *Utilités d'Haïti Company*, représentée en Haïti par Henri Rosemond, pour un service de transport en commun qui sera assuré par huit autobus.

Dimanche 16 juin 1935, première sortie des autobus dans les rues de Port-au-Prince. Énormes, confortables, peints de blanc d'argent avec en exergue, l'inscription assez bizarrement rédigée d'*Utility d'Haïti*, ils parcourent les différents quartiers de la ville, soulevant à leur passage un grand enthousiasme. Mode de transport moderne qu'adopteront volontiers ceux qui n'étaient pas pressés par le temps, car les attentes du bus étaient parfois longues et son parcours forcément étendu.

Le transport le plus rapide reste, bien sûr, le taxi. Mais les passagers se plaignent de la désinvolture de certains conducteurs de taxis qui les suffoquent par l'acre fumée de leur cigare, qui leur cornent aux oreilles leurs affaires personnelles ou admettent leurs petites amies parmi les voyageurs «respectables». Quand ils jugeaient leurs intérêts lésés, les chevaliers du volant n'hésitaient pas à manifester leur mécontentement en recourant à la grève. En septembre 1936, pour protester contre les amendes et contraventions dont ils se prétendaient frappés sans discernement par les agents de la circulation, ils décrètent la grève des voitures de «ligne» sur tous les circuits. La perturbation est telle que le président de la République doit lui-même intervenir. À la reprise du trafic, le montant de la course passe de vingt-cinq à cinquante centimes... Vaines protestations des passagers[1].

Les buss continuent à offrir leurs services à une clientèle qui s'amenuise de plus en plus et à se prêter aux critiques les plus acerbes de ceux qui les considèrent comme une verrue : «C'est une chose lamentable, maugréait *Haïti-Journal*, que de voir circuler ces véhicules disloqués, traînés par des chevaux essoufflés, maigres. À cette vue, on regrette qu'il n'y ait pas ici une société protectrice des animaux...» Invulnérables aux injures, ils poursuivront leur tâche ingrate, jusqu'à ce que, n'en pouvant plus, ils s'effondreront sur la chaussée, emportés par le souffle du progrès. C'était au début des années 50...

Les multiples bouleversements apportés par la guerre se traduisent dans le secteur du transport par la hausse du prix des pneus, la rareté des pièces de rechange et l'augmentation du coût de l'essence. Acculés par cette situation, plusieurs propriétaires sont forcés de retirer leur voiture de la circulation ou de la vendre pièces par pièces après démontage, carrosserie comprise. Aux heures creuses de la journée, très peu de taxis dans les rues. La bicyclette est de nouveau à l'honneur, et le célèbre père Barreyre[2], obligé de remiser sa vieille Buick, n'en finit pas d'étonner les badauds par ses performances de pédaleur. En octobre 1942, le prix de la course de «ligne» est porté à une gourde. La gazoline n'est débitée qu'aux automobilistes munis de leur carte de rationnement.

Aux usines Prince, le sénateur Alfred Vieux expérimente un carburant national composé de 50% d'essence et de 50% d'alcool anhydre, susceptible de remplacer la gazoline, à condition d'opérer une légère transformation au carburateur. Les essais réalisés par le département de l'Économie nationale se révèlent concluants, comme ceux effectués aux États-Unis par la Ford Motors Co. et la Chrysler Corporation qui n'hésitent pas à recommander le produit aux consommateurs[3]. Malgré la satisfaction des automobilistes qui utilisaient l'alcool carburant des usines Prince vendu à 3 gourdes le gallon au magasin Alfred Vieux de la rue du Fort-Per, le taux de production modéré de ce carburant, joint à son coût relativement élevé, ne lui permit pas de s'imposer sur le marché. Par ailleurs, beaucoup d'automobilistes craignaient, pour s'en servir, d'avoir à modifier les rouages délicats de leur moteur.

Pour parer à l'aggravation du problème de transport, l'organisation du transport en commun paraissait plus que jamais indiquée. La faillite de la compagnie des «Utilités d'Haïti» n'avait pas peu contribué à refroidir l'ardeur des hommes d'affaires intéressés à ce genre d'entreprise. Mesurant cependant l'importance de l'irréversibilité de la crise, Justin D. Sam se détermine, en octobre 1942, à placer sur le circuit urbain un autobus qui assurera le trafic au prix de 75 centimes à des heures déterminées. Le succès est tel que beaucoup de chauffeurs de taxis se résignent à rabattre leurs exigences et à revenir à l'ancien tarif de 50 centimes.

Pour les habitants de la banlieue, obligés d'utiliser le service des «lignes», par suite du retrait des quelques camions à banquettes qui desservaient ce secteur, la situation était particulièrement préoccupante. Au mois de mai 1943, David Loiseau affecte au réseau de Carrefour un autobus qui effectuera neuf voyages par jour. Vers la même époque, Paul Anson met en service un autobus sur la ligne Port-au-Prince - Croix-des-Bouquets, tandis que sur la ligne Port-au-Prince - Pétionville, la Société Haïtienne d'Automobiles lance trois autobus de 24 places qui rapidement se révélèrent insuffisants... Dans le monde des transports, s'accomplissait ainsi une véritable révolution: la dépossession de la prééminence des taxis au profit des autobus, dépossession qui paraissait bien établie, eu égard au nombre d'autobus déjà en circulation et aux nombreux autres mis en chantier, tant aux garages Powell et Barreyre qu'à l'atelier E. Séjour Laurent.

Constatation curieuse, c'est surtout la périphérie qui profite de ce nouveau mode de locomotion, alors qu'à Port-au-Prince, son extension piétine. On ne compte en effet dans la capitale que quatre autobus : celui de Justin Sam, celui de Marc Bauduy et les deux autobus naguère affectés à l'itinéraire Cap-Haïtien - Milot, et qui, depuis l'interruption des croisières touristiques, occasionnée par la guerre, étaient restés inutilisés. Présence plutôt discrète qui pourtant n'empêchait pas les chauffeurs de taxis de gémir du manque à gagner que leur causaient ces indésirables concurrents. «Ils ont tort dans leurs récriminations contre les autobus, observait Marcel Gouraige. Ils subissent l'inéluctable loi des nécessités et du progrès nés de la guerre, loi contre laquelle eux ni personne ne peuvent rien»[4].

En mars 1944 est fondée la *Société haïtienne de Transport en commun* qui va desservir la ligne Port-au-Prince - Pétionville. De cinq au départ, le nombre d'autobus mis en circulation par la société passe, sept mois plus tard, à huit. Entre-temps, sur la route de Carrefour, deux nouveaux autobus sont livrés au trafic, tandis que Paul Anson reçoit du département de l'Économie nationale le monopole de la desserte de la ligne Port-au-Prince - Croix-des-Bouquets, avec deux autobus. À partir de juin 1945, on verra ses autobus sillonner également la route de Kenscoff qui n'était alors desservie que par la camionnette de David Loiseau et sporadiquement par celle d'Emmanuel Florvil. Mais il abandonnera bientôt cette dernière ligne dont le trafic, jusqu'au commencement des années 50, ne sera régulièrement assuré que par le camion à banquettes de Max Saint-Cloud.

Le contrat signé le 15 juin 1945 entre l'État haïtien et Marcel Gentil assurait à la Société haïtienne de Transport le droit exclusif d'effectuer, pour une durée de dix ans renouvelable pour cinq ans, le service de la ligne Port-au-Prince - Pétionville, sous le contrôle du département de l'Économie nationale et du service de la Circulation. L'horaire quotidien du transport des passagers était de 6 heures du matin à 11 heures du soir. Le prix de la course ne devait pas excéder cinquante centimes et les dommages éventuels causés aux tiers et aux voyageurs seraient couverts par une police d'assurance. Déclarée d'utilité publique, la compagnie ne restait pas moins assujettie au paiement de taxes et impôts. Seule dérogation à son monopole, l'opportunité laissée aux taxis de continuer à travailler sur la ligne, sauf aux camionnettes de type «station-wagon».

Ainsi était entré dans les mœurs le transport en commun par autobus, et Roro Mayard, sur le ton narquois qu'on lui connaît, pouvait s'amuser à retracer les péripéties dont il lui arrivait d'être le témoin :

«Souvent, sur les banquettes à deux places voisinent ensemble une grosse dame de 150 kilos et un maigrechon petit monsieur qui, pour être plus galant, se fait encore plus petit et finit par disparaître complètement sous les aisselles de l'immense personne. N'en pouvant plus, le pauvre petit homme qui va cependant à Turgeau, descend au Champ-de-Mars, rompu, cassé comme un Z. Pour ses cinquante centimes, il vient de risquer l'apoplexie... D'autres fois, c'est le passager qui, au moment du contrôle, s'aperçoit en fouillant les poches de son pantalon jusqu'au tibia et celles de sa veste jusqu'à ses poumons qu'il n'a sur lui que quarante centimes. Le chauffeur continue son contrôle et tombe sur une femme qui occupe toute une banquette avec son enfant, mais qui tient mordicus à ne payer que vingt-cinq centimes pour celui-ci...»[5].

La fin de la deuxième guerre mondiale, et plus spécialement la chute du régime d'Élie Lescot ont sur le transport public des répercussions inattendues. Le monopole du transport en commun sur la ligne Port-au-Prince - Pétionville est déclaré caduc, sans pour autant que la Société haïtienne de Transport cesse d'y faire fonctionner ses autobus. Talonnée par les camionnettes de huit à dix places, plus rapides et plus confortables, qui se mirent aussitôt à envahir ce circuit, la société devait bientôt succomber à cette concurrence acharnée et céder ses derniers autobus à Irénée Annoual pour le trafic interurbain d'autobus que celui-ci venait de créer.

En 1950, à l'occasion des festivités du Bicentenaire, cinq autobus modernes commandés aux États-Unis par la Coopérative de transport du Syndicat des chauffeurs sont mis en service sur le réseau interurbain. Le renversement d'Estimé qui amènera la dislocation de cette coopérative trop inféodée à la politique, devait, par ricochet, entraîner celle de son service d'autobus. Moins d'un an après l'apparition dans les rues de Port-au-Prince de ces beaux autobus flambant neufs, couleur bleu de ciel, ils cessaient de fonctionner.

Comme au trafic terrestre, la guerre apporte également la confusion au trafic maritime. À tour de rôle, les compagnies américaines de navigation se voient obligées de fermer leurs bureaux, ou de réduire considérablement leurs activités, par suite de la réquisition de leurs bateaux par le département de la Guerre des États-Unis. Pour le commerce, une épreuve supplémentaire.

Par contre, au transport aérien, la conflagration internationale imprime une impulsion remarquable. Déjà en décembre 1938, le pilote américain J. Gordon avait créé, sous la supervision technique du lieutenant aviateur Édouard Roy, ancien élève de la Roosevelt Aviation School, un service de transport par air, *Les Voies aériennes d'Haïti* (Haitian Airways), appelé à desservir les villes de province. Cette entreprise ne paraît pas avoir longtemps fonctionné.

En novembre 1939, la *Pan American World Airways* inaugure ses nouveaux locaux du Sea-Base, au bas de la rue des Casernes. La ligne de Port-au-Prince est desservie par des hydravions bimoteurs Baby Clipper. Mais la détérioration rapide de la situation militaire en Europe et qui laisse à la population américaine le sentiment d'être déjà en guerre, détermine le gouvernement des États-Unis à fournir au gouvernement haïtien une aide substantielle pour la rénovation de l'ancien camp d'aviation de Chancerelles, afin de le mettre en mesure, non seulement d'accueillir des avions militaires, mais aussi de répondre au nouveau programme de transport de la Pan American qui avait décidé de remplacer les hydravions de sa flotte aérienne par des avions terrestres. Le nouvel aérodrome est inauguré le 13 novembre 1941, en présence du commandant d'escadrille, le général Collins.

En septembre 1943, la compagnie aérienne hollandaise *KLM* est autorisée à exercer ses activités en Haïti. Quatre mois plus tard, la Pan American inaugure son service d'avions cargos qui au début se limitera à un chargement de 4 tonnes de marchandises par voyage. Malgré l'installation à Port-au-Prince, en juillet 1946, d'une nouvelle ligne aérienne, la *Union Southern Airlines*, la Pan American continuera, pendant de nombreuses années, à se maintenir au premier rang pour la desserte d'Haïti et des Antilles en général.

Nouveau record dans le domaine de la locomotion terrestre : l'arrivée pour la première fois à Furcy, station estivale voisine de Kenscoff, en avril 1943, d'un véhicule à moteur, en l'occurrence une jeep militaire, où avaient pris place le président Lescot, le sous-secrétaire d'État Gontran Rouzier et le colonel Durcé Armand. Cet événement est chaleureusement fêté par la population du village.

Le parc automobile, il ne cesse de s'accroître. Si l'on considère que jusqu'aux années 50, Port-au-Prince détenait pratiquement le monopole des véhicules à moteur en circulation en Haïti et que, selon une statistique établie en 1942, le nombre de véhicules privés circulant dans la capitale était de 730 et celui des véhicules publics de 191[6] et que sept ans plus tard, cette répartition pour la république d'Haïti se chiffrait à 1.526 voitures privées et 407 voitures publiques[7], on peut ainsi se rendre compte d'une évolution qui ira en s'accentuant jusqu'à atteindre de nos jours le seuil de la saturation.

Dans le domaine des communications téléphoniques, le central automatique secondaire de Petit-Four, inauguré en 1935, est pourvu d'un équipement capable d'assurer la liaison de 2.000 abonnés à ce central. Pour débuter, 300 abonnés du Bois-Verna y sont connectés. Le nombre d'abonnés qui était de 683 en 1925 atteint au 30 septembre 1935, le chiffre de 1.387. En 1940, le nombre d'appareils téléphoniques en fonctionnement était de 1.976, avec une moyenne de 19 appels par jour, «chiffre très élevé, soulignait le Rapport annuel des T.P. pour l'exercice 1939-1940, pas atteint même dans les pays où l'abonnement forfaitaire est, comme en Haïti, de rigueur». À cette date, les deux centraux téléphoniques de Port-au-Prince n'étaient pas loin d'arriver à leur capacité maximum.

Jusqu'en 1934, la station de radiodiffusion d'État, la HHK, est la seule à assumer, en dehors de ses concerts et causeries du vendredi et de la radiodiffusion des tirages mensuels de la Loterie nationale, la retransmission de certaines cérémonies officielles. Elle se lancera bientôt dans le reportage radiophonique, par la radiodiffusion, entre autres, du Treizième Congrès de la Presse latine tenu au Rex le 29 décembre 1935, de la cérémonie religieuse du Champ-de-Mars en l'honneur du Christ-Roi, dans l'après-midi du dimanche de Pâques 1936, de la cérémonie d'inauguration de l'avenue Trujillo en mai 1936... Contre toute attente, le 1er juillet 1937, la station interrompt ses émissions. Elles ne seront pas reprises. Le 30 septembre 1937, l'exploitation de la station est concédée à Amilcar Duval. Mais il ne semble pas que ce dernier se soit trouvé en mesure de parer aux difficultés financières et techniques auxquelles l'État haïtien avait lui-même été incapable de faire face pour maintenir en ondes la HHK.

Dans l'intervalle, des licences de fonctionnement avaient été accordées à deux stations de radiodiffusion privées, engagées dans la publicité commerciale : la HH2S et la HH3W. Au départ, on note un changement radical dans l'élaboration et l'agencement des programmes. Limitées à deux heures, puis à trois heures par jour, leurs émissions qui se transmettaient dans la soirée, prenaient fin à 21 heures. Elles contribueront en particulier à rendre de plus en plus populaires les grandes œuvres musicales classiques.

Sous l'impulsion d'un consortium étranger, la station de radiodiffusion qui, selon ses fondateurs, était appelée à être le plus puissant poste émetteur de T.S.F. des Antilles, RADIO-HAÏTI, est portée, le 25 septembre 1938, sur les fonts baptismaux. C'est à Ça-Ira, village côtier voisin de Léogane, à deux cents mètres de la mer, sur un site privilégié, «scientifiquement déterminé quant à sa position pour les émissions et les réceptions du monde entier»[8], qu'a lieu en effet la pose de la première pierre de la nouvelle station. Des difficultés d'ordre matériel, puis la déclaration de guerre en Europe quelques mois plus tard, allaient contrarier l'épanouissement de ce beau et hardi projet.

Au mois de mars 1941, la HHBM se met en ondes. Annexe du journal *Le Matin*, la station est installée rue O, dans un bâtiment érigé dans la cour de la villa Clément Magloire. À partir d'octobre 1944, la HHBM devient la MBC qui émettra sur trois longueurs d'onde. L'année suivante, la HH3W de Ricardo Widmaier qui logeait dans un immeuble sis à l'angle des rues Oswald-Durand et Monseigneur-Guilloux, se fixe, rue Bonne-Foi, à l'étage du Crystal Market.

En mars 1944, une quatrième station de radiodiffusion, la HHCA, dirigée par Edgard Canez et Frédéric Destouches est fondée. Elle inaugure ses émissions le 9 avril dans la maison Carl Étienne à la rue 2.

Pendant toute la durée du conflit mondial, ces stations joueront un rôle considérable comme éléments d'informations. Aux heures de diffusion des bulletins de guerre, des centaines d'auditeurs se mettaient à leur écoute pour suivre l'évolution des hostilités sur tous les fronts et se faire une opinion de la situation internationale.

En 1947, apparition d'une cinquième station commerciale de radiodiffusion, la HHRO, propriété de Raymond Ascenscio et Raphael Rivera. Elle s'installe à la ruelle Jeanty et émettra de midi à 2 heures p.m. et de 5 heures à 9 heures p.m. Deux ans plus tard, le 14 juin 1949, Antoine Brown inaugure à la ruelle Chavannes une nouvelle station commerciale, RADIO CARAÏBES.

L'une des stations qui avaient été à l'avant-garde de la radiodiffusion publicitaire en Haïti, la HH2S, passe en de nouvelles mains et change de nom. En janvier 1948, un groupe d'hommes d'affaires partisans du gouvernement d'Estimé, Georges Honorat, Roger Rigaud, Antoine Hérard, Wesner Appollon, en fait l'acquisition. En attendant de devenir l'unique propriétaire de la station, Antoine Hérard, qui en avait été le dynamique animateur, continuera à s'acquitter de ses mêmes fonctions. Installée à l'étage de la SHASA, la HH2S y poursuivra ses émissions sous la nouvelle dénomination de «Radio Port-au-Prince». En février 1947, sera inaugurée à cette station le programme radiophonique «La Voix de la République d'Haïti», émission officielle du Service d'Information de Presse et de Propagande, diffusée tous les jours, de 6 heures 30 à 7 heures du matin, et le dimanche à 14 heures.

À la fin de la guerre, de nouveaux pourparlers seront entrepris entre le gouvernement haïtien, M. Georges Maurin, président de la société anonyme Radio-Haïti et M. Jacques Bruneau, représentant du groupe de banquiers suisses intéressés à l'affaire, pour la reprise des travaux d'installations du poste de Ça-Ira. Un nouveau contrat est passé, le 29 août 1947, entre l'État haïtien et la Radio-Haïti. Pourtant, cette puissante station radiophonique nationale et internationale de plus de 5.000 watts à l'antenne, qui, suivant contrat, devait comprendre 4 émetteurs de différentes fréquences, se doter d'un studio moderne avec auditorium, établir le cas échéant une station de télévision, ne devait jamais voir le jour. Des impondérables allaient déterminer les promoteurs à abandonner un projet qui, dans le domaine de la radiodiffusion, avait été considéré comme un progrès marquant.

Notes

1. *Le Temps-Revue,* 26 septembre 1936.
2. Propriétaire d'un garage et d'un magasin très renommé de pièces et d'accessoires d'automobiles.
3. *Haïti-Journal,* 2 avril 1943.
4. *Haïti-Journal,* 21 septembre 1944.
5. *Haïti-Journal,* 10 novembre 1944.
6. *Bulletin des Statistiques,* ex. 1942-1943, n° l, p. 57.
7. *Haïti-Journal,* 22 décembre 1949.
8. *Le Temps-Revue,* 28 septembre 1938.

HYGIÈNE ET SANTÉ PUBLIQUE

Héritier d'une des meilleures armatures administratives laissées par l'occupation américaine, le Service national d'Hygiène et d'Assistance publique poursuit avec une certaine efficacité sa mission de protéger la santé de la population. En 1940, pour bien marquer l'importance qu'il attachait à prévenir et à traiter les maladies sous toutes leurs formes, le gouvernement prescrit pour la première fois le chômage des Services publics et des écoles le 12 décembre, jour panaméricain de la Santé. En corrélation avec sa politique d'aide aux nécessiteux pour les soins médicaux à leur apporter, il fonde en mars 1939, dans la périphérie de la capitale, sur une spacieuse propriété, don du président Vincent, l'*asile de Sigueneau* capable de loger plus de 300 pensionnaires. Sont aussi créées des institutions médicales privées par des médecins soucieux de ne pas se laisser distancer par les progrès de la science médicale et d'en faire profiter les malades. En mai 1939, à côté de l'École de Médecine, est fondé par le Dr Rindal Assad le *Centre d'Électrothérapie*, auquel viendra offrir ses services le docteur Louis Roy, initiateur en Haïti de la méthode «pneumothorax» pour le traitement de la tuberculose.

C'est le même docteur Louis Roy, président fondateur de la *Ligue Nationale Antituberculeuse*, qui, grâce à son dynamisme et au soutien du gouvernement Lescot, parviendra à ériger et à faire fonctionner, sur un terrain offert par l'ex-sénateur Seymour Pradel, le premier sanatorium antituberculeux d'Haïti, œuvre de l'architecte Robert Baussan. Ce sanatorium de cent lits, inauguré le 5 novembre 1944, répondait à une nécessité urgente, eu égard au nombre relativement élevé de tuberculeux pulmonaires qui jusqu'ici n'avaient reçu que des soins empiriques.

Sous l'administration du président Lescot, et plus précisément à l'arrivée du docteur Jules Thébaud à la direction du Service national d'Hygiène, une impulsion considérable est imprimée à l'hygiène publique. On assistera alors à une véritable offensive en faveur de l'hygiène. De nombreux règlements édictés pour la plupart au temps de l'occupation américaine, sur la tenue des boucheries, des boulangeries, des restaurants, des cafés, des blanchisseries, des salons de coiffure, des marchands ambulants... et qui lentement étaient tombés en désuétude, furent remis en vigueur. Conduite par le Corps de police sanitaire récemment créé et formé de jeunes gens d'un niveau intellectuel convenable, cette offensive devait s'étendre à tous les secteurs où l'inobservance des lois de l'hygiène était patente. À la suite de visites d'inspection exécutées par les officiers de la police sanitaire, quatorze boulangeries, au nombre desquelles la grande boulangerie Lopez, sont fermées pour «défi à l'hygiène et menace pour la collectivité». Subiront le même sort, plusieurs épiceries, dont celles de Bichara Izmery et de Bertolini, très connues sur le marché.

La brigade de contrôle de l'alimentation prendra en chasse les marchands de fresco et procédera à la confiscation de leurs chariots. Interdiction leur sera faite de débiter ce produit, en raison de la toxicité de la substance destinée à colorer le sirop utilisé pour parfumer la glace râpée. Des mesures seront prises pour la distribution hygiénique du lait. De concert avec le Service d'Hygiène, l'édilité installera des tables pour étalage au marché Vallière. Aux tenanciers de cafés, bars et restaurants, un délai sera accordé pour se conformer aux règlements sanitaires affichés dans leurs établissements. Plus d'une dizaine de salons de coiffure, dont les conditions sanitaires laissaient à désirer, recevront l'ordre de fermer.

Seront également frappés, les établissements industriels insalubres, propagateurs de maladies infectieuses.. Entre le littoral et la Grand'rue et jusqu'à la zone des Palmistes, où fonctionnaient de nombreuses tanneries, le taux de malaria était particulièrement élevé. Leurs propriétaires furent invités à transporter leurs établissements dans la région s'étendant de Thor à Carrefour, alors peu habitée. Quant à l'épineux problème de destruction des immondices, il parut trouver une solution à la suite des essais d'un procédé technique proposé par l'ingénieur italien Julio Rastelli pour l'incinération totale de tous les déchets, excréments et cadavres d'animaux, le produit de la combustion devant servir d'engrais. Mais les démonstrations effectuées à Saint-Martin ne furent suivies d'aucune décision concrète de la part des autorités compétentes.

L'action des pouvoirs publics dans la lutte pour assainir le site urbain de la capitale trouvera dans la Mission sanitaire américaine (M.S.A.) qui s'était constituée à la suite d'une recommandation de la troisième conférence sanitaire internationale de Rio de Janeiro, un inappréciable concours. Relativement à la campagne contre le paludisme, d'importants travaux d'assainissement seront entrepris dans les bas quartiers de la ville.

Au début des années 40, une curieuse querelle s'élève dans le monde médical, à propos d'une méthode de traitement vulgairement dénommée «abondance» et qui consistait à faire boire leur pus aux malades souffrant de maladie infectieuse. Conçue par un médecin américain, le docteur Duncan, cette méthode avait été introduite en Haïti et se pratiquait dans certains services de l'Hôpital général de Port-au-Prince et dans certains hôpitaux de province. Partisan enthousiaste de ce mode de traitement révolutionnaire, scientifiquement désigné sous le nom de «autopyothérapie», le docteur Martial Bourand était parvenu à rallier sous la bannière de «l'abondance» certains médecins haïtiens qui dès lors ne s'étaient pas fait faute de recommander cette médication à leurs patients. «C'est le mérite de l'École haïtienne, écrivait le docteur Joseph Buteau, d'avoir compris les impératifs de la nature, en préconisant que le pus doit être frais et pur pour conserver tout son pouvoir curatif bienfaisant»[1].

De temps à autre étaient signalés des cas de guérison de malades qui avaient été soumis à ce traitement médical. Un des plus spectaculaires fut celui du jeune Gérard Nau, fils de l'avocat Maurice Nau, atteint d'une infection généralisée et qui se mourait. Soigné par le docteur Bourand, suivant les prescriptions de la méthode de «l'abondance», il parvint à s'en sortir et fut sauvé.

D'autres médecins s'étaient pourtant posés en détracteurs résolus de ce mode de traitement. Chef de file de ce groupe, le docteur Camille Lhérisson, président de la Société d'Études scientifiques, avait péremptoirement rejeté la méthode de «l'abondance» que de nombreuses associations scientifiques d'Amérique et d'Europe, soulignait-il, avaient déjà condamnée et qu'il jugeait lui-même «absurde et dangereuse».

Cette divergence d'opinions allait se traduire par des prises de position passionnées. On en vint à s'écarter de l'aspect scientifique de la question pour s'engager dans des querelles de personnes. Ce fut dommage, dit *Haïti-Journal*, de voir «une discussion qui était suivie avec le plus grand intérêt par les partisans ou les adversaires de l'abondance»[2], dévier de son objectif et se terminer aussi lamentablement. Entre-temps, le docteur Duncan s'était suicidé à New-York, à l'âge de 76 ans. Quant au mode de traitement qu'il avait mis au point, il fut peu à peu abandonné par les praticiens haïtiens, les résultats ne s'étant pas toujours révélés positifs, et la plupart des malades manifestant le plus grand déplaisir d'avoir à se soumettre à une thérapeutique aussi répugnante.

En juillet 1945 est célébré le jubilé du docteur Paul Salomon, noble et pure figure de la médecine haïtienne, qui avait consacré sa vie à apaiser les souffrances. Son buste réalisé par le sculpteur Derenoncourt est placé à l'hôpital Saint-François de Sales où durant tant d'années il n'avait semé que le bien.

Le besoin de soins médicaux qui, avec les premières manifestations de la pression démographique, ne faisait que s'accentuer, porte les pouvoirs publics à envisager la création de nouveaux centres hospitaliers. Issu de la révolution du 7 janvier, il était naturel que le gouvernement du 16 août pensât d'abord à satisfaire les quartiers déshérités de la ville. Est alors mis en chantier au bois John, *l'hôpital du Bel-Air* qui ne sera jamais achevé, par manque de fonds et d'esprit de suite. Connaîtra le même sort, *l'hôpital Neuro-Psychiatrique* dont la première pierre avait été solennellement posée en juillet 1949, sur l'ancienne habitation Cauvin, au haut de Saint-Antoine. Plus chanceux sera le projet de création d'une nouvelle maternité qui effectivement sera aménagée dans le local de l'ancien marché de Chancerelles et mis en service en janvier 1949, sous la direction de Miss Eva Pierre César. Par décision du Conseil des secrétaires d'État, l'établissement est placé sous le vocable des docteurs Isaïe Jeanty et Léon Audain, «à cause des services rendus à la science et aux humbles durant leur vie».

Une volonté encore plus dynamique devait présider à l'extension de l'Hôpital général où, en 1947, fut mis à exécution un programme de construction et de travaux sanitaires «destinés à transformer cette institution pour en faire un hôpital universitaire»[3]. Maternité, dispensaire, salles de médecine, de laboratoire, de syphilographie, de chirurgie, d'orthopédie, de dermatologie, de radiologie et salles semi-privées furent agrandies et rééquipées, et une citerne en béton armé de 40.000 gallons érigée dans la cour de l'établissement.

La fin du régime Lescot avait eu des effets néfastes sur le fonctionnement du sanatorium antituberculeux de Port-au-Prince qui ne subsistait que par le généreux concours des donateurs. Beaucoup d'entre eux, grands commis de l'État, avaient été relevés de leurs fonctions, contretemps qui les avait déterminés à renoncer à leurs versements. Privée d'une grande partie de ses ressources et se débattant contre une situation inextricable, l'institution, par décision du Conseil de direction de la Ligue nationale antituberculeuse, fut, en mars 1947, transmise à l'État. Rattachée à l'Assistance publique, elle fut placée sous la direction technique du Dr Louis Roy, assisté du Dr Auguste Denizé et des docteurs Simpson et Grandoit, et recommença à fonctionner avec un effectif d'environ 55 malades.

Notes

1. *Haïti-Journal*, 7 juillet 1942.
2. *Haïti-Journal*, 15 septembre 1943.
3. Département de la Santé publique, *Un aspect du Service de la Santé Publique*, s.d., p. 10.

L'ENSEIGNEMENT

L'instruction plus poussée de la jeunesse restait une des priorités auxquelles ne cessaient de s'intéresser les secteurs de l'Enseignement. Au deuxième Congrès de l'Éducation familiale et de l'Analphabétisation, ouvert le 15 août 1937, sous la présidence du secrétaire d'État de l'Instruction publique, M. Auguste Turnier, assisté de Mgr Le Gouaze et du ministre de France Adrien de Lens, devant un public composé d'éducateurs religieux et laïcs, des discussions savantes sont soulevées, auxquelles prennent part d'éminents esprits.

Le côté matériel de la question n'est pas non plus négligé, et plusieurs établissements scolaires voient leurs locaux bénéficier de restaurations ou d'agrandissements. En mars 1939, le bâtiment de la direction du lycée Pétion, érigé suivant les plans de l'architecte Robert Baussan, est inauguré en présence du président de la République et des ministres Estimé, Déjean et Prophète. Au pensionnat des Filles de la Sagesse de Saint-Joseph, une citerne est construite, le dortoir des pensionnaires transformé et la chapelle de la communauté allongée par l'adjonction de deux pièces.

Au niveau de l'enseignement universitaire, l'École de Médecine est élevée, en octobre 1938, au rang de Faculté. Un décret de la même année crée à la nouvelle faculté le cours de P.C.B. La section d'Art dentaire rattachée à l'École de Médecine prend possession en 1935 de son bâtiment en béton et maçonnerie de style moderne et d'un aspect sobre et attrayant. L'ouverture sous la supervision de l'ingénieur Boisette, des chantiers de l'École de Droit de la rue Geffrard, a lieu en octobre 1940. Moins d'un an après, le dimanche 6 avril 1941, est inauguré le nouveau bâtiment, comportant des salles de cours en amphithéâtre et un spacieux hall. Denyse Guillaume, qui s'était classée lauréate pour la troisième fois à cette école supérieure, reçoit, à titre de félicitations, une offrande florale des étudiants de sa promotion.

L'École des Sciences appliquées est en pleine crise. Depuis la brusque résiliation par l'État du contrat du 7 décembre 1931 qui la rattachait à la Direction générale des Travaux publics et paraissait devoir lui assurer un avenir prometteur, elle ne survit plus que par le soutien d'amis généreux, même la subvention qui lui avait été accordée par la loi Féquière ayant été supprimée. Dans son édition du 1er mars 1939, *Haïti-Journal* lançait un pathétique appel pour sauver l'établissement dont la décrépitude matérielle était navrante : «L'École des Sciences appliquées agonise. Le rez-de-chaussée seul a été réparé. Un large appentis qui sert de salle supplémentaire de dessin n'est pas encore payé. La charge en est restée au directeur. Quant au premier étage, plus que la vaste cour abandonnée, plus que les halles de fer où logeait jadis l'École du Bâtiment et de l'Industrie souchée autrefois à cette haute École, ce premier étage crie la grande pitié de l'École. Il faut rétablir la subvention!»

En 1938, subséquemment à l'affaire Calixte, l'*École militaire* est placée sous la direction de deux officiers américains qui avaient été demandés au gouvernement des États-Unis «pour diriger notre École militaire et aider le Grand État-Major de la Garde de leurs conseils techniques». On observera, lors des manifestations militaires, un changement ostensible dans le style et l'allure des cadets qui, avec leur nouvel uniforme, tunique bleu de ciel et shako à pompon rouge, excitaient l'admiration du public.

La tendance plus d'une fois manifestée des éducateurs haïtiens à propulser l'enseignement sous toutes ses formes se vérifie une nouvelle fois par la fondation, en novembre 1934, à l'initiative de Mme Étienne Bourand, d'un *Centre d'Études Universitaires* pour jeunes filles où seront dispensés des cours d'anglais, d'espagnol, de sténodactylo, de coupe, d'art ménager, de solfège et de chant. Le Centre qui s'était installé au Bois-Verna dans une belle maison de style gingerbread, ne réussira pas à s'épanouir et survivra peu à sa naissance.

Autre louable entreprise, la création, en octobre 1937, de l'*École des Lettres* qui est inaugurée à Haitiana, en présence du président de la République. Elle se proposait, suivant le père Foisset qui en avait exposé le programme, «de former des intelligences, mais aussi des consciences et des âmes, selon une saine et haute philosophie». Placé sous la direction de Mme Comhaire-Sylvain, ce nouvel établissement d'enseignement supérieur, logé à l'avenue Charles-Sumner, dont le programme s'échelonnait sur trois années, fonctionnait l'après-midi, de 5 heures à 7 heures. Y dispensaient leurs cours, des intellectuels de valeur doublés de professeurs chevronnés, parmi lesquels les pères Foisset et Bettembourg, Messieurs Jean Comhaire, Dantès Bellegarde, Raymond Doret, D^r. Price-Mars, Luc Grimard, Catts Pressoir, Christian Bayardelle, René Lerebours. Il ne semble pas que la jeunesse haïtienne ait montré beaucoup d'intérêt pour des études, selon elle, si peu pragmatiques. Malgré l'excellence de son enseignement, l'École des Lettres, elle aussi, cessera bientôt de fonctionner.

Auront plus longue vie, l'*Institution de musique vocale* de Mme Perret Duplessis, à la ruelle Carlstroem, et la *Haute École de Musique* fondée en 1935 au Champ-de-Mars, dans une petite maison voisine de Paramount, par Charles Miot, et dont les concerts symphoniques donnés au Rex attireront un public de fins connaisseurs.

Dans l'enseignement des sciences comptables et économiques, Joseph Poujol, diplômé des Hautes Études Comptables de Paris, ouvre en 1937, à la rue Pavée, son *Institut commercial* d'où sortiront des comptables de valeur et de futurs grands argentiers ou directeurs de banque très appréciés.

Il entrait dans la logique du gouvernement du 18 novembre 1930, qui se voulait le gouvernement des masses, d'encourager, au profit de l'enfance nécessiteuse, «la croisade salutaire des métiers». Avec la nomination en 1935 de Fernand Crepsac à la direction de l'*École centrale des Arts et Métiers*, la vieille maison de correction qui se trouvait dans une situation critique, est réorganisée et se transforme en maison d'éducation et en pépinière de futurs ouvriers et artisans. En peu de temps s'opère une remarquable rénovation des lieux : édifice restauré, dortoir remis à neuf, ateliers rééquipés, corps de musique fondé, petit parc agréablement aménagé dans une section de la cour. Pour l'aider dans sa belle mission, le directeur Crepsac sollicita le concours généreux de «marraines spirituelles» qui effectivement prirent à cœur de se pencher sur les besoins de leurs filleuls, et particulièrement sur ceux des petits rescapés, blessés et maltraités par les Dominicains, lors du massacre de 1937, et qui avaient trouvé refuge à la Centrale.

Graduellement, s'était modifié le caractère de maison de correction de l'établissement qui dès lors s'était trouvé inapte à recueillir les petits délinquants que les rafles de la police jetaient dans les prisons de Port-au-Prince et de la province. La loi du 7 juin 1938 crée la *Maison nationale de Rééducation*, au profit de l'enfance abandonnée et pervertie, dont l'organisation fut aussi confiée à Fernand Crepsac. Installé à Carrefour, sur la propriété Mon Repos, dans l'ancienne résidence de campagne du président Hyppolite, l'établissement est inauguré le 13 novembre 1938, avec un effectif de 150 pupilles.

Dans le même contexte d'initiation des enfants des classes démunies à l'enseignement professionnel, le gouvernement fait appel aux religieuses salésiennes de Marie Auxiliatrice pour diriger une école professionnelle au bénéfice des fillettes des quartiers pauvres. En septembre 1935, elles débarquent à Port-au-Prince, et s'installlent à l'entrée de la cité Vincent, dans la maison qui leur était destinée, l'ancien bâtiment de l'école Volmar Laporte.

La même sollicitude avait poussé le gouvernement haïtien à s'adresser à la congrégation des pères salésiens pour leur confier la direction d'une *École nationale des Arts et Métiers*, appelée à «assurer à la jeunesse nécessiteuse haïtienne une instruction suffisante et tout ensemble une éducation chrétienne, une bonne formation professionnelle». Sur une propriété voisine de l'École des soeurs de Marie Auxiliatrice, avait été érigé un grand bâtiment de briques et roches, de 69 mètres de long sur 11 de large. Salles destinées à l'enseignement, à l'administration et aux expositions se succédaient au rez-de-chaussée. À l'étage étaient aménagés un dortoir spacieux et les appartements des religieux. En arrière, à l'ouest, s'élevaient de grands hangars affectés aux cours d'application.

Dans l'après-midi du 29 mars 1936, en présence du président de la République, de Mgr Ricardo Pittini, archevêque de Santo Domingo, la plus haute autorité salésienne de l'île, et des huit archevêques et évêques présents le matin à la cérémonie du sacre de l'évêque des Gonaïves, Mgr Paul Robert, a lieu la bénédiction de l'École professionnelle des pères salésiens, œuvre de l'ingénieur Maurice Boisette. Soixante-cinq jeunes garçons de la classe des moins favorisés y sont accueillis comme pensionnaires. C'était la première étape d'une œuvre sociale féconde qui allait se répandre sur toute l'étendue du quartier miséreux de la Saline.

À ce palmarès des réalisations gouvernementales dans le domaine de l'enseignement professionnel s'ajoutèrent deux nouvelles créations, celle de la *Ferme-École ménagère de Martissant*, inaugurée le 5 novembre 1939, avec un effectif d'une centaine de pensionnaires, et celle du *Centre d'Apprentissage du Bois Saint-Martin*, dont les constructions s'étendant sur une superficie de 25.000 mètres carrés, comprenaient une série de bâtiments flanqués de pavillons indépendants affectés aux divers ateliers. Inauguré le 20 octobre 1940, l'établissement va prodiguer son enseignement à 100 demi-internes, tous fils du menu peuple des faubourgs.

C'est en juillet 1943 que s'ouvre la première campagne d'alphabétisation par le créole. Deux ans auparavant, le pasteur méthodiste Ormonde Mc Connel et son groupe de collaborateurs avaient déjà adapté au créole la méthode du linguiste américain, le Dr Laubach. Les résultats s'étant avérés satisfaisants, le gouvernement donna son accord pour l'adoption de la méthode Laubach, en vue de tirer les illettrés de l'obscurité intellectuelle où ils étaient plongés. Dix centres d'éducation furent créés à Port-au-Prince, comprenant chacun un directeur, un sous-directeur et vingt instituteurs chargés de recruter des volontaires. Peu après fut fondé l'hebdomadaire «Lumiè - Fos - Progrès», rédigé en créole, d'après la méthode Laubach.

Si l'utilisation de cette méthode obtint quelque succès, elle ne réussit pas à s'affirmer et à s'étendre, malgré les encouragements des pouvoirs publics. Hostile à beaucoup d'éducateurs, en raison de sa technique par trop anglo-saxonne et vivement combattue par eux, elle n'arrivera à s'épanouir que dans le cercle restreint de ses promoteurs.

De plus en plus se précise chez la jeune fille le désir d'accéder aux études secondaires. Dans plusieurs grandes écoles de filles s'opère une mutation caractéristique: l'élimination graduelle de l'enseignement primaire-supérieur et l'orientation des études vers l'enseignement secondaire. Dans certains établissements secondaires privés, jeunes hommes et jeunes filles suivent les mêmes cours. C'est pour répondre à cette propension naturelle et légitime que le ministère de l'Éducation nationale procéda à la transformation de l'École normale d'Institutrices qui logeait au Champ-de-Mars, maison Défly, en une *École secondaire de Filles* qui ouvrit ses portes en octobre 1943 avec une seule classe, la troisième et un effectif de 40 élèves, et fut placée sous la direction de Mme René Lerebours.

L'année suivante, confié à une Américaine, Miss Dorothy Kerby, l'établissement prenait officiellement le nom de *Lycée de Jeunes Filles*. L'École normale d'Institutrices ne sera pas fermée pour autant. Elle fusionnera avec l'École normale rurale qui logeait dans la spacieuse construction limitrophe de la chapelle Sainte-Bernadette de Martissant, tout en gardant sa dénomination d'*École normale d'Institutrices*. Confortablement installée sur une propriété d'environ un hectare, voisine de l'École République du Pérou où les élèves-maîtresses «s'exerçaient à la pratique de la pédagogie», l'institution y demeurera jusqu'en novembre 1951.

En octobre 1945, 59 candidates prennent part aux examens d'admission du Lycée de Jeunes Filles pour entrer en quatrième. L'effectif de l'établissement se chiffrait alors à 60 élèves, réparties entre les classes de rhéto, de troisième et de quatrième. Il ne lui restait qu'à être doté d'un bâtiment adéquat. En avril 1945, l'État faisait l'acquisition, au prix de 25.000 dollars, de la grande propriété Barthe de la rue Cappoix qui sera affectée à l'édification du premier centre d'enseignement secondaire public pour jeunes filles.

Ces créations entraient dans le plan de la grande réforme de l'enseignement suscitée par le titulaire du département de l'Instruction publique, Maurice Dartigue, et dont l'un des principaux points visait à améliorer les programmes scolaires et les principes normatifs d'enseignement. Cette amélioration était liée à la préparation méthodique des cadres. C'est pourquoi, dès 1942, fut mis en train un système d'entraînement sous forme de cours spéciaux ou de cours d'été donnés à Damien ou à la Faculté de Droit par de brillants professeurs étrangers et haïtiens, à l'intention des directeurs et instituteurs des écoles secondaires et primaires... Malgré les critiques souvent injustes dont elle fut l'objet, la réforme Dartigue n'apporta pas moins des changements heureux et profonds dans une administration qui trop longtemps avait été livrée à la politique et à la routine.

Dans le cadre de cette réforme, l'enseignement de l'anglais avait été rendu obligatoire dans toutes les écoles. A M. Forsythe, inspecteur des cours d'anglais en Haïti, avait succèdé le Dr Mercer Cook, diplômé de Amherst College et de l'Université de Paris qui, grâce à ses rares qualités et à ses profondes connaissances, parvint, en l'espace de quelques mois, à gagner l'estime de ses collaborateurs et de ses nombreux élèves à qui il ne ménageait ni son dévouement ni son savoir.

Heureuse décision administrative: pour «prévenir le surmenage de la jeunesse scolaire pendant les chaleurs d'été», l'horaire des cours dans les écoles publiques et privées est ainsi fixé : de 7 heures 30 à midi ou de 8 heures à 12 heures 30, sauf pour les classes qui préparent le bachot ou le brevet supérieur.

Au cours de la session ordinaire des examens officiels du baccalauréat de juillet 1943, auxquels prenaient part 524 étudiants des classes de rhéto et de philo, éclate un retentissant scandale. Dans le monde scolaire où l'agitation se répand, il n'est question que de «fuites» et de ventes de sujets d'examen. Des noms connus des cadres de l'Enseignement sont cités comme ayant participé à des opérations malhonnêtes de divulgation des questions d'examen.

L'enquête ordonnée par le ministre Dartigue démontra qu'il y avait eu effectivement révélation de sujets. Les membres de la Commission d'examen mis hors de cause, elle établit la culpabilité du miméographe de l'École d'Agriculture à qui avait été assignée la tâche d'imprimer les sujets et celle d'une professionnelle de l'enseignement commercial qui en avait fait l'objet d'un trafic. Accusés de «négligences graves», deux cadres de la Direction générale de l'Enseignement urbain perdent leur emploi. Révoqué également de son poste, le miméographe est arrêté et déféré à la justice et la professionnelle de l'enseignement commercial privée de sa licence et condamnée à ne diriger aucune école et à n'enseigner dans aucune institution d'éducation.

«Il était indispensable, conclut Félix Courtois dans *Le Soir*, que l'autorité, en une affaire aussi grave, non seulement se désolidarisât des coupables, mais fit voir qu'elle était capable, dans certains cas, d'une juste rigueur, de vider un abcès qui menaçait de faire de certains de nos bureaux de véritables officines de corruption»[1].

En dépit de la hausse du prix des matériaux de construction, consécutive aux bouleversements apportés par la guerre, quelques agrandissements d'écoles s'effectuent. Au pensionnat des soeurs de la Sagesse de Saint-Joseph, l'aile gauche du bâtiment principal est érigée en pierre. On surmonte d'un troisième étage l'école primaire Jean-Marie Guilloux. À Saint-Louis de Gonzague, un nouveau bâtiment est construit sur l'emplacement de l'ancienne maison Mérentié, démolie à la suite des dommages que lui avait causés une violente tornade. Grâce au don de 10.000 dollars de l'industriel Oswald J. Brandt, l'érection du laboratoire de physique et de chimie du lycée Pétion est entamée.

Après la constitution en mars 1943 du Conseil de l'Université qui avait «permis d'établir une liaison entre les différentes Facultés et Écoles supérieures relevant des divers départements ministériels», après la réorganisation de l'Université d'Haïti opérée par le décret-loi du 27 décembre 1944, la légitime ambition du gouvernement était de créer un *centre universitaire* digne «du pays latino-américain le plus ancien de notre hémisphère». Ce centre universitaire, pour lequel étaient prévus une bibliothèque, un auditorium, un restaurant et un dortoir, devait constituer le noyau de la future *Cité Universitaire* et devait occuper le bloc de forme triangulaire qui fait face aux Facultés de Droit et de Médecine, sur la rive droite du Bois-de-Chênes.

À la suite du concours organisé par le département de l'Instruction publique, la firme de construction Derot qui avait présenté un projet où s'alliaient élégance classique et fonctionnalisme, remporte la palme. Déjà avait été entreprise la démolition des taudis longeant le Bois-de-Chênes, sur l'emplacement desquels allaient s'élever les nouveaux bâtiments formant «un ensemble architectural nettement caractérisé». Ce projet d'envergure, conçu «en vue du confort, de la santé, de la culture intellectuelle et morale de la jeunesse haïtienne» et dont la mise en œuvre s'était amorcée, sera simplement abandonné après l'effacement du gouvernement qui l'avait conçu.

De fait, le président Lescot ne se désintéressait pas du sort de la jeunesse estudiantine et ne manquait pas, à l'occasion, de lui prodiguer ses conseils. À la cérémonie de remise de diplômes de la promotion 1943 de la Faculté de Médecine, organisée par le Conseil de l'Université et à laquelle avaient participé des étudiants des autres écoles supérieures, il s'adressera en ces termes aux jeunes Esculapes : «Plus qu'à aucune minute de l'existence de l'humanité, les jeunes gens doivent apprendre à faire un usage socialement utile des connaissances qu'on leur inculque».

Pour répondre à l'expansion des études juridiques, de nouvelles matières d'enseignement sont intégrées au programme de l'*École de Droit* qui, par décret-loi du 13 janvier 1944, est érigée en Faculté.

L'*École des Sciences appliquées*, qui n'avait cessé de lutter pour sa survie, reçoit enfin du gouvernement du 15 mai 1941 un secours efficace. En vertu d'un contrat signé entre le département de l'Instruction Publique et le Conseil d'administration de l'École, celle-ci est placée à partir d'octobre 1941, sous le contrôle et la supervision de ce ministère. Une subvention de 15.000 gourdes par an lui est accordée et les appointements de deux professeurs sont pris à la charge du département.

Par décret-loi du 11 septembre 1942 sera institué un *Cours d'Arpentage* annexé à l'École des Sciences appliquées. Le manque de fonds disponibles retardera jusqu'en 1944 l'ouverture des cours.

L'École pratique d'agriculture qui n'avait toujours été considérée que comme une section du Service national de la Production agricole et de l'Enseignement rural, se voit élevée, par décret-loi du 3 août 1943, au rang de division et reçoit l'appellation d'*École nationale d'Agriculture*. La durée des études est fixée à trois ans.

La section normale, naguère rattachée à l'École, devient l'*École normale d'Instituteurs* qui resta placée sous le contrôle du Ministère de l'Agriculture.

En 1941, l'éminent ethnologue, le docteur Jean Price-Mars, fonde l'*Institut d'Ethnologie* qui, quoique centre d'enseignement privé ne relevant pas de l'Université d'Haïti, ne sera pas moins astreint, pour le recrutement des étudiants, aux règlements en vigueur dans les facultés et écoles supérieures. Deux années d'études sanctionnées par des examens donnaient droit au Certificat d'Études ethnologiques. La soutenance d'une thèse était obligatoire aux examens de sortie.

Le 17 octobre 1941, le docteur Price-Mars fait un cours sur l'africologie qui sera le premier donné à l'Institut, mais ce ne sera qu'un mois plus tard, le 17 novembre, dans la grande salle des Fêtes de l'Asile français où logera provisoirement l'Institut, qu'aura lieu l'inauguration officielle de ce nouveau centre d'enseignement supérieur dont la création ne s'était fait que trop longtemps attendre. À l'Institut d'Ethnologie, des intellectuels de différentes disciplines, au nombre desquels, Dr Camille Lhérisson, Frédéric Kébreau, J.C. Dorsainvil, Mme Comhaire-Sylvain, Madeleine Sylvain, Dr Pierre Mabille, Dr Félix Coicou, Dr Catts Pressoir, Dr Louis Roy, Lorimer Denis, Dr François Duvalier, Klébert Georges-Jacob, Dr Louis Mars... viendront prodiguer leur savoir.

L'*École des Gardes-Malades* est réorganisée. Le Service National d'Hygiène fait appel à deux spécialistes américaines, Miss Martha P. Cattelain et Loretta Anderson, qui auront pour mission de refondre les programmes et de former un corps d'infirmières-visiteuses.

Consécutivement à la création du Corps d'aviation, une *École d'Aviation* est fondée en juillet 1942. Dans l'enseignement commercial, à signaler la fondation au Petit-Four, par Roger Dreyfuss et un groupe d'associés, de *Commercial College* dont la direction est remise à madame Maurice Barreau. Et dans les arts d'agrément, l'ouverture du *Centre d'art Folklorique* de Mme Odette Gloecklé où sont donnés des cours de piano, de chant, de diction et de danse et celle du *Cours de Musique* du pianiste roumain réfugié en Haïti, Basil Codolban. Parmi ses nombreux élèves, se signalera par son assiduité et son précoce talent, Micheline

Laudun qui, au long de sa carrière musicale, devait récolter tant de lauriers.

En dépit de la participation active de certains enseignants au mouvement de 46, point de dégâts vraiment graves du «vent de janvier» dans le domaine de l'enseignement. Saint-Louis de Gonzague, considéré comme la chasse gardée des fils de la bourgeoisie de couleur, attrape quelques horions sans grande conséquence. À Saint-Martial par contre, un mouvement de grève déclenché au sein du corps professoral laïc détermine une crise qui ébranle les assises de la vieille maison d'éducation. Le désaccord se révélant irréductible, le petit séminaire voit s'en aller des professeurs de carrière qui pendant de longues années avaient contribué à maintenir le prestige de l'établissement. Il ne se relèvera que très péniblement de ce malheureux différend.

Retombée plus concrète et plus opportune des idées charriées par la Révolution du 7 janvier, la décision prise par le département de l'Éducation nationale de ne confier les cours d'histoire et de géographie d'Haïti, ainsi que ceux d'instruction civique et morale, qu'aux professeurs haïtiens.

Autre bienfaisant impact, la fondation par le ministre de l'Éducation nationale, Daniel Fignolé, du *lycée Toussaint-Louverture* en octobre 1946. Le nouvel établissement installé dans l'ancienne école professionnelle de la place Sainte-Anne au Morne-à-Tuf et placé sous la direction de Me Samuel Dévieux, assisté du censeur des Études René Charlmers et du surveillant général André Dérose, n'ouvrit effectivement ses portes qu'en novembre. Le corps professoral où se faisaient remarquer des maîtres chevronnés dans la carrière, tels le Dr Catts Pressoir, Lorimer Denis, René Carré, Joseph Saint-Vil et de jeunes professeurs pleins de compétence comme André Robert, Pierre Riché, Gérard Gourgue, Wéber Alexandre, prit tellement à cœur d'inculquer aux élèves un enseignement de qualité qui n'aurait rien à envier à celui donné au vieux lycée Pétion, qu'aux examens du bachot de juillet 1947, le lycée Louverture obtenait les plus beaux succès.

Avec la fin de la guerre prend enfin corps le projet de reconstruction des bâtiments scolaires du *Petit Séminaire-Collège Saint-Martial*. Construites en bois, les anciennes classes de Saint-Martial, si elles gardaient belle allure, avaient cependant atteint un âge qui ne les garantissait guère d'une plus longue prolongation d'existence. Il fallait aussi, afin de mieux s'adapter aux méthodes modernes d'enseignement, un cadre... plus moderne. Pour recueillir des fonds en vue de la réalisation d'une entreprise aussi formidable, des emprunts sont contractés, mais aussi, les dons se multiplient, des représentations théâtrales sont données. Défilent tour à tour sur la scène du Rex, et devant un public dense, *Le Cacique Henri* et *Caonabo*, du R.P. Henri Goré, un pot-pourri de musique, des comédies et un récital de chants folkloriques...

En 1947, les premiers coups de pioche sont donnés à la maison des soeurs qui est réédifiée en maçonnerie et inaugurée le dimanche 13 février 1949. Les démolitions se poursuivent avec le démantèlement en 1948 du musée-théâtre et de l'observatoire. De 1950 à 1956, ce sera «le bourdonnement d'un chantier extraordinaire qui, sous l'impulsion notamment du père Greenenberger, fera sortir de terre les deux superbes bâtiments qui font la fierté de toute la capitale»[2].

En octobre 1947, l'École des Sciences Appliquées fait place à l'*École Polytechnique*, en vertu de la loi du 11 septembre de la même année. Les responsables de l'Enseignement supérieur comprenant que «l'État seul pouvait assurer à l'École les moyens lui permettant de rendre à la collectivité haïtienne les services que cette collectivité était en droit d'attendre d'elle», avaient décidé de donner à l'École des Sciences appliquées le statut d'École supérieure de l'État, affiliée à l'Université d'Haïti, sous la dénomination d'École Polytechnique d'Haïti. Du même coup sera élargie la panoplie des matières enseignées, par la création de trois sections : celle du Génie civil, celle de l'Architecture et celle de la Mécanique et de l'Électricité. Aux trois années conduisant au diplôme de l'École Polytechnique fut jointe une année préparatoire mathématiques-physique-chimie qui, aux étudiants voulant se diriger vers d'autres disciplines en relation avec les sciences fondamentales, donnait accès au diplôme de M.P.C.

Changement également dans le statut de l'*École d'Art dentaire* qui, d'abord section de la Faculté de Médecine, est élevée par la loi du 31 janvier 1950 au rang de Faculté, rattachée à l'Université d'Haïti. En

1949, le local avait été agrandi et avait reçu un équipement qui permit désormais d'accueillir dans les différentes sections de clinique, de chirurgie et de prothèse, un nombre accru d'étudiants.

L'ouverture des hostilités en Europe avait interrompu les pourparlers entrepris pour l'engagement de professeurs français destinés à l'École Normale Supérieure, créée par arrêté du 4 mai 1939. La nécessité de fournir aux futurs professeurs de l'enseignement secondaire une préparation spéciale s'avérait toujours si pressante, qu'en 1943 avaient été institués des *Cours normaux supérieurs* d'une durée d'une année, pour les aspirants au professorat. La loi du 28 juillet 1947, se substituant à l'arrêté du 4 mai 1939, crée, dans le cadre de l'Université d'Haïti, l'*École Normale Supérieure* «en vue de la formation et du recrutement des professeurs de l'Enseignement secondaire et de l'Enseignement supérieur des Lettres et des Sciences». L'École ne se limitera pas à la seule formation des maîtres de l'enseignement secondaire. Aux étudiants désireux de poursuivre leurs études dans l'une des matières qui y sont enseignées et qui, après deux ans, auront subi avec succès les épreuves des examens, un certificat d'Études supérieures sera délivré. L'École, qui comprenait six sections et dont la durée des études avait été fixée à trois ans, est inaugurée à la rentrée d'octobre 1947 à la Faculté de Droit. Centre de culture ouvert à tous ceux qui désiraient accroître leurs connaissances, elle offrira enfin aux écoles haïtiennes la possibilité de se doter d'un corps professoral formé d'éducateurs compétents et cultivés.

Autre initiative concernant le plein épanouissement de la culture, la fondation, le 7 février 1949, sous les auspices de la Société nationale d'Art dramatique des cours spéciaux de diction, d'interprétation dramatique, de littérature et d'art dramatique, placés sous le vocable de *Georges Sylvain*. Les cours qui se donnaient l'après-midi de 5 heures à 7 heures étaient assurés par des professeurs qualifiés, au nombre desquels on comptait Pradel Pompilus, Luc Grimard, Maurice Clermont, Sterne Rey, Jeanne Sylvain, Jacqueline Wiener, Charles de Catalogne. Bon nombre de jeunes gens qui ne se destinaient pas nécessairement à l'art dramatique, viendront y parfaire leurs connaissances..

Dans l'enseignement professionnel public, une nouvelle tentative est amorcée pour son amélioration. En novembre 1948, l'École Professionnelle J.B. Damier est transformée en *Lycée d'Orientation Technique* dont la direction est remise à l'ingénieur Emmanuel Ambroise, spécialiste en éducation. Simple changement de vocable, car aucun moyen vraiment rationnel ne sera procuré à la direction pour une restructuration conforme à l'idée qui avait présidé à cette nouvelle «orientation».

L'École Centrale des Arts et Métiers située dans l'aire de la future Exposition avait dû abandonner les lieux à l'ouverture des travaux et prendre gîte à la Maison nationale de Rééducation de Carrefour. Circonstance qui allait tourner à l'avantage de ce dernier établissement, car pour le reloger, le gouvernement entreprit l'érection, sur la spacieuse propriété qui lui faisait face, d'un immense bâtiment de 80 mètres de façade, à cinq étages, destiné à l'hébergement de 600 enfants et dont le coût se chiffrait à 1.600.000 gourdes. En 1949, la congrégation du Saint-Esprit accepte d'assumer la mise sur rail de l'établissement qui désormais sera désigné sous l'appellation de *Centre de Rééducation de Carrefour.* Un spécialiste des œuvres d'Auteuil à Paris, le R.P. Le Retraite, en a la direction. L'immeuble est inachevé, mais assez avancé pour permettre qu'on s'y installe convenablement. En 1950, abandonnant définitivement leurs locaux à la Centrale, les jeunes pensionnaires de l'ancienne Maison de Rééducation sont accueillis au Centre par leurs nouveaux éducateurs, les pères du Saint-Esprit.

Notes

1. *Haïti-Journal,* 12 août 1943.
2. *Saint-Martial -* Un Centenaire, s.d., p. 10.

ASSOCIATIONS ET INSTITUTIONS

La culture, elle n'a jamais cessé d'être prisée. En témoignent les nombreuses associations culturelles qui se constituent de temps en temps. En août 1937, est fondée par quelques éminents intellectuels, Stéphen Alexis, Frédéric Burr-Reynaud, Richard Constant, Placide David, Luc Grimard, Thomas Lechaud, Clément Magloire, Louis Mercier, Charles F. Pressoir, Félix Viard, Christian Werleigh et Louis S. Zéphirin, la *Société Haïtienne des Lettres et des Arts*. Présidée par Luc Grimard, la nouvelle société, sans parvenir à se faire admettre comme une sorte d'Académie haïtienne qu'elle avait souhaité devenir, demeurera un actif foyer de gens de lettres, qui animera pendant assez longtemps la vie littéraire à Port-au-Prince.

Existait à la même époque, une *Société des Auteurs et Artistes Indépendants*, plus portée vers les activités théâtrales.

Toujours en 1937 est formée la *Société Haïtienne d'Études Scientifiques*. Des discussions hebdomadaires se tenaient le samedi soir chez le président de l'association, le docteur Camille Lhérisson. À la *Fondation Internationale de Météorologie*, instituée à Port-au-Prince en 1940, son président, Gentil Tippenhauer, avait réussi à établir des formules capables de prédire le temps à venir avec une correction de 85%, données que, pendant huit mois consécutifs, avait vérifiées le Weather Bureau de Washington.

Le besoin de se rapprocher des autres peuples du continent, de se créer de précieuses amitiés, déterminent certains intellectuels à fonder la *Société Bolivarienne d'Haïti* qui est officiellement constituée le 8 mai 1939. Elle est présidée par M. Max Mosanto, assisté du Dr Price-

Mars et du Dr François Dalencour comme vice-présidents. Grâce à ses démarches constructives, des liens étroits se nouent entre Haïti et les pays bolivariens, plus spécialement le Venezuela. C'est aussi dans ce même contexte que sera créée le mois suivant la *Société Haïti-Canada*, présidée par Dantès Bellegarde, pour canaliser les efforts de rapprochement des Haïtiens et des Québécois, les deux peuples francophones du continent américain.

Parmi les anciennes sociétés culturelles dont les activités n'avaient pas ralenti se signalaient l'*Association Mixte des Oeuvres Chrétiennes* d'Horatius Laventure qui tenait régulièrement ses réunions littéraires et donnait ses fêtes mondaines à l'Asile français, et le *Comité Haïtien de l'Alliance Française*, présidé par Caius Lhérisson, qui organisait périodiquement des «journées d'éducation», animées par de doctes conférenciers.

Plus dans la note mondaine, se distinguent le *Rotary Club* présidé par Joe Pierre-Louis et le *Dutcher Hans*, club allemand logé dans une grande villa au haut de Lalue[1]. Le 1er août 1936, est inauguré, derrière les Tribunes du Champ-de-Mars, le bel immeuble du *Club des Officiers*, œuvre de l'architecte Philippe Brun. Cette association fondée le 13 octobre 1934, et qui s'était d'abord installée à l'ancien quartier général des Marines (maison Laroche), était présidée par le colonel Maurice Lafontant.

Au *Cercle pro Arte et Litteris*, les amateurs de bonne musique viennent goûter aux heures d'harmonie que leur offrent les virtuoses du clavier et de l'archet, M. et Mme Valério Canez, Mme Fritz Dupuy, Bartsh, Anton Jaegerhuber, les frères Robert et Auguste Durand, Ludovic Lamothe...

Par la fondation en octobre 1935 de l'*Oeuvre des Enfants Assistés*, confiée aux soeurs salésiennes, Résia Vincent, sœur du président de la République, donne l'élan à une œuvre de bienfaisance qu'elle ne cessera d'animer qu'à sa mort[2]. Pour se créer des recettes en vue d'assurer le financement des différents volets de l'œuvre, ses initiatives seront des plus fécondes : exposition à l'Hôtel de Ville de souvenirs historiques amassés par ses soins, bal costumé à Thorland pour la mi-carême... Parallèlement à cette œuvre d'assistance des enfants abandonnés, sera fondée, en mars 1939, par Mmes Jacqueline Wiener Silvera et Jeanne Perez la *Ligue pour la Protection de l'Enfance*, plus spécialement orientée vers la protection des enfants de service et soutenue par son bulletin de renseignements *L'Aube*.

À Pétionville, l'œuvre des Colonies Scolaires de Vacances, fondée par le docteur et madame Rodolphe Charmant, s'est dotée en 1937 de sa *Maison Claire* où les enfants pauvres sont recueillis pendant un mois de vacances.

En 1934, les vieillards et infirmes de l'*Asile communal* voient leur établissement s'agrandir par l'adjonction de la grande construction en briques et à étage, voisine de l'Asile, qui avait servi à abriter l'École militaire. En juin 1938, l'Asile qui fonctionnait à l'aide d'une allocation communale du service d'Hygiène, est remis à la mairie de Port-au-Prince.

L'*Asile de Sigueneau*, inauguré le 29 mars 1939, qui à l'origine était destiné à servir de refuge et de maison de repos aux vieillards, changera insensiblement d'affectation et deviendra le centre d'accueil des indigents atteints de maladies incurables.

Le fonctionnement des hospices et établissements affectés aux enfants abandonnés ou dépravés, la création d'œuvres similaires dans les principales villes de province, amènent le gouvernement à instituer, par décret du 9 décembre 1938, la *Caisse d'Assistance sociale* qui sera alimentée par dons, subsides et par le prélèvement du douzième d'entrée en fonction sur le salaire des employés publics.

Sur le plan de l'assistance sociale, la *Croix-Rouge haïtienne* qui, en septembre 1935, avait été officiellement reconnue par le Comité International de la Croix-Rouge à Genève et qui, en novembre de la même année, avait été incorporée à la Ligue des Sociétés de la Croix-Rouge siégeant à Paris, poursuit sans bruit sa mission de secours et d'entraide. En 1935, le siège social de l'association était à la rue Cappoix, et ses destinées avaient été confiées à Clément Magloire qui avait remplacé Edmond Mangonès comme président de la Croix-Rouge haïtienne.

Sous l'égide du Dr Georges Castera et de son frère le pharmacien Justin Castera, la *Fondation Castera* est créée. Elle s'établit, le 26 novembre 1934, dans un bel immeuble sis à l'encoignure nord-est de la Grand'rue et de la rue Pavée. Y fonctionnent, une clinique médicale pourvue d'un outillage moderne et une pharmacie de premier ordre, sous la direction respective du Dr Castera et de Justin Castera. En avril 1936, le docteur Castera adjoindra à la clinique le docteur Christian Morpeau et cinq autres médecins, afin de fournir aux malades nécessiteux des consultations et des soins absolument gratuits. Plus tard, il fera appel, comme chef de laboratoire, au chimiste Antonio Chevallier qui, durant dix-sept ans avait été professeur de chimie en Allemagne. De concert avec l'*Institut Prophylactique*, dirigé par le docteur Georges Castera, la pharmacie Castera inaugurera, de son côté, en septembre 1937, «un système d'entretiens radiophoniques d'ordre scientifique et professionnel qui se poursuivront tous les lundis à 8 heures du soir».

À la suite des disputes intervenues entre les deux principales associations scoutes, le mouvement scout s'était sensiblement refroidi, au point que seuls continuaient à veiller sur la flamme de l'idéal scout les Boys-Scouts nationaux d'Alphonse Saint-Cloud dont le nombre, par ailleurs, s'était notablement réduit.

En 1934, désirant relever le mouvement scout, Mgr Le Gouaze en charge un jeune vicaire de la cathédrale, le père Max Bouillaguet, qu'il encadre de personnalités laïques intéressées à l'idéal scout, Edgard Orlando, Gérard Maglio, Dr Joseph Perrier et Dr Constant Pierre-Louis. Ensemble ils fondent la *Troupe Pierre Georges Frassati*, dont le père Bouillaguet devint l'aumônier. Vivement influencé par la prestigieuse organisation des mouvements de jeunesses nazies et fascistes récemment créés en Allemagne et en Italie, le père Bouillaguet, sans renoncer aux valeurs esthétiques morales préconisées par Baden Powell, va s'appliquer à aligner ses garçons sur le même modèle, en faisant largement usage de drapeaux, de fanions, d'insignes, de chants, de tambours, de clairons et de défilés à travers les rues.

Ce nouveau visage donné au scoutisme déclenche chez les jeunes un formidable enthousiasme. En quelques semaines des centaines d'enfants et d'adolescents s'enrôlent sous la bannière de l'intrépide père Bouillaguet.À la Noël 1934, les bataillons des «boys-scouts catholiques d'Haïti» défilent tout le long de la Grand'Rue, déterminant à leur passage un engouement considérable. Désormais, ils seront présents à toutes les cérémonies officielles et religieuses, canalisant les foules ou formant la haie d'honneur et saluant les hauts personnages en se mettant au garde-à-vous. Ce n'est toutefois qu'en 1939 que les Scouts catholiques, devenus *Scouts d'Haïti*, seront officiellement reconnus par Londres, et en 1940, par le gouvernement haïtien.

Déjà célèbre par ses catégoriques prises de position marxistes, Jacques Roumain, après un exil de huit ans, revient au pays en 1941 et, sur la demande du président Lescot, pose les fondements d'un bureau d'ethnologie. En novembre 1941, par décret du gouvernement, est institué le *Bureau d'Ethnologie* «qui proclame la propriété de l'État sur toutes les pièces archéologiques ou ethnographiques trouvées en territoire haïtien et réglemente les fouilles archéologiques»[3]. Jacques Roumain s'est entouré de personnalités versées dans la même discipline, Lorimer Denis, Dr Price-Mars, Dr François Duvalier, Edmond Mangonès, Kurt Fischer. Ils seront les pionniers de la nouvelle institution. Le Bureau s'installera dans les soubassements de l'Hôtel de Ville où chaque mardi seront dispensés des cours d'ethnologie pré-colombienne et où sera monté un embryon de musée ethnologique, à l'aide de pièces rares méthodiquement classées dans des vitrines.

La création du Bureau d'Ethnologie communique une nouvelle ardeur au mouvement folklorique. Vont se joindre à Clément Benoît qui, par son programme hebdomadaire de l'*Heure de l'Art haïtien*, avait été le premier à tenter de diffuser par la radio les chansons populaires du terroir, madame Lina Fussman-Mathon et sa troupe, Siméon Benjamin et son chœur *Aida*, madame Odette Gloecklé, ancien professeur de chant à l'Académie de Musique de Rouen et ses élèves, qui présenteront sur la scène d'excellents galas folkloriques. À Pétionville sera créée la *Société haïtienne de Folklore*, présidée par le docteur Jean Price-Mars.

Les fondations culturelles s'étendent. En avril 1942 naît l'*Institut Haïtiano-Américain*. Son premier Bureau est formé du Dr Jean

Price-Mars, président, Thomas Fennell et Dr Clovis Kernizan, vice-présidents, Antoine Bervin, secrétaire-général, Robert Corvington, trésorier, Gérard Lescot, Thomas Pearson, Horace Ashton et André Liautaud, conseillers. En avril 1943, l'Institut prendra logement, avenue Charles-Sumner, dans la grande maison Rouzier, proche du pont du Sacré-Cœur. Sera fondée presque à la même époque, à l'initiative du poète cubain Nicolàs Guillèn et du poète haïtien Roussan Camille, la *Société Haïtiano-Cubaine de Relations Culturelles*. Et en juin 1945, verra le jour le *Centre de Culture Haïtiano-Britannique*, dont l'objectif était de développer entre Haïtiens et Anglo-Saxons des relations littéraires, scientifiques et artistiques.

À la rue Cappoix, dans l'immeuble qui avait logé la clinique du Dr Casaburi, est institué, en avril 1943, le *Cénacle d'Études et de Recherches*, présidé par le docteur René Salomon, et qui bientôt sera pourvu de sa section féminine. Aux réunions de cette association, une campagne sournoise mais acharnée, contre l'ordre de choses établies, tenait en haleine les habitués du Cénacle.

Caractéristique, le goût pour les choses intellectuelles d'un grand nombre de jeunes, surtout de la classe moyenne. En mai 1942, dans les salons de Mme Fénélon Boisvert, est inaugurée l'association culturelle *Mimosa*, présidée par le jeune René Duperval. À la rue des Fronts-Forts, un nouveau cercle d'études prend naissance, *L'Abeille*, qui, chaque samedi offrira causeries littéraires ou historiques, suivies de «suyé pieds». Ses fondateurs, tous des moins de 30 ans : Lucien Lemoine, Rodrigue Casimir, Louis Wellington, Laurore Saint-Juste, Serge Rochemont, Jacques Cajuste, Roger Will... À la rue du Centre, s'est formé le club littéraire mixte *L'Aurore* dont les membres, Frédérique Télémaque, Bertin Dadaille, Anna Hilaire, Laurore Saint-Juste, Pauline Diambois, Gérard Jospitre, Fernande et Rolande Scott... se réunissent chez Félix Diambois, à la rue Montalais, pour des échanges de vue roulant sur les problèmes culturels et sociaux du pays. Au cercle littéraire *La Ruche*, également dirigé par des jeunes, la vie culturelle s'affirmait tout aussi active. René Dépestre y prononcera une causerie fort instructive sur André Malraux.

En janvier 1944, répondant à un besoin de solidarité et

d'indépendance, les étudiants de la Faculté de Médecine et des Écoles d'Agriculture, des Sciences appliquées et de l'Institut d'Ethnologie se groupent en *Jeunesse Universitaire d'Haïti*. Le moment venu, ils sauront faire valoir leurs revendications.

La société artistique *Pro Arte*, fondée par Robert Durand, dont les charmants concerts comblaient de joie les mélomanes, cesse ses activités; mais la *Société des Concerts* reprend le flambeau, et c'est par son entremise que la plupart des artistes étrangers viendront se produire en Haïti.

Le 24 septembre 1945, se déroule dans les salons de la Chancellerie l'importante cérémonie de signature de l'accord culturel franco-haïtien qui prévoit la création d'un *Institut français* à Port-au-Prince. Signent pour Haïti, les secrétaires d'État Gérard Lescot et Maurice Dartigue, et pour la France, le ministre Milon de Peillon et le docteur Pierre Mabille. Placé sous la direction du Dr. Mabille, l'Institut prend logement dans une grande maison en bois, au bas de l'avenue Charles-Sumner[4] En décembre 1945, la bibliothèque est inaugurée, et ce sera aussitôt les débuts de l'exécution d'un «intense programme de développement culturel, d'aide à la jeunesse universitaire» et d'organisation de conférences hebdomadaires pour le public.

Créé pour soutenir l'œuvre des Enfants assistés de la Fondation Vincent, le club de Thorland, depuis le départ du pouvoir du président Vincent, est en pleine crise. De 450 en 1936, le nombre des membres en 1944 n'était plus que de 125. Pour ce club jadis si dans le vent, la situation ne s'améliorera guère et ira en empirant jusqu'à sa disparition.

Le grand cercle mondain *Bellevue* inaugure, le 9 juillet 1943, son annexe à Bourdon. Après l'exécution du vaste plan d'ensemble, comprenant aménagement de piscine, de terrains de jeux, de jardins, de parking, le cercle, abandonnant le quartier du Sacré-Cœur, s'y fixera définitivement.

Un petit club dont les origines avaient été très modestes et qui d'abord s'était réclamé du sport, le cercle *Intrépide*, se transforme peu à peu en un aguichant club mondain. Ses membres - des jeunes de la classe aisée - se réunissent, pour leurs manifestations, au cercle Port-au-Princien ou au Savoy ou dans les salons de Mme Thérèse Clesca ou chez les époux Alphonse Haynes. En novembre 1944, Intrépide-Club prend possession de son local du Petit-Four, à proximité de la propriété Maurice Buteau où, vers 1936, l'avaient tenu sur les fonts baptismaux de tout jeunes gamins, Max et Jean Buteau, Ralph Peters, Jean Clesca... Parvenue à sa maturité, l'association, qui groupait une bonne partie de la jeunesse des Facultés, organisera des cocktails dansants et des soirées artistiques et littéraires toujours très réussies. Dans des conférences fort appréciées se feront entendre un docteur Pierre Mabille, un Jacques S. Alexis, un Gérard R. Rouzier, un Jean Brierre...

Une autre association de jeunes, mais celle-ci composée de fillettes de moins de treize ans, *Les Libellules*, s'est formée pour s'occuper de théâtre et de musique. Monique Dreyfuss en est la présidente, Marie-Thérèse Duplessis la vice-présidente, Micheline Laudun, la secrétaire et Gladys Rouzier la trésorière. Dans son édition du 29 septembre 1942, *Haïti-Journal* publiait la relation suivante : «À Paramount, les Libellules ont présenté hier soir une intéressante représentation théâtrale, à laquelle assistait le président Lescot. C'est un spectacle nouveau chez nous - et charmant ! - que celui de ces gracieuses fillettes offrant un programme à la fois copieux et varié».

Pour récréer une jeunesse que les contraintes de la guerre obligeaient à se confiner dans son île, bien d'autres clubs mondains voient le jour. Chez les époux Alphonse Craan, à la rue Pradel, s'est formé le club *Camaraderie* où l'on vient se divertir aux cocktails dansants du dimanche. Le 28 octobre 1944, *Tivoli*, présidé par Jacques Verna, fête son entrée dans la vie mondaine par un grand bal au cercle Port-au-Princien, tandis que le 10 juin de l'année suivante, c'est au tour de *Trianon*, fondé par Antoine Adrien, Roger Bouchette, Massillon A. Coicou, Ernst Geoffroy et Pierre Saint-Côme, de lancer son bal d'inauguration. Max Ménard préside le *Fantaisie-Club* et à Pétionville s'est constitué le *Cercle de Pétionville* dont le siège est à la rue Chavannes.

Répondant aux impératifs des idées d'émancipation sociale

qui bouillonnaient dans les esprits, un groupe de personnalités fondent, en décembre 1944, le cercle *l'Amicale* qui sera ouvert à tous, mais plus spécialement aux milieux noiristes qui avaient hâte de faire également figure dans les arcanes de la mondanité. Présidé par Émile Saint-Lôt assisté d'Alphonse Racine comme vice-président, le nouveau club s'installe dans une spacieuse maison de l'avenue Lamartinière au Bois-Verna[5].

Presque à la même époque et comme pour renforcer leur droit traditionnel à régenter la vie sociale, des représentants de la bourgeoisie port-au-princienne forment l'association mondaine et sportive *Ambassadeur* dont le nombre de membres est limité à 120. Au Comité de direction : Yves D. Destouches président, Pierre Rouzier vice-président, Roger Martin secrétaire, Georges Wiener Fils trésorier, Ulrich Duvivier, Roger Lescot, Yvan Denis, Sylvio Cator, Dr Louis Roy conseillers... Au Conseil de discipline, Paul Cassagnol, Adrien Roy, Alain Laraque Fils, Louis Décatrel, Ernst Liautaud. Pour animer ses manifestations, l'association a loué l'ancien local de Miramar à Martissant où, le 6 mars 1945, a lieu l'ouverture du club, et le 31 son grand bal d'inauguration.

C'est le 23 juin 1940 que Ferdinand Fatton et quelques Français d'Haïti, parmi eux Henri Reiher, Victor Comeau-Montasse, Charles Picoulet, Robert Fatton, Robert Nadal, Paul Faure, Marcel Kieffer, Paul Ewald, répondant à l'appel du général de Gaulle lancé à Londres, se réunissent en une association qui prend le nom de *Groupement des Français Libres d'Haïti et de la Libération Nationale*. Elle s'affiliera bientôt à la Fédération des Comités de la France Libre dans le monde. D'abord installée au building Brandt de la rue du Quai, l'association, quelques mois plus tard, transportera ses bureaux place Geffrard, à l'étage de la maison Franck J. Martin.

Le 25 juillet 1942 naît sous les lambris du Palais national une grande œuvre d'assistance médicale et sociale, la *Ligue Nationale Antituberculeuse*. C'est à la suite de nombreuses interventions publiques du Dr Louis Roy sur le danger que représentait la tuberculose pour la population haïtienne, que le président Lescot invite ce dernier à jeter les bases d'une association antituberculeuse. Un Comité est formé composé du Dr Louis Roy président, assisté de Gérard Lescot, Jean Fouchard, André Liautaud, Dr Édouard Roy, Dr Auguste Denizé. À la séance inaugurale, le docteur Louis Roy fait un exposé des buts de l'association et soumet au public le projet prioritaire de la Ligue : la construction d'un sanatorium de 100 lits, dont le fonctionnement serait assuré par les cotisations généreuses des membres qui voudraient se charger d'un lit.

L'emplacement de ce futur centre de traitement de la phtisie est déjà trouvé : c'est une grande propriété dominant Port-au-Prince, située sur la route des Dalles, don de maître Seymour Pradel. Un concours est ouvert en vue de l'érection du sanatorium. Le projet de l'architecte Robert Baussan est primé. La pose de la première pierre de l'édifice dont le coût est estimé à 30.000 dollars, y compris les honoraires de l'adjudicataire, a lieu le 8 novembre 1942. Deux ans plus tard, le dimanche 5 novembre 1944, se déroule, en présence d'une affluence considérable, la cérémonie d'inauguration de l'imposant édifice. Ce ne sera toutefois qu'en novembre 1945 que le sanatorium, enfin pourvu de son équipement médical, ouvrira officiellement ses portes, avec treize malades.

La Loterie nationale, institution semi-privée qui avait été créée afin d'aider au fonctionnement des œuvres de bienfaisance, devient, par décret du 19 mars 1942, propriété de l'État. Elle prend la dénomination de *Loterie de l'État haïtien*. Deux tirages sont prévus mensuellement... Autre création du même ordre, la *Caisse d'Assurance sociale*, établie par décret du 17 mai 1943.

Sans relâche, la Fondation Castera poursuit sa belle œuvre médicale et humanitaire. En avril 1944, elle contrôlait deux succursales à Pétionville et à Jacmel et soixante-seize centres en activité.

Sans tambour ni trompette se développe dans le quartier déshérité de la Saline le *Patronage salésien* de la Cité Vincent. En 1944, ils étaient près de 2.000 enfants et adultes à y bénéficier de secours matériels et moraux. Aussi fréquenté le *Patronage des soeurs salésiennes* qui, à la même époque, accueillait plus de 1.000 fillettes du quartier. Elles y recevaient des leçons de vertu et d'honneur et les indispensables soins matériels qui leur faisaient si grand besoin.

Une autre belle œuvre de secours à l'enfance défavorisée, l'*École Saint-Vincent* pour les enfants handicapés qui voit le jour en 1945. Administrée par les soeurs épiscopaliennes de sainte Marguerite, l'œuvre débute très modestement avec une nurserie.

Les nourrissons de la classe pauvre ne sont pas oubliés. En novembre 1942, les docteurs Maurice Armand et Louis Roy fondent dans les parages du marché Salomon l'œuvre de la *Pouponnière* dont ils remettent la direction à Mlle Jacqueline Champana. Tandis que les mamans écoulent leurs marchandises au marché, leurs bébés restent sous la garde de jeunes filles et de dames diplômées de l'École de Puériculture du Dr Armand, qui leur prodiguent tous les soins.

À Pétionville, Mme Cyril Walker fonde les *Oeuvres de l'Enfant-Jésus de Prague*. Sur le terrain offert par l'ingénieur Harry Tippenhauer va tour à tour s'établir orphelinat, maison de retraite pour les vieillards, chapelle...

Une des meilleures initiatives de la *Ligue Féminine d'Action Sociale*, la création, en novembre 1943, de son *Foyer ouvrier*. Beaucoup de ces jeunes femmes désœuvrées et même «perdues» qui ne prenaient plus goût à la vie, y viendront suivre des cours d'enseignement primaire, apprendre un métier, se procurer de saines distractions[6].

Un honnête et compatissant citoyen, cependant pas des plus aisés, Thimoléon Guilmé, se dévouait à soulager, autant qu'il le pouvait, les misères du peuple. Sa réputation de «bon Samaritain» s'était répandue aux quatre coins de la cité. Édifiés par son dévouement sans limites, des admirateurs fortunés lui procurent un camion qu'il transformera en *corbillard des pauvres* et qui pendant longtemps assurera le transport au cimetière de nombreux morts démunis.

Le *Scoutisme* est en baisse. Nommé vicaire dans un autre centre paroissial, le père Bouillaguet a dû renoncer à s'occuper de cette œuvre dont il était l'âme. Le mouvement s'en ressent et perd de son ardeur. En revanche, l'*Association des Guides Scoutes* mise sur pied grâce aux efforts conjugués de Mme René Durocher, du Dr Joseph Perrier et des soeurs de Saint-Joseph de Cluny, et confiée aux soins spirituels du père Bettembourg, fait une entrée remarquée dans le monde scout.

La Bibliothèque nationale dont la collection haïtienne s'était trouvée réduite, à l'avènement du gouvernement du 16 août, à 750 volumes et brochures, y compris les doubles, passe quelques années plus tard, rivalisant ainsi avec les meilleures collections haïtiennes du monde, à 3.000, non compris les doubles[7]. Pour des raisons pas très claires, l'appareil de lecture de microfilm offert en 1943 à l'institution par le Bureau de Coordination est resté inutilisé, et sans résultat l'offre du même organisme de transmettre toute demande de copie de document intéressant l'histoire d'Haïti.

Précieux héritage de l'Exposition du Bicentenaire, le *Musée du Peuple Haïtien* installé dans un des grands bâtiments préfabriqués du parc des Palmistes et aménagé avec science et art par l'architecte Albert Mangonès et le célèbre muséologue français Georges Henri Rivière. Les objets exposés proviennent de l'ancienne collection du Bureau d'Ethnologie qui se trouvait au sous-sol de l'Hôtel de Ville. D'autres acquisitions viendront progressivement enrichir ce sanctuaire de l'identité culturelle haïtienne[8].

À l'*Institut français*, le corps professoral se constitue peu à peu. En janvier 1946, débarquent les trois premiers professeurs attachés à l'Institut : Yves Colle, licencié d'Histoire et de Géographie, Jacques Butterlin, licencié de sciences naturelles et Robert Tenger, diplômé de l'École des Sciences politiques et bachelor of Law Columbia University. Simon Lando, agrégé ès lettres, est nommé en juin de la même année directeur de l'Institut français, en remplacement du docteur Mabille. Le mardi 25 juin, dans un hangar construit dans la cour, le professeur Yves Colle inaugure les *Mardis de l'Institut français* par sa causerie sur «les aspects économiques et humains de la vie paysanne en France». De nombreux autres conférenciers tout aussi éminents lui succéderont. Suivis de la projection d'intéressants documentaires cinématographiques, ces entretiens attireront chaque mardi soir à l'avenue Charles-Sumner un essaim d'auditeurs de tout âge désireux de se délasser tout en enrichissant leurs connaissances de questions littéraires, artistiques, scientifiques savamment traitées[9].

En juin 1948, les écrivains et artistes s'unissent en une *Union Nationale des Écrivains et Artistes Haïtiens* qui fait choix du poète Jean

~ Un des jardinets qui côtoyaient la route de Carrefour et d'où le regard
s'étendait sur la ville et la baie de Port-au-Prince. ~

~ Un cabrouet chargé de canne à sucre traversant le bourg de Carrefour. ~

~ Le nouveau bâtiment de l'École Militaire (à gauche). ~

~ Vue en avion des casernes Dessalines nouvellement agrandies. Au second plan, le Palais National. ~

~ Façade est de la commerçante rue du Quai. ~

~ À la station routière de la rue du Quai, chargement du fret dans un camion desservant la province. ~

~ Vue aérienne, au premier plan, du *Sea-Plane Base*, au bas de la rue des Casernes. ~

~ Voiliers accostés au wharf de cabotage. ~

~ Navires de guerre américains à l'ancre au grand wharf. ~

~ Vitalité de l'enseignement congréganiste : sortie de la messe dominicale
des élèves de l'École Mgr Jean-Marie Guilloux. ~

~ La cour de récréation du Pensionnat Sainte-Rose de Lima à Lalue. ~

~ Les scouts catholiques d'Haïti groupés autour de l'archevêque de Port-au-Prince et de leur aumônier sur les marches de la cathédrale. ~

~ Réception au Manoir des Lauriers du poète Nicolas Guillen, deuxième à partir de la gauche (à l'extrême droite Jacques Roumain). ~

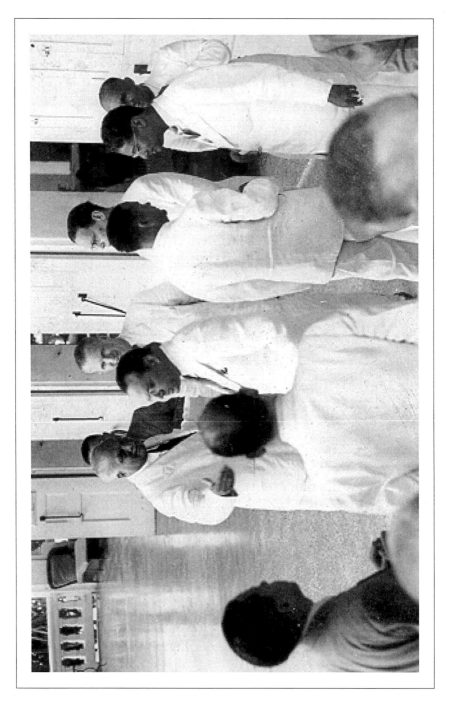

~ Autre scène de la réception au Manoir du poète Nicolas Guillen. ~

~ Le président Lescot en compagnie de Madame Geneviève Tabouis et du député Henri de Kérillis. ~

~ Une soirée dansante au club *L'Amicale*. ~

Brierre comme secrétaire-général, et qui, six mois plus tard, se transforme en *Union Nationale des Écrivains, Intellectuels et Auteurs Haïtiens*. En avril 1949, l'association inaugure son foyer au Chemin des Dalles, dans un immeuble habité par René Bélance et qui ne sera plus autrement désigné que sous le nom de *Maison des Écrivains*[10]. Entre autres personnalités intellectuelles, l'écrivain Jean-Paul Sartre y prononcera une conférence très goûtée.

Le sexe faible ne se laisse pas damer le pion. Le 10 avril 1950, au pavillon d'Haïti de l'Exposition Internationale[11], s'ouvre, sous la présidence d'honneur de la Première Dame de la République, madame Lucienne Heurtelou Estimé, le premier *Congrès des Femmes Haïtiennes*. Des féministes d'avant-garde, Mme Alice Garoute, Marie-Thérèse Colimon, Mme Albert Staco, Marie-Thérèse Poitevien, Me Lucienne Rigal, Mme Marcien Zéphir... prennent une part active et brillante aux débats qui se déroulent au Palais du Tourisme[12]. À la clôture du Congrès le 14 avril au Palais national, les congressistes dressent un cahier de doléances et de revendications, résumé des nombreuses communications présentées au cours des séances.

Deux nouvelles venues parmi les associations littéraires : le cercle mixte *Le Progrès*, au Bel-Air, présidé par Edgard Conserve, et l'association littéraire, scientifique et sportive *Nago*.

Branle-bas dans le monde du théâtre. La société théâtrale *La Renaissance* qui était tombée en léthargie décide de reprendre ses activités. Christian Coicou, Dieudonné Poméro, Camille Wainright, Théophile Salnave qui avaient fait les beaux jours de la Renaissance se sont mis à la tâche pour jeter les bases d'une action tendant à la réorganisation de la société. Leur prochain objectif : rejouer les grandes œuvres du répertoire national.

Le 25 novembre 1948 prend naissance une association théâtrale qui fera du chemin : le *Centre d'Art Dramatique*, lequel, à la suite des amicales doléances formulées par DeWitt Peters, directeur du Centre d'Art, deviendra, à partir du 13 décembre 1948, la *Société Nationale d'Art Dramatique* (SNAD). Des personnalités très connues de l'intellectualité et du monde théâtral, Charles de Catalogne, Pradel Pompilus, Luc Grimard, Louis D. Hall, Sterne Rey, Simon Desvarieux,

Félix Diambois, Jean Brierre, Jeanne Sylvain, Léone Valenti, Léonie C. Madiou, Jacqueline W. Silvera, avaient pris l'initiative de créer cette association dans le but de «développer dans notre milieu la connaissance et la pratique des arts du théâtre». À la séance du 13 décembre, Charles de Catalogne, Félix Diambois, Pradel Pompilus, Sterne Rey, Simon Desvarieux, Roger Savain et Jeanne Sylvain sont élus par acclamations membres du Conseil provisoire.

En ces temps où la cause des masses est à l'ordre du jour, plusieurs associations dont les fins sont de travailler à la régénération des quartiers populaires se constituent. Au bois Saint-Martin, s'est formée la *Société de Relèvement du quartier de Saint-Martin*. Au Morne-à-Tuf, André Momplaisir, assisté d'André Rousseau comme secrétaire général, préside la *Société de Relèvement social et d'embellissement du Morne-à-Tuf*, tandis que sur la butte, Abner Boucard et Mme Justin Parfait veillent sur les destinées de la *Société de Relèvement du Bel-Air*.

En janvier 1948, le Mouvement Ouvrier Paysan fonde, rue Monseigneur-Guilloux, près du parc Leconte, le club mopique *Loisirs MOP* où les membres du parti trouveront pour se divertir salles de jeux, cafétéria, et pour s'instruire, une salle réservée à l'Institut Mopique.

Sous l'active direction d'Alphonse Racine, le cercle l'*Amicale* étend ses activités. De temps en temps, d'éminents conférenciers, un Stephen Alexis, un Edner Brutus, un Lorimer Denis, un Jules Blanchet, un Castel Démesmin, viennent y prononcer d'intéressantes causeries. Le 31 décembre 1947, le président de la République et son épouse s'y rendront pour prendre part à la liesse de la Saint-Sylvestre. Le même soir, le grand bal de fin d'année du cercle Ambassadeur avait d'abord été honoré de leur présence, Estimé tenant, même sur le plan mondain, à sa politique de «roulé'm deux bords» que lui reprochaient sourdement ses partisans radicaux.

Après l'intermède mouvementé de 1946, les clubs de jeunes reprennent joyeusement leur élan. Tant à *Trianon*, qu'à *Tivoli*, à *Chantilly*, à l'*Intrépide*, les bals du samedi soir ou les cocktails dansants du dimanche se succèdent pour le plus grand plaisir de leurs membres, de leurs familles et de leurs amis.

S'agissant de l'assistance publique et privée, de nouvelles œuvres sont créées. *Discrète Aumône*, fondée avant 46 et que préside à titre honorifique Madame la Présidente, est la manne qui soulage les misères des pauvres honteux. Plus importante en raison de ses visées ambitieuses, l'œuvre de l'*Abri de l'Orphelin* due à la seule initiative de Mme Estimé. Son projet initial : l'érection à Truittier, près de Carrefour, sur un terrain offert par le maire André Louis, d'un immeuble destiné à loger les orphelins de la classe nécessiteuse. La pose de la première pierre a lieu le 25 octobre 1948. L'édifice toutefois ne sera jamais terminé. Sur son emplacement s'élève aujourd'hui le Juvénat des frères du Sacré-Cœur.

Sans aucun concours des pouvoirs publics, l'œuvre de l'*École Saint-Vincent des Handicapés*, établie à la rue des Casernes, se développe. Au nombre maintenant d'une cinquantaine, les petits infirmes sont méthodiquement soignés, guéris et réhabilités. L'infirmière spécialiste Katherine Bryan, master of Arts de Teacher College, s'occupe avec un grand dévouement de ces jeunes déshérités.

En octobre 1946, les différentes associations scoutes s'unissent sous le vocable de *Scouts d'Haïti* et choisissent comme président du Comité exécutif M. Édouard Cassagnol. Un Conseil national des Scouts d'Haïti est formé, composé des membres du Conseil administratif et des membres du Conseil exécutif. Le 28 novembre 1946 est commémoré un double événement : le 30e anniversaire de la fondation du mouvement scout en Haïti et le 20e anniversaire de celle des Boys-scouts Nationaux.

Au Jamborée de la Paix tenu en août 1947 à Moisson près Paris, les Scouts d'Haïti font belle figure. L'année suivante, un mortel accident plonge l'association dans le deuil. Sur la route du Nord, à la hauteur de l'habitation Garescher-Gaboteau, dans les parages de la Baudry, un des deux command-cars prêtés par l'armée d'Haïti au groupe Saint-Georges pour son camp d'été à Pilate, filant à fond de train et voulant éviter un animal qui traversait la voie, fait panache et culbute dans un fossé. Le bilan est tragique : 29 blessés, dont deux graves, et 3 morts : Alix Coles, Yves Bance et Michel Stephenson. Une stèle élevée au bord de la route rappelle à la mémoire ce terrible malheur.

Notes

1.   Cet immeuble porte aujourd'hui le numéro 242.

2.   Elle léguera à sa disparition la plus grande partie de ses biens à cette œuvre.

3.   *Haïti-Journal*, 11 novembre 1941.

4.   Emplacement actuel du Centre Classique Féminin.

5.   Cet immeuble,ancienne clinique du Dr Hans Pape, est occupé aujourd'hui par la compagnie de téléphone Haitel, et porte le numéro 45. À la fermeture du cercle Ambassadeur sous Estimé, l'Amicale ira s'installer dans les locaux de ce cercle, à Martissant.

6.   Cette œuvre se poursuit de nos jours au local de la Ligue à Cazeau-Tabarre et porte le double nom de "Foyer Alice Garoute" et de "Dispensaire Madeleine Sylvain", deux des plus éminentes présidentes de la L.F.A.S.

7.   En décembre 1941, le fonds de la Bibliothèque nationale comprenait 3.735 volumes et 400 non encore catalogués. Les ouvrages d'auteurs haïtiens étaient au nombre de 1.096 - *Haïti-Journal*, 5 décembre 1941.

8.   Victime de l'inconstance et de l'indifférence des pouvoirs publics, le Musée du Peuple haïtien devait finir par perdre son caractère. Il est redevenu le Musée du Bureau d'Ethnologie et loge dans l'ancien Musée national Sténio Vincent du Champ-de-Mars.

9.   Durant les vacances d'été de 1951, l'Institut alla prendre logement dans l'immeuble primitivement destiné à être le pavillon français de l'Exposition du Bicentenaire. Déménagement qui allait malencontreusement influer sur la fréquentation aux conférences hebdomadaires. De plus en plus on s'en désintéressera, à cause de l'éloignement de l'Institut des quartiers résidentiels où demeuraient presque tous les habitués des "mardis".

10.   Cette maison se trouvait au fond de l'impasse Gardère qui débouche, non loin du Petit-Four, sur le Chemin des Dalles.

11.   Aujourd'hui, siège du Corps législatif.

12.   De nos jours, siège du ministère des Affaires étrangères.

FINANCES, COMMERCE ET INDUSTRIE

L a convention commerciale du 28 mars 1935 signée à Washington par la république d'Haïti et les États-Unis d'Amérique soulève de grosses difficultés entre Haïti et la France, par suite des concessions avantageuses accordées aux États-Unis, en contradiction avec l'accord du 12 avril 1930 et l'avenant franco-haïtien du 10 mars 1934 qui assuraient à la France et à la république d'Haïti des privilèges commerciaux réciproques. Le gouvernement français met l'embargo sur les 30.000 quintaux de café haïtien destinés au marché français... La nouvelle convention de commerce franco-haïtienne, signée à Paris le 24 juin 1938, rétablit une situation qui n'avait pas manqué de perturber les relations haïtiano-françaises et de provoquer des contrecoups fâcheux sur l'économie haïtienne.

Contre l'envahissement des produits japonais, des barrières douanières sont élevées pour freiner leur importation massive. Concernant la réglementation du commerce de détail, une importante mesure est adoptée au bénéfice des gagne-petit, et spécialement des commerçants haïtiens. Par décret-loi du 16 octobre 1935, est désormais réservé aux Haïtiens d'origine, le commerce de détail de certains produits énumérés à l'article 3 du décret, l'étranger n'étant autorisé à exercer le commerce dans la République qu'en qualité de négociant consignataire et à ne vendre qu'en gros et dans les ports ouverts les marchandises mentionnées. Dans tout le pays, ces mesures protectrices sont accueillies avec la plus grande satisfaction. En nombre imposant, négociants, commerçants, boutiquiers haïtiens se groupent sur la pelouse du Palais présidentiel pour remercier le président Vincent de cette action salutaire. «Nous voulons que les Haïtiens puissent vivre chez eux à côté de l'étranger, dira Vincent, s'adressant aux manifestants. Nous voulons leur donner de modestes facilités de travail pour qu'ils ne deviennent pas une nation de parasites, et, en vérité, il était temps»[1].

Promoteur du développement, de la protection et de l'exportation de la figue-banane, le gouvernement du président Vincent, par contrat signé le 25 février 1935, entre l'État haïtien et la Standard Fruit and Steamship Company, concède à cette compagnie, pour une période de dix ans, le privilège exclusif d'achat de figues-bananes produites sur tout le territoire de la République. Le contrat était renouvelable pour une première période de cinq ans et une nouvelle de cinq ans, si dans un délai de 90 jours avant son expiration, la Compagnie en faisait la demande. Avec la Standard Fruit, le commerce de la figue-banane allait prendre un essor considérable et parvenir à contrebalancer d'une manière bénéfique les aléas malencontreux auxquels était trop souvent soumis le café.

Grande première dans l'industrie des chaussures. En juillet 1937, dans l'ancienne fabrique de cigarettes Pantaléon Guilbaud, à l'angle des rues Républicaine et J.C. Lhérisson, commence à fonctionner la manufacture de la *Société Haïtienne de Chaussures Pillot*, administrée par M. Gloecklé. À l'ouverture, en avril 1938, de l'usine érigée à Chancerelles par la firme Brun, l'entreprise atteint sa capacité de livraison de mille à deux mille paires de chaussures par jour, sans compter la production des articles de maroquinerie. Frappée par les bouleversements économiques apportés par la guerre, la société Pillot, formée presque en entier d'actionnaires français, se verra bientôt acculée à fermer son usine. En avril 1940, la *Bata Shoe Company Inc*, firme tchécoslovaque établie en Haïti depuis 1934, en fait l'acquisition.

Fruit de l'esprit entreprenant de quelques particuliers, de petits négoces apparaissent sur le marché et sont favorablement accueillis, tels, lancés par Damoclès Ascencio, le kola Ascencio, les glaces en bâtonnets transportées dans des voiturettes à bras, les crispettes ou maïs grillés offerts dans de transparents sachets hygiéniques. Tels aussi les succulents «esquimaux», petits blocs de crème glacée enrobés de chocolat et préparés par l'Usine à glace de Port-au-Prince. Tel encore l'acassan La Guinaudée de Lélio Laville qui fait les délices des familiers du Bord-de-Mer. Dans la gamme des produits pharmaceutiques, l'analgésique O.K. Gomez Plata, distribué par Émile Hakime, conquiert la capitale à grands renforts d'affiches publicitaires et de distributions gratuites d'échantillons. Sur le plan de l'esthétique féminine, Mme Zéphir ouvre, à l'angle des rues Vilmenay et Lamartinière, un salon de beauté qui sera l'ancêtre des instituts de beauté d'aujourd'hui et où l'on se fait défriser, lisser et onduler les cheveux pour 4 gourdes.

La plus grande et la mieux approvisionnée des épiceries de Port-au-Prince, *Au bon marché*, située à l'angle sud-est de la Grand'rue et de la rue Pavée, passe en mai 1937 aux mains de Mme Maurice Castera qui donne procuration à MM. Maurice et Adrien Castera pour la gérer.

Rude coup pour le tourisme. À la suite de l'ouverture des hostilités en Europe, les 22 navires touristes qui devaient toucher Haïti, amenant chacun entre 4 et 600 touristes, sont contremandés : nouveau manque à gagner pour le commerce national.

... Quatre mois après son accession à la suprême magistrature de l'État, le président Lescot remplit la promesse qu'il avait faite au peuple haïtien, avant même sa prestation de serment, de substituer à l'arrangement financier du 7 août 1933 un nouvel arrangement plus souple de contrôle financier. En vertu de l'accord exécutif signé le 13 septembre 1941 entre les gouvernements américain et haïtien, les fonctions de représentant fiscal et de représentant fiscal adjoint sont supprimées et leurs attributions transférées à la BNRH, «seule dépositaire des revenus et fonds publics du gouvernement». Si la nouvelle convention accordait certaines satisfactions au gouvernement haïtien, entre autres, celle de réunir au Conseil d'administration de la BNRH des représentants haïtiens et américains à égalité de nombre, les contraintes relatives aux emprunts 22 et 23 ne perdaient rien de leur rigidité, et le gouvernement haïtien n'était pas autorisé, jusqu'au complet amortissement des dits emprunts, à augmenter sa dette, «sauf entente préalable entre les deux gouvernements».

La grosse opération sur laquelle reposera tout l'espoir du gouvernement pour une relance de l'économie nationale par une exploitation rationnelle des ressources agricoles, l'Opération SHADA, prend son départ dès les premiers mois de la nouvelle administration. Le 15 août 1941, la Export-Import Bank s'engage à ouvrir à la Société Haïtiano-Américaine de Développement Agricole (SHADA), présidée par Thomas A. Fennell, un crédit de 5.000.000 de dollars représentés par des billets à ordre portant intérêt à 4% l'an. Prometteur et séduisant, le plan d'action de la Société qui, entre autres objets, comporte la plantation et le développement de la culture du caoutchouc, des plantes alimentaires, médicinales et oléagineuses, l'adaptation de nouvelles cultures, le placement sur les marchés intérieurs et extérieurs des produits agricoles et manufacturés d'Haïti. Contre une émission en sa faveur d'un million de dollars d'actions, l'État haïtien concédait à la SHADA, pour cinquante ans, le monopole d'achat et de placement à l'extérieur de l'ensemble du caoutchouc naturel produit en Haïti et la remise à bail de 150.000 acres de forêts avec privilège exclusif d'y pratiquer les coupes d'arbres. Des expropriations de terre, pour cause d'utilité publique, étaient de plus prévues, afin de faciliter la Société dans l'exécution de son programme général. À ces activités d'ordre agricole s'ajouteraient la poursuite et l'achèvement du programme de travaux publics de la J.G. White Engineering corporation.

Avec l'approbation des gouvernements haïtien et américain, la SHADA signe avec la Rubber Reserve Corporation, société dont les actions appartiennent au gouvernement des États-Unis, un contrat prévoyant la culture, sur une étendue de 100.000 acres ou 33.000 carreaux, de la *cryptostégia* appelée également *corne à cabri* dont le latex produit un caoutchouc supérieur. C'était la façon, pour le gouvernement haïtien, de participer à l'effort de guerre des États-Unis et de leurs alliés. Il était entendu que dans les «zones stratégiques», la SHADA en affermant des terres pour la cryptostégia paierait des dédommagements pour les cultures sur pied au moment de l'affermage. Mais les valeurs prévues par carreau furent nettement dérisoires et sans commune mesure avec l'estimation réelle des récoltes.

Une des premières conséquences de la conquête par le sisal et la cryptostégia des surfaces naguère destinées aux cultures vivrières sera la montée irrésistible du prix des vivres alimentaires et la rareté de plus en plus accentuée de ces produits sur le marché. «En 1943, signale Gérald Brisson, les prix des marchandises nourrissant la population avaient augmenté de 35% à plus de 100% de leur valeur en 1941»[2]. Bientôt le gouvernement sera réduit à recourir à l'importation de produits alimentaires, en attendant d'obtenir une aide insignifiante de l'Institut des Affaires Interaméricaines pour la réhabilitation des zones dévastées.

Le programme de culture du caoutchouc, conditionné par les déprédations et expropriations forcées, causa d'autant plus d'amertumes qu'il ne déboucha sur rien de positif, la commercialisation du caoutchouc naturel s'étant avérée plus onéreuse que celle du caoutchouc synthétique. Ce programme fut donc abandonné, d'accord avec la Rubber Development Corporation qui l'avait financé, sans compensation pour les paysans qui en avaient été les premières victimes, et sans profit pour le pays qui en sortait au contraire meurtri par le déboisement massif de milliers d'arbres fruitiers, ébauche du tableau affligeant qu'offrent de nos jours les immenses régions désertiques d'Haïti.

Déjà fortement atteint par le déséquilibre apporté par le conflit mondial, le commerce voit ses problèmes s'accentuer par des mesures gouvernementales contraires aux intérêts du commerce national et qui servaient plutôt ceux des commerçants d'origine étrangère, particulièrement syrienne, avec qui le gouvernement entretenait les meilleures relations. L'abolition par décret présidentiel de la distinction établie entre Haïtiens d'origine et Haïtiens par naturalisation, relativement à l'exercice du commerce de détail, sera on ne peut mieux accueillie par la colonie haïtiano-libanaise. D'autre part, la propension du président de la République à monopoliser certaines branches de la production et du commerce au profit de ses proches ou des favoris du régime soulèvera contre lui la rancœur de la classe bourgeoise commerçante qui, face à ce népotisme, éprouvait le sentiment d'être méprisée et frustrée.

Aucune altération cependant sur le visage traditionnel du Bord-de-Mer, domaine du haut et moyen négoce... Concernant les centres d'approvisionnement alimentaire, un nouveau marché public a commencé, au début de l'année 1944, à fonctionner à Chancerelles. Appelé à remplacer le marché Saint-Joseph situé au portail du même nom, le marché de Chancerelles devait se révéler bien rapidement impropre au trafic commercial, vu son éloignement relatif de la ville.

La deuxième guerre mondiale qui avait causé tant de déboires à l'économie nationale devait en revanche, par les inquiétudes qu'elle avait fait naître, susciter une grande prise de conscience de la nation et un désir de produire, en se tournant vers les ressources du pays. Deux expositions d'objets de la petite industrie naissante seront à l'origine de la brusque extension qu'allait connaître cette branche d'activité industrielle, par la révélation qu'elles apportèrent de l'édifiante habileté des artisans du terroir.

En 1940, Félix Viard, directeur de *Haïti-Journal,* ouvre à la halle Cordasco qui fait l'angle de la rue Pavée et de la rue de la Réunion, une exposition de travaux de vannerie, chapellerie, charcuterie, ferronnerie, cordonnerie, ébénisterie, qui fut une réussite totale. À l'occasion du Congrès des Caraïbes tenu à Port-au-Prince en avril 1941, André Liautaud et Paul Cassagnol organisent au Club des Officiers une exposition d'objets de l'industrie artisanale qui obtient un succès encore plus considérable. L'exposition d'articles en sisal, comprenant chaussures, sacs à main, chapeaux, tenue à la Chambre de commerce en décembre 1942, consacre un indéniable perfectionnement artistique lié à un développement prodigieux d'une activité industrielle à peine apparue. «Il est difficile de relever une faute, observait *Haïti-Journal.* La plupart des ouvrages dépassent en beauté et en solidité les articles similaires importés de l'étranger»[3]. Le rôle dans cette réussite du S.N.P.A. et E.R. de Damien restait prépondérant.

Les profits escomptés d'une industrie, que la perte des centres de production européens et asiatiques rendait encore plus prometteuse, ne tardent pas à provoquer l'investissement d'importants capitaux, étrangers notamment, dans les travaux de broderie, la fabrication de chapeaux en paille et de sacs en sisal. Un peu partout dans la ville, ce fut dès ce moment une floraison d'ateliers spécialisés qui, dans la production des sacs à main en pite, qui dans celle des tresses, des chapeaux, des chaussures et pantoufles en paille et en sisal, qui dans les travaux en bois d'acajou ou en écaille. À Bizoton s'installe l'atelier Dumont Bellande qui produit cordes et ficelles en pite. À Port-au-Prince, pour la fabrication des sacs à main en pite, on comptait déjà dix ateliers relativement importants et travaillant à plein rendement. Dès 1940, au seul atelier Max Fussman, plus de mille ouvrières avaient pu trouver à s'embaucher. En 1943, elles étaient plus de cinq mille jeunes femmes à gagner leur vie dans les différentes sections de la petite industrie à Port-au-Prince. À la fermeture des ateliers, les quartiers où ils fonctionnaient étaient de vraies fourmilières[4]. Vers la fin de 1945, les exportations des produits de la petite industrie étaient de l'ordre de 200.000 dollars par mois. Résultat remarquable qui rejoignait, sur le plan agricole, le développement considérable enregistré à la même époque dans la production de la figue-banane et du cacao, particulièrement dans la Grand'Anse.

Dans les autres branches du commerce et de l'industrie, même tendance à investir et à produire. En 1940, Charles Déjean ouvre à la rue des Fronts-Forts un modeste magasin de matériaux de construction qui deviendra la grande entreprise commerciale d'aujourd'hui dénommée Établissements Raymond Flambert S.A. Trois ans plus tard, Willy Widmaier lance les allumettes Victory. À Chancerelles, Yvan et Roger Denis montent leur manufacture des produits Dunbrick-Duntex d'Haïti, d'une forte capacité de production de briques ou de tuiles d'un coloris jusqu'ici inconnu sur le marché. Dans l'industrie textile, Oswald Brandt et son associé Wady Bouez édifient à Saint-Martin une grande filature équipée pour alimenter le marché en textiles variés d'usage populaire courant. Dans l'industrie fruitière, Jean Élie fait une apparition fulgurante. En septembre 1945, il fonde une importante entreprise agricole, au capital de 100.000 dollars, la Haytian Bananas Export (Habanex), pour la culture et l'exportation de la figue-banane. L'État concède à la compagnie le privilège exclusif de l'achat et de la vente de cette denrée dans le département du Sud et la partie méridionale du département de l'Ouest[5]. Une intensification encore plus poussée de la culture de la figue-banane dans les zones qui lui avaient été attribuées, tel sera l'apport de la Habanex à l'amélioration de l'Économie nationale.

Grand essor également dans l'ébénisterie où Justin Juste, honoré de la médaille d'or à l'Exposition de Vincennes et du Prix d'Honneur de l'Exposition Internationale, Paris 1937, fait belle figure. À son atelier de la rue du Magasin de l'État, se confectionnent des meubles dont la finesse autant que la variété et le bon goût restent insurpassables.

Tandis qu'Édouard Horelle envahit le marché port-au-princien des eaux minérales de Boynes mises en bouteille, Émile Hakime inaugure, au bas de la rue des Miracles, une fabrique de Pepsi-Cola qui va sérieusement damer le pion aux boissons gazeuses locales.

Si pour le développement des petites industries la guerre s'était avérée bénéfique, elle devait à l'inverse, par les multiples limitations qu'elle imposa, provoquer bien des troubles.

Corollaire de la pénurie, le marché noir se manifeste. Sa clandestinité va favoriser son expansion dans les différents postes de consommation. N'acceptant pas de démordre, les trafiquants maintiennent les prix élevés ou refusent de vendre. Les gros profiteurs sont bien sûr les grands commerçants, à la fois importateurs et distributeurs de marchandises d'un écoulement sûr. Pour combattre la spéculation, tout un système de contrôle et de fixation de prix a été institué par les pouvoirs publics : négociants et commerçants sont assujettis à une marge de profits, qu'ils ne doivent pas excéder... Au Comptoir de Vente, des tickets sont distribués aux boutiquiers qui vont se ravitailler chez les négociants aux prix prescrits par l'État.

La répression des trafiquants surpris est drastique, et après la saisie des stocks, les sanctions pécuniaires prononcées par le Tribunal correctionnel sont parfois assez élevées. Sévérité qui s'expliquait par le fait que la hausse des prix et la pénurie des produits de grande consommation entraînaient un mécontentement populaire que le gouvernement entendait s'épargner. Cependant, pour les proches du régime, on faisait volontiers preuve d'indulgence, sans se rendre compte que c'était précisément ces injustices bienveillantes qui propulsaient l'exaspération.

Dans un pays où la propreté corporelle et vestimentaire est quasi sacrée, la rareté de savon fait figure de drame. Chaque jour, dans les parages du marché Vallière, ce sont de longues théories de ménagères attendant patiemment le savon que les efforts de Cordasco, des savonneries John Assad et Émile Goldenberg, de l'usine à mantègue d'Oswald Brandt et de la section de production agricole de Damien, pour en fabriquer avec l'huile de coco, ne parviennent pas à satisfaire.

Même désarroi pour l'huile de cuisine qui, malgré son prix prohibitif, oblige le consommateur à faire la queue pour s'en approvisionner. Souvent, la ruée vers l'huile dégénère en bagarre... Également objet de spéculation, la farine qui se raréfie de jour en jour. Le gouvernement viendra au secours des consommateurs en astreignant les boulangers à mélanger à la farine, 15% de farine de maïs ou de farine de manioc : ce sera, mis au point, le "pain national".

Restrictions aussi dans la vente des automobiles et des pneus. Quant à l'essence, elle est sévèrement rationnée et n'est débitée que contre ticket d'approvisionnement.

Pour affronter tant d'impondérables, l'esprit inventif fait des merveilles. Aux vins français et italiens, vieux souvenirs des temps heureux, ont succédé les vins d'orange et d'ananas préparés par la distillerie de Thimoléon Brutus et dont on se contente, faute de mieux. Incapables de répondre aux prix du cuir pour semelles, les cordonniers se rabattent sur les pneus de caoutchouc. Dans la plupart des écoles, ce sont les bâtons de craie fabriqués par le docteur A. Leroy qui servent pour les démonstrations au tableau noir.

Bon enfant, le peuple de Port-au-Prince s'acclimate volontiers aux conjonctures et pour se mettre au niveau de la situation, s'approprie certains termes que la guerre a rendus familiers, pour les accoler aux objets les plus divers. Après les vareuses, les slacks, les soutiens-gorge et les sandales Royal Air Force, ce sera au sandwich constitué de deux tranches de cassave mouillée enduites de mamba ou de moutarde et garnies de jambon et de cresson, à être désigné sous le vocable de l'armée de l'air anglaise.

... Passée la période confuse de 1946, durant laquelle les tenants du petit commerce s'étaient trouvés aux abois, les courtiers sans affaires, le crédit intérieur en plein déclin, l'arrivée au pouvoir de Dumarsais Estimé coïncide avec une reprise des activités économiques, favorisée par une saison caféière exceptionnelle en quantité et en prix et par une hausse du cours de la figue-banane. Conjoncture économique qui allait renforcer les assises de la nouvelle bourgeoisie noire, alors en pleine formation.

Malgré la fin des hostilités, les séquelles de la guerre mondiale persistent. Les classes moyennes et populaires continuent à subir la dictature des marchands de tissus et de chaussures qui s'accrochent à leurs menées illicites. Faute de tissus et de souliers à un prix à sa portée, le peuple pour se vêtir et se chausser doit recourir aux sacs vides sans couture de la marque Bemis ou s'approvisionner, dans les dépôts d'«odéïdes», de vêtements et de chaussures usagés. La crise du savon s'accentue, provoquant parfois de véritables rixes dans la zone du marché Vallière. De nombreuses petites savonneries se sont installées chez des particuliers, essayant tant bien que mal de parer à la rareté des savons importés. Un chimiste industriel, A.B. Casimir, a ouvert une École Pratique de Savonnerie. La durée des cours est d'une semaine et l'inscription de vingt dollars.

Même pénurie pour les autres produits de première nécessité. Le 3 mai 1948, Gérhartt Brutus notait dans son *Carnet Quotidien* : «La misère bat son plein. Le prix du riz, des pois, du maïs moulu a atteint un plafond atomique. Maintenant, le manque de pain rentre dans l'arène. La farine est sur le point d'être introuvable. Les marchés Salomon et de la Croix-des-Bossales ont été pillés par la populace affamée. Les commerçants, redoutant la vengeance du peuple qu'ils étouffent en majorant le prix des marchandises, ont dû fermer leurs portes».

Dans différents secteurs chauds de la ville, des agents de police sont affectés à la distribution des produits alimentaires introuvables. Afin de juguler la crise aggravée par le fléau de la sécheresse, le gouvernement encourage les négociants importateurs à placer à l'étranger de fortes commandes de produits vivriers.

Sous la supervision du sous-secrétaire d'État de l'Intérieur, M. Thomas Désulmé, un Comité de Secours est créé qui, dans le dessein apparent de contrer la rareté des denrées alimentaires, s'arroge le droit de distribuer à certains commerçants, le riz importé par le gouvernement. Or cette prérogative, selon décision déjà adoptée par le département du Commerce, n'avait été réservée qu'aux seuls magasins de l'État. Vexé de cette interférence au sein de son département, le ministre du Commerce Carlet Auguste démissionne. Estimé refuse la démission, mais se voit obligé d'ordonner au Comité de Secours de cesser ses activités.

La petite industrie se maintient en bonne position. Sur les marchés extérieurs, on enregistre une hausse fort intéressante du sisal haïtien. Mais l'exploitation commerciale de la figue-banane est entraînée dans des opérations aventureuses qui ne tardent pas à lui faire perdre la place éminente qu'elle occupait dans l'économie haïtienne[6].

Première phase du démantèlement de cette culture : l'arrêté présidentiel du 24 mars 1947 révoquant celui du 4 octobre 1945 autorisant le fonctionnement de la société anonyme HABANEX. Il était en particulier reproché à son directeur Jean H. Élie d'être le seul actionnaire en fait de cette société et d'avoir permis la négociation de certaines actions avant l'expiration du terme de cinq ans fixé par l'article 15 des statuts. Donnant suite à ses velléités de s'emparer de ce commerce lucratif pour en disposer à volonté, le gouvernement soumet au Corps législatif un projet de loi qui faisait de l'achat de toutes les variétés de figues-bananes sur l'ensemble du territoire, en vue de leur vente sur le marché extérieur, un monopole dévolu à l'État. Votée, la loi est promulguée le 17 juillet 1947.

Le champ était désormais libre pour les oiseaux de proie de s'abattre sur les plantations que la Standard Fruit et la Habanex avaient su si intelligemment et consciencieusement valoriser. Par contrat signé avec le gouvernement, six sociétés vont se partager les dépouilles des anciennes plantations de figues-bananes. Elles s'engageaient en retour à fournir leur contribution à certains travaux d'utilité publique. Mais avant même l'effacement du gouvernement d'Estimé, la gabegie et la dilapidation qui avaient été les armes favorites de ces sociétés cupides, réduisaient presque à néant une exploitation agricole qui avait permis à la figue-banane d'occuper la deuxième place, après le café, dans le tableau des produits d'exportation de la république d'Haïti...

Après vents et marées, la filature Brandt démarre à Delmas. Au début de 1948, elle livre les premières balles de tissus jamais fabriqués en Haïti depuis l'administration de Christophe : des pièces de gros siam, de zéphyr et de bleu denim d'une excellente qualité. Quelques mois plus tard, sera inaugurée une nouvelle usine textile, *Filature, Tissage et Confection d'Haïti S.A.*

Le commerce de la glace étant devenu libre, par suite de l'arrivée à expiration du monopole qui avait été accordé à la Glacière, une nouvelle usine à glace est érigée, rue de l'Enterrement, dans le voisinage du parc Leconte. Ses premiers blocs de glace sont livrés à la consommation en janvier 1947.

Le système de «nettoyage à sec» pour le blanchissage du linge, qui avait été introduit en Haïti en 1936 par André Gerdès, va connaître un soudain développement, avec l'apparition en 1949 de la *Haytian American Dry Cleaners Inc.*, propriété d'un jeune Américain de couleur, James (Jimmy) O. Plinton. Installé dans un appartement du grand building Cordasco, sis à l'angle des rues Pavée et de la Réunion et pourvu d'un équipement moderne, l'établissement acquiert rapidement une grande vogue. Le linge apporté pouvait être remis, lessivé et pressé, après vingt-quatre heures. En novembre de la même année, les frères Amédée et Claude Bouchereau ouvrent, rue Pavée, non loin de la pharmacie Castera, un nouvel établissement moderne de nettoyage à sec, le *Royal Dry Cleaning*, dont la renommée ne tardera pas elle aussi à s'étendre.

Nouveauté dans le système de chauffage. La compagnie pétrolière Esso lance le gaz propane sur le marché. La première cargaison d'«esso-gas» en vrac arrive le 21 juin 1949 et est emmagasinée dans deux grands réservoirs de 60,000 gallons.

Nouveauté également dans le concept d'aménagement des grands établissements de vente. Dans l'après-midi du 6 décembre 1948, à l'angle des rues Roux et Abraham-Lincoln, sont inaugurés les grands magasins «La Belle Créole», propriété de M. Élias Noustas. Comportant de nombreux rayons spécialisés, «la Belle Créole» se rangeait d'emblée au nombre des magasins les plus chics et les mieux assortis de la capitale et s'assignait sur le marché une place de premier plan qu'elle allait longtemps garder.

Notes

1. Ces remerciements se prolongeront jusqu'au prochain carnaval et s'exprimeront par la célèbre et entraînante méringue de Théophile Salnave :

> *Si gaingnain moune qui rainmin peuple-la*
> *Ce président Vincent*
> *Cé li qui ban nou commerce détail-la*
> *Cé gnoun bon président*
> *En nou relé : Merci Papa Vincent ! (bis)*

2. *Trente Ans de Pouvoir noir*, Collectif Paroles, 1976, p. 84.

3. *Haïti-Journal*, 3 décembre 1942.

4. Voir l'étude de Jean Liautaud sur cette branche d'activité industrielle parue dans les numéros 167-168 de la *Revue de la Société Haïtienne d'Histoire*.

5. Par contrat passé le 18 avril 1945 entre l'État Haïtien et la Standard Fruit — le premier contrat étant arrivé à expiration — un nouveau monopole lui avait été accordé, mais ne s'appliquant qu'aux départements du Nord, du Nord-Ouest et de l'Artibonite et à la partie septentrionale du département de l'Ouest.

6. Pour l'exercice fiscal 1946-1947, le volume total des exportations de figues-bananes se chiffrait à 5.859.775 régimes évalués à 20.115.535 gourdes, contre 4.014.825 régimes évalués à 12.534.667 gourdes, exportés en 1944-1945.

PRESSE ET VIE INTELLECTUELLE

Auprès d'un public qui se pique de littérature et entend faire preuve d'intellectualité, la conférence garde encore tout son prestige. Haitiana, la bibliothèque de l'Amicale du lycée Pétion, la Salle France-Haïti encore inachevée, les stations de radiodiffusion, moins souvent les grands cercles mondains, sont les havres où se prononcent ces causeries à sujets variés et qui captivent l'esprit. Elles sont le plus fréquemment données sous les auspices d'une association littéraire, scientifique ou autre. À la Ligue Féminine d'Action Sociale, André Liautaud, Julien Lauture, Dr Clément Lanier, Étienne Charlier, au cercle Port-au-Princien, Suzanne Comhaire-Sylvain, première Haïtienne docteur ès lettres, prononcent des conférences fort goûtées. Tous les mardis soir, sur les ondes de la HH3W, d'intéressantes causeries préparées par la Société Haïtienne des Lettres et des Arts sont prononcées par des esprits aussi distingués qu'un Dantès Bellegarde, un Félix Magloire, un Dr Arthur Lescouflair...

Vers la fin des années 30, on notait un appréciable renouveau littéraire assuré par des écrivains déjà connus ou par des jeunes «aux louables soucis et aux hautes préoccupations». Parmi ces derniers, René Piquion, Jules Blanchet, René Victor, Carl Brouard, Anthony Lespès, Philippe Thoby-Marcelin, Jean Fouchard, Edner Brutus, Magloire St-Aude, Morisseau Leroy, Maurice Casséus, Daniel Heurtelou, Charles F. Pressoir, Pierre Mayard... se signalaient comme les plus représentatifs. Ils se définissaient «la génération de l'Occupation», parce que, quoique alors très jeunes, ils avaient vécu l'Intervention et, marqués par les années d'humiliation qui s'étaient ensuivies, ils invitaient les Haïtiens «à prendre conscience de leur état social, conscience de leurs besoins, conscience de leurs possibilités et à commencer à vivre par eux et pour eux»[1].

Rassuré, mais en même temps traumatisé par la guerre européenne qui menaçait de devenir mondiale et de tout emporter, le *Temps-Revue* se demandait, perplexe : «Ce mouvement dramatique certain, cette éclosion littéraire indéniable, cette activité intellectuelle haïtienne au milieu des déchirements actuels, est-ce une féconde promesse ? Est-ce l'aurore annoncée d'une nouvelle Renaissance ou est-ce le bouquet final du feu d'artifice menacé par la nuit?»[2]

À cette époque, *Le Torrent* de Dominique Hippolyte triomphait sur la scène et Pétion Savain et Maurice Casséus faisaient respectivement paraître *La Case de Damballah* et *Viejo*, admirables peintures des milieux paysans et suburbains. Le président Vincent, lui-même lettré de belle eau, livrait au public des œuvres qui, bien que d'essence politique, étaient d'une facture littéraire irréprochable, tels *Efforts et Résultats* et *En Posant les jalons*.

Faute de moyens pécuniaires pour les publier, beaucoup d'auteurs gardaient leurs manuscrits en tiroir. À ce propos, le *Temps-Revue* toujours sceptique, se posait cette interrogation : «Quand paraîtront tous ces ouvrages ? Le public qui, lisant tout, achète si peu, désire-t-il vraiment les voir paraître ?»[3]...

Un cordial hommage est rendu à l'intellectualité haïtienne par le choix qui est fait de notre capitale comme siège du XIIIe Congrès de la Presse latine. En connexion avec le passage à Port-au-Prince de la Mission extraordinaire du Tricentenaire des Antilles françaises, présidée par le sénateur Henry Bérenger, la réunion se tient, dans l'après-midi du 20 décembre 1935, au Rex, sous le haut patronage du président de la République, de monseigneur l'Archevêque, du ministre de France, et en présence des représentants de la France, de Cuba, du Canada, de la Roumanie, de l'Espagne, du Brésil, de la Belgique, du Portugal, de la République Dominicaine, de la Suisse romande et de l'Italie. Ouvertes par le sénateur Charles Moravia, assisté de Jean Vignaud, directeur littéraire du *Petit Parisien* et romancier de renom, les assises se déroulent dans une atmosphère de haute distinction et sont retransmises par le truchement de trois stations radiophoniques. Fête de l'esprit et du cœur, qui laissa le souvenir d'une rencontre fraternelle entre les intellectuels haïtiens et quelques-uns des représentants les plus illustres de la pensée latine.

En 1939, l'Académie méditerranéenne, dont les membres sont choisis parmi les personnalités internationales les plus remarquables du monde des lettres et des sciences, accueille Léon Laleau, éminente figure des Lettres haïtiennes, comme membre de cette association. Honneur qui rejaillit sur toute l'intelligentsia du pays.

Après le départ des Américains, peu de mutations dans la presse port-au-princienne. Les grands organes, dont les directeurs ou propriétaires ont des attaches plus ou moins solides avec le pouvoir, gardent la ligne conservatrice qui les protège de toute aventure périlleuse. Même précaution de la part de quelques périodiques qui naissent dans les années 34 et 35 et manifestent un conservatisme évident. Tels apparaissent *L'Élan* de Louis Dorsinville, «journal pour tous» qui, peu après l'avènement de Vincent, avait succédé à *L'Essor*, le quotidien d'Hénec Dorsinville, *Le Mouvement*, «organe de défense des intérêts moraux et matériels du peuple haïtien», fondé par Arthur Adrien et administré par Paul L. Louissaint, *La Croisade*, fondée par Franck Sylvain, avec pour rédacteur en chef Jean Méhu, *Goodwill*, de Ludovic Rosemond, qui, bien que «porte-parole de l'amitié haïtiano-américaine», se fera, peu avant le déclenchement de la guerre par Hitler, le porte-drapeau du nazisme en Haïti.

Proche de *La Relève* par les idées et l'allure, le trihebdomadaire *L'Assaut*, journal politique et d'action sociale, sort son premier numéro le 15 février 1935. Au Comité de direction, Antoine Lubin, Osmin Simon, Jules Blanchet, Dumayric Charlier, René Piquion et René Rosemond. Doté d'une rédaction nombreuse et brillante, composée «d'éléments de tout premier plan de la jeunesse pensante», le journal saura teinter son conservatisme d'idées très pertinentes, particulièrement sur le plan social.

À l'hebdomadaire *Maintenant* créé le 15 février 1936, Jean Magloire, son fondateur, imprime un ton plus libéral, si bien que l'année suivante, ayant osé s'en prendre à la passivité des Chambres législatives, *Maintenant* doit s'éclipser de l'arène journalistique, face au courroux allumé par son attitude chez le ministre de l'Intérieur, lui-même honorable membre du Parlement. Journaliste né, ne pouvant se résoudre à remiser son stylo, Jean Magloire fonde *Psyché* où le rejoint son collaborateur Max Bissainthe et où il continuera à répandre sa prose limpide.

Est lancée en 1935, *La Voix des femmes*, concrétisation de l'ardent désir des femmes de marquer leur présence dans le développement de la vie nationale. Le périodique excellemment rédigé par Jeanne Pérez, secondée par Mme Cléante Desgraves-Valcin et Mme André Laroche, va bien rapidement s'imposer à l'attention du grand public. Des représentantes qualifiées de la pensée féminine, Madeleine Sylvain-Bouchereau, Gilberte Vieux, Lélia Lhérisson, Yvonne Hakime-Rimpel, apporteront à la revue une collaboration appréciée qui contribuera à son rayonnement.

Reflet du renouveau qui se manifestait dans le mouvement littéraire haïtien de l'époque, la revue scientifique et littéraire *Les Griots* paraît en 1938, sous la direction du fin et sensible poète Carl Brouard. À la table de rédaction, Lorimer Denis, François Duvalier, Clément Magloire fils, tous des écrivains se réclamant du groupe des Griots de 1932 et qui promettent de «maintenir la revue dans les plus nobles traditions spirituelles» en s'inspirant de la formule de Louis Diaquoi : «En tout l'art doit toujours s'allier à la morale». Études scientifiques, culturologiques et littéraires, signées d'écrivains aussi renommés que le docteur J.C. Dorsinvil, Pauléus Sannon, Dr Jean Price-Mars, Dr Catts Pressoir, Dr Louis Mars, Klébert Georges-Jacob, Jean-Baptiste Romain, Placide David, Jean-Baptiste Cinéas, Dominique Hippolyte, Thomas Lechaud, Maurice Casséus, Émile Roumer, Christian Beaulieu, y trouveront bon accueil. Les courants d'idées répandus dans la revue prépareront la voie à la création du Bureau d'Ethnologie et au développement de la science ethnologique.

Le 18 mars 1939 sort le premier numéro de l'hebdomadaire de l'Église catholique *La Phalange*, fondé par Mgr Joseph Le Gouaze. En exergue, la sentencieuse maxime du journaliste français Louis Veuillot: «Au milieu des factions de toute espèce, nous n'appartenons qu'à l'Église et à la Patrie». Bien accueilli dans les foyers catholiques, l'hebdomadaire, huit mois plus tard, devient quotidien. Sous l'habile direction de Gérard de Catalogne, il se ménage une place de choix dans la grande presse.

Dans la presse spécialisée, à mentionner *Le Stade* d'André Chevallier, journal sportif illustré qui paraît en 1934 et après une éclipse, reparaît en 1936, sous la direction de Pierre Dusseck, *L'Éducation sans pleurs*, «organe de vulgarisation et d'intérêt pédagogique», fondé et dirigé par le docteur A.V. Carré, *Pangloss*, «hebdomadaire des réalités haïtiennes», fondé en 1939 et dirigé par Félix Bayard, Daniel Heurtelou et André Liautaud, *L'Oeuvre*, revue mensuelle de «pédagogie, agriculture et hygiène publique», fondée en 1939 par Castera Délienne, *L'Économiste haïtien*, «revue d'économie politique appliquée», fondée en 1939 par le docteur François Dalencour, *Éducation* de Roger Dreyfuss et Hubert Carré, «revue universitaire» fondée en 1941.

Deux journalistes, polémistes redoutables, «à la dialectique violente et au talent plein de rigueur», Joseph Jolibois fils et Louis Callard, trouvent la mort à la suite de leur incarcération pour «violation de l'ordre public».

Farouches opposants au régime vincentiste, Joseph Jolibois, Max Hudicourt, Max Charlmers, Jean Brierre, Alphonse Henriquez, Louis Callard, Georges Petit, Saturnin François... avaient été appréhendés après la parution, sous leur signature, dans le journal *Cri des Nègres* imprimé à Paris, d'un violent article antigouvernemental. Rédigé par Alphonse Henriquez qui l'avait remis à Jolibois pour être publié dans son journal *Le Courrier Haïtien*, l'article en question n'avait pas pu sortir en raison de son extrême virulence et mystérieusement avait pris la direction du journal parisien qui l'avait accueilli[4]. À la suite de quoi avait été entrepris contre les inculpés un procès par devant la Cour supérieure prévôtale. Condamnés le 12 septembre 1934 à la réclusion, les prisonniers bénéficient tour à tour de la clémence présidentielle, sauf Jolibois, soupçonné à tort d'avoir été le rédacteur de l'article incriminé.

Le détenu qui, à la suite d'une attaque de malaria, avait commencé à manifester des signes de déséquilibre mental, voit son état empirer peu à peu. Au médecin de la prison, le docteur Paul Timothée, il interdit l'accès de sa cellule et chasse ses amis envoyés pour le convaincre. À l'infirmerie de la prison où il est emmené après une chute qu'il avait faite dans son cachot, il refuse toute médication et toute alimentation. Sur la recommandation du Dr Timothée, il est transféré, le 12 mai 1936, à l'Hôpital général où son comportement bizarre en même temps que son état général ne font que s'aggraver. Rapidement se manifeste l'état comateux. Tous les soins qu'on lui prodigue sont inutiles. Calmement[5], le malade expire. Dans son rapport d'autopsie, le docteur C. Giordani mentionne comme cause du décès : «Inanition secondaire à une psychomanie dépressive»[6]. Une foule recueillie accompagne le leader au champ du repos[7].

Accusé de s'être mêlé aux «activités subversives» des cinq sénateurs qui avaient été révoqués en octobre 1938, Louis Callard est appréhendé et incarcéré au grand carré numéro 1 du Pénitencier national. Sévèrement battu à la caserne Dessalines après son arrestation, sa santé qui laissait alors beaucoup à désirer s'en trouve profondément altérée. Au bout d'une semaine, son cas ayant empiré, les médecins de la prison, les docteurs Léon Colon et Maurice Charles-Pierre, demandent son transfert à l'Hôpital général. Pensant qu'il s'agissait d'un cas d'ordre chirurgical, l'administration de l'hôpital l'admet en Médecine. Trois jours après, le 20 novembre 1938, il rend l'âme. L'autopsie révéla qu'il avait succombé à «un abcès appendiculaire avec péritonite»...

Des intellectuels de renom, particulièrement français, continuent à visiter Haïti, captivés par la marque originale de cette enclave francophone perdue dans l'immensité hispano-américaine. Archéologue, helléniste, voyageuse, Marthe Oulié qui fera dans son ouvrage *Les Antilles filles de France* un compte rendu sympathique de son séjour en Haïti, débarque à Port-au-Prince en janvier 1936. Elle y retrouve Jean-Paul Alaux, lui aussi voyageur en même temps qu'écrivain, aquarelliste et éditeur d'art. Au cercle Bellevue, au cercle Port-au-Princien, au cinéma-théâtre Rex, Marthe Oulié donne des conférences très applaudies, auxquelles assiste le Président de la République. Jean-Paul Alaux organisera de son côté une exposition de ses exquises aquarelles qui seront fort admirées. Dans *Ulysse aux Antilles*, qu'il écrira par la suite, pot-pourri d'histoire, d'anecdotes savoureuses et d'impressions de voyage sur Haïti, il fait montre d'une cordiale amitié pour l'ancien Saint-Domingue.

Viendra pour des prospections radiesthésiques, le savant français Armand Viré qui prononce, trois vendredis de suite, une conférence au cercle Port-au-Princien. Son livre, *En Haïti*, relate ses impressions de voyage dans notre pays.

Un grand orateur de la chaire sacrée, le R.P. François Ducatillon, de l'ordre des Frères-Prêcheurs, arrivé en Haïti le 5 avril 1937, fait courir le Tout-Port-au-Prince religieux et mondain à chacune de ses prédications à la cathédrale. Ses deux premiers sermons, il les prononce dans une église débordante d'enthousiasme et de ferveur. «Parole claire, forte, entraînante et douce parfois», opinait le *Temps-Revue*. Sa conférence sur l'ouvrage du Dr Alexis Carrel, *L'Homme cet Inconnu*, sera considérée comme l'une des meilleures qu'il aura données durant son séjour d'un mois en Haïti.

Depuis que Jacques et Michel Roumain, Roussan Camille, Philippe Thoby-Marcelin et le poète cubain Nicolàs Guillèn ont pris l'habitude de se rencontrer au Savoy chaque midi pour y disserter et discuter, l'établissement de Sylvio Cator est devenu le quartier général de la vie littéraire. L'un des habitués du café, Philippe Thoby-Marcelin, recueille une gloire qui retombe sur tout le pays. À l'occasion du deuxième concours latino-américain du roman, organisé par l'éditeur Farrar and Rinehart, sous les auspices de l'Union Pan-Américaine, un jury formé par l'Institut Haïtiano-Américain, le 21 décembre 1942, et composé d'Antonio Vieux, Luc Grimard, Jacques Léger, Hérard Roy, Richard Constant, fait choix de *Canapé-Vert* des frères Philippe Thoby-Marcelin et Pierre Marcelin, comme meilleure œuvre romanesque haïtienne[8]. Présenté au concours, ce roman qui «met en relief la misère des paysans... et la pression du surnaturel sur toute leur vie», obtient le grand prix du roman interaméricain. Le gouvernement offre de se charger de l'édition française et un message de félicitations est envoyé aux auteurs par le Sénat.

Disparaît, le 18 août 1944, alors que rien ne laissait prévoir sa fin, un autre habitué du Savoy, Jacques Roumain, intellectuel de renom, qui entre-temps, avait été nommé chargé d'affaires de la république d'Haïti au Mexique. Il mourait en pleine maturité, laissant une œuvre déjà copieuse et son roman le plus célèbre, *Gouverneurs de la rosée*, encore inédit, qui allait sortir quatre mois après son décès et sera traduit en 17 langues. On lui fait des funérailles émouvantes. Au cimetière, Lorimer Denis, au nom du Bureau d'Ethnologie et du groupe des Griots, Anthony Lespès, au nom de la jeunesse de gauche, Jean Brierre, au nom de la jeunesse des provinces, prononcent devant son cercueil de vibrants panégyriques.

L'année 1945 voit la parution de certaines œuvres littéraires qui auront quelque écho et en même temps consacreront les progrès réalisés, spécialement par l'Imprimerie Henri Deschamps, dans l'impression et la présentation des livres. En mars 1945, sort des presses de cette imprimerie, impeccablement présenté, le troisième roman paysan de J.B. Cinéas, *L'Héritage sacré*. Six mois plus tard, la même imprimerie livre au public l'histoire d'amour de Marc Verne, *Marie Villarceaux*. Gros succès dès la parution de l'ouvrage. En l'espace de quelques jours, l'édition est épuisée. Une édition populaire hâtivement préparée est enlevée en vingt-quatre heures. Pour profiter de ce succès unique, des professionnels du marché noir ont emporté des lots de 20 à 30 exemplaires. Pourtant, l'œuvre a ses faiblesses, et dans un forum du Cénacle d'Études, la facture défectueuse de *Marie Villarceaux* est évoquée sans ménagement. L'auteur, dans une autocritique qui l'honore, conviendra qu'il «n'avait pas accordé à la forme toute l'attention qu'elle mérite».

Accueil sympathique au recueil de contes de Gaston Théard, *Le Jacot de Madame Cicéron* et à *Nègre*, recueil de poèmes de Régnor C. Bernard, paru la même année, mais accueil encore plus enthousiaste au recueil du jeune poète révolutionnaire René Dépestre, *Étincelles*, sorti des presses de l'Imprimerie de l'État en juin 1945. «Une promesse qui ne décevra pas», prophétisait *Haïti-Journal*. Un mois après sa parution, nouvelle édition du recueil. L'auteur est donné en exemple à la jeunesse haïtienne pour qu'en elle se développe «l'âme de René Dépestre, celle d'un révolté». 46 est pour demain.

Autre pavé dans la mare aux grenouilles: la parution en décembre 1945 du cinquième et dernier tome de *En posant les jalons*. Dans son Avertissement aux lecteurs, l'ex-président Vincent rosse de la belle manière «les bons amis de la veille... larves haïtiennes préposées au renversement et au piétinement de leurs idoles d'hier». Dans tous les milieux, cet avertissement soulève les commentaires les plus divers. La jeunesse de gauche se réjouit de voir flétrir «le bourgeois politicien qui n'a d'autre drapeau le plus souvent que son ventre avec ses appétits faméliques».[9]

L'Indigénisme brûle les étapes, l'héritage africain du pays est de plus en plus évoqué, et pour canaliser les aspirations des doctrinaires noiristes et leur permettre d'exprimer leur idéologie, Daniel Fignolé fonde en juin 1942 la revue *Chantiers* qui devient «la tribune des revendications des noirs». Mesmin Gabriel, Love Léger, Klébert G. Jacob, Lorimer Denis, François Duvalier, Joseph L. Déjean, presque tous membres de l'enseignement, y font retentir leurs protestations contre les préjugés de classe et de race dont les noirs se plaignaient d'être victimes. La réponse du gouvernement arrive, énergique et tranchante : «Le président de la République, à son avènement au pouvoir, a entrepris une politique de juste réhabilitation des masses et n'entend pas verser dans une démagogie basée sur la pigmentation des épidermes ou une lutte des classes», proclamait Lescot dans une lettre adressée au ministre de l'Instruction publique Maurice Dartigue. À la suite de quoi, Daniel Fignolé est révoqué de sa fonction de professeur au lycée Pétion et *Chantiers* mis en veilleuse. L'équipe du journal ne renoncera pas pour autant à la lutte et la poursuivra plus modérément dans *Le Réveil*, journal politico-social de Marc Seïde.

Après *Chantiers*, voici *Le Peuple*, fondé par Félix Lavelanet, «organe de défense des journaliers et artisans de Port-au-Prince», *Le Justicier*, «journal essentiellement politique», qui reparaît sous la direction d'Alphonse Henriquez, et *La Nation*, autre publication d'avant-garde, fondée par Max Hudicourt avec le concours du D[r]

Georges Rigaud, qui paraît le 5 avril 1943 et que Hudicourt va diriger, assisté de Max D. Sam. D'un tempérament sanguin qui s'alliait avec sa puissante carrure, il oriente le journal vers une opposition systématique axée, contrairement aux idéologues noiristes de *Chantiers*, sur les théories marxistes que partageaient la plupart de ses collaborateurs. La violence de ses articles lui vaudra bien des ennuis, mais *La Nation* tiendra bon et sera, après la disparition de *L'Opinion* de Damase Pierre-Louis et la rentrée dans la clandestinité du *Justicier*, pratiquement la seule feuille à mener une opposition active contre le gouvernement d'Élie Lescot.

Dernière et tard venue dans la presse d'opposition, *La Ruche*, nouvelle manière, dirigée par Théodore Baker, sort son premier numéro le 7 décembre 1945. Héritier des idées des intellectuels progressistes de la «croisade culturelle» lancée paradoxalement par Lescot, le journal engage avec fougue la bataille pour l'instauration d'un ordre nouveau que seul, à son avis, une action de gauche pouvait amener. Formée initialement du petit groupe de jeunes qui déjà, sur les bancs de l'école, s'avéraient d'intrépides contestataires, *La Ruche* verra les rangs de sa rédaction s'élargir de l'apport de représentants d'autres secteurs de la jeunesse. Parfaitement rodée et acquise sans retour aux idées réformatrices, la jeune équipe de *La Ruche*, quelques jours seulement après la parution du premier numéro du journal, se déclarait prête à affronter les périls du mouvement séditieux libérateur dont elle avait été parmi les plus actifs protagonistes.

Dans la grande presse, revirement à *La Phalange*. Gérard de Catalogne laisse la direction du journal et est remplacé par Luc Grimard. Il fonde *Le Soir* qui sort son premier numéro le 26 décembre 1941 et adopte la tendance conservatrice des grands quotidiens d'information. *Haïti-journal* tente une innovation audacieuse qui n'ira pas bien loin : la vente au numéro en édition populaire, en plus de l'édition quotidienne. Bien que proche du régime, *Le Nouvelliste* est le seul quotidien de la grande presse à s'autoriser à l'occasion des critiques à l'adresse du gouvernement. Les coups de patte en retour sont parfois d'une rudesse caractéristique, témoin cet avertissement du président Lescot en réponse à la campagne menée par le journal contre certaines applications du tarif douanier : «En aucun cas, le gouvernement n'admettrait des atteintes à sa politique interne et à sa souveraineté». *Le Nouvelliste* ne renoncera pas pour cela à ses prises de position, et sous la fameuse rubrique «La Démocratie en marche», poursuivra à sa manière le combat pour la liberté.

Dans la presse périodique, parution, en juillet 1941, des *Temps Nouveaux* d'Arthur Brun, hebdomadaire «libéral-démocrate»; en août 1943, de la revue mensuelle illustrée, d'orientation gouvernementale, *Cahiers D'Haïti*, fondée et dirigée par Jacques C. Antoine, à qui des écrivains de classe prêteront une fructueuse collaboration ; en mars 1945, du bihebdomadaire politique *L'Homme libre*, fondé et dirigé par l'historien Louis E. Élie.

Et puisqu'il fallait se garder de contredire les grands sur un ton trop sérieux, on recourt à la satire pour libérer ses contraintes. En avril 1943, paraît la revue humoristique *Zinglins*, dirigée par Albert Occénad. Ses rubriques extrêmement intéressantes, en particulier celle des «portraitins-devinettes», assurent à la revue une large diffusion. En 1945, Occénad passe la direction à Paul Fils-Aimé et Louis Défay qui continueront à user de «l'humour salutaire et l'idée bienfaisante» pour en arriver au «redressement» du corps social.

Dans la même veine paraissent *Froufrou* d'Antoine R. Hérard, *Maniguettes* de Max Bissainthe et Willy Widmaier et *Rasoir* de Théodore Beaubrun, alias Languichatte Débordus. Moins chanceux que *Zinglins*, *Maniguettes* et *Rasoir*, *Froufrou* à qui les bien pensants reprochaient le caractère licencieux de ses chroniques, est fermé d'ordre supérieur quatre mois après sa parution, «dans l'intérêt, précisait le communiqué du BIP, de la morale et des bonnes mœurs».

Première tentative de lancement d'un périodique à bandes dessinées, l'hebdomadaire *Zobope*, fondé par Willy Widmaier et l'artiste dessinateur Geo Remponneau... Difficultés à maintenir une cadence régulière de parution ? Indifférence des jeunes lecteurs pour une publication qui leur était destinée ? Cet hebdomadaire pourtant artistiquement illustré ne devait durer que peu de temps.

À l'initiative du Comité de Rapprochement Haïtiano-Américain et du directeur du Bureau de Coordination Joseph

Montlor, la HH3W lance, le 6 juin 1943, un programme dominicale, *À travers notre Histoire*, au cours duquel sont retransmis des sketches dramatisés, écrits par Pierre Mayard, et qui seront très suivis des auditeurs. Ces sketches étaient le plus souvent interprétés par des acteurs chevronnés : Pierre Mayard lui-même, Sterne Rey, Martial Day, pour les personnages masculins, alors que les rôles féminins étaient tenus par des débutantes qui feront carrière : Paulette Poujol, Madeleine Gardiner, Alice Lafontant, Madeleine Bourrelly, Marie-Thérèse San Millan. Ce furent aussi les premiers essais d'émission en différé, les sketches hebdomadaires étant gravés à l'avance sur disques de cire par Riccardo Widmaier à la station[10].

Une nouvelle série de sketches consacrés aux grands hommes du continent américain sera inaugurée plus tard sous le titre *Les Amériques en marche*, toujours rédigés par Pierre Mayard, le brillant chroniqueur des «Raccourcis» d'*Haïti-Journal* que Frédéric Burr-Reynaud qualifiait de «spirituel, gouailleur, pittoresque, truculent, trivial, savoureux».

Événement culturel considérable, le *Congrès Interaméricain de Philosophie*, organisé par la Société Haïtienne d'Études Scientifiques et dont l'ouverture solennelle a lieu le 24 septembre 1944, à la salle des Bustes du Palais national. Du 24 au 30 septembre, des communications d'une haute portée scientifique seront présentées à ce congrès par des penseurs aussi profonds qu'un Jacques Maritain, un Habib Estéphano, un Dr Cornélius Kruze, un Leconte du Nouy ou qu'un Dr Camille Lhérisson, un Raymond Doret, un Lucien Hibbert, un Dr Hector Paultre... Le congrès est clôturé par un somptueux banquet à *Chez Maxim's*, au cours duquel le président de la République rend hommage au docteur Camille Lhérisson, promoteur de ce savant colloque.

Dès les prodromes de guerre, de nombreux Européens, Français, Autrichiens, Allemands, Hongrois, la plupart d'origine juive, fuyant les persécutions nazies, étaient venus se réfugier sur la terre hospitalière d'Haïti, certains pour y attendre les visas qui devaient leur permettre d'accéder au territoire américain. Ils arrivaient avec leurs connaissances, leurs professions, qu'ils mirent au service de la population haïtienne. Parmi eux se rencontraient d'authentiques intellectuels, tel Jean de Robert, de la Société des Gens de Lettres de France, essayiste, romancier, dramaturge, qui, durant son séjour en Haïti collabora à de nombreux périodiques. Pendant toute la durée de la guerre, la république d'Haïti, seul État indépendant, officiellement de langue et de culture françaises dans les Amériques, se transformera en un foyer d'intense activité culturelle. En dehors des réfugiés politiques, on assistera à une véritable ruée de personnalités intellectuelles et artistiques de toutes les disciplines, la plupart de langue française, encouragées à venir par le président Lescot lui-même et enchantées de découvrir une élite intellectuelle remarquable, empressée à leur faire le meilleur accueil. Le chef de l'État, assimilant ses démarches à une vraie «croisade culturelle», estimait que l'établissement de contacts directs avec ces princes de l'art et de la culture ne pouvait servir qu'au rayonnement du pays à l'extérieur.

En 1941, retour du père François Ducatillon. À la cathédrale où il prononce d'édifiants sermons, au Sacré-Cœur où il prêche la retraite préparatoire à la fête patronale, au Rex-Théâtre où il donne une conférence sur la jeunesse française de l'entre-deux-guerres, partout se portent les foules, avides de se réchauffer à sa flamme évangélique et captivées par sa rigoureuse logique et «sa hardiesse de pensée attachée à la plus saine doctrine».

Professeur à l'Université de Yale, docteur ès lettres, ethnologue de grande notoriété, Alfred Métraux débarque à Port-au-Prince en juillet 1941 pour se livrer à des études d'ethnologie dans le département du Sud. Durant son séjour, il prononce des conférences et entreprend des démarches à la Guggenheim Foundation et au Comité Rockefeller, en vue de l'établissement en Haïti d'un centre d'études ethnographiques. Presque à la même époque sera dans nos murs le docteur Pierre Mabille, ancien interne des hôpitaux de Paris, ancien chef de clinique à la Faculté de Médecine de Paris, qui donnera à la Faculté de Médecine de Port-au-Prince une série de quinze conférences. En 1943, deux éminents écrivains cubains, le poète Nicolàs Guillèn et Alejo Carpentier, délégué culturel de Cuba, font à Port-au-Prince une longue escale. À Guillèn, les intellectuels de gauche ménagent l'accueil le plus chaleureux.

Invitée par le président Lescot, Geneviève Tabouis, directrice de *Pour la Victoire* édité à New-York, arrive à Port-au-Prince en janvier 1944 pour une visite de trois jours. Présentée par Dantès Bellegarde, elle improvise au Rex une émouvante conférence radiodiffusée qu'elle acceptera de reconstituer pour la délectation des lecteurs de *Cahiers d'Haïti*... Hôte du Gouvernement, Henri de Kérillis, député de Paris et collaborateur à *Pour la Victoire*, la suit de quelques mois. Au Rex et à la Faculté de Médecine, il prononce des conférences qui permettent à ses auditeurs d'apprécier son intelligence, sa perspicacité et l'étendue de ses connaissances des faits de la vie internationale. La même année 1944 voit l'arrivée à Port-au-Prince, pour une série de conférences aux Facultés de Médecine et de Droit, du poète martiniquais déjà célèbre Aimé Césaire, accompagné de son épouse. Chaudement accueilli par ses amis haïtiens, il est décoré par le gouvernement au grade d'officier de l'Ordre national Honneur et Mérite. Toujours en 1944, revient sur nos rives, le professeur Auguste Viatte de l'Université Laval de Québec, conférencier disert et grand ami d'Haïti. La même année, le médecin-général A. Le Dantec, délégué du général de Gaulle pour organiser en Amérique l'envoi de médicaments en France après la libération, prononce au club des Officiers une conférence à laquelle assiste le président de la République. En septembre, le docteur W.E. Burghardt Du Bois, historien, sociologue, journaliste, membre de l'Institut Américain, «pionnier de la pensée et de l'action sociale nègres», reçoit du gouvernement et de l'intellectualité haïtienne le plus cordial accueil. Il déclarera à son départ que son séjour en Haïti restera comme «une des expériences les plus honorables de sa longue carrière».

Au mois d'octobre 1944, répondant à l'invitation du président Lescot, le grand écrivain français, membre de l'Académie française, André Maurois, arrive à Port-au-Prince. Pendant une quinzaine de jours, il va procurer au public lettré des heures de ravissement, prononçant respectivement à la Faculté de Droit, au Rex et au Palais national des conférences où il laissait s'exhaler «la magie de sa sensibilité et de sa forte culture». À Cabane Choucoune, la presse de Port-au-Prince organise en son honneur un dîner de 140 couverts, à l'issue duquel, Ernest Chauvet, Stéphen Alexis et Gérard de Catalogne célèbrent tour à tour les talents du brillant homme de lettres. La veille de son départ, il est reçu à dîner au Manoir des Lauriers où à cette occasion sont échangés de vibrants discours. De retour à New-York, Maurois confiera à *Pour la Victoire* : «Haïti est un enchantement. Les êtres sont attachants. J'ai trouvé une élite intellectuelle qui a lu tous nos livres et qui compte d'excellents écrivains»[11].

Le mois suivant, hôte personnel du président Lescot, le tribun français Henri Torrès, célèbre avocat de la Cour d'appel de Paris, directeur de *France-Amérique* est chaudement reçu à l'aéroport de Chancerelles. Les conférences qu'il prononcera tant au Rex qu'au Palais national, devant un auditoire frémissant, seront de vraies fêtes de l'esprit et de l'éloquence. L'événement le plus marquant de son séjour se déroule, dans la soirée du 23 novembre, face aux Tribunes du Champ-de-Mars. En présence du président Lescot et devant une foule évaluée à 20.000 personnes, il délivre le Message de la France au peuple haïtien. Cocktail-party organisé par Jean Fouchard à la rédaction de *Haïti-Journal*, charmant barbaco à *Trouvaille*, maison de campagne des époux Gontran Rouzier, dans la banlieue sud de Port-au-Prince, dîner d'adieu au Manoir des Lauriers, autant de témoignages d'attention qui, durant son séjour sur la terre d'Haïti, seront prodigués à ce maître du verbe.

Le 16 mars 1945, arrive à Port-au-Prince la mission culturelle française présidée par le docteur Louis Pasteur Vallery-Radot, membre de l'Académie française et président du Conseil d'administration de l'Institut Pasteur. Elle apportait au gouvernement et au peuple haïtiens le salut de la France libérée et de son gouvernement provisoire. Au Rex-Théâtre, deux des éminents membres de la mission, le professeur Ronze et le capitaine Gabart, héros mutilé de Bir Hakeim, gratifient l'élite port-au-princienne de belles conférences. Le docteur Pasteur Vallery-Radot en prononcera également une des plus instructives, à la Faculté de Médecine. Conférences de presse, visites aux grands établissements scolaires, réceptions, dîners se succèdent en l'honneur de la mission. Un somptueux banquet au Palais national, qui réunissait autour des distingués visiteurs, plus de deux cents membres de l'élite intellectuelle et mondaine du pays, devait clôturer cette mémorable tournée de la prestigieuse ambassade culturelle française.

Un grand représentant des lettres françaises, le poète surréaliste André Breton, débarque le 4 décembre 1945, en compagnie de sa femme. À l'aéroport sont venus pour l'accueillir, les poètes et romanciers René Bélance, Regnor Bernard, Paul Laraque, Edris Saint-Amand, l'artiste cubain Wifredo Lam et des officiels français. Le 20 décembre au Rex, dans une salle archicomble où l'on remarque la présence du président Lescot, il prononce sa première conférence sur le Surréalisme. D'une toute autre classe que celle des entretiens des visiteurs précédents, la conférence de Breton se révèle une véritable prise de position anticonformiste, un appel à «transformer» le monde, une invitation à intégrer la poésie dans le moule de la révolution sociale. La gauche intellectuelle, présente dans la salle, applaudit frénétiquement et découvre en Breton un inspirateur et un guide. Pendant tout son séjour, il ne cessera d'être fêté, choyé, adulé par les écrivains et artistes à tendance gauchiste, Michel Roumain, Edris Saint-Amand, Roger Gaillard, Philippe Thoby-Marcelin, Jean Brierre, René Bélance, Magloire Saint-Aude, Paul Laraque, Regnor Bernard, René Dépestre, Roussan Camille, F. Morisseau Leroy... De fait, la présence de Breton à Port-au-Prince, dans les derniers jours de 1945, devait exercer sur le développement des événements politiques ultérieurs une influence marquante.

La commotion de 1946 fait surgir une pléthore de feuilles, toutes de tendance révolutionnaire. Parmi les plus répandues, le quotidien *La République* de Jean Rémy, «organe de défense des masses haïtiennes», l'hebdomadaire *Flambeau* d'Émile Saint-Lôt, également «organe de défense des masses haïtiennes», l'hebdomadaire «révolutionnaire» *L'Intransigeant* de Paul Blanchet, l'hebdomadaire «politico-social» *La Fronde* de René Brutus, l'hebdomadaire *La Bataille* de Louis Défay, l'hebdomadaire *Classe moyenne et masse* de René Salomon, «organe du bloc national homogène», l'hebdomadaire *Combat* de Félix Dorléans Juste Constant, «organe officiel du parti communiste haïtien», l'hebdomadaire *La Forge* de Frédéric Burr-

Reynaud, «organe de l'Union démocratique haïtienne», l'hebdomadaire «politique et littéraire» *La Voix des jeunes*, de Lucien Daumec, le quotidien *L'Action nationale*, de Julio Jean-Pierre Audain, «journal d'action sociale» qui reparaît sous forme de bulletin, *La Vérité*, fondée à Jérémie en 1931 par le docteur Auguste Fauché et qui, après son transfert à Port-au-Prince, se constitue en 1946 «d'organe du Parti National Intransigeant»...

Peu de jours après la chute de Lescot, *Chantiers* devenu l'organe du Front populaire de la jeunesse démocratique, avait de nouveau émergé, plus irréductible que jamais... À la suite de la scission produite au sein du Mouvement Ouvrier Paysan, le groupe dissident redonne vie à la revue *Les Griots* qui reparaît en janvier 1948 sur format journal, avec comme administrateurs Max S. Isidore et André Lamarre et comme collaborateurs Jean Montès Lefranc, Jules Blanchet, René Charlmers, André Dérose, Félix Jean-Louis... Une intéressante et orageuse polémique s'engagera entre *Les Griots* et *La Phalange*, à propos d'un article du père Foisset sur le folklore et ses attaques virulentes contre le vaudou. Dans *Les Griots*, Lorimer Denis, François Duvalier, Michel Aubourg, Léonce Viaud lui donneront la réplique, s'érigeant en défenseurs résolus de la doctrine des Griots qui préconisait de «chanter le pays haïtien pour prendre le contre-pied de l'ancienne littérature d'évasion».

Le gouvernement qui désirait se faire une place dans la grande presse et disposer d'un nouvel organe pour la défense de sa politique, facilite l'acquisition par un groupe de ses partisans du quotidien *Le Soir* de Gérard de Catalogne. Le 2 octobre 1947, Félix Courtois, son directeur politique, fait ses adieux à ses lecteurs. Le 4 octobre, le journal reparaît sous la direction de Maurice Laraque, avec Raoul Gaetjens comme administrateur. Dans la nouvelle équipe rédactionnelle, des journalistes déjà connus, Délinois Célestin, Wesner S. Appolon, Yvan Désinor, auxquels se joindront Charles M. Antoine, Éric Étienne, Pierre Carrié...

Une opposition tenace, alimentée par le concept du rejet de toute contrainte que le mouvement révolutionnaire du 7 janvier avait inoculé dans les esprits, se manifeste dès l'avènement au pouvoir d'Estimé. Certaines feuilles qui dans le passé avaient violemment combattu les régimes totalitaires et s'étaient vues obligées de s'éclipser, remontent en surface, telle *L'Action* dont Georges J. Petit reprend la direction, tel *L'Haïtien* dont Rither Pressoir, fils de son fondateur J. Charles Pressoir, prend les rênes. *La Nation* qui sous le nouveau régime avait maintenu sa ligne dure perd inopinément son fondateur, le tribun Max Hudicourt que ses controverses au Sénat avec son collègue Émile Saint-Lôt avaient rendu célèbre...

C'est dans la soirée du dimanche 4 mai 1947, que la nouvelle se répand du suicide du directeur de *La Nation*. Il avait ce jour-là déjeuné chez son ami le docteur Georges E. Rigaud à la rue Camille-Léon. De retour en sa résidence de Mont-Joli, tranquille quartier du haut de Turgeau, il se serait rendu à son cabinet de travail, puis, selon la version officielle, assis à son bureau, se serait logé une balle au cœur. Profond émoi par toute la ville. La thèse du crime d'État ne tarde pas à s'installer dans la plupart des esprits. Le gouvernement ne lui fait pas moins d'imposantes funérailles officielles. Au cimetière, le ministre Honorat rend hommage à l'orateur «à la stature imposante et à la voix chaude, prenante, persuasive, à ce dialecticien à l'argumentation serrée, étayée de toute la ressource d'une belle mémoire et d'une documentation toujours forte».

Le décès de Max Hudicourt doit, jusqu'à nouvel ordre, être classé dans la catégorie des grandes énigmes de l'Histoire. L'écartement de la thèse du meurtre, quoique appuyé sur les résultats de l'instruction de l'affaire, laisse cependant planer un doute. N'est-il pas troublant, en effet, que le directeur de *La Nation* ait trouvé la mort juste au moment où il se préparait à livrer dans son journal «les noms des autorités civiles et militaires du gouvernement utilisant leur position pour s'enrichir?»[12] À maintes reprises dans la suite, *La Nation* sera frappée de suspension provisoire, de même que *L'Action*, les deux organes de presse qui donneront le plus de fil à retordre au gouvernement d'Estimé.

Avait aussi pris place dans les rangs de l'opposition, l'hebdomadaire *L'Action sociale*, «organe du Parti populaire social chrétien», fondé en octobre 1946 et dirigé par Édouard Tardieu.

L'Avant-garde fondée en janvier 1947 et dirigée par Lucien Daumec et Gérard Martelly, qui se déclarait «d'organe de la jeunesse haïtienne», adoptera une attitude plutôt neutre, qui contrastait avec l'impétuosité qu'avait témoignée la jeunesse militante lors du soulèvement de 46.

En août 1949, Georges Petit qui avait définitivement fermé *L'Action*, redescend dans l'arène et fonde *L'Œuvre*, avec pour cri de ralliement: «Vive la Démocratie quand même !». Cette même année 1949 voit la parution de deux journaux de jeunes qui prennent la relève de la contestation politique : *Notre Jeunesse*, organe du Bureau de l'Action des jeunes du MOP et *Correctif*, hebdomadaire politico-social, dirigé par Gérard Mecklembourg...

Las de s'épuiser à régenter une presse rebelle à tout compromis, le gouvernement lui assène un coup de massue qui, pour certaines feuilles, sera mortel. Suite à l'arrêté du 14 novembre 1949 rétablissant l'état de siège, un communiqué du département de l'Intérieur déclare «fermés jusqu'à nouvel ordre» les organes de publicité *La Nation, Chantiers, Notre Jeunesse, Action Prolétarienne, L'Œuvre, L'Action Sociale, Correctif, Le Justicier.*

À signaler la présence dans la presse haïtienne de l'époque de la revue littéraire illustrée *Panorama*, fondée en 1948 par Paul Blanchet, du journal humoristique *Cric-Crac* d'Edwig Coen, de *Journal*, mensuel édité par les soins des étudiants du cours de journalisme professé à la Faculté de Droit par la journaliste américaine Mme Edith Efron-Bogat, et de *Conjonction*, organe de l'Institut français, qui avait fait son apparition, en mars 1946, en pleine tourmente révolutionnaire.

Les bouleversements apportés par 46 aux habitudes et aux mœurs ont mis une sourdine à la plupart des manifestations sociales auxquelles se livraient dans un passé récent les Port-au-Princiens de l'élite bourgeoise ou des classes intermédiaires. La vie intellectuelle elle-même a singulièrement ralenti son cours, et en dehors des conférences des mardis de l'Institut français, peu d'engouement pour un genre si prisé naguère.

Par ses cabarets et matinées littéraires, la Société nationale d'Art dramatique contribue à maintenir dans le public le goût des choses de l'esprit. Aux matinées littéraires sont jouées de petites pièces d'auteurs célèbres, très applaudies des spectateurs. Le récital dominical de la SNAD, présenté à la radio et comprenant poésies d'auteurs haïtiens et français, scènes et commentaires, est capté par un grand nombre d'auditeurs.

«Alimenté par le courant idéologique de 46», le mouvement folklorique s'intensifie. Toutefois, dans le domaine littéraire, peu d'œuvres d'imagination reflétant les aspirations du mouvement, s'il faut excepter *Bakoulou*, «audience folklorique» d'André Chevallier et Luc Grimard, paru en 1947. Les écrivains de l'époque, entraînés par ce courant de pensée, s'appliquent de préférence à le vulgariser par la production d'œuvres fortes comme *Contribution à l'étude de l'homme haïtien* de Klébert Georges-Jacob, *Le Vodou haïtien* de Louis Maximilien, *L'Ethnographie en Haïti* d'Emmanuel C. Paul, *Littérature populaire haïtienne* de Michelson Hyppolite...

Les visites d'intellectuels étrangers se sont raréfiées elles aussi, mais grâce à l'Institut français, de remarquables hommes de lettres de l'Hexagone viennent à tour de rôle animer les mardis de l'Institut. Parmi les tout premiers, l'essayiste français Roger Caillois qui prononce trois conférences à l'Institut dont celle sur «Lautréamont et la fin de la littérature française» fut particulièrement goûtée. En janvier 1948, arrive à Port-au-Prince le R.P. Pierre Chaillet, de l'Ordre des Jésuites, un des organisateurs en France de la presse clandestine pendant l'Occupation et directeur de *Témoignage Chrétien*. Il prononce une conférence à la Faculté de Droit sous les auspices de l'Alliance Française et une deuxième à l'Institut français.

Dernier visiteur éminent, avant ceux que l'Exposition Internationale allait déverser sur nos rives, le philosophe Jean-Paul Sartre, en voyage de congé. Il gratifie le public port-au-princien d'une première conférence à la Maison des Écrivains au Chemin des Dalles et d'une autre à l'Institut français.

Notes

1. *L'Assaut*, édition spéciale, n°. 2, p. 17.

2. *Le Temps-Revue*, 6 juillet 1940.

3. *Le Temps-Revue*, 30 septembre 1940.

4. Précisions aimablement fournies par M. Jean Brierre. Selon lui, c'est un habitué du *Courrier Haïtien* qui, après avoir retranscrit l'article, en aurait donné la paternité à des opposants au régime, puis à l'insu de Jolibois, l'aurait acheminé au *Cri des Nègres*.

5. Rapport du 30 mai 1936 du Dr Paul Timothée, médecin du Pénitencier national.

6. Rapport d'autopsie du 13 mai 1936 du Dr C. Giordani.

7. Contrairement à ce qui se répète, la cellule où avait été incarcéré Jolibois n'a jamais été construite spécialement pour lui. Elle existait bien avant ses démêlés avec le pouvoir. Très incommode, elle fut baptisée du nom du grand patriote, parce qu'à chacune de ses nombreuses arrestations, c'est dans cette même cellule qu'on l'enfermait.

8. Le premier titre du roman était *Malédictions*.

9. *Haïti-Journal*, 21 décembre 1945.

10. Précisions aimablement fournies par Madame Paulette Poujol Oriol.

11. *Haïti-Journal*, 6 et 27 novembre 1944. - Durant son séjour, Maurois visita plusieurs grandes écoles de Port-au-Prince. Dans une interview à Jean Magloire, il avoua : «Une autre chose m'a frappé. J'étais invité à assister à un cours de français en rhétorique au lycée Pétion. Ce cours était fait par M. Émile Saint-Lôt, un excellent professeur : il n'y a pas mieux en France».

12. *Trente ans de Pouvoir noir*, Collectif Paroles, 1976, p. 206.

LE CULTE CATHOLIQUE

Toujours vive, la foi catholique ne perd aucune circonstance pour s'exprimer, surtout lors des grandes fêtes religieuses. Le jour de Pâques 1936 est célébré par une imposante procession à travers les rues de Port-au-Prince et qui se termine par un grand rassemblement face aux Tribunes du Champ-de-Mars.

Dans les hautes sphères religieuses, Mgr Maurilio Silvani est nommé nonce apostolique, en remplacement de Mgr Fietta qui repart en août 1936. Le dimanche 29 mars de la même année, le père Paul Robert, curé du Sacré-Cœur, nommé évêque des Gonaïves, est sacré à Port-au-Prince dans une cathédrale pleine à craquer. Il devient le plus jeune évêque du monde. À la tête de certaines paroisses, des changements sont apportés. Le père Francis Surget est nommé curé du Sacré-Cœur. Décédé inopinément, il est remplacé par le père Émile Varron en juin 1939. Au père Manise succède en 1935, comme supérieur des pères rédemptoristes en Haïti, le père de Voos qui lui-même sera remplacé en 1938 par le père Cuvelier.

Un spiritain doué d'une science profonde et d'une éloquence enflammée, le père Joseph Foisset, met chaque jeudi soir à la radio sa ferveur apostolique au service des âmes. Son intransigeance face à certaines questions d'ordre doctrinal et culturel lui vaudra, dans la suite, les plus grands déboires.

De justesse, le clergé des paroisses et l'enseignement congréganiste échappent à une vraie saignée, conséquence de l'entrée en guerre de la France. 7 pères du collège Saint-Martial, 25 frères de l'Instruction chrétienne et un plus grand nombre encore de prêtres des diocèses sont appelés sous les drapeaux. Brusquement leur départ est contremandé et sera définitivement ajourné.

Le dimanche 17 mars 1935, en présence du président de la République et de l'archevêque de Port-au-Prince est livrée au culte la nouvelle chapelle Saint Alexandre de la Croix-des-Martyrs. Cinq ans plus tard, le dimanche 7 juillet 1940, la chapelle de Martissant, œuvre de l'ingénieur Pierre Nazon, érigée à l'initiative du curé de Sainte-Anne, le père Athanase Créac'h, est solennellement inaugurée. Elle sera plus tard élevée au rang d'église paroissiale. Vers la même époque, et plus précisément le 4 août 1940, on procède à la bénédiction de la chapelle encore inachevée de Sainte-Thérèse de Pétionville. La première messe y est dite par le père Jean-Marie Salgado et le premier sermon prononcé par le R.P. Foisset.

Autre cérémonie émouvante qui se déroule le Vendredi saint 19 avril 1935: l'inauguration sur la colline de Desprez du calvaire consacré monument commémoratif de l'Année Sainte. C'est une immense colonne en béton armé, de 22 mètres 80 de haut, aux lignes purement ascensionnelles et qui porte à son sommet une croix de plus de 5 mètres. Conçue par l'architecte Jeanton, l'œuvre a été exécutée par la firme d'ingénieurs Brun et Cie. Elle surplombe la ville de Port-au-Prince. Des propos de circonstances sont adressés aux fidèles par Mgr Le Gouaze, le père Robert et le père Manise. «Formant la haie, décrit le *Temps-Revue*, une garde d'honneur de boys-scouts dont les bâtons dominent la foule. On regarde cette haute croix entourée d'ampoules électriques, mais encore emprisonnée aux deux tiers de sa hauteur par le coffrage protecteur de la base. Veni Creator, Credo, cantiques, s'élèvent majestueux dans l'air pur des collines; les voix se perdent dans les vastes entours... À 6 heures 30, la croix s'allume, rappelant celle de Lourdes, malgré ses proportions plus réduites... Et brisant ses barrages, le fleuve humain se répand par les pentes en ruisseaux bourdonnants et jaseurs, tandis que la Consolatrice éternelle, la Croix, brille et toute la nuit brillera sur son humble Sinaï»[1].

L'église Saint-Gérard du quartier de Carrefour-Feuilles dont les approches étaient rendues difficiles par sa position sur les contreforts d'un mamelon, devient plus accessible par la construction du chemin de traverse que l'on décore du nom d'*avenue du Belvédère de Saint-Gérard*. Au cours d'une belle cérémonie qui se déroule le 16 octobre 1938, le secrétaire d'État des Cultes coupe le cordon symbolique et ouvre la voie au public. Pour parachever ce travail et desservir les fidèles de Carrefour-Feuilles, le père Cuvelier entreprend l'année suivante la construction d'un grand escalier à double embranchement débouchant sur le parvis de l'église. Le 2 février 1939, cet escalier monumental est inauguré par une procession nocturne aux flambeaux, organisée par la confrérie de la Sainte-Famille.

Après de longues années de paix avec le pouvoir temporel, l'Église d'Haïti qui depuis deux ans menait dans les provinces une campagne assez acharnée contre le vaudou accusé d'être à l'origine d'ignobles superstitions, tombe en plein désaccord avec le gouvernement à propos de cette même lutte antisuperstitieuse. Le conflit surgit au moment où la campagne, approuvée cependant par le gouvernement, s'apprêtait à livrer ses premières offensives dans la région port-au-princienne. Elle devait débuter le 22 février 1942. Ce jour-là, à la petite chapelle Notre-Dame d'Altagrâce de Delmas où le père Rémy Augustin, vicaire à la cathédrale, allait inaugurer une semaine de prédications antisuperstitieuses, des détonations éclatent subitement à l'intérieur et au pourtour du saint lieu. Panique générale. Après la bagarre, on récupère 138 douilles vides. De toute évidence, cette profanation «voulue et préméditée» n'avait pu se perpétrer que sur les instructions de l'autorité supérieure, vu sa parfaite orchestration et le peu d'écho, qu'en dépit de sa gravité, elle trouva dans les sphères officielles... Craignait-on des révélations sensationnelles ? Redoutait-on d'être bousculé dans des pratiques ancestrales auxquelles on tenait par-dessus tout?... Ou encore, se sachant sourdement combattu par l'épiscopat qui lui en voulait de favoriser l'entrée des Oblats en Haïti, le gouvernement avait-il pensé le moment arrivé de freiner cette campagne dont la virulence, apparemment intentionnelle, tant à l'endroit des vaudouisants qu'à l'égard des sectes protestantes, pouvait déterminer de graves ennuis politiques?...

Entre-temps, le nonce apostolique, Mgr Silvani, s'était rendu à Ciudad-Trujillo, et dans une interview accordée au *Listin Diario*, mentionnait les résultats «extrêmement prometteurs» de la campagne antisuperstitieuse, tout en s'attardant sur les croyances primitives du peuple haïtien et la «tyrannie horrible» qui en résultait pour lui. Cette interview est le prétexte d'une levée de boucliers contre le nonce apostolique et par contrecoup contre la campagne antisuperstitieuse dont certains excès avaient déplu à plus d'un. La presse fulmine, l'opinion publique s'émeut, Mgr Silvani est déclaré «le pire dénigreur du peuple haïtien».

Profitant de cet incontrôlable courant émotif, le gouvernement réclame du Vatican le déplacement du nonce apostolique. C'était l'occasion toute trouvée de se débarrasser de ce gênant personnage qui, pour le siège épiscopal vacant des Cayes, penchait pour la nomination d'un sujet digne, tiré du clergé d'Haïti, alors que le candidat du président Lescot était un père franco-américain de la congrégation des Oblats de Marie-Immaculée. Jusqu'à sa chute, aucun nonce ne sera nommé en Haïti, et le Saint-Siège se contentera, pour le représenter, d'un simple chargé d'affaires de la nonciature, Mgr Paul Bertoli.

Ne désespérant pas cependant de poursuivre cette campagne à laquelle elle attachait un grand prix, l'autorité épiscopale avait décidé que le 8 mars 1942, les grandes missions antisuperstitieuses commenceraient simultanément dans les quatre paroisses de la capitale. Le jour fixé, à la messe de 4 heures, des coups de feu sont tirés dans chacune des églises paroissiales. Folle débandade. On dénombre plusieurs blessés... Continuer le combat dans des conditions si défavorables deviendrait téméraire. Pour éviter le pire, Mgr Silvani, sur le point de partir, invita les évêques à suspendre momentanément les missions, quitte à les reprendre lorsque «l'Église pourra en toute liberté remplir intégralement sa tâche». Cédant à cette recommandation, Mgr Le Gouaze, dans une adresse aux fidèles, leur faisait part de sa décision de renvoyer à «plus tard» la poursuite des «missions antisuperstitieuses». Mais pour signifier qu'en dépit de ces malheureux démêlés avec l'épiscopat, le président Lescot n'était pas moins resté hostile au «fétichisme et à la superstition», un communiqué du département de l'Intérieur interdisait, «par respect pour les jours saints», l'évolution des bandes de rara les Jeudi et Vendredi saints...

Contrariée dans ce qu'elle considérait comme un devoir impérieux d'évangélisation, l'Église d'Haïti ne va pas pour cela renoncer à la croisade antisuperstitieuse, et c'est le père Foisset, de l'ordre des Spiritains, qui, encouragé par l'épiscopat, va, par la presse et les ondes, se faire l'adversaire le plus résolu du Vaudou.

Avant même l'arrêt de la campagne, il engage dans *La Phalange* une âpre polémique avec Jacques Roumain, contempteur de la lutte antisuperstitieuse, qui lui donne la réplique dans *Le Nouvelliste*. À son tour, le maître-ouvrage du docteur Price-Mars, *Ainsi parla l'Oncle*, à l'origine du mouvement folklorique, subit, seize ans après sa parution, une acerbe critique du père Foisset, à laquelle le docteur Price-Mars se voit obligé de répondre dans les colonnes de *Haïti-Journal*. À la parution du *Vaudou Haïtien* du Dr Louis Maximilien, du roman *L'Héritage sacré* de Jean-Baptiste Cinéas et de *Mythologie Vodou* de Milo Marcelin, nouvelles attaques du père Foisset qui vouent ces œuvres, selon lui, sympathiques aux croyances vaudouesques, à l'exécration de tous ceux qui «rejettent» le «mélange».

La consécration d'Haïti à Notre-Dame du Perpétuel Secours, à l'occasion du soixantième anniversaire du miracle de 1882, suggérée par le président Lescot lui-même et décidée par l'épiscopat d'Haïti, apporte un baume au malaise qu'avaient suscité les rebondissements de la campagne antisuperstitieuse. Cette consécration, le président l'avait souhaitée, pour «confondre les détracteurs impénitents d'Haïti qui n'ont jamais cessé de faire passer notre pays pour la terre de prédilection - et ce jusqu'ici - du paganisme le plus répugnant», et pour manifester «au monde entier... l'inébranlable foi d'Haïti, pays chrétien et catholique...»[2].

Le 6 décembre 1942 débutent les fastueuses cérémonies religieuses qui vont déboucher sur la journée triomphale du 8 décembre. Sur un autel monumental érigé par l'architecte Max Ewald sur le péristyle du Palais national et dominé par une immense peinture de N.D. du Perpétuel Secours exécutée par le frère Séraphin, la messe pontificale est dite. Massée sur la pelouse du Palais et sur la place Louverture, une affluence considérable. Après l'allocution de l'archevêque de Port-au-Prince Mgr Le Gouaze, les évêques d'Haïti, réunis devant l'autel, proclament la consécration du pays à Marie, Mère du Perpétuel Secours. À ce moment, «les cloches lancent de triomphales volées. Le canon tonne. Les voix généreuses et fortes, à l'unisson, s'envolent sur la voix des ondes. Une émotion faite de souvenirs et d'espérance étreint les cœurs, la brise enfle les étendards»[3].

Dans l'après-midi, une imposante procession inter-paroissiale conduit l'image de Notre-Dame du Palais national à son sanctuaire du Bel-Air. Par les rues des Casernes, du Centre et Macajoux, c'est un défilé ininterrompu de milliers de personnes, précédées et suivies de groupes symboliques. Dans son char drapé aux couleurs nationales et décoré de nénuphars, l'Image de la Madone. Le suivent à pied, les évêques, le président de la République, le monde officiel et des centaines d'hommes formant une impressionnante garde d'honneur.

À l'arrivée près de la chapelle, la foule éclate en ovations, manifestant ainsi sa reconnaissance au président Lescot, pour lui avoir donné l'occasion de proclamer d'une manière si éloquente, son attachement à la Vierge Marie. Dans un dernier discours, l'archevêque exprime ses remerciements et sa joie. Puis, renouvelant le geste de Mgr Guilloux, les évêques bénissent la ville et le pays avec l'image de la patronne d'Haïti, clôturant ainsi les grandioses festivités qui avaient marqué la consécration de la république d'Haïti à Notre-Dame du Perpétuel Secours[4].

Malgré cette solennelle profession de foi catholique exprimée par le gouvernement, les rapports entre celui-ci et le haut clergé ne reflétaient plus la cordialité de naguère, les sujets de friction entre les autorités civiles et religieuses demeurant à l'état latent. Entre autres causes de mésentente que l'épiscopat s'était vu contraint d'éluder, la nomination par le Saint-Père, le 30 septembre 1942, du père Jean-Louis Collignon, oblat de Marie-Immaculée, comme évêque des Cayes. Dans l'esprit des dirigeants de l'Église d'Haïti, le recours aux

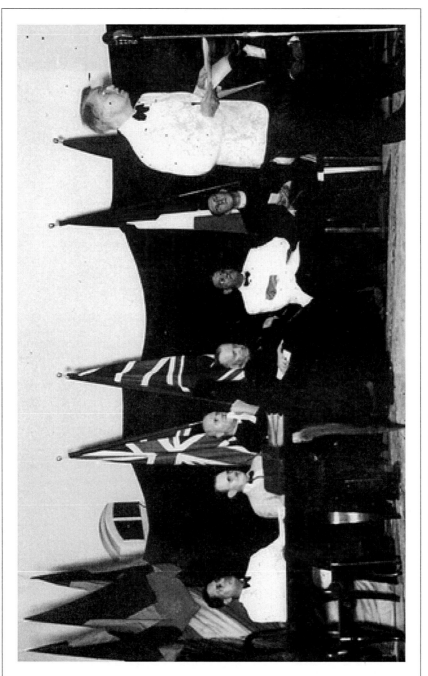

~ Au Congrès de Philosophie, le professeur Jacques Maritain lisant sa communication. ~

~ Quelques congressistes haïtiens et étrangers.
Au centre le professeur Jacques Maritain encadré du Dr Camille Lhérisson et du père Jean-Baptiste Bettembourg. ~

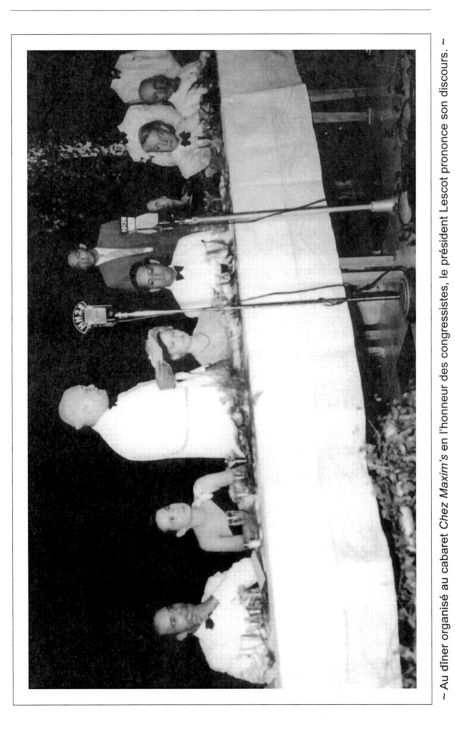

~ Au dîner organisé au cabaret *Chez Maxim's* en l'honneur des congressistes, le président Lescot prononce son discours. ~

~ Manifestation catholique en l'honneur du Christ-Rédempteur, le dimanche de Pâques 12 avril 1936. ~

~ Une partie de l'immense foule des fidèles assemblée devant les tribunes du Champ-de-Mars où va se dérouler le service religieux. ~

~ Déploiement de pompe à l'occasion d'une solennité religieuse
célébrée à la cathédrale métropolitaine. ~

~ Consécration d'Haïti à Notre-Dame du Perpétuel Secours : la foule des fidèles dans la cour du Palais. ~

~ L'autel du Perpétuel Secours dressé devant le péristyle. ~

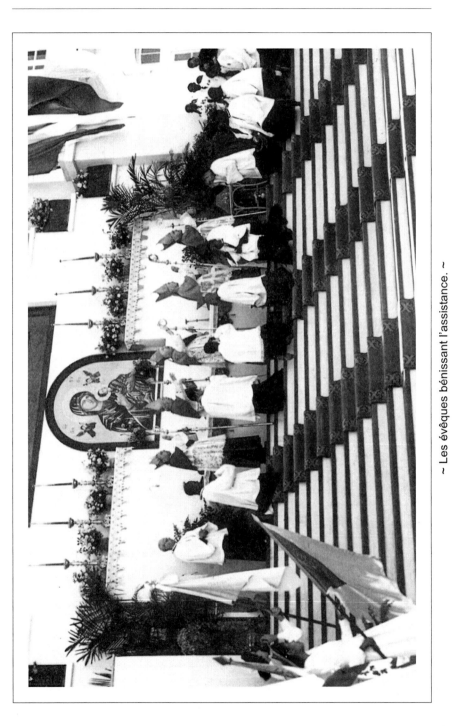

~ Les évêques bénissant l'assistance. ~

~ Défilé des dignitaires de l'Église à la fin de la cérémonie. ~

~ Le président Vincent et le Secrétaire d'État de l'Instruction Publique
Dumarsais Estimé assistant au Champ-de-Mars à la parade scolaire de la fête du Drapeau de 1939. ~

~ Le défilé des garçons. ~

~ Le défilé des filles. ~

~ Exhibition sportive des filles. ~

~ Mouvements d'ensemble exécutés par les garçons. ~

~ Le président Vincent quittant la tribune présidentielle à l'issue de la parade. ~

communautés religieuses canadiennes et franco-américaines, par suite d'une relève devenue précaire en raison de la guerre en Europe, était nettement souhaitable pour aider le clergé breton dans sa lourde mission d'évangélisation. En revanche, la remise d'un diocèse à un évêque qui n'était pas sorti des rangs du clergé traditionnel, de nationalité américaine par surcroît, lui paraissait une atteinte à des droits fondamentaux, en même temps qu'un regrettable précédent. Ainsi s'était intensifiée la sourde animosité que nourrissait l'épiscopat à l'égard du président Lescot qui avait demandé l'investiture papale pour Mgr Jean-Louis Collignon O.M.I. et l'avait obtenue.

Le centenaire de l'arrivée des Spiritains en Haïti est commémoré avec éclat le 12 décembre 1943. Dans la cour du Petit Séminaire-Collège Saint-Martial, une messe pontificale est célébrée à laquelle assistent le président de la République et les membres de son gouvernement. La plaque commémorative du Centenaire est apposée près du porche de la chapelle et bénite par l'archevêque de Port-au-Prince, au milieu d'une grande affluence d'anciens élèves et d'amis des pères de la congrégation du Saint-Esprit.

L'église du Sacré-Cœur devenue trop exiguë pour une communauté paroissiale qui ne cessait de croître, son agrandissement en équerre est décidé. Des travaux considérables sont prévus, qui seront confiés à l'architecte de l'ancienne église, M. Georges Baussan, et qui engloberont entre autres, le prolongement de l'édifice à l'ouest, l'érection d'un nouveau clocher et la construction d'un dôme de 18 mètres de haut. Le dimanche 17 décembre 1945, accompagné du curé de la paroisse, le père Émile Varron, le président Lescot inaugure les chantiers d'agrandissement. Quelques jours auparavant, le 9 décembre, avait eu lieu, en présence du président de la République, la pose de la première pierre de la chapelle de Saint-Jean Bosco, à l'entrée nord de Port-au-Prince.

Encore très attaché à la foi catholique, le peuple de Port-au-Prince participe en foule devant les Tribunes du Champ-de-Mars, le président Estimé et les membres de son gouvernement en tête, à la grandiose manifestation organisée à l'occasion de la clôture de la mission conduite par les pères rédemptoristes en 1947. Sous la clarté du ciel de Pâques, plus de 40.000 personnes réaffirment leur foi ardente dans le Christ et lui renouvellent leur attachement à toute épreuve.

Nouveaux changements parmi les titulaires de paroisse. Le 25 mai 1948, se déroulent les cérémonies d'installation du R.P. Emmanuel Kébreau, nommé curé de Sainte-Anne, en remplacement du père Créac'h. À Saint-Joseph, le 16 mars 1949, le chanoine Lucas succède comme curé au chanoine Sauveur. Le 24 avril 1949, le R.P. François Nantin est installé comme curé du Sacré-Cœur à la place du père Varron. Après sept mois de ministère à la cathédrale, ce dernier rend l'âme. Onze jours auparavant, le 9 octobre, le père François Le Guen, docteur en théologie de l'Institut catholique d'Angers, avait été installé comme curé de la cathédrale, en remplacement du père Varron déjà irrémédiablement condamné.

Aux quatre paroisses de Port-au-Prince s'ajoute, en avril 1949, une nouvelle circonscription ecclésiastique, celle de Saint-Gérard Majella. Par décret signé de l'archevêque de Port-au-Prince, après assentiment du Saint-Siège et du gouvernement haïtien, la chapelle-église de Saint-Gérard est érigée en paroisse. Le 12 avril 1949, le R.P. Paul de Landsheer est installé comme curé. Le développement accéléré de toute la zone environnant le monastère des pères rédemptoristes avait décidé l'autorité ecclésiastique à élever leur église au rang d'église paroissiale.

Grande solennité le dimanche 26 octobre 1947, à l'occasion de la bénédiction de la nouvelle église du Sacré-Cœur de Turgeau, pas définitivement achevée toutefois. Le président de la République est au chœur, accompagné de quelques membres de son cabinet. Beau et édifiant sermon de Mgr l'archevêque et lumineux rapport du curé, le père Varron, sur le travail réalisé, les dépenses effectuées et les dettes contractées pour mener à bien «cette grande entreprise couronnée de succès».

La chapelle de l'École nationale des Arts et Métiers des pères salésiens, dédiée à Saint-Jean Bosco, est bénite le 31 janvier 1947. C'est un coquet édifice, de style moderne, qui contribue à embellir l'entrée nord de la ville. En 1949 est entreprise la construction de la chapelle de l'École des sœurs du Sacré-Cœur de Turgeau, dédiée à Saint-Grignon de Montfort, fondateur de la congrégation des Filles de la Sagesse. Très belle construction comportant une crypte qui pourra servir de salle de réunion ou de salle de classe...

L'ardent combat engagé par le père Foisset contre le vaudou dont la campagne antisuperstitieuse avait dévoilé les profondes racines au sein d'une grande partie de la population, ne s'était pas apaisé. Tant à *La Phalange* qu'à la station de radiodiffusion 4VRW, le bouillant doctrinaire catholique pourfendait sans trêve non seulement le Vaudou, mais aussi ses adeptes et tous ceux qui s'érigeaient en défenseurs de cette «religion satanique». Le Bureau d'Ethnologie qui groupait un nombre important d'ethnologues est pris à partie par le père Foisset qui lui reproche de pervertir les esprits et de propager l'erreur sous couvert de la science. La réponse de Michel Aubourg dans *Les Griots* amène une réplique du père Foisset qui dénonce l'utilisation abusive du folklore à des fins de propagande vaudouesque et profite pour s'en prendre au fascicule de Michel Aubourg et Léonce Viaud, *Folklore-Ceremony of Petro Rite*. Une lutte sans merci se livre dans la presse entre les ethnologues soutenus par *Les Griots, Rendez-Vous, La République* et *La Nation* et le père Foisset appuyé par *La Phalange, L'Action Sociale* et *Le Justicier*. Mais par delà le père Foisset, c'est au clergé breton qu'en veulent les pontifes du Bureau d'Ethnologie qui déclarent ce clergé opposé à tout ce qui est national. Dans *Les Griots*, Lorimer Denis et François Duvalier publient : *L'Avenir du pays et l'action néfaste de M. Foisset,* pour démontrer le rôle négatif et pernicieux des prêtres français dans leurs rapports avec le peuple haïtien.

Le 16 août 1949, jour anniversaire de l'élection d'Estimé, paraît dans *La Phalange* un article signé du père Foisset, qui met le feu aux poudres. «Ici, déclarait-il, c'est le retour de plus en plus vers le paganisme d'autrefois. La capitale du pays est enveloppée d'une ceinture de houmforts, officines d'erreurs et de luxure. Bien plus, les sacrifices idolâtriques s'accomplissent à l'intérieur de la ville avec une audace croissante... On vole ouvertement, on vole hardiment, surtout la chose publique... Certains employés publics, hier encore prolétaires... s'enrichissent miraculeusement, tout en menant un train de vie de grand seigneur... se construisent des villas dont le luxe contraste étrangement avec la misère grandissante du milieu social. Toute une partie de ce qu'on appelle "l'élite" est entrée en décomposition. Le Tribunal Civil de Port-au-Prince n'a-t-il pas prononcé 103 divorces dans l'espace de six mois ?... Suprême ignominie, des semeurs de haine font de la couleur de l'épiderme le critérium de la valeur humaine, empruntant au racisme allemand jusqu'à ses vocables. Ils distinguent entre "authentiques" et "non authentiques"»...

Dès le lendemain, *La République* titre en grandes manchettes: «*La République* relève les impertinences de J. Foisset et demande l'expulsion immédiate de cet étranger indésirable». Dans l'article intitulé «Foisset ou le nœud de vipères», la même feuille le qualifie de «négrophobe irréductible». La vague folklorique se déchaînait plus violente que jamais. Le dénouement n'était pas bien loin.

Le 23 août, *La République* annonce en gros caractères : «L'expulsion de Foisset est décidée. L'infâme calomniateur quittera le territoire haïtien mercredi»[5]. Un fougueux défenseur de l'intégrité de la foi catholique était abattu. À son départ pour Paris, le mercredi 24 août, tous ceux qui l'avaient approuvé et soutenu dans son combat lui font à l'aéroport une tumultueuse manifestation de sympathie. Entouré des sénateurs Henriquez et Dehoux et du député Lanoix, les porte-parole de l'opposition au Parlement, il est vivement ovationné par la foule qui entonne le chant «Ce n'est qu'un au revoir».

«Avant de quitter cette terre d'Haïti où j'ai travaillé, prié et lutté pendant vingt-cinq ans, proclamera-t-il au moment de se diriger vers la passerelle, et en vue d'écarter les interprétations fausses et les restrictions mentales par rapport à mon départ, je déclare solennellement devant Dieu que je suis sous le coup d'une expulsion. D'ordre du gouvernement, je suis refoulé de ce pays où je n'ai fait que prêcher le Christ, défendre les imprescriptibles préceptes de la morale évangélique et les droits imprescriptibles des pauvres»[6].

Aucun arrêté officiel n'avait en effet formulé l'expulsion du père Foisset, et c'est pourquoi *La Phalange* avait estimé que ce départ ne serait que momentané. Mais en dépit de l'envoi à la maison mère de dizaines de listes couvertes de centaines de signatures de personnes de toutes conditions, qui sollicitaient du supérieur général de la Congrégation du Saint-Esprit le retour du père Foisset en Haïti, il ne devait jamais plus y revenir...

Notes

1. *Le Temps-Revue*, 24 avril 1935.
2. *Le Moniteur*, n°. 105, 3 décembre 1942.
3. *La Phalange*, 11 décembre 1942.
4. Sur la plaque apposée depuis sur l'une des faces du péristyle du Palais, on lit : «Le 8 décembre 1942, à cette place, la république d'Haïti a été consacrée à Notre-Dame du Perpétuel Secours officiellement proclamée Patronne d'Haïti».
5. C'est-à-dire le lendemain.
6. *Le Justicier*, 27 août 1949.

LES RELIGIONS RÉFORMÉES

Après une longue période de stagnation, l'Église baptiste de Port-au-Prince qui avait commencé à se ressaisir reçoit une vive impulsion du pasteur Ruben Marc, licencié en Théologie sacrée, élu par la congrégation de Port-au-Prince en décembre 1929. «En quelques jours, écrit le docteur Catts Pressoir, dix centres de prédication nouveaux s'ouvrirent dans les quartiers populeux et dans les faubourgs de la ville... Le nombre des auditeurs à l'église de Port-au-Prince s'élevait à 600 personnes le dimanche»[1].

À la suite du départ de Joseph Paulcéus et de Jacques Vital-Herne de l'Église de Dieu en Christ, Joseph Saint-Juste, à qui on devait l'érection au haut de la rue des Césars, d'un temple en maçonnerie à la place de l'ancienne tente, vit son ascendant sur l'Église croître considérablement. Mais afin de consolider les assises de la jeune Église, l'évêque de Memphis délégua en 1935 l'évêque noir Mc Ewen qui la réorganisa et créa un Comité dont il prit la présidence, après avoir confié le secrétariat général à Saint-Juste. 800 membres et croyants fréquentaient alors l'Église.

À l'Église de Dieu de la rue des Abricots où Vital-Herne déployait une activité des plus inlassables, un scandale éclate qui porte celui-ci à abandonner la direction de l'Église. Il n'avait pas cru devoir s'empêcher de demander le divorce à sa femme qui souffrait d'une maladie incurable, et les membres de l'Église ne lui avaient pas pardonné ce lâchage peu évangélique.

M. et Mme John Klusit envoyés par l'Église mère pour le remplacer s'installèrent à Pétionville d'où ils dirigèrent les activités de l'œuvre tant à Port-au-Prince qu'en province. Ils réanimèrent le culte par l'introduction de nouvelles méthodes : musique religieuse, chœur de jeunes filles, prières à haute voix, chant de cantiques entraînants, battement des mains et mouvement des bras, toutes nouveautés que l'assemblée accueillit avec satisfaction et qui contribuèrent à intensifier le nombre de nouvelles recrues. Le dimanche soir, de quinze à dix-huit cents auditeurs affluaient vers la salle bien aménagée de la rue des Abricots. «On n'avait rien vu de pareil depuis le réveil de 1886», observait le docteur Catts Pressoir.

Au grand temple adventiste de la rue de la Réunion s'ajoute, en 1935, un plus petit temple que le pasteur André Roth, directeur général de l'œuvre, fait élever sur une propriété assez étendue qui avait été acquise par la Mission dans le quartier de la Croix-des-Martyrs. Autour du temple, on érige le bâtiment du collège Vertières, auquel furent annexés, conformément à la vocation de l'Adventisme de valoriser les métiers manuels, un atelier d'ébénisterie et une imprimerie dont les travaux par la suite devaient être unanimement appréciés.

C'est à partir de 1940 que les sectes venues du Middle West commencent à essaimer en Haïti. Mais à la même époque, le Baha'isme, religion fondée au XIXe siècle en Perse et qui préconisait «l'instauration d'une foi universelle fondée sur le dépassement des conflits raciaux, religieux et sociaux», fait son apparition à Port-au-Prince. Ses premiers pionniers, Gérald G. Mc Bean et sa femme Vivian, arrivés en 1940, s'installent dans une maison de la rue Charles-Jeanty au Bas Peu-de-Chose où ils ouvrent une salle de réunion. Quoique fondé sur un enseignement assez captivant, le Baha'isme ne réussira à recruter que très peu d'adeptes.

Après vingt ans d'épiscopat, Mgr Carson, évêque de l'Église épiscopale, usé par l'âge et par ses travaux apostoliques et dont la juridiction s'étendait sur la République Dominicaine, donne sa démission et se retire à sa villa du haut de Turgeau. L'Église comptait alors 23.200 membres baptisés, dont 9.200 membres communiants, et 63 paroisses[2]. Son successeur, Charles Alfred Voegeli, d'origine suisse, ancien doyen de la cathédrale Saint-Luc à Panama, débarque à Port-au-Prince en janvier 1944, et en présence de tous les pasteurs de l'Église Épiscopale, est intronisé évêque le 2 février.

En plein essor sous la direction du pasteur et de Mme John Klusit, l'Église de Dieu est impitoyablement frappée. Dans le numéro de *Haïti-Journal* du 12 août 1941, on pouvait lire cette information tout à fait inattendue : «Le gouvernement met fin aux ébats bruyants et aux pratiques agressives de la secte des Trembleurs ou Pentecôtistes. Les agents du gouvernement (ont reçu) l'ordre de dissoudre immédiatement toutes sociétés dites pentecôtistes ou trembleurs, de procéder à la fermeture de leurs chapelles ou temples et de disperser toutes réunions». Renforçant ces mesures, le gouvernement, par décret du 5 septembre 1941, déclarait interdites les activités de la secte des Pentecôtistes, celles-ci «étant contraires aux bonnes mœurs et de nature à troubler l'ordre public».

Le troupeau dispersé des Pentecôtistes fut en grande partie recueilli par le pasteur Philippe Van Putten dont l'Église, après trois quarts de siècle d'existence, n'avait connu que de médiocres succès. Il ouvrit toutes grandes aux Pentecôtistes les portes de l'église Saint-Paul de la Mission méthodiste épiscopale africaine où Klusit venait de se faire inscrire comme pasteur. Cette situation dura deux ans et demi et ne prit fin que sur l'intervention d'un sénateur américain dont le président Lescot souhaitait avoir l'appui auprès du Congrès pour la solution de certains problèmes d'ordre administratif et politique. Le 29 novembre 1943, le temple de la rue du Centre était de nouveau livré au culte. Un certain laps de temps devait s'écouler avant que la ferveur de jadis y apparût une seconde fois.

À cette époque, des disciples de *Father Divine*, le Christ noir de Harlem, essaient d'introduire sa doctrine en Haïti. Dans une maison de la rue Tiremasse, des néophytes, au nombre d'une cinquantaine, se réunissent trois fois par semaine pour chanter des cantiques à sa gloire et proclamer ses mérites... À cela se limiteront les tentatives de la nouvelle secte dont le credo ne paraissait pas répondre aux aspirations de l'âme haïtienne.

Vital-Herne qui après son départ de l'Église de Dieu s'était réfugié dans une petite localité de la plaine du Cul-de-Sac où il avait repris ses prédications, résolut de quitter sa retraite. Son épouse était morte et, lui-même s'étant remarié, il s'était adressé à l'évêque schismatique Taulinson, fondateur d'une nouvelle Église de Dieu, qui l'avait accueilli. Son zèle auprès des masses retrouvé, il entraîna après lui de nombreux «convertis», succès qui lui valut d'obtenir de la Maison mère des subsides à l'aide desquels il érigea à la Grand'Rue, face au débouché de la rue Carbonne, un temple en maçonnerie et un autre temple dans le quartier de Sans-Fil.

Quant à Joseph Paulcéus, transfuge lui aussi de la première Église de Dieu, après avoir pendant un certain temps célébré le culte dans un petit temple baptiste, voisin du cimetière, il s'était rallié à l'*Église de Dieu et de la Foi apostolique* où il apporta tout son dévouement.

Longtemps première Église protestante du pays, au point de vue numérique, l'Église épiscopale d'Haïti s'était vue dépassée par l'ensemble des Églises baptistes dont l'action efficace s'exerçait aussi bien dans les villes que dans les campagnes.

Dès son intronisation, l'évêque Voegeli s'était consacré à de nombreux remaniements dans l'organisation de l'Église. Entre autres initiatives heureuses, il avait obtenu que l'Église épiscopale d'Haïti soit déclarée d'utilité publique[3] et décidé d'ériger à la Croix-des-Martyrs la chapelle de l'Épiphanie dont la première pierre fut posée le 5 octobre 1947.

Cinq ans après sa nomination, une dissension se produit qui va terriblement secouer l'Église. Bien qu'ayant accompli beaucoup de bien depuis son arrivée en Haïti, Mgr Voegeli avait été mis en cause par quelques pasteurs, dont Élie O. Najac qu'il avait appelé à ses côtés. Celui-ci ne devait pas tarder à démissionner de ses fonctions d'archidiacre pour des «motifs graves» qu'il ne jugea pas opportun de divulguer. Le suivirent cinq autres prêtres, désespérés «de se retirer du service actif de leur Église bien-aimée»[4].

Deux partis s'étaient alors formés au sein de l'Église : celui de l'évêque et celui des opposants. Mgr Voegeli résista fermement à l'orage, n'hésitant pas à «frapper des prêtres qui avaient la sympathie de leur congrégation». Il ne s'embarrassa d'aucune réticence pour prendre des initiatives qui paraissaient déplaire à certains membres de l'Église, comme celle de décorer les murs de la cathédrale de peintures primitives. Très en avance sur son temps, il n'avait pas craint de laisser s'infiltrer la doctrine marxiste au sein de l'Église épiscopale et, se disant socialiste, n'avait pas désapprouvé les menées communistes du pasteur Félix Dorléans Juste Constant, futur fondateur du Parti Communiste Haïtien. Le malaise devait s'accentuer jusqu'à porter les dissidents à faire appel à la Chambre des évêques qui déléguera en 1952 le vice-président du Conseil national de l'Église épiscopale «pour une enquête discrète»[5].

Le différend qui depuis la fondation de l'Église méthodiste libre opposait cette communauté au département des Cultes trouve son dénouement avec l'arrivée au ministère du Dr Price-Mars en 1946. Informé par le Dr Catts Pressoir des motifs du désaccord, il décide de donner satisfaction à la Mission et invite le doyen du Tribunal civil à recevoir le serment d'Henri Bonhomme.

Sur la demande des propriétaires de la maison de la rue du Centre où se célébraient les cultes de l'Église méthodiste libre, celle-ci doit remettre le local et se transporter, vers la fin de 1946, dans un autre immeuble de la rue du Centre, à proximité de l'intersection de la rue des Miracles. Pour s'épargner de nouveaux déménagements, elle fait l'acquisition, toujours à la rue du Centre, d'un terrain pour l'érection d'une chapelle qui, bien qu'inachevée, est inaugurée le dimanche 19 octobre 1947. Avec plus d'assurance et de confiance, l'Église méthodiste libre poursuivra son labeur apostolique, sans atteindre à cet épanouissement auquel aspire toute mission évangélique.

En revanche, l'expansion de l'Église baptiste s'avérait si importante que le pasteur Ruben Marc, prenant en considération l'exiguïté de la chapelle élevée par Sadrac Hyppolite, et qui tombait en ruine, se détermina à ériger un nouveau temple sur une propriété située à l'ouest de la place de l'Indépendance, non loin du Palais de Justice, et dont la première pierre fut posée le 1er décembre 1946. Le dimanche 6 mars 1949, en présence d'une délégation de la Home Mission Society of New York, représentant les églises baptistes sœurs nord-américaines, se déroulaient dans une grande allégresse les fêtes de la dédicace du nouveau temple, alors le plus spacieux des sanctuaires évangéliques de la capitale.

Quoique autorisée à fonctionner, l'Église de Dieu restait toujours sous la menace du décret du 5 septembre 1941 qui n'avait pas été abrogé. En septembre 1946, les sénateurs Alphonse Henriquez et Jean David présentent une résolution demandant l'abrogation du décret antipentecôtiste, résolution qui fut votée sans discussion par le Sénat. Malgré ces succès évidents, l'Église n'avait toujours pas retrouvé son élan. Des brouilles surgirent qui amenèrent le départ de Klusit, lequel fut remplacé en 1947 par le révérend Thibeaudeau, puis par le pasteur Walker.

Une des Églises nouvelles qui avaient commencé à pénétrer en Haïti vers 1920 et n'avaient pas été bien accueillies par les anciennes confréries protestantes, en raison de l'esprit d'indépendance dont on les savait animées, la *Unevangelized Fields Mission*, parvient, dans un temps relativement court, à se classer parmi «les plus grandes sociétés missionnaires d'Haïti». Elle avait profité de l'incorporation sous sa bannière, des milliers de fidèles de la World Christian Crusade que le pasteur Florentino Toirac lui avait amenés, après que celui-ci s'était rendu compte de l'incapacité où il se trouvait de maintenir sur pied cette mission, à la suite de la mort prématurée de son fondateur. La U.F.M. avait pour consigne de s'intéresser principalement aux pauvres et aux ignorants, plus réceptifs que les gens de l'élite dont il fallait se garder. En 1950, les principales activités à Port-au-Prince de la U.F.M. se circonscrivaient autour du Séminaire et de l'École biblique du quartier de Fort Mercredi et englobaient également une station à Tête Boeuf, à l'entrée nord de la ville, une imprimerie à Pétionville et une librairie évangélique installée par la suite à la Cité de l'Exposition.

Grâce à son zèle, Joseph Paulcéus avait rapidement pris les rênes de l'Église de la Foi apostolique. Le 3 juillet 1949, il procédait, face à la Faculté de Médecine, à la pose de la première pierre d'un nouveau temple.

Importante acquisition de l'Église adventiste : la vaste propriété Borno à Diquini, de plusieurs carreaux de terre, où elle transfère la plupart de ses établissements. Pour cette Église qui avait su garder un certain ton et se méfier de la démagogie, l'avenir paraissait désormais assuré.

Six ans après son apparition en Haïti, a lieu la première assemblée spirituelle locale du Baha'isme. Elle se tient à la salle de réunion de la place Louverture. En 1948, on ne comptait que 21 adeptes, et il faudra aux Bahais d'Haïti attendre encore quatorze ans avant d'être officiellement reconnus par le gouvernement haïtien.

C'est en octobre 1947 que se manifeste pour le première fois la présence de la secte des *Témoins de Jéhovah* à Port-au-Prince. Dans la matinée du dimanche 26 octobre, sur les Tribunes du Champ-de-Mars, J.W. Steelman, délégué de «La Tour de Garde», prononce en français puis en anglais une conférence sur les fondements de la doctrine des témoins de Jéhovah... Pour la représenter en Haïti, la société fait choix de E. Desrouleaux qui organise les premières réunions à son domicile de la rue Cappoix. Gagnés par la hardiesse et la nouveauté des préceptes que diffusaient de nombreux prédicateurs et distributeurs de tracts venus de l'étranger, beaucoup de sympathisants du mouvement n'allaient pas tarder à se muer en d'ardents prosélytes.

Notes

1. Dr Catts Pressoir : *Le Protestantisme Haïtien, II*, p. 275.
2. *Petite Histoire de l'Église Épiscopale en Haïti*, Centre Anglican d'Haïti, 1997, p. 58.
3. *Bulletin des Lois et Actes,* août 1946 - août 1947, pp. 396 et 397.
4. Dr Catts Pressoir : op. cit. II, p. 73.
5. Celle-ci devait absoudre Mgr Voegeli de toutes les accusations portées contre lui-même et sa gestion.

LES BEAUX-ARTS

Toujours à la tête du mouvement pictural, Pétion Savain poursuit sa carrière artistique, «gagnant en force et en consistance»[1] et exposant régulièrement au Rex ou au cercle Port-au-Princien ses toiles imprégnées d'indigénisme. En 1940, il se rend à New-York où il séjournera neuf années. À l'Art Students League, il s'initie à la technique de la fresque et, à l'occasion, organise des expositions de ses œuvres dans les galeries de Washington et de New York.

En grande partie influencés eux aussi par l'indigénisme, les artistes essaient d'imposer au public leur nouvelle vision d'un art aux résonances plus spécifiquement haïtiennes. Et les expositions se succèdent, même si les œuvres présentées ne répondent pas toutes aux nouveaux critères.

En mai 1937, Mme Duraciné Vaval qui avait exposé place Malesherbes à Paris, inaugure à Port-au-Prince un nouveau vernissage de ses toiles comprenant paysages, portraits, nus, villas, scènes locales... En décembre 1939, Édouard Preston présente au cercle Port-au-Princien ses tableaux, discret mélange d'art populaire et de traditionalisme nostalgique. À Port-au-Princien également seront exposées les toiles de l'artiste dominicain Xavier Amiama qui s'était voué à la peinture des quartiers populaires de la capitale. Y seront aussi présentées les œuvres de ses élèves parmi lesquels se distinguaient Mme Pierre Hudicourt, Mme Widmaier, Mme Agathe Harris, Mlles Lucy Poux et Andrée Mallebranche. Des tableaux d'Hector Ambroise, fondateur à Jacmel de la *Société des Trois Arts*, sont choisis pour figurer à la section artistique du pavillon d'Haïti à l'Exposition Internationale des Arts et Techniques, Paris 1937.

Vers 1940, de nouveaux talents se manifestent, qui seront à l'origine de l'épanouissement du futur Centre d'Art: Georges Remponneau qui déjà en 1939 avait obtenu le deuxième prix de la International Business Machines Corporation pour sa toile «Marchande de cocos»[2], Raoul Dupoux, ancien élève d'une École de peinture de Jersey (France), Maurice Borno et Lucien Price qui avaient suivi par correspondance les cours de l'École A.B.C. de dessin... Évoluant chacun dans sa propre technique, ils produiront des œuvres inégales, caractérisées généralement par un profond réalisme.

De la rencontre des artistes haïtiens avec de nombreux peintres étrangers qui, vers les années 39 et 40, vinrent à Port-au-Prince pour exposer leurs œuvres, une heureuse symbiose devait s'opérer grâce à la révélation aux artistes du terroir qui n'avaient encore jamais voyagé, des techniques modernes dont ils tirèrent profit.

En décembre 1943, une grande exposition de peintures, dessins et gravures a lieu à l'Institut Haïtiano-Américain. Tout ce que compte de noms l'art pictural haïtien y participe : Mme Tamara Baussan, Mme Clainville Bloncourt, Andrée Mallebranche, Gérald Bloncourt, Andrée G. Naudé, André Leblanc, Vergniaud Pierre-Noël, Lucien Price, Geo Remponneau. Preuve de la vitalité de la peinture haïtienne qui, malgré le peu d'encouragement reçu des nantis que le non-conformisme de la plupart des œuvres rebute, tient à s'exprimer et à se faire connaître. Ambition toutefois difficile à satisfaire, car jusqu'à l'arrivée de DeWitt Peters, nommé par le gouvernement américain professeur d'anglais dans les lycées et collèges, aucune galerie d'art n'existe encore à Port-au-Prince et la production picturale moisit dans les ateliers des artistes une fois écoulée la période d'exposition.

L'annonce en janvier 1944 de l'ouverture prochaine d'un centre d'art où les élèves «prépareront l'épanouissement de l'École haïtienne amorcée heureusement par Savain, Preston, Vincent, Remponneau, Parisot»[3], est saluée avec enthousiasme. Cette initiative, on la devait au professeur DeWitt Peters qui maniait bien le pinceau et avait démissionné de son poste à l'Enseignement pour se consacrer aux artistes peintres et sculpteurs dont il avait su apprécier le talent.

Le 14 mai 1944, le *Centre d'Art* qui a pris logement dans une villa bourgeoise perdue dans le secteur semi-commerçant de la rue de la Révolution[4], ouvre ses portes au public[5]. Cette inauguration à laquelle assiste le président de la République, marque le début des activités du Centre qui, à cette même occasion, procède à son premier vernissage. Accrochés aux murs fraîchement badigeonnés, 28 peintures à l'huile et 19 aquarelles et dessins signés de 25 artistes dont Antoine Derenoncourt, Lucien Price, Albert Mangonès, Gérald Bloncourt, Pétion Savain, R.P. Jean Parisot, Andrée Mallebranche, Daniel Lafontant, Hector Ambroise, Vergniaud Pierre-Noël, René Vincent, Émile Pierre-Antoine, Geo Remponneau, Muller César, parmi les Haïtiens, et Xavier Amiama, Tamara Baussan, Andrée Naudé, R.P. James Petersen, DeWitt Peters, Mme Clainville Bloncourt, Helen Schomberg, parmi les étrangers. À ce vernissage, 23 peintures sont vendues, dont «Jeune Haïtienne» de Xavier Amiama achetée par Abel Lacroix, deux tableaux de René Vincent acquis par Max Ewald et René d'Harnoncourt, un de Werner A. Jaegerhuber acheté par le gouvernement haïtien, trois de DeWitt Peters respectivement retenus par Mme Maurice Dartigue, Robert Nadal et Maurice de Young.

Dans son allocution, DeWitt Peters insistera sur les vrais buts du centre artistique qu'il venait de fonder : «Le Centre d'Art, ouvert à tous, sans distinction de classes, dira-t-il, aspire à la formation d'une École haïtienne de peinture, d'une peinture d'expression haïtienne, tirant parti du folklore, du passé national et de notre riche nature haïtienne, sans pour cela prétendre en rien exclure ou refouler la personnalité de l'artiste»[6].

De fait, à ses débuts, le Centre d'Art, coiffé par un conseil d'administration présidé par Maurice Borno, se cantonnera «dans la meilleure tradition bourgeoise haïtienne». Au terme de la première année, révèle Philippe Thoby-Marcelin, le Centre d'Art «comptait 15 expositions avec la participation de 60 peintres, 4 sculpteurs et 21 enfants»[7]. Avec Cuba s'établissent des liens culturels qui exerceront sur les artistes haïtiens une incontestable influence. En janvier 1945, exposition au Centre d'Art d'œuvres de peintres cubains. Six mois plus tard, le critique d'art de l'île voisine Jose Gomez Sicre présente au public haïtien les «peintres modernes de Cuba». Invité par le Comité d'Administration du Centre, Wifredo Lam, artiste cubain de tendance marxiste, expose en janvier 1946 et recueille un large succès.

Enthousiasmé par la touche originale de Philomé Obin, «le grand primitif documentaire», et par d'autres peintres populaires qui fréquentaient le Centre d'Art, mais «qu'on ne prenait pas au sérieux», Sicre suggère d'inclure dans l'ensemble de tableaux destinés à une exposition de peinture haïtienne qui devait se tenir à La Havane, quelques-unes de ces œuvres qui exhalaient le parfum de la localité où étaient nés leurs auteurs. Le succès est complet.

De par sa formation artistique, Peters, dans les années 44 et 45, n'était pas décidé à sacrifier l'esthétique occidentale à une quelconque peinture populaire qui déjà commençait à dévoiler ses mérites. La découverte de Philomé Obin, de Rigaud Benoît et d'Hector Hyppolite, ce dernier peintre en bâtiment et prêtre du Vaudou, les appréciations élogieuses de la peinture populaire haïtienne émises par de nombreux critiques d'art étrangers tels que René d'Harnoncourt et Wifredo Lam, les interventions d'écrivains d'avant-garde comme le poète André Breton et l'anthropologue Alfred Métraux, finissent par l'emporter. Sans toutefois rejeter le pur classicisme ou l'idéal esthétique des écoles modernes, ce sera désormais, avec la montée des peintres populaires, l'installation au Centre d'Art du mouvement primitif considéré comme représentatif «d'une valeur artistique intrinsèque et d'une facture haïtienne incontestable»[8]. Des artistes venus de la masse et qui jusqu'ici s'étaient timidement tenus à l'écart, verront s'accentuer l'intérêt que maintenant on portait à leurs productions. Une véritable «chasse aux artistes» commencera, qui conduira au Centre d'Art, pour la peinture, un Castera Bazile, garçon de cour de DeWitt Peters, un Louverture Poisson, mécanicien d'aviation, un Préfette Duffaut, constructeur de bateaux, un Adam Léontus, débardeur illettré, un Wilson Bigaud, habitant des bas-fonds, et pour la sculpture, un André Dimanche, agent agricole, un Jasmin Joseph, paysan analphabète[9]...

Sans se laisser ébranler par l'irrésistible essor de l'école primitive, et conscients de leur propre valeur, les artistes dont la technique variait de l'académisme au moderne, une Luce Turnier, un Antonio Joseph, un Maurice Borno, un Lucien Price, un Max Pinchinat, un Luckner Lazare, un Geo Remponneau, un Pierre Monosiet, originaires pour la plupart de l'élite bourgeoise, continueront à s'affirmer, à se créer une personnalité, une tradition.

C'est pourtant la peinture primitive, naïve et spontanée, qui fera le renom d'Haïti dans le domaine des arts plastiques. À la suite des expositions présentées dans les centres culturels de l'étranger, comme la Whyte Gallery de Washington en avril 1946, la American British Art Center de New York en juin de la même année ou à l'Exposition Internationale d'Art moderne organisée par l'Unesco à Paris vers la fin de 1946, et à l'exposition «Art moderne de l'Équateur, d'Haïti et du Pérou», préparée, toujours par l'Unesco, à Paris en janvier 1947, la peinture primitive haïtienne apparaît désormais comme l'expression la plus caractéristique de l'art haïtien.

Particulièrement sensationnelle pour la peinture haïtienne s'était révélée l'exposition organisée par l'Unesco avec la collaboration du gouvernement français au Musée d'Art Moderne où, pour la première fois, étaient exposées à Paris les œuvres de peintres haïtiens comme Castera Bazile, Wilson Bigaud, Rigaud Benoît, Maurice Borno, Dieudonné Cédor, Hector Hyppolite, Lucien Price, Jean Parisot, Antonio Joseph, Daniel Lafontant, Andrée Mallebranche, Albert Mangonès, Philomé Obin, Louverture Poisson, Luce Turnier, Geo Remponneau... Baltimore, Chicago, Los Angeles, San Francisco, Amsterdam, Bruxelles, Londres, Munich, Berne, Toledo feront dans la suite tour à tour connaissance avec la peinture haïtienne. Presque partout elle sera accueillie avec le même enthousiasme. Nombreuses les œuvres haïtiennes qui à cette époque iront garnir salles de musées et résidences de collectionneurs. Entre-temps se poursuivait un bénéfique échange culturel par l'ouverture, au Centre d'Art, de nouvelles expositions de toiles d'artistes étrangers.

En 1949, Selden Rodman, vulgarisateur passionné du mouvement primitif, notait : «La peinture haïtienne, loin d'être une répétition monotone ou un «pur snobisme», comme le répètent certains critiques, est aujourd'hui plus intense que jamais. Dans l'Amérique latine, elle est la seule qui soit aussi spontanée»[10].

Les préparatifs en vue de la réalisation de l'Exposition du Bicentenaire impriment une nouvelle impulsion à l'art pictural. Mais c'est la peinture murale qui engendrera les plus belles œuvres. À plusieurs artistes étrangers, particulièrement au peintre de réputation internationale Pierre Bourdelle, sera confiée la décoration des palais et pavillons de l'Exposition. Pétion Savain, revenu en Haïti en 1949, et qui s'était initié à la technique de la peinture murale, obtiendra la commande des fresques intérieures du Palais du Tourisme. Il les fit peindre, dit Philippe Thoby-Marcelin, «par Mia Steiner, sa femme et son élève, qui les signa»[11].

À la même époque, la concertation de trois promoteurs de la peinture primitive, Selden Rodman, DeWitt Peters et Mgr Alfred Voegeli, amène la naissance d'une œuvre monumentale, «apothéose nationale de l'art primitif»[12]. C'est Selden Rodman qui conçoit l'audacieuse idée de décorer les murs de la cathédrale Sainte-Trinité de fresques dont l'exécution serait confiée à des peintres primitifs haïtiens. On était alors en plein dans la préparation de l'Exposition Internationale, et Charles Voegeli, évêque de l'Église épiscopale d'Haïti, séduit par l'idée de Rodman, décida de l'adopter et de la présenter comme une contribution de son Église à la célébration du bicentenaire de Port-au-Prince.

La grande fresque de l'abside est la première achevée. On l'inaugure le 10 mars 1950. Animée, pittoresque, elle comprend trois scènes : La Nativité, peinte par Rigaud Benoît, la Crucifixion, par Philomé Obin, l'Ascension, par Castera Bazile et Gabriel Lévêque. À l'aide des fonds recueillis par Selden Rodman, le transept sera lui aussi décoré de peintures murales à motifs évangéliques, rappelant par leur naïveté et leur réalisme, «des peintres sacrés des âges de piété». L'obstination d'un évêque progressiste vaudra à sa cathédrale de devenir le plus important et le plus célèbre musée de l'art religieux haïtien.

Les tendances nettement divergentes qui depuis trois ans avaient créé au Centre d'Art un malaise sourd entre les tenants de l'académisme et de la peinture moderne et ceux de la peinture naïve, dégénèrent en avril 1950, en conflit ouvert. Un groupe important d'artistes, outrés de la faveur excessive qu'accordait Peters, influencé par Rodman, à la peinture populaire, se sépare du Centre d'Art et fonde un nouveau centre culturel, le *Foyer des Arts Plastiques*. S'y retrouvent, des artistes tels que Lucien Price, Max Pinchinat, Roland Dorcely, Dieudonné Cédor, Geo Remponneau... qui avaient fait la renommée du foyer culturel de la rue de la Révolution. Crise douloureuse qui, du moins dans l'immédiat, n'eut que peu de répercussions sur l'évolution de la peinture haïtienne.

Notes

1. Michel Philippe Lerebours : *Haïti et ses peintres, I*, p. 193.
2. Michel Philippe Lerebours : op. cit. p. 202.
3. *Haïti-Journal*, 1er février 1944.
4. Immeuble portant aujourd'hui le numéro 17.
5. Le gouvernement Lescot qui avait encouragé cette création avait fait inscrire au budget de la République, en faveur du Centre d'Art, une subvention mensuelle de 400 gourdes qui sera portée ensuite à 1.000 gourdes.
6. *Haïti-Journal*, 17 mai 1944.
7. Philippe Thoby-Marcelin : *Panorama de l'Art Haïtien*, p. 39.
8. Michel Philippe Lerebours : op. cit., p. 230.
9. *Optique*, mai 1954, n° 3 - Article de DeWitt Peters.
10. *Haïti-Journal* 26 octobre 1949.
11. Philippe Thoby-Marcelin : op. cit., p. 28.
12. Michel Philippe Lerebours : op. cit., p. 242.

LA VIE SPORTIVE

Nouveau démarrage dans le domaine sportif. Le décret-loi du 13 janvier 1938 déclare la pratique du sport obligatoire dans les écoles primaires et secondaires et fonde le Bureau central d'Éducation physique et le Commissariat général des Sports annexé au département de l'Instruction publique. L'année suivante, par décret en date du 13 janvier 1939, est créée l'*École nationale d'Éducation physique* où seront formés les moniteurs et monitrices appelés à promouvoir le sport dans les écoles. Une attention spéciale sera portée à l'organisation des sports. Le décret du 15 janvier 1941 viendra réglementer cette organisation et transmettra à l'Union des Sociétés Sportives Haïtiennes (U.S.S.H.), placée sous le contrôle du ministère de l'Instruction publique, les pouvoirs du Comité national des Sports. Les attributions du Comité olympique haïtien seront reconnues et approuvées.

Dans l'après-midi du 18 mai 1938, à l'occasion de la fête du Drapeau et de l'Université, une magnifique parade scolaire se déroule devant les Tribunes du Champ-de-Mars, en présence de milliers de spectateurs enthousiasmés. Elle ouvrait la série des grandes parades sportives du 18 mai qui seront dès lors considérées comme l'une des plus grandioses manifestations sportives de l'année.

En 1939, le département de l'Instruction publique, dirigé alors par Dumarsais Estimé, organise un concours en vue de l'adoption d'un chant sportif destiné à stimuler l'élan des jeunes. Édouard Tardieu, professeur au collège Saint-Martial, remporte la palme avec *Fière Haïti* qui sera mise en musique par Desaix Baptiste. À la parade du 18 mai 1939, *Fière Haïti* est entonnée pour la première fois par les jeunes participants vêtus de blanc, la taille ceinte d'un large ruban bleu. Les moniteurs avaient revêtu leur bel uniforme flambant neuf: longue tunique bleue, casquette blanche à visière bleue, pantalon blanc liséré de bleu. Ils étaient commandés par Joseph Lubonis, tandis qu'à la tête des monitrices, avançait crânement Yves Clainville Bloncourt, ancien sous-officier de l'armée française. Après un premier défilé, les 31 compagnies de jeunes gens des deux sexes entament, sous les applaudissements du public, leurs évolutions sportives. Mais la pluie qui menaçait s'abat soudainement en ondées orageuses. La parade est renvoyée à dimanche matin.

Le 27 avril 1941, sur les pelouses du Champ-de-Mars, se déroule, en l'honneur des délégués de l'Union interaméricaine des Caraïbes qui s'étaient réunis en congrès à Port-au-Prince, une impressionnante parade sportive. 3.000 garçons et 1.200 filles, défilant par formations de 60, prennent part à la parade.

Pour répondre au programme d'exercices physiques imposé aux écoles normales, est entreprise à la rue Romain, la construction d'un stadium qui comprendra un terrain de tennis, un de basket-ball, un de volley-ball, ayant les dimensions réglementaires, une piste à circuit fermé de 200 mètres par 5 et deux sautoirs. Le 20 décembre 1938, à l'occasion de l'inauguration du *stadium Vincent*, des exhibitions à la barre fixe, aux anneaux et au trapèze sont offertes par Lubonis et Bloncourt. D'éloquents discours sont prononcés par le ministre de l'Instruction publique Dumarsais Estimé et par celui des Travaux publics, Léon Laleau.

Présente à la XXIᵉ Olympiade tenue à Berlin en 1936, la participation haïtienne n'est pas brillante. Au palmarès, seul est cité André Chevallier qui reçoit la décoration olympique allemande de 2ᵉ classe.

Cependant, au parc Leconte, au stade Dessalines, au parc Saint-Louis, à l'hippodrome de Chancerelles, les réunions d'athlétisme sont très suivies et parfois, de sensationnels records y sont enregistrés. En 1935, au stade Dessalines, les frères Mc Calla et Powell s'avèrent les meilleurs dans le saut en hauteur et le saut en longueur, tandis que dans les poids et haltères, René Ambroise parvient à soulever un poids de 250 livres, épaulé et jeté. Chez les dames, Suzanne Archer, d'une grâce achevée et d'une force que lui envieraient bien des athlètes masculins, se classe première dans le tir à l'arc, et Lucie Paultre qui deviendra une orthopédiste réputée, est encore la seule femme à pratiquer la motocyclette et à porter des jupes-culottes pour faciliter ses exploits sur sa moto.

Le 27 juin 1937, se déroule à l'hippodrome de Chancerelles, sous la présidence d'honneur du président de la République, une journée athlétique consacrée à Pierre de Coubertin. À cette réunion, Édouard Baker fait un saut à la perche de 3 mètres 20 et Hodney Husband un saut en longueur de 6 mètres 62. Vainqueur du concours hippique, le colonel Clermont reçoit la coupe offerte par le président Vincent.

Les deux principales vedettes de la réunion athlétique tenue au parc Leconte le 14 juillet 1938 seront François O'Neill, pour les sauts en hauteur et en longueur et le 100 mètres plat, et André Audant qui parviendra à une envolée de disque de 28 mètres 80. À la réunion athlétique du parc Leconte de décembre 1939, Lys Audant, dans le lancement de poids, Mazarin, dans les sauts en hauteur et en longueur, Marc Boncy, Bonny et Mazarin, respectivement dans les 100, 400 et 1.500 mètres plat, seront les grandes révélations du jour.

Pour l'athlétisme scolaire, Saint-Louis de Gonzague occupe la première place. À la fête de l'Association athlétique de l'institution, organisée le 8 juillet 1940 au parc Saint-Louis de la rue Saint-Martin, de nombreux records scolaires sont établis et homologués par la F.A.A. De jeunes athlètes, parmi eux, Pierre Saint-Come, Max Pénette, Georges Léger, Max Deetjens... acquièrent des titres de gloire en réalisant, dans les différentes disciplines sportives présentées ce jour-là, de belles performances.

La fondation de deux nouveaux clubs sportifs de dames, *Académia*, présidée par Amy Richardson et l'*Étoile Sportive*, présidée par Amélie Gornail, atteste du grand intérêt que continue à manifester le beau sexe pour le sport. Attirés de préférence par le volley-ball, les membres de l'Étoile Sportive, sous la direction de leur moniteur

Franck Bouchereau, contribueront à développer le goût de ce sport dans le milieu. Plus ouverte aux autres disciplines sportives, Académia, dont l'animateur est André Chevallier, réunit des ferventes du sport telles que Catherine Powell, Ellen Powell, Lola Richardson, Odette Chevallier, Mina Widmaier, Lily Mahy, Lucienne Mathon, Graziella Poux, qui, par leur grâce parfaite et leur agilité vibrante, s'acquerront, lors des meetings sportifs, de nombreux admirateurs. En 1934, Académia reçoit la médaille vermeille de l'Alliance française. De 1933 à 1938, le même club remportera de haute lutte la coupe du *Matin* pour le volley-ball; en 1936 et 1937, la coupe Rudolph Muller pour le basket-ball, et l'année suivante, la coupe Paul Sals.

La salle d'armes Saint-Georges ouverte en 1935 à la rue du Dr Roy et transférée peu après à Lalue, maison Riobé, est le lieu où s'affrontent les fines lames de l'époque : Charles Box, Christian Dietz, Lucius Brutus, Pétion Faubert, Étienne Bourand... Sport de combat pratiqué par une élite et qui aura peu d'écho dans le grand public.

Au Chemin des Dalles, face à la rue Saint-Cyr, le boxeur dominicain Papacito, le grand animateur de la boxe des années 30, a installé un ring en plein air où viennent se mesurer des boxeurs amateurs de toutes catégories de poids. Dans la halle Cordasco occupant l'angle des rues Pavée et de la Réunion, il ouvrira plus tard une école de sports pourvue d'installations adéquates qui cependant n'aura pas longue vie.

Le foot ball, le plus populaire des sports pratiqués en Haïti, se maintient en belle position. Malheureusement, l'état du parc Leconte, le principal terrain de jeu de la ville, laisse beaucoup à désirer, et le président du conseil de la Fédération des Sports Haïtiens, Yves D. Destouches, n'en finit pas de solliciter le concours des supporters pour l'aider «à faire du sport national une réalité».

En dépit de la précarité des installations sportives, Haïti fait belle figure lors des rencontres internationales qui ont lieu au parc Leconte. Au tournoi de foot ball Haïti-Jamaïque de mars 1938, les résultats pour l'équipe nationale se soldent par 3 matches gagnés, 1 match perdu et 1 match nul. Même performance en 1939 où, à l'occasion de la rencontre Haïti-Panama, le onze national l'emporte par 3 matches gagnés, 1 nul et 1 perdu. Le joueur panaméen Arosemena est porté en triomphe par le public qui saluait en lui un gardien de but d'un mérite particulier[1].

La présence, au début des années 40, de six fédérations au sein de l'U.S.S.H. : la Fédération Nationale de Foot-ball amateur présidée par Daniel Heurtelou, la Fédération d'Athlétisme amateur présidée par Albert Liautaud, la Section Haïtienne de Tir présidée par le colonel Jules André, la Fédération de Basket-Ball amateur présidée par Robert A. Théard, la Fédération de Volley-Ball et l'Académie Sportive Scolaire, témoigne, de la part des Port-au-Princiens, d'un évident attrait pour les activités sportives.

Janvier 1944. Nouveau tournant pour le sport. La politique y élit domicile. L'U.S.S.H. fait place à la *Direction Générale des Sports et du Scoutisme* qui est rattachée au département de l'Intérieur et s'octroie les attributions, droits et prérogatives de l'U.S.S.H. et le contrôle de toutes les associations scoutes. Sont nommés assesseurs-délégués Baker et Sada pour le foot-ball, Cator et Théard pour l'athlétisme, Fritz Roy pour le tennis, Léon Décatrel pour l'haltérophilie.

Le directeur du nouvel organisme, Gontran Rouzier, envisage de nombreux et hardis projets pour le plein épanouissement du sport, en particulier, l'érection d'un stade de 30.000 places pour la construction duquel les ingénieurs Villejoint et Tippenhauer présentent un devis de 70.000 dollars. En attendant, des listes de souscription sont lancées par la D.G.S.S. pour l'aménagement du parc Leconte, et les maisonnettes qui ceinturaient le parc, démolies pour son agrandissement. Le deuxième étage des tribunes métalliques du Champ-de-Mars, inutilisé depuis nombre d'années et qui, selon les hommes de l'art, constituait un danger pour la solidité de l'édifice, est démonté pour être remonté au parc Leconte.

Des terrains de jeu, dits terrains de quartiers, sont aménagés dans certains secteurs de la ville. Le 27 mai 1944 est inauguré le premier terrain de quartier, un terrain de volley-ball construit par la D.G.S.S. à Saint-Louis de Turgeau. Le mois suivant est livré aux joueurs, le terrain de jeu numéro 2 aménagé au bas de la ville, derrière la Madeleine. À l'occasion de cette inauguration, l'équipe de foot ball championne de Port-au-Prince pour 1943, l'Étoile Haïtienne, se mesure à l'Excelsior, championne d'Haïti pour la même année.

Des rencontres animées continuent à marquer le déroulement des compétitions pour l'obtention des deux célèbres coupes de foot ball, la coupe Vincent pour le championnat d'Haïti et la coupe Pradel pour celui de Port-au-Prince. À la liste déjà assez importante des équipes qui participent à ces championnats s'ajoute, en juillet 1943, l'Arsenal dont la carrière sera jalonnée de succès certes, mais aussi de cuisantes défaites.

En 1947 est créé un Comité permanent d'Amélioration du parc Leconte qui se donne pour but le réaménagement complet du vieux parc. Le plan des travaux préparé par l'ingénieur Louis Lévêque et approuvé par le Conseil de la Fédération Haïtienne de Foot Ball amateur qui, au lendemain de la Révolution, avait décidé de reprendre son autonomie, prévoit la construction de nouvelles tribunes, l'érection d'un chalet et la réfection du terrain de jeu. Dès l'année suivante, le parc Leconte présentait un visage plus attrayant, avec l'achèvement des tribunes construites en partie avec les pièces métalliques qui formaient le deuxième étage des anciennes tribunes de course du Champ-de-Mars.

En mai 1949, le deuil frappe le sport haïtien. Phito Joseph, étoile du ballon rond, brillant internationaliste, figure remarquable de la galerie de nos meilleurs buteurs, disparaît prématurément. Aux funérailles du grand footballeur, membre de l'Étoile Haïtienne, le convoi funèbre, en hommage à ses mérites, fait par deux fois le tour du parc Leconte.

Si le base-ball continue à attirer les samedis et dimanches quelques spectateurs aux matches qui se discutent au Champ-de-Mars entre joueurs haïtiens et marins américains de passage, si l'haltérophilie, lancée en 1932 par l'athlète Maret Victor et animée par trois associations sportives, l'*Alpha Barbell Club* des frères Pétoia, la *Troupe Bonny* et l'*Hercule Barbell Club*, excite toujours l'admiration des rares fervents des poids et haltères, la boxe en revanche prend, à partir de 1946, un extraordinaire envol et parvient à se classer en deuxième position après le foot ball dans la faveur du monde sportif port-au-princien. Au stadium Langlois, proche du ciné Paramount et au stadium Sylvio Cator, dans le voisinage du parc Leconte[2], des matches se déroulent entre boxeurs étrangers, surtout dominicains et cubains, et les amateurs haïtiens Saint-Fleur, Bonga, Kid Culotte, Kid Sauvage, Kid Chocolate, Kid Morel...

Au stadium Sylvio Cator où pouvaient se réunir plus de 1.000 spectateurs, des affrontements sensationnels se livreront, tel celui qui opposa Carnera à Thybulle, le jour de l'inauguration du stadium, le 8 août 1946. Le célèbre boxeur dominicain Papacito, champion des Antilles, s'y produira dans de mémorables matches d'exhibition contre d'autres pugilistes dominicains... Par ses victoires successives, triomphe de son intelligence, de son adresse et de sa science, Onelio Agramonte, fameux boxeur cubain, dont chacune des rencontres au stadium Sylvio Cator était un événement, acquiert une irrésistible popularité auprès du peuple haïtien qui le proclame son idole.

Notes

1. Figuraient dans la sélection nationale à l'occasion de ce tournoi : Nady, Mathon, Pasquet, Verna, Beauvoir, Bonaventure, Duthiers, Champagne, Berrouet, Vendrys et Gébara.
2. Emplacement actuel de l'École Frère Polycarpe.

HÔTELS, BARS ET RESTAURANTS

Dans la deuxième moitié des années 30, l'industrie hôtelière, tant à Port-au-Prince qu'à Pétionville, marque une brusque expansion. Pour répondre aux besoins d'une clientèle qui s'accroît, trois hôtels sont ouverts presque au même moment et qui, avec le temps, compteront parmi les établissements hôteliers les plus recherchés de la capitale.

En 1934, Mme Oloffson, épouse d'un des malheureux associés de l'ancienne firme allemande Oloffson, Lucas et Co, propose à l'architecte Georges Baussan, propriétaire d'un domaine sis au bas de Turgeau, de remplacer l'antique bâtiment qui s'y trouvait par un grand immeuble où elle pensait installer un hôtel. Gagné à cette idée, M. Baussan érige sur les soubassements de l'ancienne Crèche une construction de deux étages que Mme Oloffson n'occupera toutefois pas. Ayant dans l'intervalle obtenu le bail de la villa Démosthènes Sam, elle renonce à son premier projet, et c'est à l'ancien manager de l'hôtel Montagne, M. Barnes, que sera accordée la concession de l'hôtel qui ouvre ses portes sous le charmant vocable d'*Hôtel Sans-Souci*. Vers 1946, Barnes passera son bail à Mme Schewesberry qui fera appel à Manuel John Perry comme manager. Au départ de celui-ci en 1950, Georges Héraux lui succédera.

Restée inoccupée après l'évacuation des marines, la grande villa Démosthènes Sam qui avait été le siège de l'Hôpital américain, est prise à bail par Mme Oloffson. Elle fonde l'*hôtel Oloffson* dont le nom évoquera tout ce que peut susciter d'envoûtant et d'exaltant un séjour sur la terre d'Haïti. Peu de temps après, elle transmet son bail à un

Américain, Maurice de Young, qui dirigera l'hôtel jusqu'en 1954, gardant son appellation primitive.

Un autre établissement hôtelier qui jouira d'un grand prestige auprès des visiteurs, l'*hôtel Citadelle*, est fondé en 1935, par une Américaine, Elisabeth Moore, future épouse du capitaine d'aviation Édouard Roy. Elle avait reçu à bail du docteur Jules Thébaud la maison d'habitation que celui-ci avait construite en 1933, dans le quartier de Saint-Gérard, sur une éminence qui domine la ville. Elle l'agrandit et la transforma en un hôtel confortable et luxueux qui sera à l'origine de longs démêlés judiciaires, lorsque le docteur Thébaud voudra, en 1950, reprendre possession de son bien pour y ériger le premier «gratte-ciel» de Port-au-Prince, l'*hôtel Castel-Haïti*[1].

À Pétionville, au haut de la rue Grégoire, M. et Mme Dominique Marini ouvrent, en juin 1935, dans une maison loué des époux Ernst Ewald, une pension de famille qui se rangera, quelques années plus tard, au nombre des grands établissements hôteliers qui feront de Pétionville la ville d'accueil par excellence des visiteurs étrangers.

Dans la catégorie des petits hôtels, à signaler l'ouverture, place Saint-Pierre, de l'*Hôtel Miraflorès* de Maria Franckel, et au Champ-de-Mars, non loin de l'encoignure de l'avenue Ducoste, de la Pension *Lafayette* des époux Christian Dietz, et de la *Pension Suisse* des Delaquis, logée dans le bel immeuble des époux Eugène Dufort, voisin de l'hôtel *Ansonia*.

Ceux qui de temps en temps, peuvent s'offrir le plaisir de se passer du menu familial, vont dans l'un ou l'autre des cafés-restaurants qui se font un point d'honneur de satisfaire les gourmets les plus difficiles. Depuis juillet 1935 fonctionne au Champ-de-Mars, non loin du Grand Quartier Général, *Berliner Hof*, chic établissement d'un restaurateur allemand. Deux ans plus tard, celui-ci cesse ses activités. Après une tentative infructueuse de deux hommes d'affaires, Philippe Charlier et Lucien Lafontant, pour redonner vie à l'établissement, ces derniers, en juillet 1938, vendent le fonds au réfugié autrichien Hans Kalmar. Le restaurant devient alors le *Kalmar's Café*, select rendez-vous des fines bouches de la ville. À la réception de son visa pour les États-Unis, Kalmar remettra le bar-restaurant à sa sœur qui avait épousé

Georges Héraux. Ceux-ci auront à cœur de maintenir le renom de l'établissement et même de l'étendre pour le plus grand bonheur de ceux qui désiraient, pour bien boire et manger, un cadre attrayant et discret.

À *Eldorado* que Frédéric Gairaud, ruiné par la mauvaise foi de ses clients, avait dû fermer, succède *Savoy* que ses propriétaires Édouard Baker et Sylvio Cator inaugurent le 17 octobre 1937. Café-restaurant de premier ordre qui peu à peu deviendra le quartier général des intellectuels de gauche, écrivains, publicistes, artistes, lecteurs assidus certes de Karl Marx, de Gorki et d'Aragon, mais également très sensibles à la saveur des alcools de grand cru.

Pas très loin de Savoy, le *Rex-Café* d'André Blanchard, qui garde jalousement son renom, se mue le vendredi en restaurant chic pour hommes d'affaires. Réputés pour avoir un bon coup de fourchette, ces noms célèbres de l'industrie et du commerce sont heureux de s'y réunir et, tout en parlant négoce, finance, de faire bombance et de se confier les derniers potins. Les autres jours, à l'heure de l'apéritif, ils se retrouvent au *Grand Café* de Vincent Burini à la rue du Quai, largement ouvert à tous les habitués du Bord-de-Mer.

Dans la lignée des nouveaux dancings, voici le café-restaurant *Chez Gerdès*, limitrophe de Paramount qui ouvre ses portes en décembre 1939, et à Pétionville, *Sous le Chaume* que les époux Marini avaient demandé à l'architecte Max Ewald de construire dans la cour de leur pension de famille. C'est un original et coquet dancing-restaurant, produit manifeste du mouvement indigéniste, qui épouse la forme et les contours d'une grande chaumière paysanne et que les propriétaires s'apprêtent à inaugurer avec faste. Anticipant l'événement, Piron dans le *Temps-Revue* en donne un avant-goût :

> *Marini, pour décembre, organise la Fête*
> *Sous le chaume rustique où le dancing s'apprête.*
> *Noctambules joyeux, juifs-errants du plaisir*
> *Aux appels d'un jazz fou vont nocer à loisir*[2].

En réalité, c'est sous l'appellation de *Cabane Choucoune* que, le samedi 7 décembre 1940, sera inauguré le nouveau dancing, pour honorer Oswald Durand, le père de Choucoune, dont c'était l'année du centième anniversaire de naissance. «Clair de lune, brise, musique, fine société, service assuré par des choucounettes en costume et des serveurs assortis»[3], *Cabane Choucoune*, ce soir-là ouvrait grandiosement sa carrière, une carrière qui devait bientôt la conduire au faîte de la célébrité.

Moins en vogue, *Rochasse* de Mme Rossini Pierre-Louis, qui fait l'angle des rues Grégoire et Ogé, n'attire pas moins, surtout en fin de semaine, dans son cadre élégant et rustique, toute une belle jeunesse en quête d'évasion et de détente.

À Martissant, à l'ancien local de Trocadéro, Maria Franckel ouvre *Miramar*. Le dancing est inauguré à la Noël 1940 par une fête de nuit qui fera date. Assistance nombreuse, musique excellente, consommations exquises et variées. Comme Cabane Choucoune, Miramar connaîtra des soirées merveilleuses qui établiront sa notoriété.

À l'industrie hôtelière la guerre apporte aussi ses troubles. Des hôtels apparemment bien établis sur la place changent de propriétaires ou tout bonnement cessent de fonctionner, par suite de la baisse sensible des affaires. Passent à d'autres mains, l'*hôtel des Antilles* du Chemin des Dalles qui prend le nom de l'*Oasis* et l'*hôtel Bellevue* du Champ-de-Mars qui devient la propriété des époux Antoine Casimir. Fermé en 1943 et acheté par Oswald Brandt, l'*hôtel de France* ouvre à nouveau ses portes en juillet 1945, sous la direction de Ramon Dominguez et de son épouse née Georgette Mathon. Le seul hôtel qui durant ces années de vaches maigres maintiendra sa vogue sera le *Splendid-Hôtel* où continueront à prendre logement toutes les délégations ou personnalités de marque de passage à la capitale.

De plus en plus, Pétionville, la ville satellite de Port-au-Prince, s'égaie d'autres cafés, d'autres dancings, perdant ainsi peu à peu ce caractère champêtre qui lui conférait tant de charme. À *Miraflorès* qui avait remplacé *Chez Khal* succède *Aux Alliés*, un nom bien dans le vent par ces temps de guerre, que la très active Maria Franckel, inaugure avec le concours du jazz Chancy le 17 février 1942. Toujours à Pétionville, Jean Marra ouvre son coquet établissement *Dixiana*. À l'ancien local de Rochasse, Justin Sam inaugure en septembre 1941 *À l'Ombre des Nattes*. Bien que originalement aménagé, l'établissement n'aura pas longue vie: moins de deux ans après son apparition, Justin Sam le fermera pour se consacrer avec Sylvio Cator à la direction du *Savoy*.

En 1943, *Cabane Choucoune* change de site. Le 23 janvier a lieu le dernier bal donné à l'établissement de la rue Grégoire. Et le samedi 27 février, c'est la brillante et solennelle inauguration, au sud-ouest de la place Saint-Pierre, de la nouvelle *Cabane Choucoune*. Quelle attirance ! Plus de mille personnes, parmi elles, le président et Madame Lescot, emplissent la salle circulaire et vont festoyer jusqu'à l'aube. Pour la circonstance, les musiciens des Gais Troubadours étrennent leur nouvelle tenue qui rappelle celles des orchestres des grands cabarets latino-américains.

Cette nouvelle Cabane Choucoune, une parfaite réussite. «L'architecte Robert Baussan, écrit *Haïti-Journal*, a réalisé une cabane inspirée de l'art africain, où les bois et la paille du pays se sont unis à un bon goût impeccable et à toutes les ressources de la technique et du confort pour créer le plus original dancing de l'Amérique. 320 personnes peuvent aisément évoluer sur la piste de danse. Coquet et spacieux bar en bambou. Salle circulaire dominant la piste et où plus de 500 personnes trouveront place... Une des plus étonnantes et des plus suggestives réalisations de l'architecture haïtienne...»[4]. L'*hôtel Choucoune* s'installera dans la maison de Mme Thomas Paret achetée par les Marini et située sur la même propriété.

À l'autre bout du grand Port-au-Prince, *Miramar*, agrandi, embelli, draine toujours vers sa piste les amants de la danse. Le dimanche, le jazz Rouzier anime la fête au bord de l'eau, au cours de laquelle se donnent des exhibitions de sport nautique. Fin 1943, l'établissement change de direction. Le groupe formé d'Émile Prézeau, Fritz Roy et Robert Carlstroem prend la succession de Maria Franckel et rouvre le cabaret, le 24 décembre 1943, sous son nouveau nom de *Chez Maxim's*.

Quelques années plus tard, toujours à Martissant, le capitaine Ace Corben, vétéran de la Pan American, ouvrira son restaurant *Captain Ace*, dont les menus savoureux feront un certain temps la fortune.

Prenant le contre-pied de Pétionville, Carrefour voit s'installer dans son cadre rustique de nouveaux cabarets, tel *Chez Zeph* qui est inauguré en mai 1946. S'inspirant du style de Cabane Choucoune, Tite Nau fait construire par les architectes Albert Mangonès et Camille Tesserot, dans la rue qui débouche sur la route de la Rivière Froide, un dancing qui d'abord appelé *Cabane Tito*, deviendra *Caille Tito*. Avec sa grande cour où s'éparpillent de petites tables sous de frais ombrages, l'établissement, pour la construction duquel les ingénieurs ont tiré profit des ressources de l'architecture paysanne, revêt un aspect réellement sympathique. Son inauguration a lieu le 4 mars 1944, au rythme des accents entraînants du jazz Guignard.

Mais le cabaret qui les surpassera tous par son prestige et sa vogue sera le *Vodoo-Club* de Luc Vincent situé au coeur du village et dont le splendide aménagement évoquait celui des night-clubs des pays sud-américains. Piste spacieuse, décor discret associé à la poésie de la nature, musique populaire et variée, *Vodoo-Club* tiendra une place considérable dans le développement de la vie de nuit à Port-au-Prince et ses environs.

En avril 1946, le très ancien café Ti Beau Denis du Champ-de-Mars, au toit mansardé couvert d'ardoises, est démoli. Sur le site de ce «dernier salon où l'on cause», s'élèvera une bâtisse en béton où loge aujourd'hui un établissement commercial.[5]

Avec la fin de la guerre et les préparatifs en vue de la commémoration du bicentenaire de Port-au-Prince, l'industrie hôtelière prend un essor considérable. Encouragés par la loi du 22 juin 1948 qui favorisait cette industrie, des hôteliers et hommes d'affaires s'engagent en plein dans cette entreprise prometteuse. En attendant la mise en chantier des palaces, les propriétaires des anciens établissements hôteliers agrandissent et modernisent leurs hôtels. L'effort se concentrera dans l'aménagement des salles de bain appelées à desservir chaque chambre.

Curieusement, c'est surtout à Pétionville ou dans les zones excentriques de la capitale que s'implantent les nouveaux grands hôtels. Le seul hôtel d'envergure qui à cette époque s'érigera à Port-au-Prince sera l'*hôtel Beau-Rivage* de 100 chambres, construit dans l'aire

~ Assaut d'élégance au champ de courses de Chancerelles dans les années trente. ~

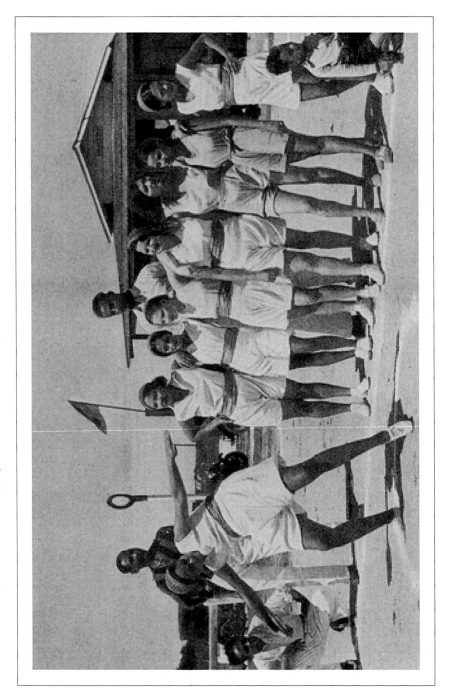

~ Quelques membres du club sportif de dames *Academia*. ~

~ Meeting sportif au Champ-de-Mars. ~

~ L'*Hôtel Sans-Souci* de l'avenue Charles Sumner. ~

~ *L'Hôtel Beau-Rivage*, dans l'aire de l'Exposition. ~

~ Le *Splendid-Hotel* dans le quartier de Peu-de-Chose. ~

~ *L'Hôtel El Rancho à Pétionville.* ~

~ Le Rex au temps de ses premiers succès. ~

~ Le club Thorland, bâtiment principal. ~

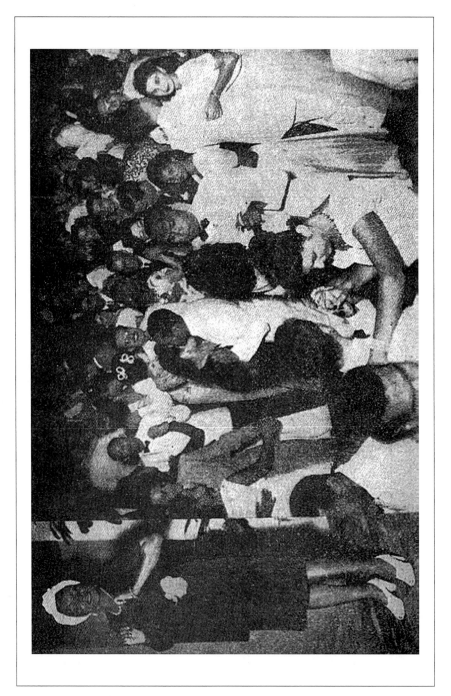

~ Une soirée dansante à Cabane Choucoune. ~

~ Le Jazz des Jeunes dans les années quarante. ~

~ Danse folklorique exécutée par des artistes haïtiens du Théâtre de Verdure. ~

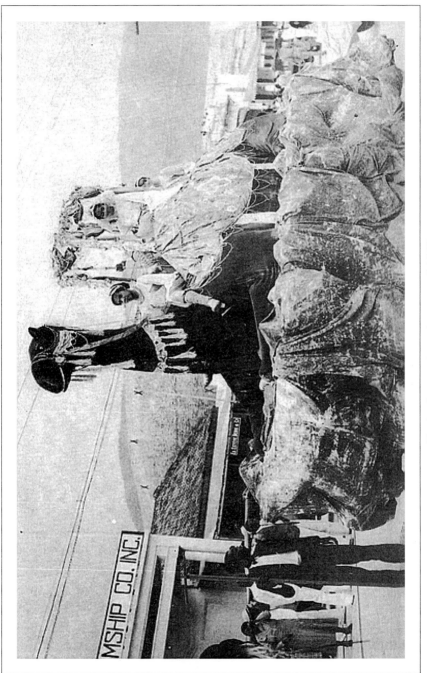

~ Un des beaux chars du carnaval 1936. ~

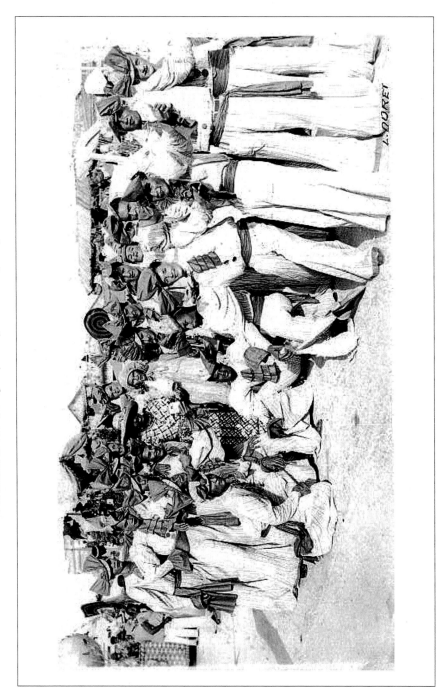

~ Au carnaval 1937, un groupe de jeunes festoyant gaiement. ~

~ Autre groupe de jeunes célébrant le carnaval 1937. ~

~ Groupe à pied figurant la famille Bouqui. ~

de l'Exposition par le groupe Clarence B. Moody, concessionnaire de travaux du Bicentenaire, et dont l'inauguration aura lieu le 13 février 1950.

En juillet 1948, Salomon Kovler, industriel de Miami, soumet au gouvernement le plan de l'*hôtel Quisqueya* de 50 chambres qu'il va édifier sur la route de Carrefour, à la limite de Martissant face à la mer. Au début d'août, on procède au nettoyage du terrain. À la suite du décès de Kovler survenu peu après, l'*hôtel Quisqueya*, dont la construction avait démarré sous la direction de l'ingénieur Marcel Villard, prend le nom d'*hôtel Roosevelt of Haytï*. Le 19 avril 1950, il est inauguré en grande pompe, sous la présidence d'honneur du président Estimé.

À Pétionville, les Marini agrandissent et transforment l'*hôtel Choucoune* de la place Saint-Pierre, tandis que sur la butte de la Tête-de-l'Eau, l'architecte Robert Baussan entreprend l'extension de la pension de famille que dirigeait l'ingénieur André Roosevelt et qui deviendra le bel et confortable *hôtel Ibo-Lélé*. Dénomination qui vaudra aux Baussan un coup de patte du quotidien catholique *La Phalange*, lequel estimait que pour désigner l'établissement, on aurait pu «trouver mieux». Place Boyer, Madame Lina Assad ouvre l'*hôtel Belle Créole*. Changeant de quartier quelques années plus tard, l'établissement s'illustrera sous son nouveau vocable d'*hôtel Villa Créole*. À la même époque, Weber Francis entame à la Montagne Noire, par les soins de l'architecte Maignan, l'érection du *Saint-Francis Hôtel*, charmant hôtel d'une vingtaine de chambres, et qui, après son agrandissement, rentrera dans la catégorie des grands hôtels pétionvillois, avant de devenir le *Damballah Hotel*, actuellement converti en immeuble à appartements. Au Gros-Morne, Franck Cardozo inaugure le *Fairy Hill Hôtel*, ravissante auberge jouissant d'une vue merveilleuse. Agrandi et transformé, c'est aujourd'hui le grand *Hôtel Montana*.

Le plus luxueux palace d'Haïti, l'*hôtel El Rancho*, mis en chantier en 1948 sur une propriété située à l'entrée de Pétionville, est inauguré le 11 mars 1950 par une splendide fête de nuit à laquelle s'associe la haute couture parisienne représentée par les adorables mannequins de Maggy-Rouff, d'Hermès et de Carven. Ce bel immeuble de 48 chambres, œuvre de l'architecte Max Ewald, flanqué de plusieurs autres constructions sans étage et agrémenté d'une piscine aux contours capricieux, on le devait à l'heureuse initiative d'Albert Silvera qui s'était associé à Norman Karr, hôtelier de Californie, pour doter le pays d'un hôtel de grande classe, avec terrain de golf et casino. Les plus hautes personnalités de passage à Port-au-Prince y séjourneront.

Notes

1.   Interview aimablement accordée à l'auteur par les regrettés Georges Héraux et Aubelin Jolicoeur.

2.   *Le Temps-Revue*, 23 novembre 1940.

3.   *Le Temps-Revue*, 14 décembre 1940.

4.   *Haïti-Journal*, 23 février 1943.

5.   Le magasin des produits Samsung, llimitrophe de l?Institut Haïtiano-Américain.

6.   Aujourd'hui Royal Haytian Hotel.

DIVERTISSEMENTS BOURGEOIS

Dans le domaine des spectacles, août 1934 doit être regardé comme le mois qui a marqué une étape décisive dans le développement du théâtre et du cinéma. C'est à cette époque en effet que résonnent les premiers coups de pioche des fondations du grand cinéma-théâtre *Rex*, mis en chantier par la Société Haïtienne de Spectacles[1], et dont la scène et la salle de 1.200 places vont rendre possible «un nouvel essor du théâtre haïtien». Les ingénieurs Pierre Nazon, Daniel et Philippe Brun qui en ont conçu les plans, assurent l'exécution du projet. L'architecte Léonce Maignan, diplômé de l'École des Beaux-Arts de Paris, est chargé de la révision des dessins et aux architectes Franck Jeanton et Max Ewald, également diplômés de Paris, a été confiée la décoration intérieure. Les travaux ne traînent guère. En un an, l'édifice était achevé et offrait à l'admiration de tous ses lignes sobres et sa magnifique façade illuminée le soir par la rampe multicolore de la marquise et les longs rayons d'un majestueux soleil posé comme un symbole.

Placé dans l'axe du foyer, l'escalier d'honneur «où s'éploient les raies d'or», de l'astre du jour, débouche à l'étage sur un spacieux promenoir. La grande salle du rez-de-chaussée au parquet incliné, est ornée de décorations ivoire et or et fait face à la scène aux proportions généreuses où pourront évoluer en toute aisance artistes et troupes théâtrales. Amiante et célotex ont été utilisés pour amortir les sons superflus, augmenter la sonorité de l'acoustique et réduire les risques d'incendie. L'éclairage indirect à partir de la voûte capitonnée de célotex est rehaussé aux parois par des lampes et appliques d'un goût sûr. Des petites lampes-lucioles, posées au revers des fauteuils longeant les allées éclairent l'entrée des rangées. Des baignoires de 8 places entourent une partie du parterre. Aux fauteuils réservés, revêtus de cuir rouge, groupés à l'arrière, succèdent les fauteuils d'orchestre. À l'étage, des loges de fond, puis des rangées de fauteuils simples et les deux balcons s'étirant délicatement jusqu'à l'avant-scène... La capitale avait enfin son théâtre que les Port-au-Princiens réclamaient et attendaient depuis si longtemps.

Le jeudi 3 octobre 1935, dans une salle archicomble où se retrouve le Tout-Port-au-Prince mondain, a lieu l'inauguration du *Rex* dont la direction a été confiée à l'ancienne administratrice de *Parisiana*, la dévouée Mme Lily Taldy. Dans sa loge garnie de corbeilles de roses et de bougainvillées, le président de la République accompagné de quelques officiels. Après l'allocution d'ouverture de M. Léon Déjean, *La Bataille*, film célèbre de Nicolas Farkas tiré de l'œuvre de Claude Farrère et magistralement interprété par Annabella et Charles Boyer, est projeté sur l'écran. Et ce sera aussitôt pour le *Rex* les débuts d'une période particulièrement brillante de son histoire, qui verra le déferlement sur son écran d'une série de chefs-d'œuvre de l'art cinématographique français et américain : *La Robe rouge, La Banque Némo, Si tu veux, L'Anglais tel qu'on le parle, Le Maître de Forges, Danton, Le Beau Danube bleu, La Chanson de l'adieu, Le Roman de Marguerite Gautier, La Charrette fantôme, Le Chant du Missouri, La Dame aux camélias...*

Peu avant l'ouverture des hostilités en Europe, les habitués du Rex auront le plaisir d'admirer, parmi les meilleurs films français de l'époque, *Carnet de bal* de Julien Duvivier, *Quai des brumes* de Marcel Carné, *La veuve joyeuse* d'Émil Lubitsh, *Remontons les Champs-Élysées* de Sacha Guitry, *La Femme du Boulanger* de Marcel Pagnol, *Les Trois Valses* de Ludovig Berger où «chantent, jouent et dansent» Yvonne Printemps et Pierre Fresnay...

Comme le Rex, le ciné Paramount vit aussi ses années glorieuses par le succès qu'obtiennent auprès des spectateurs des productions cinématographiques telles que *La Symphonie inachevée, Le Signe de la Croix, Sans Famille, King Kong, Big House, L'Homme Invisible,*

Viva Villa, *L'Oiseau du Paradis*, *Le fantôme de l'Opéra*, *Trois jours chez les Vivants*, *SOS Iceberg*, *Les trois Lanciers du Bengale*, *Roméo et Juliette*, *Le Procès de Mary Dugan* et le premier *Ben Hur* avec Ramon Novaro

Entre les deux salles prend naissance une ardente rivalité qui détermine Philippe Charlier, actif associé de la Société Haïtienne de Spectacles, à rouvrir la salle des Tribunes, *Haïtiana*, qui avait été fermée à l'inauguration du Rex, et à la rebaptiser du nom suggestif de *Rapoursuivre n° 2*[2]. Bravade qui ne tarda pas à s'avérer peu réaliste, la fréquentation soutenue des salles de spectacle demeurant encore assez limitée. La fondation en 1937 d'une société anonyme formée de Philippe Charlier, Daniel Brun et Lucien Lafontant pour exploiter le ciné Paramount mettra fin à cette rude compétition.

Va connaître sa période la plus remarquable le genre revue, fait de spectacles sans prétention, qui détendent les spectateurs par «l'humour caustique, parfois même médisant, qui les parcourt».

Le 30 novembre 1935, à Paramount, Casimir Santos, Marcel Sylvain et Camille Wainright présentent *Pêle-Mêle*, avec Aline Mercier et Marcel Camille comme «meneurs de jeu», secondés par Emmanuel French, Lily Madiou, Dieudonné Poméro et Martial Day. «Au rythme de chants gais, relate le *Temps-Revue*, de reparties spirituelles et fines, de danses allègres, en un délicieux pêle-mêle, la revue nous a entraînés, pour notre plus grand amusement, pendant plus de trois heures, à travers les drôleries de la vie port-au-princienne»[3]. Corrigée, augmentée, la pièce est reprise au Rex et triomphe une nouvelle fois. Deux ans plus tard, poursuivant sa fulgurante envolée, elle obtenait à sa vingtième représentation un égal succès.

Pareillement formidable la carrière de *Pif-Paf*, revue de Casimir Santos, Camille Wainright et Martial Day qui, dans un tourbillon de scènes époustouflantes, fait la satire des préoccupations et manies de l'époque. Interprété par Aline Mercier, Lily Madiou, Marcel Camille, Dieudonné Poméro, Martial Day, Emmanuel French, Camille Wainright et Arteaud, *Pif-Paf*, joué au Rex pour la première fois le 30 novembre 1936, connaîtra de nombreuses reprises.

Le 8 avril 1937, *Cancan-Revue* de Louis D. Hall et André Liautaud est porté sur la scène du Rex. Le président de la République est dans l'assistance et comme tous les spectateurs, applaudit le jeu alerte de Louise Baranco, Marie Fils-Aimé, Trina Bartolo, Myrtho Mackensie, Max Bissainthe, Martial Day, Gérard Destouches, Robert Fatton, Marcel Fombrun et Eddy Woolley. «Revue bien écrite et bien dosée», opinait le *Temps-Revue*.

L'année suivante, le mordant et spirituel Daniel Heurtelou présente la nouvelle revue *Alcius* qui remporte presque autant de succès. Avec hardiesse, l'auteur s'attaque à un sujet qui déjà en ces temps, suscitait pas mal de commentaires : «l'échec d'une éducation surannée et par trop rigide».

Satisfaisant au goût du jour, Dominique Hyppolite fait interpréter au théâtre de verdure du cercle Port-au-Princien sa délicate œuvrette *Phito* où sont portraiturées quelques-unes des jolies mondaines du temps, cependant que Paul Savain donne au Rex *Ça pique sous les tropiques*, avec comme interprètes Savain lui-même, Aline Mercier, Martial Day, Marcel Camille, Emmanuel French, Émérante de Pradines. La pièce est jouée à guichets fermés. «Un public enthousiaste de ces spectacles, écrit le *Temps-Revue*, riait, applaudissait, soulignait les petites rosseries et les fines piqûres»[4].

La même année 1938 voit encore la sortie de deux nouvelles revues. *Cé pas tchatcha* en deux actes et un tableau de Max Bissainthe et *Mascarade* de Marcel Sylvain, interprétée par la troupe Pêle-Mêle formée de Martial Day, Emmanuel French, Dieudonné Poméro, Simon Desvarieux, Carmen Lahens et Mlle de Pradines.

Bien sûr, ces pièces légères à nombreuse figuration, truffées de malice, égayées de méringues et de chansons, ne sont pas les seules à supporter les feux de la rampe. L'année 1935 marque les débuts d'une relance théâtrale, qui aura des hauts et des bas et va se prolonger pendant vingt ans. Durant cette période, des troupes bien constituées feront leur apparition et de brillants acteurs trouveront l'opportunité de faire valoir leur talent dans des pièces autrement charpentées.

Après le succès de la Compagnie de Mme Jacqueline Wiener-Silvera, Louis Lizaire fonde en février 1936 l'*Association des Deux Masques* où se rejoignent les fervents de la scène, Jacqueline Wiener-Silvera, Odette Martineau, Simone Estève, Raymonde Arlet, Mme

Philippe Le Docte, Antoine Bervin, Gérard Denis, Robert Fatton, Pierre Mayard, Édouard Woolley et Charles de Catalogne. Le 29 février 1936, l'association inaugure à Paramount sa carrière dramatique avec *La Robe de soie*, pièce en un acte d'Henriette Charasson et *La souriante Madame Beudet*, comédie en deux actes de Denys Amiel, interprétée par mesdames Silvera et Le Docte, Raymonde Arlet, Jacques Sableuse, Eddy Woolley, Robert Fatton, Jacques Delange. En mai suivant, l'association présente *Au téléphone* et *Le choc en retour*. Fort curieusement, malgré le succès recueilli, les *Deux Masques* s'éclipsent de la scène. Quelques membres de la compagnie théâtrale défaillante prennent la relève et fondent l'association *Les Masques créoles*. Ils font jouer *Maître Bolbec et son mari* de Louis Verneuil et Georges Berr et *Aimer* de Paul Géraldy, puis nouveau silence.

On ne peut pourtant pas parler de déclin théâtral, car c'est à ce moment qu'apparaît une nouvelle floraison d'auteurs dramatiques, Jean Brierre, Frédéric Burr-Reynaud, Volvick Ricourt, Christian Werleigh, René Rosemond, Dr Arthur Lescouflair, qui gratifient le public port-au-princien de quelques pièces de choix comme *Anacoana* de Frédéric Burr-Reynaud et Dominique Hippolyte, *La Frôleuse* d'Étienne Bourand, *Charlemagne Péralte* et *L'Amour triomphe* de René Rosemond et Antoine Lubin, *Fifine et Toutou* de Martial Day, sans parler des désopilants sketches d'Alphonse Henriquez alias Jehan Ryko: *Le coup de téléphone*, *Le coup de filet*, *Les Huns et les autres...* Répertoire tout de même peu copieux qui détermine le gouvernement de la République à organiser en 1939 un concours destiné «à susciter la production d'œuvres théâtrales de valeur». Le Grand Prix dramatique du président de la République est attribué au *Torrent*, pièce en 3 actes de Dominique Hippolyte écrit avec le concours de l'historien Placide David et le prix du Corps Législatif au *Faisceau*, pièce en 4 actes de Stéphen Alexis.

Le 18 mai 1940, sur la scène du Rex, a lieu la première du *Torrent*, dans les décors d'Édouard Preston. Drame de «l'évolution psychologique d'un jeune mulâtre dans Saint-Domingue en insurrection», joué en présence du président Vincent qui avait été l'inspirateur du concours, et que Léonie Coicou-Madiou, Simone

Barrau, Charles de Catalogne, Martial Day, Simon Desvarieux, Georges Dupont, André Gerdès, Paul Savain enlèvent avec brio. Le 6 juillet, c'est au tour du *Faisceau* de mériter les hommages du public, grâce à l'interprétation sans faille de Paul Savain, Simon Desvarieux, Charles de Catalogne, Lissa Florès, Edgard Laforest, Dieudonné Poméro, Granville Olivier, Franck Bouchereau, Arthur Breton, Gérard Bréa et Willy Guercy.

Coup sur coup sont représentées trois autres pièces qui toutes avaient été écrites pour le concours : *Toussaint-Louverture*, pièce en 3 actes d'Étienne Bourand dont la première a lieu au Rex le 15 juin 1940, *L'Adieu à la Marseillaise*, poème dramatique en trois tableaux de Jean Brierre, joué pour la première fois au Rex le 1er août 1940 et *Boisrond Tonnerre* de Frédéric Burr-Reynaud, présenté au Rex le 9 janvier 1941 avec comme interprètes Simon Desvarieux, Odette Paret, Charles de Catalogne, Martial Day...[5] S'éloignant de ces drames à fond historique et se rapprochant du genre revue dont la source semblait alors tarie, Daniel Heurtelou présente, le 21 décembre 1939, sur le plateau du Rex, sa comédie satirique *La Montée*. Succès complet.

Toutes ces pièces avaient été admirablement interprétées par des comédiens réunissant d'excellentes qualités. On s'enthousiasmait de la mémoire imperturbable d'un Martial Day, d'un Charles de Catalogne, d'un Paul Savain, d'un Simon Desvarieux et de leur merveilleux talent. Délectations intellectuelles dont le public eut été sevré si des établissements comme le Rex, Paramount, le cercle Port-au-Princien, Haïtiana n'avaient toujours eu à cœur d'encourager et d'accueillir toutes les manifestations de la pensée et de l'art, accomplissant ainsi une fonction éminemment sociale. Une action tout aussi louable et méritoire était menée par la station radiophonique HH2S où presque chaque soir, des émissions de choix préparées par des artistes tels que Yvonne Sylvain, Odette Martineau, Jacqueline Wiener-Silvera, Lina Mathon, Marcel Sylvain, Marcel Camille «emportaient sur l'aile des ondes la pensée haïtienne, l'art haïtien».

Une des plus fameuses troupes théâtrales françaises, celle de Gil Roland de l'Odéon et Pierre Jourdan du Théâtre des Arts, se produit au Rex en janvier et novembre 1937. Au gala littéraire qu'elle donne et où Ronsard, Corneille, Racine, Molière, Musset, Péguy, Courteline, Sacha Guitry et Jean Cocteau seront à l'honneur, le public haïtien sera enchanté d'entendre pour la première fois d'entraînantes chansonnettes telles que l'amusant *Tout va très bien, madame la Marquise*[4] de Paul Misraki et les airs folâtres de Charles Trenet, le «fou chantant», comme *Boum* !, *Y'a d'la joie*, que Port-au-Prince va fredonner pendant des mois.

La deuxième tournée de la troupe Gil Roland qui débute avec *Le Rosaire* sera un vrai régal au cours duquel des pièces admirablement jouées par des artistes venus de l'Odéon, de l'Ambigu, de la Porte Saint-Martin, du Théâtre Antoine et du Théâtre des Arts, feront la joie des spectateurs. Évoquant ces soirées délicieuses, le *Temps-Revue* opinait que la Compagnie Gil Roland était «bien la meilleure et la plus cohérente que nous ayons reçue de longtemps chez nous».

Le chant est dignement représenté par Mme Henriette Perret-Duplessis, la grande divette parisienne de l'Opéra-Comique, dont les récitals, avec accompagnement au piano de Mme Carmen Brouard-Magloire, procurent aux auditeurs des heures ravissantes. Tout aussi appréciées sont les auditions données par ses élèves. À ces régals, le talent naissant, soutenu par de la belle musique, était cordialement encouragé.

Pour la musique vocale masculine, c'est Eddy Woolley qui détient la palme. En compagnie de Charles de Catalogne, il fait des tournées en province où ses revuettes et récitals de chant sont bien accueillis.

À signaler pour mémoire, le séjour à Port-au-Prince, en septembre 1938, de l'étoile de première grandeur du chant et du cinéma français, Lily Pons, qui prend logement au Splendid-Hôtel, est reçue par le président de la République, mais ne gratifie, hélas, le public port-au-princien d'aucun récital.

Au début de 1937, la grande artiste Carmen Lahens et sa troupe formée des artistes français Eddie Desty, Raoul Nargys et Mme Greder, offrent au Rex leur premier spectacle avec *Le coup de Navaja* de Michel Carré et *La Bergamote* de Jean Ysi. Artiste aux multiples talents, excellant aussi bien au piano, dans la comédie, l'opérette, le chant que dans les danses plastiques, Carmen Lahens enregistrera de notables succès aux représentations de sa troupe au Rex. *Le Temps-Revue* la désignait comme «l'oiseau de feu de nos soirées d'art». Programmes séduisants qui se répétaient plus intimement à «Chez Elle», au Bois-Verna, où, dans un cadre agréable, la fine ballerine ou la diseuse au timbre plein charmait ses visiteurs par ses auditions de chant et ses exhibitions chorégraphiques.

Une autre danseuse, ancienne étoile des cabarets de Paris, Margot Roland, de son nom d'artiste Anacaona, fait ses débuts au Rex en avril 1938. On applaudit avec transport son numéro de danses exotiques, sa danse vaudouesque en pagne de Tahiti et surtout son acrobatique «danse serpentine». Mais la vraie favorite du public semblait bien être Annette Merceron qui, selon le *Temps-Revue*, «étincelante et vive (dansait) comme un colibri tropical». Annette Merceron avait formé un corps de ballet où se distinguaient les toutes jeunes Gladys Léger, Huguette Rigaud, Madeleine Mathon, Evelyne Froën, Marie Arlet, Marcelle Baussan, Jeanine Roy. Ses représentations chorégraphiques données le plus souvent au cercle Port-au-Princien par son bataillon de gracieuses ballerines parées de lamés, de clinquants et de paillettes étaient de vraies délectations. L'accompagnement musical au piano, assuré tour à tour par Mmes Lina Mathon, Numa Rigaud et par Georgette Molière, restait à l'égal du décor, des costumes et de la mise en scène.

Les mélomanes ne restent pas sur leur faim et sont de temps en temps gratifiés d'auditions musicales qui ne sont pas toujours des succès, compte tenu du nombre restreint des vrais amateurs de musique. Quatre noms dominent cette période : ceux de Mme Lina Fussman-Mathon, de Mme Carmen Brouard, d'Anton Werner Jaegerhuber et de Charles Miot. Les concerts préparés par Mme Fussman-Mathon et Anton Jaegerhuber sont souvent rehaussés de chœurs à quatre ou cinq voix formés de filles et garçons en costume national... Restera gravé dans les mémoires, le gala d'art indigène présenté à Port-au-Princien en mai 1939, par Lina Fussman-Mathon, Anton Jaegerhuber, Charles Miot et Gaston Durand. À l'exécution de

Nibo de Ludovic Lamothe, l'assistance debout se retourne pour acclamer aussi Lamothe qui dut vaincre sa timidité pour venir saluer. «Mme Mathon se révéla conductrice savante, chef d'orchestre compréhensif, artiste jusqu'au bout des doigts», concluait le *Temps-Revue*.

Plus classiques les récitals offerts par Carmen Brouard et consacrés à Bach, Chopin, Liszt, Beethoven ou Mendelssohn. Le 6 mars, au Rex, Carmen Brouard et Willy Bartsh offrent un concert, avec accompagnement au piano de Lucienne Mathon et Lionel Roth. Cette séance musicale à laquelle le président de la République avait tenu à assister en hommage à son ami Raphael Brouard et au talent de sa fille Carmen, est donné dans une salle quasi vide. Toutefois, au premier concert de l'orchestre symphonique de la Société des Concerts et Spectacles de Port-au-Prince - et qui sera suivi de bien d'autres - donné au Rex le 30 janvier 1937, sous le haut patronage du président Vincent, l'interprétation sans faille d'une mélodie de Gluck, de l'Intermezzo de Massagni, de l'andante de Kuhlau, du concerto en ré mineur de Mozart et de la symphonie en sol majeur d'Hayden enlèvent tous les suffrages et valent de longs rappels au maestro Charles Miot et à son orchestre de plus d'une trentaine de musiciens.

Succès aussi brillant, celui obtenu par le concert offert à Paramount par l'association Pro Arte et Litteris. À cette séance musicale, avaient donné le meilleur d'eux-mêmes, Mme Valério Canez pour le chant, Werner Jaegerhuber au piano, Elvire Roth, J.W. Turnier, Valério Canez, Gaston Durand au violoncelle et Auguste Durand à la viole. Beaux lauriers récoltés également par l'Orchestre Symphonique Capois sous la direction de David de la Fuente, second prix du Conservatoire de Leipzig, pour son concert donné au club des Officiers.

Bien plus ensembles musicaux qu'interprétateurs du style musical né au début du XXe siècle sur les rives du Mississippi, les *jazz* assurent aux boîtes de nuit l'attirance des mondains. Vulgarisateurs de tous les tubes à la mode, ils régalent une clientèle enchantée de retrouver dans leurs rythmes et fantaisie ses propres aspirations.

Précédées le plus souvent d'une renommée à laquelle elles sont bien sûr les premières à vouloir faire honneur, les vedettes étrangères de passage prennent à cœur d'offrir au public des auditions ou spectacles de qualité. Au concert donné au cercle Port-au-Princien, avec Georgette Molière comme accompagnatrice, Lucienne Radisse, violoncelliste de renom, recueille les faveurs de toute l'assistance étonnée et ravie par la vigueur de son coup d'archet et la délicatesse de ses gestes. À la fin du spectacle, le président Vincent accepte de vider une coupe en l'honneur et en la compagnie de l'artiste. Seront aussi bien appréciés les galas théâtraux et musicaux du tragédien et diseur belge Carlo Litten et l'intermède offert par la grande danseuse de l'Opéra de Chicago, Katherine Dunham, secondée pour le chant par Henriette Perret-Duplessis, lors d'un concert donné au Rex en avril 1936 par Mme Carmen Brouard.

On retiendra les beaux concerts du réputé violoncelliste Bougoumil Sykora, accompagné au piano par Mme Henri Borno, les récitals de piano de l'artiste allemand Willy Bartch au cercle Port-au-Princien, ceux du violoniste tchèque Emil Friedmann... Et pourquoi ne pas mentionner les soirées montmartroises du Trocadéro, «perle chatoyante de notre Riviera port-au-princienne», et qui valaient aux époux Ralph Cataly des ovations si méritées ?

Lauréat du Conservatoire de Moscou, le pianiste roumain de grande classe Basil Codolban, réfugié en Haïti en 1941, et qui avait été l'élève du célèbre Cortot, donne son premier récital de piano au Rex le 7 mars. Sa grande maîtrise du clavier lui vaudra, pendant la durée de la guerre, d'être sollicité comme professeur par tous ceux qui aspiraient à bien jouer du piano.

Concernant la fréquentation des clubs mondains, on notait, vers le début des années 40, une certaine désaffection de la part de leurs membres et invités qui, aux fêtes de circonstances qui s'y donnaient, s'empressaient de s'esquiver, semblant préférer les plaisirs «extra muraux» où moins de tenue exige moins de retenue. «Malheur des temps, se lamentait le *Temps-Revue*, que cette aisance avec laquelle on renonce à la société sélecte, parure de nos clubs qui sont obligés, sans toujours réussir à se faire pardonner ce qui leur reste de distinction, à s'ouvrir de plus en plus aux... vents du dehors, tant pour les invitations que pour la musique de carnaval»[7]. Pourtant, à la villa La Gosseline, résidence de l'ancien président Michel Oreste au Champ-de-Mars, Paulo Fils-Aimé a fondé un club privé dont les statuts moins rigides que ceux des grands cercles mondains, permettent aux membres de s'amuser à des attractions variées et dans une atmosphère moins collet monté.

Aux amateurs des plaisirs de la piscine et de la plage, Résia Vincent donne l'opportunité de satisfaire leur goût en créant, au bénéfice des enfants assistés de la Saline, sur l'ancienne habitation coloniale Volant-le-Tort, le club *Thorland*, établissement de luxe avec piscine, salle de bal, restaurant, bar, courts de tennis, et là-bas, au bout d'un chemin creux qui se faufile parmi les hévéas, la plage de sable fin bordant la baie calme et tiède. L'inauguration de Thorland suit de trois jours celle du Rex, les deux événements mondains qui seront considérés comme les plus mémorables de la saison. Journée splendide que celle de ce dimanche 6 octobre 1935 qui marquait le lancement d'une grande œuvre sociale en même temps que l'ouverture d'un vrai centre de récréation. Sous un manguier touffu voisin de la piscine, se sont abrités le président Vincent et quelques hauts personnages. Guignol, loterie, concours de natation et de plongeon, tir à la cible, matches de tennis, bal, animeront jusqu'au soir cette belle journée d'inauguration.

Sous Lescot, le rationnement de l'essence qui a provoqué la crise du transport éloigne de plus en plus la capitale des lieux de plaisir situés dans sa périphérie : circonstance qui fait l'affaire des établissements plus au centre. Certains cafés, comme le Savoy, organisent des soirées dansantes très prisées.

Mêmes difficultés pour les directeurs de salles de cinéma qui doivent déployer de gros efforts pour alimenter en nouveautés leurs établissements. L'interruption de communications avec l'Europe en guerre mettra bientôt fin à tout contact avec les producteurs, et le public devra, jusqu'à la fin des hostilités, se contenter des films gardés en dépôt et dont heureusement beaucoup d'entre eux comptaient parmi les grands succès cinématographiques : *Le Roi, Les Perles de la*

Couronne, La belle équipe, Vous n'avez rien à déclarer, La Vierge folle, Les Bateliers de la Volga, La Glu, Les deux orphelines, Michel Strogoff, Les Bas-Fonds, La Bête humaine, La Goualeuse, Mademoiselle Docteur, Les Révoltés du Bounty, Naples au baiser de feu, Le Mensonge de Nina Petrovna, La rue sans joie, sans oublier l'admirable *Adrienne Lecouvreur* et la célèbre trilogie de Marcel Pagnol *Marius, Fanny et César.*

L'approvisionnement en films américains causera moins de soucis. Le plaisir du spectateur était cependant gâché par l'effort qu'il avait à accomplir pour suivre le film et lire en même temps les sous-titres français. Une merveille d'art, *Fantasia,* de Walt Disney, peut-être la plus originale production cinématographique de l'époque, fera courir tout Port-au-Prince au Rex. On aura rarement vu un film de style musical rester aussi longtemps à l'affiche. En mai 1944 sera projetée sur l'écran de Paramount *Mrs Miniver,* de William Wyler, «bande la plus pathétique, estimait *Haïti-Journal,* qui sans contredit ait été exhibée à Port-au-Prince». De fait, le sujet tiré d'un épisode de la guerre européenne et agrémenté d'images d'une éclatante beauté était des plus émouvants et soulèvera beaucoup de ferveur dans la grande famille des cinéphiles port-au-princiens.

Dans le dessein de réduire leurs frais généraux devenus onéreux, les directeurs de salles de cinéma avaient dû s'entendre pour alterner leurs jours de spectacles et, en raison de la pénurie de nouveaux films, s'étaient vus obligés de baisser à trente centimes, sauf le dimanche, le tarif des représentations cinématographiques. Ces prix démocratiques faisaient affluer à presque toutes les séances une foule de spectateurs ravis d'admirer, parfois des chefs-d'œuvre, à si bon compte.

En dépit de la crise du cinéma, on assiste à l'ouverture de nouvelles salles. C'est cependant à Pétionville qu'on le constate, sans doute parce que les habitants de cette communauté si proche de la capitale souffraient d'être sevrés de cette agréable distraction. En septembre 1942, *Rialto Palace* est inauguré place Saint-Pierre. Deux ans plus tard, l'établissement change de nom et devient le *Ciné Sélect.*

Le théâtre, lui, n'a pas perdu le souffle, et si les pièces qui s'offrent aux feux de la rampe restent de valeur inégale, leur présence sur la scène prouve que le genre continue à plaire. Février 1942 voit le succès de Martial Day et de sa troupe dans la présentation de *Fifine et Toutou* et de la désopilante comédie *L'Arriviste*. Émérante de Pradines, Martha Jean-Claude, Emmanuel French, Marcel Sylvain, Dieudonné Poméro et l'auteur se révèlent comme toujours d'excellents comédiens.

La Famille des Pitite Caille de Justin Lhérisson, adaptée au théâtre par Pierre Mayard, sera le gros succès de l'année 1942. «C'est certainement ce qui a été fait de mieux dans le genre des comédies de mœurs, opinait *Haïti-Journal*. En y ajoutant les ressources de son talent, la finesse de son humour, sa verve, son sens profond de l'action théâtrale, un créole en caleçon et un style émaillé de trouvailles incessantes, Mayard a présenté une œuvre encore plus vivante que celle qui lui servit de modèle»[8]. Interprétée par Martial Day, Émérante de Pradines, Sterne Rey, P.D. Plaisir, Mme Madiou, Poméro et Pierre Mayard, la pièce provoque tant dans la presse que dans le public les critiques les plus favorables.

Au lendemain de la deuxième représentation à laquelle avait assisté le président Lescot, Pierre Mayard reçoit des héritiers Justin Lhérisson un «papier-timbré» lui réclamant 1.000 dollars de dommages-intérêts pour avoir, sans autorisation, adapté au théâtre le roman de leur père. Un arrangement entre les parties interviendra cependant qui permettra, six mois plus tard, la reprise avec le même succès de la *Famille des Pitite-Caille*.

À quelques jours d'intervalle, le rideau se lève sur trois pièces d'un intérêt variable : *Le docteur Aristarque en justice*, comédie locale en deux actes, *Déclaration Paysanne* de René J. Rosemond, avec Pierre Carrié et Rodolphe Legros et *Le Triomphe de la terre* d'Antoine Salgado interprété par Sterne Rey, Mme Madiou, Émérante de Pradines, Poméro et Savain.

Une polémique littéraire aigre-douce engagée entre Mesdames Rosemond-Manigat et Jeanne Pérez, autour du personnage de Sanite Belair, précède la présentation de la pièce historique en trois tableaux de Jeanne Pérez, *Sanite Belair*, qui a lieu le 10 août 1942 au Rex, devant une salle où tous les sièges étaient occupés et où l'on remarquait la présence du président Lescot et de quelques officiels. En dépit d'une certaine faiblesse et d'une lenteur dans l'action, la pièce fort bien interprétée par Max D. Sam, Émérante de Pradines, André Gerdès, Simon Desvarieux, Léonie Coicou-Madiou, est chaleureusement ovationnée. En décembre, Mme Rosemond-Manigat donne à son tour son drame sur la même héroïne. Distribution en tout point parfaite, assurée par Martha Jean-Claude, Roger et Granville Olivier, Poméro, Coicou, Rigaud, Martelly. Quoique bien appréciée, la pièce ne recueille pas autant de succès que sa concurrente.

Autres spectacles de la saison, *Dix-Huit Cent Deux*, drame historique de Paul Savain, intelligemment interprété par Max D. Sam, Simon Desvarieux, Edgard Laforest, Aline Mercier, Paul Savain et André Gerdès; *Le Soupçon*, comédie dramatique de Luc Grimard et Frédéric Burr-Reynaud; *Lococia*, comédie locale en deux actes de Marcel Sylvain jouée par Mme Madiou, Émérante de Pradines, Martha Jean-Claude, Poméro, French, Sylvain, René Audain, Christian Coicou; *Christophe Colomb*, drame historique du père Henri Goré et *Servir* d'Henri Lavedan avec Madame Odette Gloecklé. Dans ces deux dernières pièces, Charles de Catalogne fait encore valoir son grand talent.

C'est par *Les Révolutionnaires*, tragédie en 3 actes du dramaturge américain Selden Rodman qui a voyagé pour assister à l'interprétation de son œuvre, que débute la saison théâtrale 1943. Pour écrire sa pièce, l'auteur s'est inspiré des grandes heures de notre histoire. La représentation prend fin à 2 heures du matin. Bien reçue du public, la pièce encaisse cependant une sévère critique de Roger Cauvin pour les trop grosses altérations historiques que s'est autorisées l'auteur... Est reprise au Rex, *La Crête-à-Pierrot* de Charles Moravia, poème dramatique en trois tableaux et en vers. Pierre Blain, alors à ses débuts, soutenant avec fougue et passion le rôle de Dessalines, s'y révèle un acteur de classe.

On n'avait pas toujours eu à se féliciter de ces pièces à belle facture, et plus d'une fois, le public, assez connaisseur en théâtre, avait dû, à la suite de certaines représentations de pièces dites «locales», avouer sa déception et manifester son mécontentement. «Le public n'accepte pas d'avaler tout ce qu'on lui offre, morigénait *Haïti-Journal*, et commence à se plaindre des comédies grotesques où on lui offre, en guise de théâtre, des bouffonneries d'un mauvais goût évident, augmentées de propos licencieux qui n 'arrivent même plus à amuser»[9]. Le cuisant échec de *Maniguette*, *Frè Dumornay* et autres navets de la même trempe, n'avait été que trop mérité. L'arrivée de la troupe Jouvet, en décembre 1943, met en joie tous les fervents du bon et vrai théâtre.

Certainement le plus grand événement théâtral survenu en Haïti, ce débarquement à Port-au-Prince de la *Compagnie dramatique française du Théâtre Louis Jouvet de Paris*, formée d'une pléiade d'acteurs d'un incomparable talent. En prévision de cette visite, l'ingénieur Boisette procède à d'importants réaménagements dans les coulisses du Rex. Le 16 décembre, la foule de ses admirateurs accueille Jouvet avec ferveur à Chancerelles et l'accompagne jusqu'au Splendid-Hôtel. À ceux qui l'entourent, il donne ses premières impressions : «Après notre longue absence de la France, trouver un aussi beau pays que le vôtre, de langue et de culture françaises, est pour nous une joie profonde. Tout à l'heure, en longeant votre Champ-de-Mars, une petite affiche : *Attention ! École ! Ralentissez !* a fait battre nos cœurs d'émotions. C'était écrit en français. Vous ne pouvez deviner ce que cela représente pour nous»[10].

Le 21 décembre, la troupe Jouvet débute avec *l'École des Femmes*, devant un public qui, dans la matinée, avait accepté de faire la queue durant de longues heures pour avoir son ticket d'entrée. Dans la distribution, Louis Jouvet, Régis Outin, Monique Mélinand, Léo Lapara, René Besson, Paul Cambo, Stéphane Audel. Du 21 au 29 décembre, tout un alléchant et captivant programme classique et moderne est présenté au public : *L'Annonce faite à Marie*, *Le Médecin malgré lui*, *L'Apollon de Marsac*, l'extraordinaire *Knock*, *La Jalousie de Barbouillé*, *La Folle Journée*, *La Coupe enchantée*, *Je vivrai un grand amour*, entraînant à tous ces spectacles la présence d'un public enthousiaste et dense dont l'intelligent comportement lui vaudra cette flatteuse opinion de Jouvet : «Ce qui nous a frappés hier soir, c'est la qualité de l'attention, car nous autres comédiens, nous savons interpréter les réactions du public. Tous nos mots portaient. Nous nous rendions compte qu'on appréciait les moindres nuances du dialogue»[11].

Ces heures exaltantes ne vont pas s'éterniser, et le 5 janvier 1944, à l'Hôtel de Ville, Jouvet et sa troupe qui s'étaient donné pour tâche de mener, parallèlement à la lutte armée, leur propre bataille pour le triomphe de l'esprit, prenaient congé de leurs nombreux admirateurs port-au-princiens, en route vers d'autres cieux.

Sur les passionnés de théâtre, cette tournée de Jouvet laisse une profonde empreinte. L'art théâtral s'en trouve revigoré. Ralliant l'opinion de tous les vrais fervents de théâtre, Pierre Mayard souhaite qu'après Jouvet «nous cessions de nous complaire de notre amateurisme, ennemi de la Règle, ennemi de l'Art, ennemi du Métier, notre propre ennemi».

On observe alors un ralentissement caractérisé du mouvement théâtral. En un an, seulement trois pièces sont jouées: *Tocaye*, comédie de Dominique Hippolyte dont la première a lieu au Rex le 6 mars 1944, *L'Héritage*, drame paysan en 2 actes de Martial Day, représenté pour la première fois dans la même salle le 2 avril 1945, et *Lococia*, comédie locale en 2 actes de Marcel Sylvain rejouée au Rex en avril 1945.

Nouvelle tentative de rénovation de l'art dramatique, la fondation en septembre 1945, par un groupe d'acteurs bien connus, de l'*Union des Acteurs haïtiens du Théâtre des Trois Lundis*. Cette société était «appelée à travailler, avec le concours des intellectuels, à l'organisation et au développement du théâtre local». Le 1er octobre 1945, elle donne avec Sterne Ray, *Le docteur Aristarque en justice*, sa première représentation. Mais c'est avec *Banco électoral*, comédie locale en 2 actes, interprétée par Coicou, Lubin, Audain, Poméro, qu'elle inaugure officiellement ses activités théâtrales qui se poursuivront régulièrement tous les trois lundis.

Un dramaturge qui connaît vers cette époque un foudroyant succès, c'est Roger Dorsinville qui présente une pièce, vrai réquisitoire à l'encontre des anomalies sociales du temps. Le jeudi 6 décembre 1945, a lieu au Rex la première représentation de *Barrières*, pièce en 3 actes, avec Mme Madiou, Martial Day, Lissa Florez, Sterne Rey, Gérard

Bréa, Roger Savain, Martha Jean-Claude, Émérante et Atala de Pradines. Reprise le 8 décembre en présence du président Lescot, la pièce est applaudie avec ferveur par toute une nuée de jeunes contestataires qui entendaient soutenir, et de façon pertinente, le message transmis par l'auteur. À la représentation du 4 janvier 1946, on se bat aux portes du Rex pour se procurer un billet. Jugée subversive de l'ordre public, *Barrières* est interdite après cette troisième représentation.

L'été 1945 voit l'arrivée à Port-au-Prince de la fragile Madeleine Ozeray et de sa compagnie théâtrale qui débutent le 11 juillet au Rex par la présentation, sous le haut patronage du président de la République, de *Pèg de mon cœur*, comédie en trois actes et quatre tableaux de J. Hartley Manners. Suivra, un choix de pièces tirées du répertoire des dramaturges les mieux cotés en France : *Le Passant* de François Coppée, *Jean de la Lune*, de Marcel Achart, *Le Mystère de la Charité de Jeanne d'Arc*, de Charles Péguy, *Poil de Carotte*, de Jules Renard, *Frisette* d'Eugène Labiche, qui ne réussiront cependant pas à assurer à la troupe la présence d'un nombreux public.

En 1943 fait ses débuts dans l'art chorégraphique national Léon Destiné qui, lors d'une représentation folklorique avec sa partenaire Gladys Hyppolite, vedette de la troupe Fussman-Mathon, révèle au public ses dons merveilleux. À la soirée artistique offerte par l'Institut Haïtiano-Américain en avril 1946, la richesse rythmique du folklore est une nouvelle fois mise en évidence par les danses folkloriques exécutées avec grâce et souplesse par Léon Destiné et Ghislaine Courtois.

Revers de la médaille, Anacaona renonce à la danse... et aux plaisirs du monde. Pitoyable, pieds nus, un sac au dos, portant une robe de pénitente et un capuchon en violine, une fillette à ses côtés, l'ancienne danseuse, impassible et recueillie, fait pénitence devant la cathédrale et marmonne des prières[12].

Assez nombreuses à cette époque les séances musicales d'artistes étrangers : l'audition du violoniste Emil Friedman, offerte en mai 1942, le concert de piano de Teun Don qui, selon le critique Marcel Salnave, était plus amateur que professionnel, donné au club des Officiers, les récitals de chant de Todd Duncan et de Jesus Maria San Roma, ceux de la cantatrice Bruna Castagna, les concerts des violonistes William Primrose et Denis Brown, ceux de l'orchestre cubain *Sonora Matanzera* qui connurent un succès énorme. Mention spéciale pour le récital de piano d'Armando Polacios, directeur des Beaux-Arts du Chili, et l'un des plus célèbres pianistes du monde, offert le 27 septembre 1944, à la salle des Bustes du Palais national.

La multiplication des night-clubs et des boîtes de nuit entraîne celle des ensembles musicaux formés d'amateurs dont quelques-uns affichent des dispositions de vrais professionnels. À ces formations improprement appelés «jazz», tels les jazz Scott, Guignard, Rouzier, Cabral, dont la renommée était déjà acquise, se joignent à partir de 1941, le *Blue Baby Jazz* d'A. Desgrottes, puis les jazz Chancy, Annulysse Cadet, Issa Saieh et *des Jeunes*. En 1942, le jazz Cabral change d'appellation et adopte la jolie dénomination de *Gais Troubadours*. Cabral qui le dirige lui apporte la sympathie des mondains. En peu de temps, il se classe au premier rang des formations musicales du pays, semant à toutes les réunions dansantes joie et enthousiasme... Soutenus par des centaines d'admirateurs qui vont rapidement se muer en véritables fanatiques, les jazz voient grandir leur popularité et c'est à eux qu'on fera appel pour animer la première partie du programme des séances cinématographiques.

En 1944, la direction de Cabane Choucoune, le plus select et le plus original cabaret d'Haïti, inaugure ses soirées de fin d'année animées par des orchestres dont le renom artistique était bien assis. Déjà en 1942, le public haïtien avait pu apprécier la virtuosité de la musique cubaine aux concerts donnés au Rex par les fameux orchestres *Casino de la Playa* et *Sonora Matanzera*. Par contrat, Cabane Choucoune engage en décembre le jazz cubain *Siboney* qui, jusqu'au carnaval, répandra sur les danseurs de la Cabane un flot de fox, de tangos, de rumbas et de valses, ainsi que des airs folkloriques cubains, le tout assaisonné des inimitables performances de la danseuse Anita Vasquez. Des récitals populaires seront aussi offerts par Siboney à Paramount, et qui auront beaucoup d'écho.

Le brillant succès recueilli de cette visite de Siboney incite les

Marini à renouveler l'expérience. Désormais, chaque année, de décembre au Carnaval, les habitués de la Cabane Choucoune auront la joie de s'amuser dans un climat émoustillant, au rythme d'un des plus réputés orchestres étrangers, *Cuban Swing, Diablo Rojo, Eric Deans, Hermanos Palau* et jusqu'au légendaire *Xavier Cugat*. Aux autres soirées de l'année, l'enjouement était soutenu par les formations du terroir, le *jazz Guignard*, l'*orchestre Chancy*, l'*orchestre Saieh*, l'*ensemble Nono Lamy* et surtout les *Gais Troubadours* qui connaîtront à Cabane Choucoune leur plus belle époque.

Peu de compositeurs et d'interprètes musicaux de l'envergure d'un Justin Élie ou d'un Ludovic Lamothe. Frantz Casséus donne au cercle Port-au-Princien des récitals de guitare valables et d'une évidente originalité, sans pouvoir atteindre à la perfection des grands artistes. Édouard Woolley, de l'Académie de Musique de Québec, qui autrefois enchantait les fidèles du Sacré-Cœur de sa voix éclatante et chaude, fait ses débuts comme chef d'orchestre dans un concert symphonique offert au Rex, avec le concours de l'orchestre du Palais, au profit des œuvres présidentielles. Sa réadaptation au pays sera plutôt difficile et bien court le temps qu'il consacrera au développement de l'art en Haïti.

Au soir de sa vie, Ludovic Lamothe, connaît une rude épreuve. À l'expiration du délai qui lui avait été accordé pour remettre la maison qu'il occupait à Bellevue depuis 36 ans, ses meubles et son piano sont jetés dans la rue. *Haïti-Journal* lance un appel au public en faveur de «l'artiste qui a porté si haut le nom haïtien et la gloire de notre méringue». Cette initiative déclenche en faveur de Lamothe un immense mouvement de solidarité. En moins d'un mois, plus de 14.000 dollars sont recueillis. À l'aide des valeurs récoltées, le pianiste fait l'acquisition d'une confortable villa au haut de Peu-de-Chose où, dans un cadre reposant et frais, il pourra vivre avec plus de quiétude.

Autre initiative digne d'éloges de *Haïti-Journal* au profit de l'art national haïtien, sa campagne en faveur de la méringue qui, de plus en plus talonnée par la musique exotique, était en pleine déperdition. L'ouverture, en septembre 1945, d'un grand concours de méringue, entraîne la participation de 217 concurrents. Le jury formé de

Ludovic Lamothe, Charles Jeanty, Mme Justin Élie, Mme Lina Fussman-Mathon et Marcel Salnave, devait, après une première sélection de quarante méringues, choisir les dix meilleures qui auraient à affronter les suffrages populaires. Le 27 décembre, à la finale du concours qui a lieu au Champ-de-Mars, en présence du président de la République et d'une foule imposante, Antoine Duverger, Micheline Laudun, une fillette de 15 ans, et Walter Scott Ulysse sont proclamés les gagnants du concours. Le premier prix est attribué à Antoine Duverger pour sa méringue *Foufoune*, le deuxième prix à Micheline Laudun pour *Méringue* et le troisième prix à Walter Scott Ulysse pour *Choubouloute chérie*. «Notre campagne pour le sauvetage de la plus gracieuse tradition nationale ne fait que commencer, concluait *Haïti-Journal*... Notre mouvement à la longue s'imposera».

Misant sur le goût bien prononcé des Port-au-Princiens pour les bains de mer, Luc Théard inaugure, pour les grandes vacances de 1943, sa station balnéaire d'*Arcachon* où, à chaque week-end, aimera déferler, dans un climat de fête, la grande affluence des baigneurs.

Malgré les secousses de l'année 46, le *Théâtre des Trois Lundis* tient assez bien le coup. La transposition à la scène du roman de Marc Verne, *Marie Villarceaux*, détermine la formation d'une nouvelle compagnie théâtrale qui rapidement se placera «à l'avant-garde du mouvement théâtral haïtien»... C'est le 21 juin 1948 qu'est créé au Rex l'émouvant drame passionnel *Marie Villarceaux*, tiré de l'œuvre célèbre de Marc Verne. Les interprètes, Aline Mercier, Charles de Catalogne, Simon Desvarieux, Lucien Lemoine, Paul Savain, Édouard Dupont, Nicolas Vincent, Gérard Dusseck, Gisèle Besson, tous bien dans leurs rôles, arrachent au nombreux public de légitimes applaudissements. Tout en suggérant à l'auteur de «remanier un peu la pièce», le critique d'art dramatique Lucien Balmir reconnaît toutefois que «c'est l'un des plus forts hommages rendus à l'amour au théâtre».

«Ce succès de Marc Verne, lit-on dans une plaquette consacrée à l'art dramatique, prouva à Charles de Catalogne que le théâtre était susceptible d'un grand essor en Haïti, s'il était organisé sur des assises sérieuses, et de là est née l'idée de la SNAD»[13]. Le 25 novembre 1948, par les soins de Charles de Catalogne qui va se révéler le personnage le plus actif et le plus ambitieux de la nouvelle renaissance théâtrale haïtienne, le *Centre d'Art Dramatique*, «destiné à développer le goût, la connaissance et la pratique des arts en Haïti», est fondé. Devenu à la suite des démarches de DeWitt Peters la *Société Nationale d'Art Dramatique*, celle-ci s'installe au 61 bis de la rue Cappoix, dans l'ancienne résidence du poète Victor Mangonès.

Elle débute par des cabarets littéraires, des émissions radiophoniques à la 4VRW et, le 9 mai 1949, sous le haut patronage du président Estimé et devant une salle comble, inaugure au Rex sa première soirée théâtrale par *Le Cyclone*, pièce en 3 actes du célèbre dramaturge anglais Somerset Maugham. Dans la distribution, Charles de Catalogne, Simon Desvarieux, Lucien Lemoine, Édouard Dupont, Yvonne Hakime-Rimpel, Cylotte Coicou, Jacqueline Wiener-Silvera. "Une représentation théâtrale palpitante de promesses, opinait Lucien Balmir, et qui augure d'un bel avenir pour la SNAD".

Le 13 mai suivant, la Société Nationale d'Art Dramatique aborde pour la première fois le répertoire classique avec *Andromaque*, dans des décors de Paul Savain et des costumes d'époque confectionnés par l'artiste française Mme Léone Valenti. Le 29 juin, le théâtre moderne haïtien est à son tour à l'honneur avec la reprise de *Marie Villarceaux* où triomphe Aline Mercier dans le rôle principal. La préparation des représentations théâtrales n'interrompt pas les cabarets littéraires offerts régulièrement au public, ni les matinées poétiques du jeudi, ni les émissions radiophoniques littéraires du dimanche toujours introduites par le thème musical «Clair de lune» de Claude Debussy. Ces programmes, tout en contribuant à inculquer au public le goût des choses littéraires et théâtrales et à parfaire sa culture, préparaient également les jeunes acteurs dont le talent naissant était une promesse.

Le 4 novembre 1949, la SNAD inaugure la saison théâtrale 49-50 par la représentation de *Yoyo*, pièce en 4 actes et 8 tableaux de Marc Verne, avec Lucien Lemoine, Gérard Bréa, Nicolas Vincent, Charles de Catalogne, Maurice Casséus, Édouard Dupont et Paulette Poujol. *Antigone* de Jean Anouilh sera la dernière pièce jouée par les acteurs de la Société sur la scène du Rex. Voulant concourir à la pleine réussite des festivités du Bicentenaire, la SNAD à qui avait été confiée l'organisation des spectacles d'art dramatique du Théâtre de Verdure nouvellement créé, ne se produira plus, pendant un certain temps, qu'à ce théâtre en plein air.

Dans l'intervalle, était arrivé en Haïti Gabriel Imbert, ancien secrétaire général et directeur du Théâtre antique de la nature à Champigny, que Charles de Catalogne désigne comme «metteur en scène» attitré de la SNAD, dont il deviendra le directeur technique. Grâce à son importante expérience théâtrale, Imbert, sa profonde sympathie pour Haïti aidant, entreprend un formidable travail de recrutement «corrigeant les aînés, encourageant les jeunes dont le talent était resté inemployé, prodiguant sans calculer son dévouement et sa science à tous et en tout, soit comme metteur en scène, comme décorateur ou comme professeur d'art dramatique aux cours Georges Sylvain»[14].

Cette conjugaison d'efforts de tant d'animateurs dévoués va permettre à la SNAD, un an après sa création, de présenter tous les mois une nouvelle pièce puisée dans un répertoire de qualité. Le 28 décembre 1949, pour la première fois, elle est présente sur la triple scène du Théâtre de Verdure. *Le Lieutenant Pérédeau*, drame militaire en trois tableaux de Joseph Renaud, avec Cylotte Coicou, Adeline Périgord, Ghislaine Alexandre, Hubert Kébreau, Paul Savain, Charles de Catalogne, Édouard Dupont, Granville Olivier, Georges Bayardelle, Raymond Bastien, Gérard Résil, Maurice Casséus... obtient un grand succès. Est ensuite monté *Œdipe l'Aveugle-Roi* de Gabriel Imbert, adaptation libre du chef-d'œuvre de Sophocle, dans une mise en scène particulièrement somptueuse. Adeline Périgord, Lucien Lemoine et Simon Desvarieux se font chaudement applaudir. À la reprise de *Dix-Huit Cent Deux* de Paul Savain, et surtout à la présentation de *La Passion du Christ*, d'après le célèbre mystère du Jeu de la Passion de Nancy, montée par le collège Saint-Martial, à l'occasion de l'Année Sainte et des fêtes du Bicentenaire, la SNAD apportera son précieux concours. Jouée d'abord au Rex, puis sur le vaste plateau du Théâtre de Verdure, *La Passion du Christ*, avec le père Joseph Le Palud dans le rôle principal, est portée aux nues par un public subjugué par l'intensité dramatique de la pièce qui arrache des larmes à plus d'un.

Le mouvement théâtral est désormais en de bonnes mains, et rares sont les pièces jouées à cette époque sans le patronage de la SNAD. Tel sera le cas pour *Jean-Jumeau*, drame historique en un acte et cinq tableaux d'Edner C. Day et *Boisrond Tonnerre*, drame historique en 3 actes de Marcel Dauphin, interprété par Roger Dauphin, Luc Boisvert, Ferdinand Surpris et les frères Dusseck, qui recueillent un succès mérité.

Heureux événement pour les amateurs de bon théâtre, l'arrivée à Port-au-Prince, en janvier 1949, de la *Compagnie d'Art Dramatique* de Paris, dirigée par René Roland et dont la principale vedette féminine est Yvonne Scheffer, l'une des meilleures artistes de la scène française. Pour débuter, elle présente, le 31 janvier, une revue du théâtre français contemporain : *Le Soulier de satin* de Paul Claudel, *Médée*, tragédie en un acte de Jean Anouilh et *L'Après-midi orageuse de l'aigle à deux têtes* de Jean Cocteau. Le public sera, dans la suite, gratifié de spectacles tout aussi admirables, tels que *Huis Clos* de Jean Paul Sartre et *Monsieur Lamberthier*, comédie de Louis Verneuil. Relatant une des soirées de la Compagnie d'Art Dramatique, *Haïti-Journal* remarquait : «On n'était pas en Haïti, dans une salle de cinéma de Port-au-Prince, mais à Paris, à l'un des grands théâtres des boulevards, et le spectacle offert l'était par des acteurs de tout premier ordre»[15].

Bien d'autres spectacles, en dehors du théâtre, continuent à apporter aux Port-au-Princiens les distractions les plus délectables, telle la fantaisie poétique, *La Légende des Fleurs*, présentée au Rex par Mme Marie Vieux Charlier (Colibri), le 27 janvier 1947 et qui fut pour les yeux et pour l'esprit un véritable enchantement. Gisèle Besson, Marie-Thérèse Gabriel et Fahimy Goldenberg furent parmi les plus applaudies d'un essaim de jeunes et charmantes filles qu'entouraient des jeunes gens symbolisant le soleil, le papillon et le lutin... Le 7 novembre 1947, le Rex accueille le public des grandes soirées lyriques, à l'occasion du récital de Carmen Mallebranche, bachelière de la Haute École de Musique d'Outremont, avec le concours de Mme Maria Éthéart son accompagnatrice. Devant une salle comble, elle interprète avec brio les compositions des virtuoses de l'art musical, Mozart, Wagner, Brahms, Rachmaninoff, Duparc, Verdi... Autre séance musicale tout aussi réussie, le récital de piano donné à Paramount, en décembre 1948, par la jeune artiste de 17 ans Micheline Laudun, au cours duquel les mélomanes purent apprécier sa bonne technique, son intelligence artistique, sa mémoire prodigieuse et son sens musical très développé.

De retour d'un séjour à l'étranger, où pendant trois ans il avait étudié dans des centres de haute musique et donné des concerts à Washington, New York et Chicago, le guitariste Frantz Casséus offre un récital à Paramount, sous le patronage de la SNAD. Il avait travaillé à l'adaptation à la guitare de notre musique folklorique, et une note de la *Guitar Revew* avait déjà «rendu hommage à la beauté de notre musique exécutée à la guitare». Des applaudissements nourris soulignent les impressions favorables de l'assistance qui, «tout oreilles», avait savouré un à un les morceaux exécutés par le jeune artiste.

Beau succès également de la célèbre cantatrice de couleur Lilian Evanti, accompagnée au piano par Georgette Molière, et du baryton français Martial Singer, du Metropolitan Opera de New York, et de son accompagnateur John La Montaine. À l'inverse, Auguste de Pradines, de son nom d'artiste Candio, cet autre virtuose du chant dont les chansons naguère lui avaient conquis tant d'admirateurs, est en pleine détresse. Des amis de l'artiste se sont groupés en comité pour recueillir des fonds en vue de soulager son infortune. Il mourra peu après dans l'indigence, miné par une maladie qui finit par l'emporter.

Dans le champ de la chorégraphie, Jean-Léon Destiné marque de nouveaux progrès tout en tirant du folklore des effets artistiques des plus authentiques. Accompagné de sa partenaire américaine Jane Ramon, il offre des exhibitions de danse fort appréciées.

Aussi prisées les soirées de Wand'ha Wiener au Rex. André Narcisse, directeur de la troupe *Macaya*, partenaire distingué et plein de souplesse, lui apporte un précieux concours dans l'exécution de ses danses folkloriques.

À quelques mois d'intervalle se produisent à Port-au-Prince trois troupes françaises dont les représentations seront parmi les meilleures offertes par des artistes étrangers. Le 22 juillet 1947, les *Étoiles de l'Opéra de Paris*, dirigées par Julio Salvucci, présentent au Rex une soirée unique. Le spectacle qui comportait danse, musique, chorégraphie, obtient un beau succès.

En octobre, c'est au tour de la compagnie de chansonniers français *L'Esprit de Paris* en tournée dans les Antilles, à faire valoir ses talents. La première représentation est donnée au Rex, le lundi 13 octobre. Durant toute la soirée, les vedettes parisiennes, «Georges Bastia au talent sans égal, Gilbert Gaumont, chansonnier fantaisiste et comédien de grande classe et Monique Georges, interprète sensible et spirituelle de la chanson tendre ou moqueuse» offrent aux spectateurs, sous forme de sketches ou de chansons, des heures de poésie, de rire et d'humour. En dépit de la belle facture de leurs spectacles, les chansonniers de l'Esprit de Paris n'arriveront pourtant pas à conquérir l'audience du public qui, curieusement, se montra plutôt indifférent à leurs programmes.

Troisième spectacle de fantaisie artistique de l'année, celui donné par le chansonnier français Fernand Rosel et les danseuses mexicaines, les sœurs Florès, ses partenaires. Leur spectacle *Paris chante et Mexico danse* est, lui, bien applaudi.

Bien plus large le succès remporté par la fameuse danseuse cubaine Nueva Tentación, de son vrai nom Marta Calderin, accompagnée du non moins fameux orchestre d'Issa Saieh et qui, dans son exécution de danses lascives et de «rumba caliente», réveille l'apathie des spectateurs et leur arrache les plus enthousiastes bravos.

À citer aussi dans la gamme des divertissements des années 40, les prestidigitateurs dont les tours surprenants leur assurent une présence satisfaisante du public. Le professeur Richardine, le prince Seaton Maharajah, le fakir Aben-El-Kadi et le magicien Donato seront parmi les plus fameux durant cette période, à se produire sur la scène du Rex.

Après une éclipse de plusieurs années, le cirque fait sa réapparition à Port-au-Prince. En août 1948, le *Gran Circo Americano* dresse son chapiteau sur le terrain du stadium Vincent de la rue Romain et ouvre sa série d'exhibitions acrobatiques, d'équitation et de domptage qui va durer un mois. Très friands de ce genre d'attractions, les Port-au-Princiens viendront en nombre respectable applaudir les virtuoses de la corde raide et des échelles volantes.

Le retour à la paix ravive la ferveur du public pour le cinéma. Le pittoresque *Goupi Mains Rouges* de Jacques Becker et *Ademaï au Moyen-Âge* de Jean de Marguerat, deux des tout premiers films reçus de France depuis la fin des hostilités, recueillent à Paramount un large succès de curiosité. En visite à Port-au-Prince en janvier 1947, Errol Flynn, une des grandes personnalités du cinéma américain, héros fougueux de deux productions qui avaient connu un éclatant succès en Haïti, *L'Aigle des mers* et *La Caravane héroïque*, est accueilli avec ferveur. De nombreux enthousiastes se rendront à l'hôtel Splendid où il était descendu, pour lui témoigner leur admiration.

Dans le dessein d'aider la jeunesse à ne pas se laisser tenter par les bandes dites «à proscrire» ou «à déconseiller» que trop souvent les grandes salles proposaient aux spectateurs, le curé de la cathédrale transforme l'ancien Théâtre de l'Externat Sainte-Rose de Lima de la rue du Centre en une salle de cinéma à l'intention des familles, qu'il baptise *Ciné Lux*... L'inauguration a lieu le dimanche 10 octobre 1948, avec la projection du *Rosaire*. Cette expérience n'allait pas se révéler concluante, et moins d'un an après la création de la nouvelle salle, l'Église concédait à M. Léandre Daniel l'exploitation de l'entreprise, à condition pour le contractant de ne pas projeter les bandes cinématographiques jugées offensantes pour la morale par la Censure des Films. Le 27 novembre 1949, *Magic-Ciné* qui avait succédé à *Ciné Lux* ouvrait ses portes, l'équipement de la salle entièrement renouvelé, avec la présentation de la remarquable bande *Le Pays du Dauphin vert*.

À l'initiative de l'homme d'affaires français Henri Lousteau, une autre salle de cinéma, le *Montparnasse*, de 500 places, est aménagée dans le quartier du bourg Salomon, à l'emplacement de l'ancienne Pouponnière. La nouvelle salle a été conçue pour répondre, en dehors de la projection des films, à un plus large éventail de divertissements: concerts de jazz, de musique classique, récitals de chants, de danse...

Dès son inauguration, le 8 février 1949, les spectateurs sont gratifiés d'un beau spectacle folklorique préparé par Mme Jules Blanchet, au profit de l'œuvre de l'Abri des orphelins, avec la participation de Lumane Casimir, Ti Roro, Mémo-Augustin, le jazz des Jeunes et la troupe Macaya. Le marrant *Cœur de coq*, dont Fernandel est la vedette, termine joyeusement la soirée.

Notes

1.   Société anonyme formée en mai 1934 et dont les actionnaires étaient Édouard Mevs, Daniel Brun, Léon Déjean, Pierre Nazon, Paul E. Auxila, Mme Lily Taldy, Édouard Estève, Abel Lacroix, Philippe Charlier, Armand Mallebranche, Otto Madsen, Fortuné L. Bogat, Marcel Gentil et Charles Fombrun.

2.   Dénomination empruntée au petit cinéma à ciel ouvert, inauguré en septembre 1919, et qui se trouvait sur l'emplacement actuel de la Maison des Sœurs épiscopaliennes de Sainte-Marguerite, à l'angle des rues Montalais et Pavée.

3.   *Le Temps-Revue*, 4 décembre 1935.

4.   *Le Temps-Revue*, 20 juillet 1938.

5.   *Haïti-Journal*, 10 janvier 1941.

6.   Le même sujet avait été traité par Oswald Durand dans la saynète «Le Paon», à la fin du deuxième volume des «Rires et Pleurs».

7.   *Le Temps-Revue*, 4 janvier 1941.

8.   *Haïti-Journal*, 8 avril 1942.

9.   *Haïti-Journal*, 7 mai 1943.

10.   *Haïti-Journal*, 17 décembre 1943.

11.   *Haïti-Journal*, 26 décembre 1943.

12.   Le 22 juin 1945, elle convolera en justes noces à «Home sweet Home» à Martissant, avec le poète des milieux interlopes Magloire Saint-Aude. Ces deux artistes «marginaux» ne resteront pas longtemps dans les liens du mariage.

13.   *Du Passé... au Présent, 1889 - 1949*, p. 59.

14.   *Haïti-Journal*, 5 janvier 1950.

15.   *Haïti-Journal*, 1er février 1949.

DIVERTISSEMENTS POPULAIRES

Jusqu'en 1942, le théâtre populaire est avantageusement représenté par René Rosemond et Antoine Lubin dont les pièces comme *Banco électoral* ou *Démosthènes Aretus*, sont en général bien accueillies du public. En juin 1943, un communiqué du Sous-Secrétariat d'État à l'Information interdit les adaptations au théâtre des cérémonies rituelles. Cette pratique ne présentant, selon le communiqué, «aucun caractère artistique», ne pouvait que «jeter le discrédit sur les mœurs haïtiennes». Le visa définitif ne serait accordé qu'après la «répétition générale» à laquelle assisterait un représentant du Sous-Secrétariat d'État à l'Information et à la Police générale[1]. La campagne antisuperstitieuse prolongeait ses échos jusque sur les tréteaux.

À cette époque, paraît sur la scène un jeune premier, Théodore Beaubrun, qui va se constituer le fondateur d'un nouveau mode de théâtre populaire, en créant un personnage bien de chez nous, Languichatte Débordus, héros légendaire de toutes les pièces qu'il écrira dans la suite.

En 1941, il débute par l'interprétation de sketches comiques à la radio, au cours des émissions de l'Heure de l'Art haïtien. Ses partenaires sont alors Jean Faublas puis Georges Karaha. Encouragé par les compliments de ses nombreux auditeurs, il délaisse le micro et fait son apparition sur la scène du Rex, en interprétant des sketches d'un haut comique. Son premier succès : *Languichatte apprend la musique...* Sa première comédie, *Le Mariage de Languichatte*, est représentée au Rex le 31 mars 1942. Le succès est complet. L'année suivante, il présente *Coup sur Coup* qui bénéficie de plusieurs reprises, puis *La maison de Baca*. *Ti Zoute*, tranche de vie paysanne en 4 tableaux et *Le Monstre vivant* seront ses gros succès de l'année 1943. Malgré la critique souvent sévère à son égard, qui lui reproche le burlesque parfois extravagant de ses personnages, sa carrière théâtrale n'en souffre pas. Accepté et acclamé par le public, le type de personnage qu'il a créé, caractérisé par «ses pantalons *trois quarts*, sa bonhomie familière et ses mots cocasses» contribuera à bâtir sa fortune. Admirablement secondé par des partenaires tels que Agnès Beaubrun, Édouard Coicou, Rigaud Martelly, Fernand Witty, Edner Day, Marthe Jérôme, Margot Barnave, Charles Karaha que rejoindront plus tard René Bazan et Jean Fourcand, il ne tardera pas à devenir l'idole des foules.

Les événements de 1946 donnent à Théodore Beaubrun l'occasion de se mettre au diapason de la situation. Il écrit et joue successivement *Bataille Électorale*, *De la Révolution à la Liberté*, *Languichatte candidat à la présidence*. De 1947 à 1950, il séjourne aux États-Unis et au Canada où il donne plusieurs représentations. De retour au pays, toujours en pleine verve, il allonge la chaîne de ses triomphes et fait jouer au Théâtre de Verdure *Patricia*, couronnée la plus belle comédie locale de la saison, *Languichatte chef d'État*, *L'Affaire Durand*, *Trois hommes Trois femmes*, *Languichatte invisible*...

Nullement monopolisé par Théodore Beaubrun, le théâtre populaire trouve chez d'autres dramaturges des créateurs tout aussi talentueux. En 1943, *Min Coyo*, comédie locale en 2 actes, jouée par Mme Madiou, Émérante de Pradines, Flavie, Sterne Rey, Poméro, Audain fera s'esclaffer pas mal de spectateurs. Mais *Lococia* de Marcel Sylvain, reprise en avril 1949, et interprétée par Mme Madiou, Dieudonné Poméro, Pierre Blain, Mme Renaud, René Audain, Emmanuel French, récolte un succès hautement mérité.

En ces temps de renouveau cinématographique, le populo n'est pas oublié, et en 1947, l'ancienne salle France-Haïti de la rue Pavée qui n'avait jamais pu être achevée, est transformée en salle de cinéma et ouverte au public le dimanche 18 janvier 1948, sous le nom de *Ciné-Union*. Ses prix d'entrée démocratiques le destineront aux petites bourses.

Les auditions de chants populaires, offertes par le *chœur Legba*, une des rares troupes folkloriques d'avant 1946, n'avaient toujours attiré qu'un nombre restreint d'amateurs de musique populaire. À partir de 1946, «nourri par le courant idéologique de la Révolution du 7 janvier, le mouvement folklorique connaît un essor prodigieux et va désormais alimenter en chants et en danses traditionnels la plupart des fêtes publiques». Parallèlement prennent naissance des troupes de danseurs formées selon les schèmes de l'art chorégraphique populaire. L'immense plateau du Théâtre de Verdure Massillon Coicou leur donnera l'opportunité d'utiliser tous leurs moyens et d'évoluer dans la plus grande aisance.

La première des troupes folkloriques locales à s'exhiber au Théâtre de Verdure sera la troupe *Lococia* dirigée par Max Denis. Puis viendront s'offrir à la délectation des spectateurs, dans un déploiement de foulards rutilants, de jupes chatoyantes, la troupe *Aida* de Siméon Benjamin, la troupe *Pierre Dambala* de l'Heure de l'Art Haïtien animée par Clément Benoît, la troupe *Macaya* d'André Narcisse, la troupe *Simbi*, le *Chœur de Mme Fussman-Mathon*, et enfin la *Troupe Nationale Folklorique* placée sous la direction de Jean Léon Destiné et de Mme Lina Mathon-Blanchet.

La chanson, elle berce toujours les esprits et les cœurs, même si elle ne trouve plus pour s'exprimer le timbre du prince des chansonniers, le grand Candio, terrassé par la maladie. Très à l'aise dans le genre, Théophile Salnave, dit *Zo*, malgré son humour et ses bons mots, n'atteint pas à la performance de Candio. Ses chansons, il en tire le sujet de l'actualité nationale ou internationale, mais très prudent, ne s'amuse à chansonner le pouvoir que lorsqu'il est à son déclin, réservant alors toute son admiration à l'astre naissant. D'une activité débordante, il prononce à la radio des causeries en créole très suivies du peuple, et plus tard, promoteur de la Haytian Tourist Movment, organisera diverses excursions à travers le pays.

La chanson plus spécifiquement populaire, elle prend presque toujours naissance dans les studios des ensembles musicaux, avant de gagner les rues, les ateliers, les chantiers, la campagne. Souvent fade et inepte, elle n'arrive pas moins à plaire, surtout quand elle s'accompagne d'un air entraînant. Le *Ti Célia* de Louis Guillot sera la grande rengaine de la première moitié des années 40. Elle devra sa vogue, non seulement à son allègre mélodie, mais aussi à ses paroles épicées qu'on reprenait avec d'autant plus d'effronterie qu'elles étaient sur toutes les lèvres :

> *Ti Célia collé, collé*
> *Nap bambilé Ya !*
> *Manman'ou pas la*
> *Collé Collé...*

Une autre chanson-scie de la même époque, *Gabélus*, lancée et popularisée à la radio par Marthe Augustin, ne tarde pas à courir les rues. Orchestrée par Luc Jean-Baptiste, elle faisait trépigner la foule aux concerts dominicaux du Champ-de-Mars. Les jeunes filles se pâmaient de sa mélodie lancinante et tombaient amoureuses de Gabelus, ce «bel ti gaçon» au «pantalon vert» qui ne paraissait pas très réceptif à leurs avances.

Admirateur fervent de Tino Rossi et d'autant plus passionné du chanteur français qu'il parvient étonnamment à l'imiter, Alexandre Lamothe s'en va presque chaque nuit par les rues désertes de la capitale, bercer les dormeurs des ravissantes chansons toute de tendresse et de mélancolie du troubadour d'Ajaccio. Devenu rapidement célèbre, le chanteur solitaire qu'on ne désignait plus que sous le nom de "Tino Rossi haïtien", essaiera, sans grand succès, de se produire sur scène : le ménestrel enveloppé de mystère avait davantage plu que la vedette livrée aux feux de la rampe.

Une artiste à l'expression plus authentiquement haïtienne, membre du Trio Astoria que dirigeait Jacques Nelson, commence à éveiller l'intérêt. Chez Mme Ludovic Boucard, rue Lafleur-Ducheine, elle vient parfois chanter et pincer la guitare pour le plaisir de la maîtresse de céans, et les passants, intrigués par son timbre éclatant, se groupent devant la maison pour l'entendre... C'est l'aurore d'une célébrité qui bientôt conférera à la chanteuse Lumane Casimir, première haïtienne guitariste, le titre enviable de première vedette du chant en Haïti. Aux festivités qui marquent l'inauguration de la nouvelle ville frontalière de Belladère en 1948, la chanteuse émeut son auditoire par sa voix bouleversante. Le succès, durant l'Exposition, des chansons folkloriques *Panama'm tombé*, *Papa Guédé bel gaçon* et *Caroline Acaau*, harmonisées et orchestrées par Antalcidas Murat du jazz des Jeunes, et que le chanteur portoricain Daniel Santos divulguera aux quatre coins du continent, lui apporte la consécration.

Guy Durosier, le nouveau chanteur de charme, fait à la même époque ses débuts avec l'orchestre Saieh. Sa première composition, le boléro-biguine *Ma Brune*, paroles de son meilleur ami d'enfance, Raoul Guillaume, il la chante à Cabane Choucoune, pour la Saint-Pierre de 1949. C'est le triomphe. La chanson est enregistrée. André Claveau, la nouvelle vedette parisienne du chant, qui dame sérieusement le pion à Tino Rossi, «fait proposer à Guy Durosier sur les droits de Ma Brune un marché qui l'honore»... *Réponse à Ma Brune*, *Tes yeux* (paroles d'Édouard Dupont), *Si tu veux*, *Rêvons ensemble*, succèdent à *Ma Brune* et ajouteront au succès du jeune chanteur à la voix langoureuse.

Une distraction à la mode : le cerf-volant. Le dimanche après-midi, nombreux sont les badauds qui vont du côté du fort Sainte-Claire assister à la lutte épique que se livrent les amateurs de cerfs-volants.

... Une fois évanoui l'écho des commémorations de fin d'année, c'est l'ouverture des «exercices» carnavalesques qui se renouvellent tous les dimanches. Mais le grand déploiement de gaieté et d'extravagance qu'apporte cette fête si prisée, c'est durant les jours gras qu'on l'observe et on ne finit pas de s'en rassasier. Stéréotypé depuis 1927 et de plus en plus politisé, le carnaval, quoique de conception et d'allure bourgeoises, ne demeure pas moins une fête populaire à laquelle participent toutes les couches sociales, chacune à sa manière. Au carnaval 1936, cent quarante-deux chars et voitures décorées prennent part au défilé. Tombe sur les impitoyables traits de la satire carnavalesque, l'entrepreneur Débachy, concessionnaire d'un important programme d'équipement économique, et qui, en fin de compte, s'était révélé un cynique farceur[2]. Le conflit italo-éthiopien de l'époque qui a familiarisé les Haïtiens avec le nom de la capitale de l'Éthiopie aux consonances... débachiques est mis dans la même sauce. Le tout a donné naissance à une entraînante méringue dont le refrain est repris en chœur par la foule en liesse:

Déba... chi... chi... chi

Addis-Abeba

Un incident malheureux jette une note de consternation sur l'euphorie générale : le jeune Fritz Dupont meurt affreusement brûlé dans l'incendie qui s'était déclaré sur le camion décoré de motifs en sisal sur lequel, avec d'autres camarades, il prenait ses ébats.

Un des mieux réussis, le carnaval de 1937 pour lequel l'imagination créatrice de ceux à qui avait été confiée la conception des chars s'est surpassée. Sujets d'une variété et d'une originalité vraiment remarquables. Le roi Gontran Rouzier s'acquitte avec conscience de son rôle de souverain éphémère, et la reine Loulouse Baranco ne se fait pas prier pour gratifier son peuple de son joli sourire et de ses tendres baisers.

En raison des graves événements survenus sur la frontière en octobre 1937, aucun défilé carnavalesque n'est mis sur pied en 1938. Mais l'année suivante, on renoue avec la tradition, et le carnaval est grandiosement célébré. Parmi les voitures décorées qui font le plus sensation, le char d'assaut au vert blindage et aux canons menaçants, portant l'inscription : «*Si vis pacem para bellum*».

Le dernier carnaval à égayer de ses flonflons la population port-au-princienne, avant une interruption de plusieurs années, le carnaval de 1940, est fêté dans la plus grande liesse. «Beau carnaval, touffu, ardent, signale la presse, plein de joie, mais sans confettis : la guerre qui raréfie le papier est passée par là»[3]. Antoine Hérard qui, l'année d'avant, s'était lancé dans le reportage radiophonique du défilé carnavalesque, fait des commentaires très spirituels au micro de la HH2S. Montées sur des chars reflétant le souci des constructeurs d'offrir de l'inédit, les reines, mesdemoiselles Vieux, Smarth et Éliane Lebrun, sont saluées par d'enthousiastes bravos. Très remarqué le groupe «Écho de l'actualité» formé de masques figurant les juifs autrichiens, français, allemands, hongrois, exilés sur la terre haïtienne et ces Chinois dont, à l'époque, on envisageait dans les cercles officiels, une forte immigration. Vitupérations cependant de certains

~ Port-au-Prince à l'époque de la commémoration de son bicentenaire. ~

~ La cité de l'Exposition en construction. ~

~ Chantier du pavillon d'Haïti. ~

~ Échafaudages au pavillon du Tourisme. ~

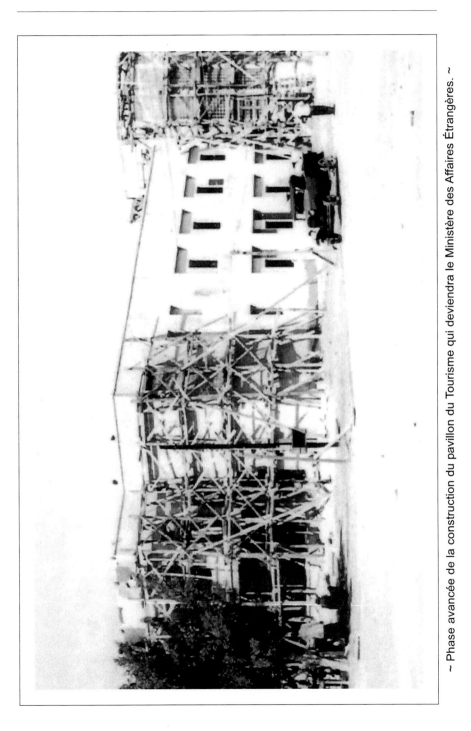

~ Phase avancée de la construction du pavillon du Tourisme qui deviendra le Ministère des Affaires Étrangères. ~

~ Chantiers des pavillons industriels au passage d'un train de canne à sucre. ~

~ La gaguère du " Coq d'or " en chantier. ~

~ Aménagement du parc des Palmistes. ~

~ La pavillon des Beaux-Arts achevé. ~

~ Entrée principale de l'Exposition. ~

~ Le chef de l'État inaugurant l'Exposition Internationale, le 8 décembre 1949. ~

~ Un bataillon de fusiliers-marins américains participant à la grande revue organisée à l'occasion de l'inauguration du boulevard Harry S. Truman. ~

~ La place de l'Hôtel de Ville. Au fond la Tour de l'Exposition ou Phare de la Découverte. ~

~ Vue générale du secteur nord de l'Exposition. ~

~ La fontaine des Nymphes d'ébène, place des Nations Unies. ~

~ Le pavillon d'Haïti ou de la Présidence. ~

bien pensants, scandalisés par «ces jeunes gens de famille qui se donnaient en spectacle, se croyant très spirituels et très originaux».

Le marasme économique joint au malaise créé par l'état de guerre en Europe n'encourage pas les autorités responsables à organiser de cortège carnavalesque en 1941. L'année suivante, pour associer le peuple haïtien au malheur qu'éprouvaient les populations frappées par la guerre, l'organisation des traditionnelles fêtes carnavalesques est officiellement suspendue jusqu'au rétablissement de la paix, les clubs et dancings pouvant toutefois fêter les jours gras sans contrainte. Voient alors le jour les trépidants bals de la pension Astoria à Lalue et de Vergniaud Ducasse, dans la grande maison Dalbémar Jean-Joseph sise à l'angle sud'est du Chemin des Dalles et de l'avenue John-Brown. À ces bals travestis désignés sous les dénominations évocatrices de «bal criminel», «morgue» ou «chambre noire», vraies bacchanales où l'on osait tout dire et tout faire, les noceurs affluaient.

Concernant l'interdiction qui avait été également faite aux bandes carnavalesques de circuler dans les rues, certains s'en réjouissent, alors que d'autres se récrient. Dans une note consacrée au carnaval, *Le Soir* réprouvait «l'école intellectuelle qui se donne pour tâche de réhabiliter aux yeux de la civilisation nos pires traditions ancestrales, croyant les ennoblir en en faisant l'objet de considérations scientifiques et en leur donnant une place dans la terminologie occulte...»[4]. Plus pragmatique, *La Nation*, à l'inverse, réclamait le retour du carnaval populaire, faisant valoir que «des grands bourgeois s'amusent dans les dancings chics et les petits bourgeois dans les bals dits criminels», alors qu'il n'était pas laissé au peuple d'évoluer «sur le béton».

Cependant, dès la fin de la guerre, les journaux annonçaient que «le gouvernement s'apprête à organiser dans la décence les trois jours gras qui seront sensationnels»[5]. Les événements de janvier 1946 lui enlèveront la satisfaction de rétablir lui-même une coutume dont la suspension avait été tellement critiquée, et la reconquête des rues par les bandes carnavalesques sera tenue pour une des victoires de la Révolution du 7 janvier.

En 1947 et 1948, le haut commerce qui ne s'est pas arrêté de bouder l'élection d'Estimé refuse toute participation financière à l'organisation du carnaval. Les festivités carnavalesques se réduisent aux seules évolutions des bandes *Orthophonic*, *Sac Café*, *Rabordaille*, *Zinglin*, *Agramonte* et de quelques groupes traditionnels comme les *Indiens* et les *Bœufs*. À la clôture du carnaval, entouré de ses ministres et de quelques amis réunis à la salle des Bustes du Palais national, le président Estimé fait les honneurs de sa résidence aux chefs de ces différents groupements.

1949 : premier défilé carnavalesque depuis neuf ans et premier essai du carnaval de nuit. Au Rex, Caridad Appolon a été proclamée reine de la zone ouest, Yvette Nicolas reine de la zone nord, Marie Desdunes reine de la zone sud et Gisèle Besson, reine de la zone est. Le défilé se met en marche à 6 heures du soir, et quand le cortège débouche au Champ-de-Mars où l'attendait la foule qui remplissait tribunes, trottoirs et galeries, ce fut, rapporte *Haïti-Journal*, «de délire sous un flot de lumière augmenté de deux puissants projecteurs et par les phares de centaines d'automobiles qui venaient ajouter les notes assourdissantes de leurs avertisseurs à la furie des orchestres carnavalesques et à l'éclatement dans l'air des feux d'artifice et des fusées lumineuses qui depuis le départ du cortège de l'Hôtel de Ville n'avaient cessé de contribuer au tumulte nécessaire de ce défilé».

Plus somptueux encore le carnaval de 1950, qui pendant les trois jours gras tient en haleine la population de Port-au-Prince. Le parcours traditionnel exécuté, le défilé longe le beau boulevard Harry Truman, nouvellement ouvert à la circulation, avant d'aboutir à l'Hôtel de Ville. Le dernier jour, après une courte promenade à bord du yacht présidentiel *Sans Souci* dans la baie de Port-au-Prince, les reines sont accueillies dans une formidable apothéose à l'embarcadère de l'Hôtel de Ville.

Notes

1. *Haïti-Journal*, 5 juin 1943.

2. Jules Jean-Baptiste Débachy était un entrepreneur français de travaux hydrauliques et de génie civil qui s'était engagé par contrat passé entre le gouvernement haïtien et lui, en août 1935, à exécuter un programme d'équipement économique, moyennant le crédit de 500.000.000 de francs français à couvrir par ses soins, mais qui à la fin se déroba honteusement à ses obligations.

3. *Haïti-Journal*, 10 février 1940.

4. *Haïti-Journal*, 22 février 1945.

5. *Haïti-Journal*, 13 septembre 1945.

L'EXPOSITION INTERNATIONALE

Mil neuf cent quarante-neuf, c'est l'année du bicentenaire de la fondation effective de l'ancienne capitale française des Îles sous le Vent, aujourd'hui, capitale de la république d'Haïti[1], et c'est aussi l'année de l'Exposition internationale organisée pour commémorer ce grand événement.

Dès mars 1948, les premiers échos de ce hardi projet commencent à se répercuter : le gouvernement va monter une grande foire internationale ! Au début d'avril, un communiqué du Service d'Information de Presse et de Propagande fait connaître les grandes lignes du projet : entre l'Hôtel de Ville et l'avenue Franklin D. Roosevelt, sur une étendue d'environ 30 hectares en bordure du rivage, va s'ériger une Exposition culturelle, artisanale, artistique, folklorique, commerciale et industrielle qui comportera différentes sections où seront construits des palais définitifs pour loger certains services de l'administration publique, les pavillons étrangers, les pavillons de l'industrie, un spacieux théâtre en plein air, un village lacustre et un parc d'attractions. Un boulevard front de mer de 42 mètres d'emprise totale et des trottoirs de 5 mètres de chaque côté longeront le littoral. La chaussée asphaltée se développera sur 60.000 mètres carrés, les trottoirs sur 6.000 mètres carrés et le drainage sur 600 mètres linéaires. La ligne de quai bordant le boulevard s'étendra sur une distance de 800 mètres.

Le 13 juillet 1948, la loi relative à la commémoration du deuxième centenaire de la fondation de Port-au-Prince par une Exposition internationale d'une durée de six mois, qui sera inaugurée à la capitale en décembre 1949 et dont le coût se chiffrera à 20.000.000 de gourdes, est votée par les deux Chambres. Aux Etats, firmes et personnes invités par le gouvernement à participer à l'Exposition, garanties et facilités sont accordées[2].

Le bureau du Commissariat Général de l'Exposition, placé sous la direction de M. Jean Fouchard, a été provisoirement installé à l'étage de l'Hôtel de Ville, en attendant d'être transporté dans le futur immeuble du Bureau du Tourisme. C'est à la firme *Haïti Commerce* S.A., présidée par M. Murray Knobel, qu'ont été confiés les travaux d'exécution du projet, tandis que l'architecte roumain August F. Schmiedigen, qui avait travaillé à l'Exposition mondiale de New York, est chargé de la partie architecturale.

Une réglementation est établie pour la construction des bâtiments. «Les pavillons à ériger pour le Gouvernement seront construits sur des fondations en béton, reposant, si cela s'avère nécessaire, sur des semelles ou des pieux en béton d'une longueur maximum de 40 pieds. Les soubassements seront en béton ou en maçonnerie de blocs de ciment, de roches ou de briques. L'ossature de ces bâtiments, enrobée dans un béton ou de la maçonnerie de blocs de béton, de roches ou de briques, selon les indications de l'architecte de la compagnie, sera en acier type Strand Steel ou Quonset Steel...»

À plus d'un, le projet de l'Exposition paraît utopique. Après les grosses dépenses qui avaient été affectées à la reconstruction de la ville frontalière de Belladère, on s'interroge sur les possibilités par l'État haïtien de supporter des décaissements encore plus élevés, et on se demande si on ne va pas déboucher sur un lamentable fiasco. D'autres soutenaient que les Expositions ne sont pas recommandables, que l'organisation actuelle du pays rendait impossible l'exécution d'un projet d'une telle ampleur, que le gouvernement aurait à faire face à des problèmes insolubles concernant l'eau, le logement... Confiant en son étoile, le président Estimé qui avait lui-même conçu l'idée de cette Exposition et envisagé à cette occasion de doter Port-au-Prince d'un front de mer digne d'une capitale, tourna résolument le dos aux critiques et décida d'entamer les travaux.

Le jeudi 15 juillet 1948, en présence du chef de l'État et des membres du Comité de l'Exposition, a lieu la pose de la première pierre. Après la bénédiction par Mgr l'Archevêque de la pierre symbolique, un parchemin protégé par un étui, représentant le plan de l'Exposition et portant les signatures du président de la République, du nonce apostolique Mgr Alfredo Paccini et du maire André Louis y est introduit. Le même jour est posée la première pierre du pavillon du Vatican, éloquent encouragement apporté par le Souverain Pontife Pie XII pour décider les éventuels participants étrangers à répondre au message de travail, d'union et de paix lancé par la République d'Haïti.

Le branle est donné. L'immense chantier est ouvert. Les travaux ne s'arrêteront qu'à l'inauguration de la section officielle de l'Exposition... L'aspect original du projet résidait dans le fait que cette foire mondiale devait se développer sur des espaces qui, en grande partie, n'existaient pas encore. 6.000.000 de mètres cubes de sable à tirer de la mer étaient prévus pour couvrir l'emplacement de l'Expo. Une drague suceuse, capable de déplacer 250.000 mètres cubes de sable en 24 heures, avait été mise en service par la Compagnie des Industries Maritimes et fonctionnait sans répit. Durant ces travaux de dragage, beaucoup d'objets hétéroclites furent ramenés à la surface, entre autres, une pièce d'artillerie encore sur son affût de fer, que le directeur du Musée national, le professeur Luc Dorsainville, identifia comme l'un des deux gros mortiers de 12 pouces à la bouche et 30 à l'arrière, de l'ancienne batterie du fort Sainte-Claire.

Possédé par le désir de voir avancer ces travaux gigantesques, le président Estimé visite souvent les chantiers où s'affairent plus de 2.000 travailleurs. L'opposition ne continue pas moins de se gausser. Dans une «déclaration sensationnelle», le sénateur Henriquez tentait de prouver que «l'Exposition est une entreprise que nous qualifions de ridicule, qui ne trouve de justification ni devant la logique ni devant la raison, voire le simple bon sens. C'est en définitive le juste pendant du "Miracle de la volonté", Belladère, la plus grosse bêtise du temps»[3].

Au mois de novembre 1948, entre les dirigeants de la *Haïti Commerce* et les membres du haut personnel technique, un désaccord surgit. Après trois jours de discussions laborieuses, la *Haïti Commerce* déclare renoncer à son contrat. À l'architecte Schmiedigen on confie alors les travaux d'urbanisme et d'érection des pavillons du gouvernement haïtien qui seront exécutés sous la haute supervision des Travaux publics.

Dès février 1949, le tracé du grand boulevard était achevé, et l'on pouvait aisément se rendre en voiture de la place de l'Hôtel de Ville aux Palmistes. Le mois suivant, était entamé, sous le contrôle du jardinier allemand Max Broken, la mise en terre, sur l'épine axiale du boulevard, de 1,130 cocotiers, par bouquets de quatre, au pied desquels seront plantés des lauriers, des cannas et autres variétés de plantes tropicales.

Parmi les pavillons déjà sortis de terre, celui du Venezuela, conçu par l'architecte Luis Malaussena, et celui de l'Italie dont les plans ont été préparés par l'architecte Morpugo, montrent leurs proportions bien équilibrées. Les premiers éléments de la structure métallique du pavillon de la France sont à pied d'œuvre et on n'attend que l'arrivée de l'architecte Mirabaud pour en entreprendre le montage.

Concernant les pavillons nationaux dont l'édification avait été menée sans arrêt, dès le mois de septembre 1949, ils étaient pratiquement achevés. Pour leur décoration, il avait été fait appel à l'artiste Pierre Bourdelle, fils du célèbre sculpteur français Antoine Bourdelle, en raison de ses capacités et de sa grande réputation internationale. D'autres artistes étrangers, tels les sculpteurs Theodoro Ramos Blanco, James Richmond Barthe et Jose Gomez Sicre, avaient été également engagés et travaillaient activement, aidés de quelques artistes haïtiens, à l'exécution de leurs projets. On avait toutefois noté la déception manifestée par les peintres primitifs du Centre d'Art qui prétendaient que la décoration du Pavillon des Beaux-Arts était «un honneur qui aurait dû leur être réservé».

Dans une des salles du Palais du Tourisme, l'écrivain-peintre Pétion Savain, dit Tition, secondé par l'artiste Mia Steiner, exécute des fresques représentant, l'une les scènes d'un marché, l'autre un bal paysan. Ampleur, mouvement et coloris caractérisent ces peintures. Au front du même Palais, Pierre Bourdelle a fixé avec vigueur ses

~ Le pavillon de la Poste. ~

~ Le pavillon du Tourisme. ~

~ Le pavillon des États-Unis. ~

~ Le pavillon de l'Italie. ~

EXPOSITION INTERNATIONALE DE PORT-AU-PRINCE

~ Le pavillon du Venezuela. ~

~ Le pavillon de la France. ~

Pavillon du Vatican.

~ Le pavillon du Saint-Siège ou chapelle vaticane. ~

~ L'avenue Marie-Jeanne et ses stands d'exposition. ~

~ Le rond-point de la Liberté. ~

~ Le boulevard Harry Truman. Au premier plan, les installations de la Ross Maning. ~

~ Le Théâtre de Verdure Masillon Coicou. ~

~ Vue aérienne du Théâtre de Verdure et d'un secteur du parc des Palmistes. ~

~ La gaguère du " Coq d'or " , au parc des Palmistes. ~

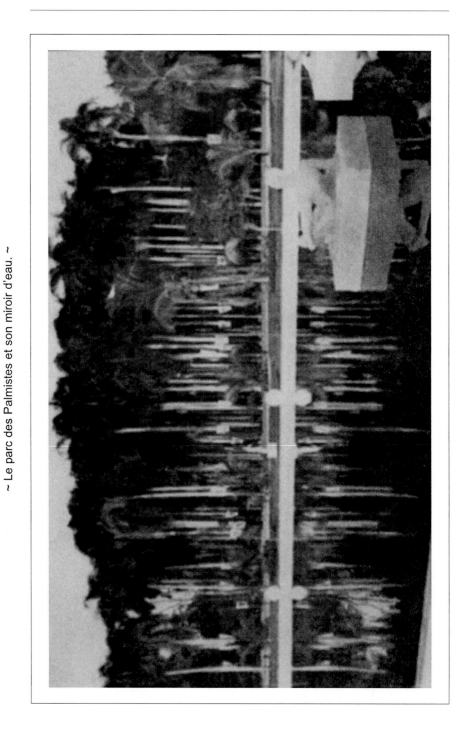

~ Le parc des Palmistes et son miroir d'eau. ~

~ Le parc des Palmistes sillonné de canaux. ~

~ Un coin du parc des Palmistes. ~

impressionnantes fresques allégoriques dont l'une figure la déesse de la baie de Port-au-Prince : une sirène donnant, à l'aide du lambi, le signal d'appel aux autres peuples de la terre, et l'autre, une femme voluptueuse semant sur Port-au-Prince des pétales de fleurs dont chacun évoque un édifice de la capitale. À la façade Est, on voit, peints avec une énergie brutale, d'un côté Ogoun Feraille luttant contre un serpent pour pénétrer dans le cercle magique et s'emparer de la femme, de l'autre les préludes d'un sacrifice de cabris aux dieux. La façade sud-ouest est décorée de peintures suggestives, œuvres de Dieudonné Cédor, de Wilson Bigaud et de Castera Bazile. Proche du Palais du Tourisme, le pavillon de la Poste s'orne à sa façade principale de deux messages conçus par Bourdelle. L'un est représenté par un homme «monté sur un aigle avec un cœur dans la main, apportant le message d'amour; l'autre (par) une femme montée sur un cheval ailé, brandissant le flambeau qui apporte la lumière pour tous».

L'entrée principale de l'Exposition qui ouvre sur le prolongement de la rue Bonne-Foi, est décorée d'une vigoureuse murale : l'Esclave brisant ses chaînes. C'était la première d'une série appelée à illustrer les grands faits de l'histoire nationale.

À la veille de l'inauguration fixée au 8 décembre 1949, tout est loin d'être prêt. La cité de l'Exposition, officiellement *Cité Dumarsais Estimé*, selon l'arrêté communal du 10 mars 1949, n'est encore qu'un grand chantier semé de fondrières et encombré d'échafaudages, mais qui, par la soigneuse répartition des immeubles, des rues et des jardins publics, par la proportion dans les volumes, l'harmonie entre les divers éléments, la subordination du détail à l'ensemble, montre que l'aménagement de ce nouveau et vaste quartier est une réussite.

Partant du pavillon du Proche-Orient, place de l'Hôtel de Ville, on longe, par le boulevard, le pavillon du Tourisme, le pavillon d'Italie, celui du Venezuela qui fait face à la place des Nations-Unies, elle-même dominée par un palais d'une noble architecture, le pavillon d'Haïti. Cette place est décorée d'une monumentale fontaine lumineuse, une des plus grandes du monde, ornée de naïades dessinées par Pierre Bourdelle. On côtoie ensuite le pavillon du Mexique, celui des États-Unis d'Amérique, et après avoir contourné le

Rond-Point de la Liberté, on parvient à la section des pavillons industriels comprenant l'hôtel Beau-Rivage, le pavillon de la petite industrie et de la céramique, le pavillon des travaux à l'aiguille, le pavillon des meubles et de l'ameublement, pour aboutir au parc des Palmistes sillonné de canaux et peuplé de constructions légères et pittoresques, reflétant l'art indigène. À côté du pavillon de l'Agriculture, un spacieux théâtre à ciel ouvert, œuvre de l'architecte Albert Mangonès, qui le réalisa en moins de trois semaines, occupe un emplacement considérable au milieu des palmiers. Voisin du miroir d'eau de forme géométrique, le pavillon des Beaux-Arts, abritant le Musée du Peuple Haïtien, puis le parc d'attractions dont la gestion a été remise à la firme Ross Manning de Chicago.

8 décembre 1949, c'est le grand jour tant attendu de l'inauguration. Banderolles et oriflammes jettent sur le paysage leur note de gaieté. À la façade ouest de l'Hôtel de Ville a été dressé un autel orné du bicolore haïtien et des emblèmes des pays participants et surmonté d'une grande croix. À l'estrade sud, entouré des secrétaires et sous-secrétaires d'État en jaquette et haut de forme, le président Estimé, souriant et satisfait.

La cérémonie religieuse débute par le défilé majestueux du clergé : les curés des paroisses de la capitale et ceux des paroisses environnantes, les évêques, Messeigneurs Jan, Guiot, Robert, Collignon, Le Gouaze, Davis de Porto-Rico, le nonce apostolique Lardone et le cardinal Arteaga y Betancourt, archevêque de La Havane, légat du Saint-Père Pie XII. La messe est célébrée par Mgr Jan, doyen de l'épiscopat haïtien, avec comme diacre et sous-diacre les chanoines Dorélien et Kébreau, sous la présidence du cardinal Artéaga. Les chorales du collège Saint-Martial, de l'École Élie-Dubois, de l'École Professionnelle des Salésiens et du Grand Séminaire Notre-Dame, soutiennent les chants de la messe. Après la lecture de l'Évangile du jour, l'archevêque de Port-au-Prince dans un sermon éloquent, évoque le passé de la capitale «en soulignant la protection tutélaire manifestée en plus d'une occasion par la mère de Dieu» pour la ville. La bénédiction par le cardinal Artéaga, à l'issue de l'office religieux, est suivie de celle, collective, des 8 évêques présents. Puis, ce fut la retransmission en direct du message du Souverain Pontife, précédé par le joyeux carillon des cloches du Vatican et suivi du discours d'ouverture des fêtes du Bicentenaire, prononcé par le président de la République, du balcon surplombant l'autel.

On emprunte à *Haïti-Journal* la relation de l'inauguration, dans l'après-midi, du grand boulevard de l'Exposition, baptisé *Boulevard Harry Truman* :

"À 3 heures 30, le président Estimé descend de voiture devant la Tour de l'Exposition. Les honneurs militaires lui sont rendus par la force armée composée des compagnies de la Garde du Palais, des Garde-Côtes d'Haïti, des marines et marins du transport américain arrivé la veille. Allocution du cardinal Artéaga qui procède ensuite à la bénédiction de la Cité Dumarsais Estimé. Devant le front des troupes, le président Estimé attache sur les plis du drapeau de la Ville porté par M. Jérémie, le doyen des citadins, les insignes du grade de commandeur avec plaque or... On s'installe à une tribune d'honneur pour assister à la parade de l'armée. Différentes compagnies haïtiennes et américaines défilent. Quand vinrent à passer côte à côte les drapeaux des deux nations, la foule ovationna.

«Une formation aérienne de 9 unités, dont des forteresses volantes B 29 de l'Aviation américaine, survola très bas la cité Dumarsais Estimé, sous les applaudissements de l'immense assistance. Puis ce fut le parcours du long boulevard par les officiels...»[4].

Dans une ambiance de haute distinction et en présence du président de la République, de son épouse, des officiels du gouvernement, des délégués étrangers et d'une foule de 2,000 invités, le Théâtre de Verdure, placé sous la direction de Charles de Catalogne, est inauguré dans la soirée du 10 décembre par un brillant gala de la Troupe Nationale Folklorique... Cadre majestueux que celui de ce théâtre en plein air, pourvu d'une scène de 22 mètres à 3 plates-formes de 5 mètres chacune, avec comme toile de fond, le jeu d'orgue des palmiers et les pentes agrestes du morne l'Hôpital ! Pendant toute la durée de l'Exposition, le Théâtre de Verdure qui bientôt, selon le vœu du président Estimé, sera placé sous le patronyme du grand auteur dramatique haïtien *Massillon Coicou*, sera le centre de manifestations artistiques comme on n'en avait jamais vu auparavant. La Troupe Nationale Folklorique, spécialement constituée pour les fêtes du Bicentenaire et qui avait pour mission «de ressusciter tout un ensemble de traditions et de légendes léguées soit par nos origines africaines, soit par les mœurs de l'époque coloniale, soit enfin par les hauts faits de l'Histoire nationale»[5], sera la principale animatrice des soirées haïtiennes du Théâtre de Verdure. Elle sera relayée, pour les spectacles folkloriques, par les troupes privées, Lococia, Macaya, Aida...

Dans le domaine plus spécialement théâtral, la participation de la SNAD s'avèrera positive, par la présentation sur la scène du Théâtre de Verdure de 4 pièces à grande figuration. Dans le genre comique, Théodore Beaubrun et Marcel Sylvain donneront quelques comédies inspirées des mœurs locales. La participation des établissements scolaires aux spectacles du Théâtre de Verdure sera assurée par le lycée Alexandre Pétion, avec la présentation d'un programme composé de 3 sketches en vers tirés du répertoire national, par le Petit Séminaire-Collège, avec *La Passion du Christ* et par les Cours Pénette-Bayardelle, avec *L'Avare* de Molière.

Sur le plan musical, bilan de participation haïtienne plutôt mince, s'il faut seulement mentionner le récital de guitare de Frantz Casséus, offert le 11 janvier 1950, et le concert de la Philharmonique Duroseau du 13 mars suivant, avec Arthur et Antoine Duroseau au violon, Fabre Duroseau et Jean-Claude Desmangles au piano.

Au Théâtre de Verdure Massillon Coicou sera aussi présenté l'original et luxueux spectacle de Mme Wanda Wiener, assistée de Mme Lina Mathon-Blanchet, *Féerie des Éventails*, au cours duquel défilera sous les yeux des spectateurs ravis, «la magie éblouissante de l'Éventail à travers les âges et les pays».

D'autres spectacles d'un genre plus particulier, tels les séances acrobatiques du cycliste Woolley Jarbath, les exhibitions des haltérophiles Saint-Juste, Laurent, Charlot, Benjamin et Casséus, les galas de la troupe Bonny, marqueront, dans le domaine sportif, la présence haïtienne aux fêtes du Bicentenaire.

Beaucoup plus nombreuses et brillantes seront les soirées offertes par les artistes étrangers sur le plateau du Théâtre de Verdure durant l'Exposition. La première à en ouvrir la série, Irène Mc Shine, de Trinidad, donne, le 16 décembre 1949, son premier récital de musique et de chant. Lui succèdent la soprano lyrique américaine Ruth Morris, accompagnée au piano par Eugène Broadnax, puis la jeune pianiste cubaine Rosario Franco, interprète des plus grands maîtres du clavier et le pianiste américain Donald Shirley qui exécute son concert, avec la participation de Mme Lina Mathon-Blanchet.

Du 15 au 29 janvier 1950, les artistes de la Troupe du *Grand Opéra National de New-York*, comprenant 6 chanteurs et cantatrices, accompagnés d'un pianiste, sous la direction de Georgio d'Andria, gratifie le public port-au-princien d'une série de concerts d'une qualité exceptionnelle. Ils chantèrent les airs des plus célèbres opéras des répertoires français et italiens et interprétèrent en costume, des scènes et des actes complets de *Mignon, Carmen, Faust, La Traviata, Le Trouvère, Samson et Dalila, Aida*... On se pressait en foule à ces merveilleuses soirées théâtrales où les dames s'amenaient en grande toilette, certaines couvertes de fourrures de luxe, renard ou manteau de vison, pour se protéger de la fraîcheur de la nuit.

L'éclatant succès recueilli par la troupe devait porter le gouvernement à signer avec Georgio d'Andria, directeur général du Grand Opéra National de New-York, un nouveau contrat. Le mois suivant, une compagnie plus nombreuse était engagée. Accompagnée d'un petit orchestre de 15 musiciens, sous la direction de Pierre Cimara, chef d'orchestre du Metropolitan Opera de New York, elle débuta le 12 février 1950 par la représentation de *Carmen*.

Dans l'intervalle, étaient arrivés l'artiste français Gilles Guilbert, pianiste de réputation mondiale, dont on fut unanime à louer la touche délicate, et le célèbre chanteur et compositeur portoricain Daniel Santos, engagé par le Simbie Night Club, qui se produisit également au Théâtre de Verdure, avec accompagnement de l'orchestre Issa Saieh, où il fut follement applaudi.

S'était fait aussi ovationner la troupe *Chœurs et Danses d'Espagne*, arrivée le 1er février 1950 et composée de 128 jeunes filles et de 28 musiciens, sous la direction de Mercedes Sanz, assistée de Mercedes Ortero et Antonia Marti. Au cours de trois inoubliables soirées, elles offrirent, revêtues de leurs costumes pittoresques, «le trésor inégalé des richesses folkloriques de la vieille Espagne». Leur ravissante beauté, leur gentillesse, leur enthousiasme à fouler le sol de l'ancienne Hispaniola, n'avaient pas peu contribué à leur attirer la sympathie du public haïtien.

Au début de mars, ce fut au tour de l'orchestre guatémaltèque *La Marimba*, à se faire acclamer par un public qui prit grand intérêt à suivre ses interprétations exécutées au xylophone. Le *Chœur* de l'Université de Puerto Rico, formé d'une cinquantaine de jeunes gens des deux sexes, connut aussi un vif succès, ainsi que les musiciens argentins de Raul Iriarte qui gratifièrent les spectateurs de tangos les plus voluptueux. Furent tout aussi goûtés les récitals du violoniste compositeur André Dalman accompagné au piano de son épouse Geneviève de Arteaga. Philippa Duke Schuyler, jeune prodige américain du piano. souleva un tel enthousiasme qu'elle dut se résoudre à prolonger son séjour. Accompagnée au piano par George E. Pierson, la soprano américaine Etta Motten donna de son côté trois récitals qui furent très appréciés.

La présence artistique de l'Italie fut assurée par la cantatrice Marguerite des Ferran et les deux chanteurs Irène Fratiza Gasperoni et Tommaso Spataro, respectivement soprano légère de l'Opéra de Rome et ténor lyrique de la Scala de Milan. Les 23, 25 et 27 mars, ces derniers prodiguèrent au public des moments d'intense émotion par la parfaite interprétation des morceaux d'opéras et d'opérettes tirés du riche répertoire de la Péninsule.

Vers la mi-avril, le Théâtre de Verdure accueille les ambassadeurs du folklore canadien, le *Chœur Lavallée-Smith*, composé de 12 membres sous la direction de Jean Charbonneau, fondateur du groupe. Il séjournera une vingtaine de jours, offrant des concerts de musique vocale d'une «délicieuse fraîcheur».

Durant ce même mois, se produisirent les danseurs acrobatiques Lucky et Lorraine, l'orchestre de Billy Taylor, avec Budd Jonson, le fameux saxophoniste, le chanteur de charme cubain Raul del Castillo et la petite danseuse Mercedita Mosanto, mascotte de la police de La Havane.

Cette série de prestigieux galas devait trouver son couronnement dans les deux concerts offerts les 2 et 3 mai par la célèbre cantatrice américaine, Marian Anderson, dont l'arrivée était attendue depuis des jours. Au premier récital donné en présence du chef de l'État et de madame Estimé et d'un auditoire évalué à plus de 3.000 personnes, elle enchante le public par l'interprétation des grands classiques Schubert, Faure, Scarlatti et l'exécution d'émouvants negros spirituals. Gestes nobles, voix tour à tour légère, puissante, pathétique, angoissée, que soutenait impeccablement son accompagnateur le pianiste Rupp. À la fin du récital, le public debout couvrit d'interminables ovations la géniale artiste qui reçut du maire de la capitale le diplôme de Citoyenne honoraire de la Ville de Port-au-Prince. Le deuxième récital qui commençait à susciter la même émotion fut malheureusement interrompu par une averse diluvienne qui vint noyer la manifestation, obligeant la grande cantatrice et le public à se retirer[6].

La troupe de patins sur glace Guy Elway, de Hollywood, formée d'une quinzaine de patineurs des deux sexes, fut le dernier groupe d'artistes à se montrer sur la scène du Théâtre de Verdure. Le 8 mai, elle donnait son premier "ice show" sur une piste artificielle, un peu trop étroite toutefois, et pendant deux semaines, s'offrit à l'admiration du public.

C'est le dimanche 12 février 1950 qu'est solennellement ouverte la section officielle de l'Exposition. À cette date, la plupart des travaux sont enfin achevés. Les pavillons du gouvernement offrent aux regards des visiteurs ravis leurs lignes élégantes et modernes. Également terminés les pavillons étrangers, sauf celui de la France dont la première pierre n'a pu être posée que le 17 janvier. Voisin des pavillons du Guatemala et du Vatican, le plus coquet et le plus luxueux des pavillons étrangers, celui de la firme italienne de parfums et produits de beauté Paglieri, œuvre de l'architecte-décorateur Andrea Galliano, entièrement recouvert de marbre blanc à l'extérieur et de marbre noir à l'intérieur. Des statues en marbre et en bronze, au nombre de 32, prêtées par le Metropolitan Museum, décorent les coins les plus pittoresques[7]. Avenues, rues et places publiques ont reçu leur dénomination par arrêtés communaux. 99

lampadaires modernes, nouvellement installés, inondent la nuit la Cité de l'Exposition d'une douce clarté. Placés à l'angle qui convient, des projecteurs mettent en relief la netteté des lignes architecturales, accentuant ainsi la grandeur et la beauté des édifices.

À 9 heures, le cortège présidentiel arrive au Pavillon d'Haïti. Place des Nations-Unies, les drapeaux des pays amis et ceux d'Haïti et de la ville de Port-au-Prince, salués par 21 coups de canon tirés du fort National, sont hissés à leur mât respectif. Sous les applaudissements de l'assistance, défilent les ingénieurs, employés et ouvriers de l'Exposition. Accompagné du ministre de l'Intérieur Louis Raymond, du commissaire général Jean Fouchard et de l'architecte Schmiedigen, le président Estimé se rend au balcon ouest et déclare ouverte la section officielle. À l'issue d'une tournée dans l'aire de l'Exposition, il assiste à la bénédiction, par le nonce apostolique Mgr Francisco Lardone, du pavillon du Vatican, élégante chapelle couronnée d'un dôme, qu'abusivement on voudra désigner sous le nom de «Chapelle Sixtine»[8].

Dans l'après-midi, les troupes en grande tenue, sous le commandement du colonel Paul Magloire assisté du major Stephan Woolley, auxquelles s'étaient joints les 720 cadets du navire-école français *Jeanne d'Arc*, défilent allègrement sur le boulevard Truman. Dans la soirée, tandis qu'on procédait à l'inauguration de la fontaine lumineuse baptisée *Fontaine des Nymphes d'ébène*, un grand bal offert par monsieur et madame Dumarsais Estimé en l'honneur des délégations étrangères, réunissait au pavillon d'Haïti le Tout-Port-au-Prince officiel et distingué. Un spectacle pyrotechnique d'une particulière magnificence ajoutait à la splendeur de cette nuit incomparable.

Pour s'associer d'une manière éclatante à la célébration du bicentenaire d'une ville qu'elle avait tenue sur les fonts baptismaux, la France s'était fait représenter par une délégation prestigieuse, présidée par M. Gaston Monnerville, président du Conseil de la République, accompagné de son épouse, et composée de M. Jean-Michel Quintard, directeur de son cabinet, du général René Bouscat et de M. Max de Vaucorbeil, respectivement commissaire général et secrétaire général de la participation française, de M. Jacques de Lacretelle, de l'Académie française, de M. Maurice Chayet, ambassadeur de France, de M. Simon Lando, directeur de l'Institut français et de M. S. Watkins, secrétaire de l'ambassade de France.

Le 13 février 1950, à l'Hôtel de Ville, M. Jacques de Lacretelle, qui avait été présenté à l'assistance par M. Dantès Bellegarde, remet au maire de la capitale une médaille d'or de l'Académie française à la ville de Port-au-Prince.

Le lendemain se déroulent les cérémonies d'inauguration du pavillon de la France, aménagé dans un des pavillons de la section industrielle[9], le montage des pièces métalliques de son pavillon préfabriqué n'étant pas achevé. Dans la soirée, est offert par la délégation française à la population port-au-princienne le plus éblouissant spectacle de feu d'artifice jamais présenté en Haïti. Ce programme de la maison française Ruggieri, exécuté sur mer, en face de la zone des Palmistes, véritable «féerie sur l'océan», arracha les plus vifs applaudissements à la foule émerveillée.

Il eût été difficile de détailler les divertissements qui pendant six mois firent de l'aire de l'Exposition le siège de l'animation port-au-princienne, animation renouvelée chaque jour presque sans jamais fléchir. Le secteur des Palmistes où s'étaient concentrées la plupart des grandes attractions offrait, dès le crépuscule, un tableau enchanteur, avec cette affluence cosmopolite en quête de plaisirs, déambulant à travers les allées sablées, dans l'entrecolonnement des beaux palmiers aux troncs puissants et élancés. Il y avait là l'*Aquarium*, immense réservoir à parois de verre où évoluaient paisiblement des échantillons rares d'animaux aquatiques, le *pavillon de l'Agriculture* où l'on pouvait s'approvisionner en confiserie, en pâtisserie, en charcuterie, en provisions agricoles sélectionnées, et le soir, danser au son d'un des nombreux jazz de la capitale. Il y avait pour les fines bouches le *pavillon de Simone*, limitrophe du Théâtre de Verdure, et pour les fanatiques du jeu, le *Casino flottant* ancré tout près dans la rade, en face des Palmistes, ou l'arène du *Coq d'Or* où l'on pouvait miser sa chance sur d'intrépides gallinacés et ensuite exécuter un ou deux «ronds», si le cœur vous en disait.

Pour les mondains et les noceurs, il y avait le night-club *Nedje*, rendez-vous des intellectuels, le *Bijou-Club* et le célèbre *Simbie Night-Club*, où triomphait Daniel Santos et où Lumane Casimir, devenue par son récent mariage Lumane Casimir Jean-Bart, interprétait de sa voix limpide et claire ces chansons folkloriques dont les plus typiques, *Panama'm tombé, Papa Guédé bel gaçon, Caroline Acaau,* allaient rester dans les mémoires comme les airs les plus évocateurs des heures d'enchantement de l'Exposition du Bicentenaire[10].

Enfin, au parc d'attractions éclairé à giorno et où se succédaient toute une variété de divertissements, allant des baraques de forains au Mur de la Mort et à la Grande Roue, en passant par les exhibitions de «girls» ou de «singularités» de la nature, la cohue bourdonnante s'amenait chaque soir, heureuse d'y découvrir tant d'émoustillants motifs de distraction.

Dans l'euphorie générale se produit un incident peu banal, dont le Simbie Night-Club sera la vedette... Au championnat de danse de résistance de 100 heures sans arrêt, ouvert par Hubert Carré et les concessionnaires de l'établissement, plus de 64 couples prennent part. Une prime de 1.000 dollars était prévue pour ceux qui atteindraient les cent heures. D'après le contrat, les danseurs qui parviendraient au but, devaient poursuivre l'épreuve, et le prix serait attribué au danseur qui aurait montré le plus d'endurance. Cette extraordinaire compétition fait affluer au night-club des centaines de curieux. Les neuf concurrents qui avaient gagné la palme et s'attendaient à recevoir chacun 1.000 dollars portent plainte contre les organisateurs qui ne l'entendaient pas ainsi. Un mandat d'arrêt est décerné contre l'un d'eux par le Parquet. Mais l'affaire se termine d'une manière assez inattendue. Des neuf vainqueurs, sept acceptent la répartition du prix. La balance est déposée au tribunal, aux ordres des deux autres.

Fin mars, la Ross Manning, après avoir pendant plus de quatre mois égayé le public par ses attractions diverses, plie bagage. La chute du président Estimé, le 10 mai 1950, qui avait occasionné la démission du commissaire général de l'Exposition Jean Fouchard et son remplacement par son adjoint André Chevallier, tend un voile d'amertume sur les activités de l'Exposition. Elles commençaient d'ailleurs à s'essouffler, et les derniers jours s'écoulèrent dans une indifférence quasi générale. Le samedi 3 juin, au Théâtre de Verdure, la Société Nationale d'Art Dramatique et la Troupe Nationale Folklorique présentaient aux commissaires étrangers une ultime «vision d'art et de beauté».

Et le jeudi 8 juin, place des Nations-Unies, se déroulait, sous la présidence de la Junte militaire de gouvernement, la cérémonie de clôture de l'Exposition Internationale. Le commissaire général André Chevallier prononça une brève allocution, puis, au nom du gouvernement déclara officiellement closes les activités de l'Exposition. L'ambassadeur de France Ludovic Chancel parla ensuite au nom des délégations des nations participantes. Accompagnés chacun d'un officier de l'armée, les commissaires étrangers procédèrent à la descente de leurs emblèmes respectifs qu'ils allèrent déposer sous le dôme de la chapelle vaticane. On signa ensuite le procès-verbal de clôture, à la salle des Fêtes du pavillon d'Haïti. Dans la soirée, un magnifique spectacle pyrotechnique exécuté place des Nations-Unies, ponctuait de ses feux rutilants les derniers et émouvants adieux de l'Exposition Internationale du bicentenaire de Port-au-Prince.

Si l'Exposition de 1949 fut un risque audacieux qui laissa un gros déficit sur les bras du gouvernement[11], elle n'en aura pas moins été un bienfait pour Haïti, eu égard à l'embellissement et à l'assainissement apportés à un immense quartier de la capitale. Elle entraîna en outre pour le pays un remarquable essor économique et propulsa le développement de l'industrie touristique par l'intérêt pour Haïti qu'elle avait provoqué. On avait vu se renouveler des flots de visiteurs, désireux de connaître ce petit pays si complexe et si mystérieux, et l'Haïtien s'était senti fier de leur montrer, à travers l'Exposition, sa volonté de progrès par l'effort. Dix-huit pays, sans compter des dizaines de firmes et d'institutions étrangères, comme l'OEA, l'ONU, l'UNESCO, avaient répondu à l'appel du gouvernement haïtien[12] et apporté leur contribution. En cet après-guerre où tant de questions épineuses sollicitaient l'attention des gouvernements de la terre, c'était un succès... un succès qu'on ne sut ni apprécier ni surtout exploiter.

Notes

1. Rappelons que c'est par les ordonnances des 6 février et 3 juin 1743, que fut fondée Port-au-Prince. L'ordonnance du 13 juin 1749 ne fit que confirmer une décision à laquelle on avait négligé de donner suite.

2. Dans sa séance du 6 décembre 1948, le Bureau International des Expositions, appréciant «l'excellence des mesures prises et des garanties offertes par le Gouvernement haïtien», accordera le bénéfice de l'enregistrement à l'Exposition Internationale du Bicentenaire de la fondation de Port-au-Prince.

3. Gerhartt Brutus : *Mon Carnet quotidien*, 25 septembre 1948.

4. *Haïti-Journal*, 9 décembre 1949.

5. *Entracte*, n° 1, septembre 1951, p. 13.

6. Un câble l'ayant réclamée d'urgence aux États-Unis, Marian Anderson dut reprendre l'avion le 4 mai au matin.

7. À la requête de M. Schmiedigen, le sculpteur français Pierre Bourdelle s'était adressé au Metropilitan Museum de New York, dirigé par P.D. Taylor, qui avait bien voulu se dessaisir en notre faveur d'une trentaine de sculptures de bronze et de marbre,pour une période renouvelable tous les trois mois et valable pendant 99 ans. Le Musée ne peut faire des dons purs et simples, mais a la latitude de disposer de certains de ses trésors artistiques, pour lesquels il n 'a pas de place. (La Phalange, 24 mai 1950) - Sous François Duvalier, la plupart de ces statues ont été récupérées par le Metropolitan Museum, en raison de l'état d'abandon où elles se trouvaient.

8. Ce ne sera qu'un mois après, le 12 mars, que Mgr Lardone dira la première messe dans cette chapelle dédiée à saint Pie X.

9. Occupé aujourd'hui par l'École Jean XXIII des Frères du Sacré-Coeur.

10. *Panama'm tombé* évoquait le décès inopiné du président Hyppolite au moment où il s'apprêtait à aller réprimer un soulèvement dans la région de Jacmel. Selon *Haïti-Journal* du 21 juin 1950, *Caroline Acaau* était «un air congo datant de 1843» qui célébrait Caroline, «fille d'Acaau du 17e régiment des Cayes et chef des Piquets».

11. «En résumé, informe le docteur Augustin Mathurin dans son ouvrage sur l'Exposition (page 141), les dépenses pour la commémoration du Bicentenaire de la Fondation de Port-au-Prince et l'Exposition Internationale se sont élevées à G. 33.879.928 et 47 cts, dépassant de loin les devis de G. 19.979.990.00 précédemment fixés, soit G. 13,899,938 et 47 cts d'augmentation».

12. Voici la liste des nations participantes : États-Unis d'Amérique, Venezuela, Mexique, Canada, Argentine, Guatemala, Chili, Cuba, Jamaïque, France, Italie, Belgique, Espagne, Cité du Vatican, San Marino, Liban, Syrie, Palestine.

APPENDICE I

INAUGURATION DE
L' «AVENUE DU PRÉSIDENT TRUJILLO»
LE 16 MAI 1936

Discours de son Excellence le Président Vincent

Mon cher Président et Grand Ami,

Parmi les grands travaux d'utilité publique entrepris et réalisés sous votre Gouvernement et remarquables, pour le moins, par la masse des intérêts matériels et spirituels qu'ils sont appelés à protéger et à développer, l'Histoire devra retenir, pour la citer en toute première ligne, la construction de la route Monte Christi-Dajabon, à cause des facilités de communications et d'échanges qu'elle offre à nos compatriotes respectifs sur un des points les plus importants de la frontière haïtiano-dominicaine. Par une délicate et touchante attention dont je me souviendrai toujours avec la plus légitime et la plus patriotique fierté, Votre Excellence a voulu que cette belle voie portât un nom de Chef d'État Haïtien, le mien, et que la cérémonie de l'inauguration se déroulât au milieu de fêtes splendides, en présence des éléments les plus représentatifs de nos deux jeunes démocraties. Elle a, de cette façon apposé le sceau final au Protocole du 9 Mars par lequel -je prends plaisir à le dire publiquement une nouvelle fois. - Nous avons, Nous-mêmes et Nous seuls, clôturé, entre nos deux Pays, l'ère des controverses et de l'insécurité, et qui devient ainsi, plus qu'un acte de foi, une réalité vivante. Les seules frontières qui nous séparent désormais, ce sont celles marquées sur le terrain par les hommes de l'art pour servir de points de repère, de signes ou d'expressions géographiques. Nos mains se sont jointes par delà l'espace pour tracer ensemble les grandes lignes de cette œuvre admirable à laquelle nos collaborateurs de tous ordres et de toutes conditions ont donné sa forme concrète et définitive.

C'est tout cela, -Nos patientes recherches, Nos échanges d'idées et de vue, Notre entente parfaite et cordiale, conséquence heureuse de Notre mutuelle bonne volonté et de Notre saine compréhension des nécessités vitales de nos peuples- que vous avez consacré et matérialisé par l'érection d'un véritable monument au cœur de Votre Pays, la route Sténio Vincent qui restera, pour les générations présentes et celles à venir, le symbole de la fraternité haïtiano-dominicaine.

Sensible à cet hommage dont Elle apprécie la haute valeur morale et psychologique, la Ville de Port-au-Prince entièrement d'accord sur ce point avec le Corps Législatif et le Gouvernement de la République a voulu elle aussi au nom de la Nation haïtienne prise dans son ensemble, élever un monument pour perpétuer le souvenir du succès qu'ont rencontré Nos efforts auprès de Nos populations et qu'ont accueilli avec enthousiasme, dans les deux Continents, comme un exemple et une leçon, tous les apôtres, tous les ouvriers, tous les amis de la Paix. Elle a fait de la grande artère de notre Capitale, -celle qui la relie à nos départements, et, par Belladère et Commendador, à nos Frères de l'Est, -l'Avenue du Président Trujillo.

Vous voilà donc maintenant, mon cher Président et Grand Ami, par la volonté nettement prononcée de la Nation haïtienne, un Citoyen honoraire, non plus seulement de Port-au-Prince et du Cap-Haïtien, mais de toute la République et, avec Vous, après Vous plutôt, tous vos compatriotes, du plus grand au plus petit, du plus puissant au plus humble. Cela signifie pour Nous, et tout simplement, que s'il y a encore des Haïtiens et des Dominicains, c'est-à-dire deux peuples libres et fièrs poursuivant le même idéal de progrès, il n'y a plus entre eux de frontière, moralement et spirituellement, c'est-à-dire plus de cause de disputes les obligeant à s'arrêter en chemin dans leur marche commune vers l'accomplissement de leurs destinées respectives.

C'est cette volonté, tellement conforme à la mienne qu'elle se confond avec elle, que je suis heureux de Vous exprimer ce matin en proclamant solennellement que la *Grand'Rue* ou *Rue Républicaine* s'appelle à partir de ce jour, *Avenue du Président Trujillo*.

DISCOURS DE SON EXCELLENCE LE PRÉSIDENT TRUJILLO

Mon cher Président et Grand Ami,

Il y a à peine un mois que nous réunissait en la capitale de la République Dominicaine, le noble but d'échanger les ratifications de l'accord qui doit lier nos noms dans l'histoire de l'ile de Saint-Domingue et qui nous aura campés devant la postérité comme les réalisateurs d'un idéal de paix caressé par nos deux peuples au cours des derniers cent ans de leur vie indépendante et accidentée. C'est ce fait très rare en cette heure présente de troubles que vit le monde qui a orienté vers nous l'attention universelle, faisant de nous le centre d'une actualité dont les répercussions ont déjà franchi les limites de tous les continents; mais quand se sera tu l'écho des manifestations que l'enthousiasme des deux nations a provoquées autour de nous, nous nous retrouverons dans nos Palais Présidentiels respectifs en face d'une réalité qui nous demandera chaque jour de nouvelles réalisations, de nouveaux efforts créateurs sans cesse répétés au bénéfice des deux peuples qu'il nous a été donné de gouverner dans les circonstances les plus difficiles de l'histoire universelle.

Vous avez vu, à l'occasion de votre récent voyage à travers la République Dominicaine, comment de tous les côtés l'on travaille et l'on progresse sous l'inspiration officielle du Gouvernement qui, par l'exemple, a mis en activité le potentiel d'énergie du peuple pour qu'il élabore son propre bonheur. Un peuple comme le peuple dominicain dont la seule source de richesse est sa terre et son énergie ne peut négliger aucun des facteurs qui doivent contribuer à sa stabilité et à son développement. Ce n'est que sous l'égide de ces idées que j'ai assumé les grandes responsabilités avec lesquelles j'affronte les problèmes du temps présent, assuré que l'avenir montrera le résultat surprenant d'une nation qui a réalisé sa destinée sans recourir à d'autres moyens que ceux que lui offre sa propre vitalité.

Devançant l'œuvre destructrice du temps et l'"esprit inconstant des peuples qui les porte à oublier les faits même quand ceux-ci sont réalisés à leur propre bénéfice, j'ai voulu marquer de votre nom illustre une œuvre que répéteront les siècles et les événements: la route Président Vincent, située à l'entrée même du territoire dominicain, sur la frontière, là où plus communs et plus fraternels sont les liens qui unissent et qui uniront pour toujours Dominicains et Haïtiens.

Cette voie de communication est l'une des nombreuses que l'intérêt dominicain et peut-être également l'intérêt haïtien, réclamait d'urgence et elle a été réalisée sous mon Gouvernement comme une partie du programme que j'ai formulé personnellement et qui a pour moi l'exceptionnelle vertu de mettre à contribution, à l'appui de mon propre effort, la capacité de travail, le sens de la discipline et la méthode dans l'action dont est capable le peuple dominicain.

Votre nom illustre est ici le symbole de l'union fraternelle qui désormais servira de fondement aux relations entre nos deux gouvernements et entre tous nos concitoyens: il sera aussi une preuve impérissable imprimée sur la terre, chair vive de la nation, pour que l'histoire la recueille et la transmette aux générations à venir, comme un témoignage de la gloire acquise dans les luttes non sanglantes de la paix.

Quand je recommandais au Congrès dominicain l'approbation d'une loi donnant à la route de Monte Christi à Dajabon le nom du

Président Vincent, je ne soupçonnais pas qu'un jour, certes trop prochain, j'aurais à me présenter dans la ville de Port-au-Prince pour recevoir l'hommage de la nation haïtienne en assistant à l'inauguration de cette splendide avenue qui portera, à partir de cette date, le nom du Chef d'État Dominicain, mon propre nom placé ici non pour conserver la mémoire des gloires éphémères de la guerre, mais plutôt comme un symbole de concorde appelé à marquer le commencement d'une ère où se sera réalisé le plus grand désir de mon gouvernement, le développement intégral de l'ile par la compénétration de tous ses éléments dans une politique d'union, de paix et de travail.

Je vous remercie, mon cher Président et Grand Ami, des expressions par lesquelles vous avez voulu me témoigner la distinction dont j'ai été l'objet de la part de la ville de Port-au-Prince et au nom du Peuple Dominicain et en mon nom personnel, je vous fais mes plus sincères remerciments, espérant que vous serez l'interprète de mes sentiments auprès du noble Peuple haïtien qui vient de vous renouveler sa confiance par un nouveau mandat qui doit être comme celui que vous venez d'accomplir, fécond en réalisations de haute et patriotique transcendance.

Bulletin des Lois et Actes
Année 1936, pp 248 à 253

APPENDICE II

AFFAIRE CALIXTE

Déposition de Yves Dépestre, Lieutenant, Garde d'Haïti, devant la Commission de recherche

Un témoin appelé par le greffier entra, prêta dûment serment et fut informé de l'objet de l'enquête.

Interrogé par le greffier :
1. D. -Déclinez vos noms, grade et poste actuel.
   R. -Yves Dépestre, Premier Lieutenant, Garde d'Haïti, officier de service au District du Palais National.

2. D. Dites ce que voua savez sur la tentative d'assassinat faite sur les personnes du Major Armand et du Capitaine Merceron dans la soirée du 12 Décembre 1937.
   R. Je suis heureux de pouvoir dire ici la vérité. Je suis heureux de pouvoir débarrasser mon cœur du poids affreux qui l'oppresse depuis le 12 Décembre 1937. Ce 12 décembre 1937, le Commandant de la Garde d'Haïti, alors le Colonel Calixte, me fit dire que si je ne m'adjoignais pas au groupe qui devait quelques heures plus tard faire feu sur la personne du Major Armand, il se pourrait que de graves malheurs m'arrivassent. C'est parce qu'il savait que j'étais au courant de certaines choses et, quand je lui ai envoyé une réponse négative, j'ai reçu un coup de téléphone d'une voix anonyme m'annonçant que je ne laisserais pas la pointe du wharf* sans qu'il ne m'arrivât malheur.

---

* Il résidait alors au Fort-Islet desservi par le grand wharf.

Je tiens à dire ici que pendant mes trois ans et sept mois que j'ai passé au District du Palais National faisant toujours bien mon travail et ayant la tête entre deux murs comme il le disait, j'ai toujours voulu croire à une haine du commandant de la Garde d'Haïti pour le Major Armand. Ma conduite dans cette situation psychologique a toujours été délicate et je me suis toujours donné pour guide dans la vie d'être un homme circonspect. Il a eu à dire et je regrette qu'il ne soit pas là pour m'entendre parler devant lui que j'étais l'homme du Major Armand et qu'un jour si ma tête n'était pas cassée par un mur elle le serait par l'autre. Il semble avoir prophétisé. Le Colonel Calixte a envoyé un papier rédigé par son secrétaire à la signature de certains officiers, tant du dehors que du District du Palais National. Je m'explique qu'il ait été navré et enragé comme Saturne de n'avoir pas vu sa liste recueillir même une signature. Ensuite par des voix sourdes, il a fait comprendre à des officiers dits de son bloc que Monsieur Sidney de la Rue lui aurait fait comprendre «qu'il attend trop» et que le seul obstacle à son Commandement et au Commandement du pays était le Major Armand qui est le support du Gouvernement du Président de la République. Il aurait dit aussi que c'est le Major Armand qui a empêché à la Garde d'Haïti, en prenant en main de tout régler au compte de la Garde, que les haïtiens ne se soient défendus dans l'affaire haïtiano-dominicaine. Il a fait croire à ces officiers que le Gouvernement Américain lui donnait tout son concours s'il arrivait à rétablir son commandement effectif. Je dois dire ceci: Si, du District du Palais National je devais être la cause d'une catastrophe, il est logique de penser que je ne devais normalement pas être le seul. Si j'ai été mêlé à cette affaire et qu'immédiatement après, lui, le Commandant de la Garde, ait pu me dénoncer, il est nécessaire d'en chercher la cause, parce que, connu de tout le monde, comme un rancunier de classe et un homme de «partisannerie», il devrait normalement chercher tout d'abord à protéger son neveu, je veux dire Pérard. Donc personne parmi les officiers de la Garde ne peut dire que j'ai été l'ami de Pérard. Ce n'est donc pas pour me protéger mais bien pour me perdre dans la même nuit, si le Major Armand tombait. Dans les ordres donnés par le Colonel Calixte, ordres que, au dire même des Officiers, il n'a jamais voulu signer de sa main, afin de se rétracter, de se cacher comme un lâche au cas où les circonstances rendraient improductif son ténébreux dessein. Je dois dire aussi que j'ai été fortement tiraillé par lui, fortement persécuté pour ainsi dire en quelque sorte poussé par lui, à prendre place dans la voiture. Mais j'avoue n'avoir pas tiré. Je dois dire aussi qu'il s'agissait dans cette affaire surtout du Major Armand, mais pas du Capitaine Merceron.

3. D. Quand le Colonel Calixte, alors commandant de la Garde, vous a-t-il parlé pour la première fois de son intention d'attenter à la vie du Major Armand?

R. Le Colonel Calixte n'a jamais eu le courage de m'appeler pour me dire de vive voix d'attenter aux jours du Major Armand. Il m'a simplement fait des menaces et encore une fois je regrette qu'il ne soit pas là ni à son belvédère* ni ici présent pour qu'il l'affirme.

4. D. Par quelle voie vous a-t-il fait des menaces?

R. Par son secrétaire, je veux dire Monsieur Monpoint qui s'était rendu lui-même au Fort Islet où j'habitais.

5. D. Ce Monsieur Monpoint a-t-il été le seul intermédiaire dont s'est servi le Colonel Calixte pour vous faire des menaces?

R. Une fois après ma résistance, par téléphone, j'entendis d'une voix anonyme des paroles que je considérais comme des menaces.

6. D. Voulez-vous nous dire en quoi consistaient ces menaces?

R. En résumé à faire partie non seulement du groupe de ceux-là qu'il avait désignés pour l'attentat, mais à adopter les idées qu'il voulait réaliser.

---

*. Allusion à la maison de résidence du colonel Calixte à Pétionville, qui se dresse encore, couronnée d'une sorte de belvédère, à l'angle nord-est des rues Aubran et Rigaud.

7. D. Quand aviez-vous su qu'il y avait un groupe désigné pour attenter aux jours du Major Armand?

R. Vers le 9 ou 10 Décembre.

8. D. Quels sont ceux qui faisaient partie de ce groupe?

R. Les lieutenants Hippolyte, St-Martin, Modé et Pérard.

9. D. Ce groupe se réunissait-il quelque fois?

R. Oui chez le Lieutenant Hyppolyte qui habitait tout près de chez moi.

14. D. ...Ce groupe avait-il un chef immédiat?

R. Le Colonel Calixte lui-même a tourmenté ces messieurs et c'est lui qui est le promoteur, l'auteur et le responsable, d'après moi, de cet attentat bien avant lequel il empoisonnait déjà la Garde dans la personne des officiers les plus dévoués au Chef qu'il haïssait et contre lequel il couvait de toujours une haine implacable. Un officier qui était du District du Palais National était toujours considéré comme un suspect, c'est-à-dire un individu sur lequel il ne pourrait jamais compter sur quoi que ce soit, puisque c'est ainsi que, je pense, depuis qu'il est dans la Garde d'Haïti, il envisage de comprendre le Service Militaire. Pour ne pas paraître à tous ceux qui ne m'ont pas compris, un lâche, j'avoue avoir été coupable un peu par ma faute, mais non pas tout à fait par ma faute. Parce que ces choses m'ont paru tellement effrayantes, tellement grosses de conséquences pour le pays que moi-même, je n'ai pas eu le véritable courage de dévoiler toutes ces choses à mon chef hiérarchique immédiat...

Le Major Armand à qui je ne le dis pas malgré moi, à qui je dois de la reconnaissance pour avoir toujours cherché à me mettre en vedette dans la Garde d'Haïti, soit comme Secrétaire du Club provisoirement, soit comme Speaker, m'interdisant par là de profiter de quelques jours de congé qu'il m'avait accordés, soit en s'intéressant personnellement de mes affaires privées pour me donner non seulement des conseils, mais encore pour me venir en aide. Toutes ces circonstances m'ont porté énormément ombrage dans la Garde, car le Colonel Calixte ne m'a jamais pardonné de vouloir rester au District du Palais National au point qu'il me dit un jour au Grand Quartier-Général, en présence des Officiers qui travaillaient, que c'est là que je devrais finir. Les Lieutenants Levelt, Dorsinville, Dascy, Bonhomme peuvent venir en témoignage. Je le répète encore, en moi-même, depuis mon retour au District du Palais National, le 4 janvier 1938 et je me justifie encore devant Dieu.

15. D. De qui tenez-vous que le Colonel Calixte vouait une haine implacable aux officiers du District du Palais National?

R. Le Colonel Calixte est naturellement trop ambitieux et trop malin pour tenir directement ces propos à un officier, quand surtout cet officier fait partie du District du Palais National. Seulement il n'est pas assez sphinx pour que ses réflexions perdent leur but quand il se mêle de plaisanter. Dès la formation du district du Palais National, il a eu à dire que deux maitres ne peuvent commander un canton et qu'un jour le plus petit devait tomber et se casser les reins.

16. D. Parmi les officiers qui se réunissaient chez le Lieutenant Hippolyte quel est celui qui eut à arrêter les dispositions à prendre pour l'exécution de l'attentat?

R. Le Lieutenant Pérard avait dit qu'il pouvait, lui seul avec dix de ses hommes à lui, s'assurer de la personne du Major Armand. Ensuite d'autres dispositions ont été prises à mon insu, je crois, par le lieutenant Hippolyte.

18. D. Comment étaient vêtus les officiers qui étaient dans la voiture 3031 le soir du 12 Décembre 1937?

R. Le soir du 12 Décembre 1937 le Lieutenant Hippolyte portait un chandail bleu foncé et une casquette, il avait des lunettes. Le lieutenant Modé qui tenait le volant de la voiture avait l'air d'une vieille femme avec une casquette sur la tête et un châle qui lui gonflait le cou. Je ne me rappelle pas ce que portait le Lieutenant Pérard. Le Lieutenant St-Martin, si mes souvenirs sont exacts, avait un par-dessus et votre serviteur était nu tête, à droite, derrière avec un sweater à fermeture-éclair. Je me rappelle au moment où l'un d'entre eux dit à Modé de ralentir la voiture, pris d'effroi, j'ai dit à Modé: "Non, non, continuez, ne nous arrêtons pas", mais à ce moment le sort ayant parlé, Modé diminua quand même la vitesse, ce qui permit à deux d'entre eux de faire feu dans la direction où se trouvaient assis le Major Armand et le Capitaine Merceron. Je dois dire que personnellement je n'ai tiré aucun coup de feu sur la personne de ces chefs... Le 13 décembre, arrêté que j'étais déjà, je fus transféré aux Casernes Dartiguenave où me reçut, d'après ordre verbal téléphonique, le Capitaine Constant Poitevien de la Garde d'Haïti. Le Capitaine Poitevien me dit: "Vous êtes consigné, d'ordre du Commandant de la Garde". Je lui demandai qu'est-ce qu'il y a, il me répondit: "Je ne sais rien, mais d'ordre du Commandant de la Garde, vous êtes consigné". Il était midi. À 6:00 heures p.m. le Capitaine Poitevien vint me chercher dans une des chambres des Casernes et me dit: "D'ordre du Commandant de la Garde vous êtes transféré au District de Pétionville". Arrivé à Pétionville, j'ai pu remarquer quelques heures après que je n'étais pas transféré à Pétionville, mais plutôt on voulait me cacher à Pétionville et partant j'étais encore consigné. Défense me fut faite par le Capitaine J.F.A. Thomas à Pétionville de laisser les limites du District. Et quand j'appris par lui que j'étais transféré à Port à Piment je descendis en ville accompagné du Capitaine Thomas pour me rendre au Quartier-Général, afin d'y recevoir mon ordre de transfert. Le capitaine Thomas d'ordinaire, chaque matin, se rendait au Quartier-Général précédé d'un détachement d'avant-garde qui devait accompagner le Commandant de la Garde chez lui, parce qu'à ce moment là, il dormait au Quartier-Général et montait chaque matin à 6hrs. Donc étant descendu avec le Capitaine Thomas à 6 hrs a.m. au Quartier-Général, le Colonel Calixte me fit savoir que le camion qui devait m'amener à Port à Piment ne partait qu'à 10:00 heures a. m. et qu'en conséquence je devais remonter à Pétionville. Quand je lui demandai de me permettre de me rendre au Fort Islet pour préparer mes bagages, il me répondit: "Non, Lieutenant, vous avez été très faible, vous avez trahi, il ne faut pas que vous restiez à Port-au-

Prince». Au moment de partir pour Port à Piment, une auto No 1015 conduite par le chauffeur du Palais nommé Philippe se présenta au District de Pétionville. Le Lieutenant Roger Dorsinville devait se rendre aux Cayes en mission officielle. Il s'agissait de porter au Colonel Laraque les pièces relatives à l'exécution du Sergent Thomas. En laissant Pétionville je demandai à Dorsinville de me faire amener au Fort Islet pour y voir ma femme. Il refusa et donna ordre au chauffeur de ne pas passer en ville, de trouver le moyen de passer au haut de la ville, par Bolosse et de sortir sur la grande route par le point le plus éloigné. Stupide, je laissais faire et arrivé aux Cayes dans l'après-midi, ayant rencontré le Colonel Laraque à hauteur d'Aquin, il me permit de rester comme c'était un vendredi, jusqu'au lundi aux Cayes. De retour à Port-au-Prince, il voulut me garder aux Cayes, me l'annonça et fit part immédiatement au Colonel Calixte qui lui répondit que cela lui était tout à fait impossible. Dans la nuit du 12 décembre, le Colonel Calixte fit dans la cour des Casernes Dessalines l'inspection de toutes les compagnies, accompagné de beaucoup d'officiers du dehors, et il plaça à la tête de chaque compagnie un officier de son groupe.

19. D. Quels sont les officiers qui ont fait feu sur le Major Armand.?
   R. Deux ou trois d'entre eux, notamment le Lieutenant Hippolyte.

20. D. Où était assis Hippolyte?
   R. Devant, à côté de Modé.

21. D. Où était assis Pérard?
   R. Pérard était derrière à gauche.

22. D. Après l'attentat sur le Major Armand où êtes vous allé?
   R. Je me suis rendu chez moi.

23. D. Les officiers vous ont-ils déposé chez vous?
   R. Non.

24. D. Où ont-ils laissé la voiture?
R. Au Bois Saint-Martin.

25. D. Après avoir abandonné la voiture qu'ont fait les officiers?
R. Ils se sont dispersés de leur mieux.

26. D. Pouvez-vous nous dire où ils sont allés?
R. Hippolyte et Saint-Martin sont partis ensemble. Pérard et Modé ont pris la direction de l'Hôpital de la Garde*, moi je suis passé par le Bel-Air.

27. D. À quelle heure avez-vous regagné votre poste?
R. Vers 11:50 p.m.

28. D. En voiture ou à pied?
R. J'ai laissé à pied, arrivé près du garage Kneer, j'ai trouvé un camion de la Garde qui avait des Gardes, et je l'ai arrêté et j'ai pris place près du chauffeur.

29. D. Qu'ont fait les officiers des hardes dont ils s'étaient servis pour se déguiser?
R. Je ne sais pas.

30. D. Par qui avez-vous su qu'il existait un groupe d'officiers qui devait assassiner le Major Armand?
R. D'abord par Monsieur Monpoint et ensuite par téléphone.

31. D. Qui vous a parlé au téléphone?
R. Une voix anonyme.

32. D. Quels sont les officiers de ce groupe que vous saviez rencontrer chez le Lieutenant Hippolyte?
R. Son compère le Lieutenant Saint-Martin et une fois le Lieutenant Pérard. À noter que Hippolyte et moi nous habitions à l'époque le Fort Islet.

---

*.L'Hôpital de la Garde occupait un des pavillons de camp d'aviation de Chancerelles.

33. D. Qui vous a averti que l'attentat devait avoir lieu le 12 Décembre?

R. Il n'y avait pas de date fixée pour l'attentat.

34. D. Expliquez comment vous vous étiez trouvé dans la voiture 3031 et dites à quelle heure on était venu vous chercher et où cela?

R. Ce dimanche soir à 7 heures et quelques minutes, je longeais le wharf pour descendre en ville, j'ai rencontré une voiture où se trouvaient le Lieutenant Pérard et je crois un chauffeur.

35. D. À quel endroit sur le quai aviez-vous rencontré le Lieutenant Pérard

R. Il descendait de la voiture.

36. D. Que vous a-t-il dit?

R. Il ne m'a pas parlé.

37. D. Et vous, lui avez-vous parlé?

R. Je lui ai parlé en disant: «Messieurs vous allez risquer votre peau dans cette affaire, croyez-moi, je n'ai pas la ferme impression que vous allez réussir».

38. D. En disant cela vous étiez donc certain que l'attentat devait avoir lieu ce soir même?

R. Non.

39. D. À ce moment-là vous étiez combien d'officiers?

R. Nous étions trois.

40. D. Où avez-vous rencontré le Lieutenant Saint-Martin?

R. Le Lieutenant Modé qui conduisait la voiture s'est rendu sûrement comme ils avaient convenu au Dispensaire de la Garde pour le chercher.

41. D. Puisque vous n'étiez que trois.au moment de laisser le quai où avez-vous rencontré le Lieutenant Modé?

R. Autant que je me rappelle le Lieutenant Hippolyte avait pris le volant de la voiture en laissant le wharf et s'est rendu prés du Bureau de la Police où il a pris Modé qui, à partir de ce moment, s'est mis au volant.

42. D. Voulez-vous nous dire ce que vous avez fait dès que le groupe fut au complet?

R. Dès que le groupe fut au complet, l'auto est allée au Champ de Mars conduite par Modé, a stoppé derrière le Quartier-Général, est repassé au Champ de Mars puis ensuite près du Quartier-Général toujours où se trouvait la voiture du Major Armand, qui sûrement était au Quartier-Général. Après avoir fait un autre tour du Champ de Mars et avoir repéré la voiture devant Rex, nous sommes repassés devant Rex.

43. D. Qui avait le commandement dans cette voiture?

R. Un certain moment Hippolyte et à un certain autre, Pérard.

44. D. Qui a commandé le feu?

R. Personne, ils ont dégainé de leur propre chef, et j'ajoute encore une fois n'avoir pas tiré.

45. D. Qui a ordonné au Lieutenant Modé de s'arrêter devant le Café Rex?

R. Le Lieutenant Pérard.

46. D. Par qui avez-vous eu connaissance du papier que vous dites avoir été présenté à la signature d'officiers de la Garde?

R. Par le lieutenant Herbert Hippolyte.

47. D. A-t-il insisté pour que vous apposiez votre signature?

R. Non, j'ai refusé catégoriquement et j'ajoute que, d'après le Colonel Calixte, ce papier une fois signé d'une majorité d'Officiers, fort de l'appui qu'il avait dans la Garde d'Haïti, des Commandants de

Département Militaire, il allait le remettre au ministre Américain et le faire voir aux autres personnalités diplomatiques. Si vous voulez voir le papier, vous pouvez vous adresser au Lieutenant Hippolyte qui s'il ne l'a pas déchiré le conserve encore. J'en ai eu que communication pour lui dire immédiatement ma façon de penser sur les manœuvres peu patriotiques du Colonel Calixte et refuser encore d'y apposer ma signature.

48. D. Pouvez-nous dire un peu ce que contenait ce papier?

R. Ce papier ne contenait que des récriminations contre le Major Armand, qui, disait-il, était installé chef de la Garde et avait été pour une grande part la cause des insultes et blessures nationales que nous avons reçues des Dominicains. etc....

49. D. Le Lieutenant Hippolyte a-t-il été fâché de votre refus de signer ce papier?

R. Non, Il avait immédiatement approuvé ma façon de penser et moi-même de mon côté j'avais essayé de le lui prendre pour l'apporter au Président de la République.

... Yves Depestre, 1er lieutenant GDH, témoin, fut rappelé et averti que le serment antérieurement prêté le liait toujours.

Interrogé par la commission :

1. D. La commission sait qu'il était à votre connaissance avant la tentative que le Lieutenant Wilfrid Guillaume était au courant de ce fait, voulez-vous nous dire ce que vous en savez?

R. Je crois que le Lieutenant Guillaume le savait.

2. D. Sur quoi vous basez-vous pour dire ce qui précède?

R. On en avait parlé.

3. D. Ce "on" représente qui?

R. Ce "on" représente le Lieutenant Guillaume et moi.

4. D. Connaissez-vous les autres officiers qui d'après vous ont pu lui en avoir parlé?

R. Je ne puis pas dire connaître les officiers qui ont pu lui en avoir parlé.

5. D. Sur quoi vous basez-vous pour dire que vous n'étiez pas le seul à lui en parler?

R. C'est une opinion.

6. D. Sur quoi étayez-vous votre opinion?

R. J'étaie mon opinion sur ce que d'autres officiers sont venus me parler de cette affaire.

7. D. Quels sont ces autres officiers qui ont su l'existence du complot avant la tentative d'assassinat?

R. Ce sont les Lieutenants Roger Dorsinville, Pierre Rigaud, Clément Dascy, Ludovic B. Fils-Aimé, Roger Bordes; les Sous-lieutenants Francillon, Beauvoir, Arthur Bonhomme et l'adjudant Faubert. Le Colonel Calixte aurait dit tant pis pour ceux-là qui ont toujours été contre lui. Il avait dit aussi que dans les provinces, c'est-à-dire que dans les Départements Militaires, il avait des gens à lui et que les Commandants de Département Militaire, à l'exception du Colonel Clermont, pourraient marcher avec lui. À l'échec de son plan, il avait même voulu se faire suivre encore, afin de gagner le Nord et là organiser une révolution qui aurait pour but de tout gâter.

8. D. Quels sont les officiers qui sont venus vous en parler?

R. Les Lieutenants Roger Dorsinville, Pierre Rigaud; les Sous-lieutenants Francillon et Bonhomme.

9. D. Ces officiers sont-ils venus vous trouver l'un après l'autre?

R. Oui.

10. D. Où vous ont-ils rencontré pour vous en parler?

R. La plupart au Club Militaire, d'autres à la Caserne Dartiguenave.

11. D. Voulez-vous nous dire de quelle façon se sont-ils exprimés pour vous en parler?

R. Je ne puis pas dire les termes dans lesquels ils se sont exprimés. Cependant il s'agissait d'une façon générale d'exécuter l'ordre qu'aurait à donner à un certain moment le Chef de la Garde, je veux dire le Colonel Calixte.

12. D. À ce moment-là, aviez-vous compris que l'ordre consisterait à abattre le Major Armand?

R. Le but que j'ai compris que voulait atteindre le Colonel Calixte était de s'assurer de quelque façon que ce fut de la personne du Colonel Clermont et du Major Armand.

13. D. Voulez-vous nous dire quels sont les officiers que vous aviez personnellement vus pour leur en parler?

R. Personnellement je n'ai été chargé de voir personne, cependant j'avoue en avoir causé au Lieutenant Guillaume sans chercher à savoir s'il le savait déjà, au Lieutenant Dascy qui habitait le Fort Islet tout prés de chez moi, au Lieutenant Ludovic B. Fils-Aimé dans la chambre de qui j'ai un buffet, au Lieutenant Roger Bordes. Mais de la façon dont nous avions causé, je ne puis pas dire que l'impression qui m'était restée était celle de leur avoir annoncé la chose. Cependant je dois dire pour ma conscience que le Lieutenant Ludovic B. Fils-Aimé m'a reproché, sans savoir à quel moment je l'avais su moi-même, de l'avoir tenu, lui qui est mon ami, dans l'ignorance de ce fait.

14. D. Au cours des conversations qui se sont déroulées entre vous et ces officiers, ont-ils manifesté à un moment quelconque le désir d'adhérer à ce mouvement?

R. Il est logique de penser que , comme je l'ai dit plus haut, je n'ai pas annoncé cette nouvelle à tous les officiers et que ceux-là auxquels j'avoue avoir causé ne sont pas restés dans une indifférence, ni non plus n'avaient protesté puisque leur devoir, au cas où ils auraient protesté, serait de dénoncer la chose ou bien de me dire qu'ils ne le savaient pas, ou encore de me demander de garder le silence, et enfin de me dire qu'ils refusent de faire partie.

15. D. Y en a-t-il eu parmi ces officiers qui ont blâmé ce mouvement?
R. Pas devant moi.

16. D. Étaient-ils au courant que les membres du complot emploieraient tous leurs moyens pour arriver à leur but?
R. Oui.

17. D. Est-il à vote connaissance que le soir du 12 Décembre 1937 deux voitures précédaient de temps à autre la vôtre pour vous guider en faisant des signes soit avec la main, soit avec un mouchoir?
R. Ce n'est pas à ma connaissance.

18. D. Y avait-il ce soir là une voiture qui repérait le Major Armand?
R. Il y avait à part la voiture où je me trouvais, deux autres voitures qui repéraient la voiture du Major Armand. C'est la voiture du Lieutenant Guillaume et la voiture du Lieutenant Francillon. Cependant, je ne puis dire que c'est le Lieutenant Guillaume qui conduisait la voiture, mais l'autre était conduite par son propriétaire.

19. D. L'un des cinq qui se trouvaient dans la voiture 3031 était-il entré en communication avec l'un des occupants des voitures sus-citées?
R. Il y a eu une certaine communication entre la voiture 3031 et les deux autres.

20. D. Comment saviez-vous que c'était le Lieutenant Fils-Aimé et le Sous-lieutenant Francillon qui étaient au volant des deux autres voitures?
R. C'est parce que je les y avais vus.

21. D. Le Lieutenant Ludovic Fils-Aimé et le Sous-lieutenant

Francillon étaient-ils seuls dans ces voitures?

R. Oui.

22. D. Y a-t-il eu à votre connaissance des civils qui étaient au courant du complot avant l'attentat?

R. Non, à l'exception de Monsieur Monpoint.

23.D. Pouvez-vous nous dire les noms des officiers de la province qui d'après vous étaient au courant de ce complot

R. Je n'ai jamais dit cela, parce que je ne dis que ce que je sais et tout ce que je sais. S'il y avait des officiers de province à être au courant de ce complot, je jure que ce fait n'est pas à ma connaissance.

24.D. Le promoteur de ce mouvement avait-il un plan ou un programme?

R. Je dois dire pour ma part que le promoteur de ce mouvement, c'est à dire le chef responsable, le Colonel Calixte, ne m'a jamais appelé personnellement pour me communiquer aucun plan, ni aucun programme. Cependant, s'il y en avait un, il l'aurait communiqué à d'autres officiers, par exemple à ceux à qui il avait l'habitude de parler au Quartier-Général.

25.D En cas de réussite que devait faire ensuite votre groupe?

R. Pour vous démontrer que cette affaire du 12 décembre avait été conçue par le Colonel Calixte et en même temps décidée par lui, je ne sais pas en cas de réussite ce qui adviendrait du groupe. Je ne sais pas non plus si d'autres du groupe le savaient ou si quelque chose leur avait été promis par le Colonel Calixte...

La commission informa le témoin qu'il lui était accordé le privilège de relater tout autre fait concernant l'objet des investigations de la commission, qui, d'après lui, aurait dû être consigné dans les minutes et qui n'aurait pas été tiré au clair au cours du précédent interrogatoire.

Le témoin fit la déclaration suivante:

Quand j'ai dit dans mes précédentes déclarations que le Colonel Calixte aurait dit que les Commandants de Département Militaire marchaient avec lui je n'ai pas établi de certitude, j'ai simplement rapporté ce que j'avais entendu et je pense que pour ma conscience, c'était sûrement des manœuvres pour inciter les officiers subalternes, les intimider afin de les faire marcher, car puisque d'après ce que l'on racontait dans sa bande il ne pouvait douter que de quelques officiers dans toute la Garde et particulièrement de deux qu'il voulait faire abattre. Je crois devoir dire qu'il faisait plutôt de la réclame autour de lui afin de faire croire que les Commandants de Département Militaire marchaient avec lui à l'exception du colonel Clermont, puisque sur une question posée à l'un des officiers du Quartier-Général, il me fut répondu que ce n'était pas une chose dont on pouvait être sûr puisque le Colonel Calixte doutait du Colonel André qui était alors au Département du Nord et du Colonel Laraque et que le Major Laroche contre lequel il n'a jamais caché sa haine commandait alors le Département du Nord-Ouest. Cependant, il aurait affirmé que le Major St-Firmin Jean était son homme, ou marchait avec lui. Voici d'après moi ce qui peut être retenu dans cette affaire de Commandants de Département Militaire. Pour ma part je crois que pour réussir à accomplir ses ténébreux desseins, il aurait dit cela sans que rien ne fût vrai, afin d'intimider les officiers pour les porter à accomplir au plus vite ce qu'il voulait, tout en se cachant lui-même.

….Interrogé par le greffier :

1. D. De quel revolver vous êtes-vous servi lors de l'attentat?

R. Le soir du 12 Décembre, comme tous les officiers du District, j'étais armé de mon pistolet Colt, calibre 45 de la Garde d'Haïti.

2. D. Lors de l'attentat, n'aviez-vous que ce seul revolver?

R. Oui.

3. D. Les autres officiers qui vous accompagnaient dans la voiture se sont-ils servis du revolver de la Garde et de leur poste?

R. Les Lieutenants Pérard et Modé avaient chacun un pistolet 45, le Lieutenant St-Martin un 38, pour le Lieutenant Hippolyte, je ne sais pas.

4. D. Personnellement je sais que le Lieutenant Pérard était en possession d'un pistolet automatique calibre 45 et d'un revolver à barillet calibre 38, pouvez-vous me dire ce qu'il a fait de cette dernière arme ce soir-là?

R. Je sais qu'il avait deux revolvers en sa possession un 38 et un 45.

5. D. Est-il à votre connaissance que le Lieutenant Pérard avait prêté ces revolvers à d'autres personnes?

R. Je ne sais pas

6. D. Après l'attentat du 12 Décembre, n'avez vous pas demandé à l'Adjudant Faubert de faire feu sur le Major Armand?

R. Non.

7. D. N'aviez-vous pas offert à l'Adjudant Faubert le concours d'un garde du nom de Seymour Devèze pour tuer le Major Armand?

R. C'est absolument faux et je réponds non à cette question. Je demande même que l'on questionne le garde Seymour Devèze pour qu'il vienne dire si jamais j'ai eu à lui parler des choses en dehors du service. Tous les officiers avec lesquels on me confronte, supposant ou sachant que c'est moi qui ai dit la vérité, viendront dire ici beaucoup de mensonges sur mon compte. Je prie la commission, tout en la mettant en garde contre ces fausses déclarations, de croire que, me résignant à perdre ma place dans la Garde, je veux servir la vérité…

Extrait des procès-verbaux des interrogatoires relatifs à l'attentat du 12 Décembre 1937.

APPENDICE III-

AFFAIRE CALIXTE

Déposition de Hébert Francillon, Sous-Lieutenant, Garde d'Haïti, devant la Commission de Recherche.

Un témoin appelé par le greffier entra, prêta serment et fut informé de l'objet de l'enquête.

Interrogé par le greffier :

1. D. Déclinez vos noms, grade et poste actuel.
R. Hébert Francillon, Second Lieutenant, Garde d'Haïti, officier de service de la police du Cap-Haïtien.

2. D. Il a été établi que le 12 Décembre au soir, vous avez été dans votre voiture, chargé de repérer le Major Armand, qu'en dites-vous?
R. Si le fait par moi d'avoir gardé le silence sur des choses que je n'ignorais pas est considéré par vous comme une faute grave, je me déclare dès lors coupable et vous dispense des tracas d'une cour Martiale. Avant de m'expliquer, je vous prierais de jeter à vos pieds toutes passions, de faire demi-tour et de vous transporter avec moi à trois mois d'ici, vers le mois de décembre, à cette époque où les esprits étaient surexcités, où le patriotisme avait gravi les derniers degrés de l'échelle. À cette époque où le public jasait tant sur le Gouvernement, où l'officier se voyait tant méprisé par la foule qui fixait sur lui un

regard méprisant, regard qui vous disait des choses mieux que ne l'eût fait aucune lèvre. À cette époque où l'officier avait honte de s'exhiber et jetait l'uniforme de côté pour s'abriter sous l'habit civil, à cette époque, le lieutenant Dépestre qui était de la même compagnie que moi m'entretenait à chaque fois que nous étions de service, des conversations de ce genre: "Mon cher, où va le pays? Le dominicain nous insulte, tue nos frères là-bas, aucune réaction ne se fait remarquer ici". À ces conversations je répondais ce que mes collègues répondaient. Le lendemain il revenait avec d'autres idées cherchant à soulever en moi le patriotisme. Il me parla de l'embarras du gouvernement à trouver un emprunt. Ces conversations durèrent environ une semaine, quand, un beau jour il me dit: "Mon cher, le Commandant de la Garde est le seul homme qui puisse actuellement sauver le pays. Lui seul peut trancher la question". À ces mots, je le regardais sans rien lui répondre. Chaque jour il revenait à moi avec des conversations de ce genre, quand, un matin il me déclara que le Commandant de la Garde était décidé à frapper du pied et qu'un seul homme lui faisait obstacle, le Major Armand. Là, encore je le regardais sans rien lui répondre, et rentré dans ma chambre, une lutte implacable commença à se livrer en moi. J'entendais deux voix, l'une me disait que le Major Armand avait trop d'estime pour moi, pour mes parents, que je ne pouvais pas le laisser courir à une mort certaine et qu'à tout prix je devais le sauver. Mais l'autre voix protestait énergiquement, me faisant voir les saletés qui se trouvaient dans une dénonciation, comme dans ce film intitulé "Criminel" où dans un passage l'on peint la dénonciation dans toute sa laideur. Cette même voix me montrait l'étudiant de l'Ecole de Médecine tant insulté par la foule et me clouait en quelque sorte. Le lendemain, le Lieutenant Dépestre qui tenait à avoir ma parole revint à moi, sitôt que la conversation s'engagea entre nous. Ecoutant la première voix, je lui fis comprendre que c'était lâche d'assassiner le Major Armand. Pour me convaincre avec tout son fatalisme, il me rappela ces idées d'un philosophe dont le nom m'échappe": Nul n'est maître de ses actes, nous sommes agis par les circonstances. "Et il ajouta: "Tu veux protéger le Major à cause des services qu'il eut à rendre à tes parents.

Pensez-vous que Monsieur Vincent arriverait sur un homme comme Pradel, homme aussi populaire que lui et ayant de l'argent, si son passage au Palais n'était pas écrit dans sa vie? Pensez-vous que le Major Armand lui-même, sorti de si bas, occuperait la place qu'il occupe en ce moment, si ce n'était marqué dans sa vie? Tes oncles qu'il a tirés de là où ils se trouvaient ne pouvaient en sortir et le Major n'était que le pont, les moyens».

Voulant prévenir tout danger au Major, j'insistai pour qu'on l'arrêtât au lieu de le tuer, sans pour cela partager leur opinion. Je ne voulais pas dénoncer, mais la même voix intérieure m'interdisait de le faire et je faisais mon possible pour éviter le Lieutenant Dépestre qui me traquait en quelque sorte. Le matin de l'attentat, il vint et me pria de l'accompagner, me faisant remarquer qu'il n'avait pas de voiture. Je l''amenai chez le Lieutenant Hippolyte. Là, ils s'entretinrent au sujet de l'attentat. Rentré chez moi, je me voyais en quelque sorte fourré, cloué dans une histoire dont je ne me mêlais pas. Le soir, je me rendais chez une amie, quand je fis rencontre avec la voiture de ces messieurs à l'angle de l'Avenue qui mène au Sacré-Cœur et celle qui mène à l'hôtel Splendid vers les 7:00 heures ou 7:15 P.M. Ils m'appelèrent et me demandèrent de guetter la voiture du Major Armand. Tout tremblant de me voir encore une fois cloué dans une histoire dont je ne me mêlais pas, je ne leur ai rien répondu. Je fis volte-face pour me rendre au club des Officiers que je n'ai plus quitté, sans chercher à savoir où se trouvait le Major.

Vous me demanderez, messieurs, pourquoi j'ai accepté à converser tant avec le Lieutenant Dépestre. Vous prendrez peut-être mes conversations avec lui comme des preuves pour me traiter de complice, mais moi je vous répondrai que jamais j'ai partagé l'opinion de ces messieurs.

3. D. Le Lieutenant Dépestre vous entretenait-il de ce complot en présence de témoin ?
    R. Oui.

4. D. Quels étaient ces témoins ?

R. Il y avait Roger Bordes, Ludovic Fils-Aimé, Wilfrid Guillaume et Gérard Faubert. Tous ces officiers étaient menés par Dépestre, mais ne partageaient pas les idées de celui-ci.

5. D. Vous étiez-vous rendu compte que le Lieutenant Dépestre vous demandait d'adhérer à un mouvement qui avait comme premier but la disparition du Major Armand ?

R. Oui, comme je l'ai dit dans ma déclaration.

6. D. Ces officiers étaient-ils au courant du complot qui se tramait contre le Major Armand ?

R. Oui.

7. D. Tous ceux qui assistaient à ses entretiens étaient-ils aussi convaincus que vous?

R. Oui.

8. D. Maintenez-vous que tous ces officiers sans exception, ne partageaient pas les idées du Lieutenant Dépestre ?

R. Comme je vous l'ai fait remarquer, sur leur visage, je voyais qu'ils ne partageaient pas son opinion.

9. D. Aux questions soumises par le Lieutenant Dépestre que répondaient ces officiers ?

R. Je ne me rappelle pas, je suppose qu'ils étaient dans le même cas que moi.

10. D. Quand vous avez accompagné le Lieutenant Dépestre chez le Lieutenant Hippolyte, êtes-vous entré chez ce dernier ?

R. Oui.

11 .D. Combien de temps y êtes-vous resté ?

R. J'ai voulu partir quelques minutes après ma rentrée, mais le Lieutenant Hippolyte m'a retenu par des cocktails, ce qui a pris environ une demi-heure.

12. D. Qui aviez vous rencontré chez le Lieutenant Hippolyte ?
R. Les Lieutenant Pérard et St Martin.

13. D. Pendant que vous vous rendiez chez votre amie, le soir du 12 décembre; combien de fois avez-vous rencontré ces officiers ?
R. Une seule fois.

14. D. Ce soir-là avant l'attentat aviez-vous rencontré le Lieutenant Fils-Aimé ?
R. Oui.

15. D. Où l'aviez vous rencontré ?
R. Au Champ de Mars près de la tribune.

16. D. Etait-il à pied ou en voiture ?
R. En voiture.

17. D. Pouvez vous nous dire à qui appartenait cette voiture ?
R. Autant que je me rappelle c'était la voiture du Lieutenant Guillaume.

18. D. La voiture n'était pas en station ?
R. Je ne me rappelle pas, je ne puis préciser.

19. D. Aviez-vous remarqué si le Lieutenant Fils-Aimé était seul ?
R. Il était seul.

20. D. Dans la soirée, n'aviez-vous plus rencontré le Lieutenant Fils-Aimé ?
R. Non.

21. D. Quand l'attentat eut lieu où étiez vous ?
R. Je rentrais à la Caserne Dessalines, en passant par la Caserne

Dartiguenave. J'appelai mon amie au téléphone pour parler et au cours de ma conversation, j'entendis les détonations. Immédiatement je rentrai à la Caserne. (Dessalines)

22. D. Après l'attentat, étiez-vous persuadé que ceux qui étaient dans la voiture et qui vous avaient demandé de repérer celle du Major Armand en étaient les auteurs ?
    R. Oui.

    ... Interrogé par la commission :

1. D. Le Lieutenant Dépestre vous a-t-il dit qu'il agissait au nom du colonel Calixte ?
    R. Oui. Au nom du colonel Calixte, au nom du pays, me disait-il.

2. D. Est-ce que vous avez eu à faire des signaux de mouchoir avec la voiture 3031 ?
    R. Non.

3. D. Comment saviez-vous que le Lieutenant Fils-Aimé repérait la voiture du Major Armand ?
    R. L'ayant rencontré près de la tribune, il m'a laissé comprendre qu'il guettait la voiture.

4. D. Vous a-t-il dit qu'il avait déjà rencontré la voiture ?
    R. Non.

5. D. Y a-t-il eu parmi les officiers qui étaient au courant, certains qui voulaient prévenir le Major Armand ?
    R. Je ne puis rien affirmer.

6. D. Est-ce qu'il est à votre connaissance qu'il y avait des sous-officiers et soldats à adhérer à ce complot ?
    R. Non.

7. D Y a-t-il eu des officiers qui étaient au courant, à blamer ce complot devant vous?

R. Non.

8. D. Pourquoi dans la suite n'aviez-vous pas fait des aveux?

R. Parce que j'ai jugé que ce serait plus sale.

9. D. Avant le 12 décembre 1937, le Lieutenant Dépestre voulait-il assassiner le Major Armand ?

R. Oui.

10. D. Vers quelle date ?

R. Le coup devait être porté une semaine avant l'attentat.

11. D. Quel était le procédé qu'on devait employer ?

R. Ils sortaient en voiture le soir et guettaient le Major.

12. D. Quelles sont les circonstances qui ont empêché l'exécution de cet assassinat avant le 12 décembre 1937 ?

R. L'occasion ne s'était pas encore présentée.

13. D. Le Lieutenant Dépestre voulait-il assassiner le Major Armand au Palais même?

R. Oui, la veille de l'attentat, nous étions de service ensemble à la Caserne quand il m'a proposé de l'accompagner dans la chambre du major afin de l'étouffer. À cette proposition, j'ai protesté énergiquement et je lui ai fait voir que non seulement ce serait malpropre, mais encore ce serait tracé un mauvais exemple aux gardes.

14. D. Vers quelle date les Lieutenants Roger Bordes, Ludovic Fils-Aimé et l'Adjudant Faubert ont-ils été mis au courant du complot?

R. À part le Lieutenant Bordes qui a été mis dans cette affaire la veille de l'attentat, les autres étaient au courant quelques semaines avant.

15. D. Comment le savez-vous ?

R. Je le sais par Dépestre lui-même.

16. D. Au District du Palais National, qui était le chef de ce complot?

R. Le Lieutenant Dépestre.

17. D. Après l'attentat ces officiers ont-ils voulu répéter cet acte?

R. Au cours de l'enquête sur Pérard, Dépestre voyant sa peau exposée, demanda aux officiers, particulièrement à l'Adjudant Faubert, de tirer sur le Major Armand au sein même du Palais.

18. D. Comment savez-vous que le Lieutenant Dépestre voulait porter l'Adjudant Faubert à tirer sur le Major Armand au sein même du Palais?

R. Faubert me l'a dit lui-même.

19. D. Quelles sont les raisons qui l'ont porté à refuser de faire feu sur le Major Armand, à la demande du Lieutenant Dépestre?

R. Il m'a dit qu'il a eu à refuser catégoriquement.

20. D. Cette proposition d'abattre le Major Armand a-t-elle été faite avant la révocation du Colonel Calixte ?

R. Je ne puis préciser.

21. D. Ces officiers savaient-ils se réunir au Palais National ou dans le District du Palais pour parler du complot ?

R. À la Caserne, on ne faisait pas de réunions, on en parlait quand on se rencontrait.

Extrait des procès-verbaux des interrogatoires relatifs à l'attentat du 12 décembre 1937.

APPENDICE IV

DISCOURS PRONONCÉ PAR SON EXCELLENCE LE PRÉSIDENT DE LA RÉPUBLIQUE AUX GONAIVES LE 1ᵉʳ MAI 1944

Mes chers Amis,

Depuis trois ans d'administration, il m'est arrivé, en plusieurs fois, de passer en ce chef-lieu de Département, sans pouvoir m'y arrêter officiellement.

Cependant, j'ai toujours eu à cœur de venir parmi vous en visite officielle, autant pour témoigner mon admiration et marquer ma sollicitude à la vaillante population du Département de l'Artibonite et à votre fière Cité, que pour faire un pèlerinage sacré en ce lieu qui entendit nos premiers vagissement de peuple libre, berceau de cette Indépendance dont nous tirons un juste orgueil...

Aussi bien, en ce jour de Fête Nationale, en ce 1er Mai, où nous rendons hommage à la terre nourricière, à notre Terre, il me plait infiniment d'élever ma voix au milieu des fils de l'Artibonite, du peuple des Gonaïves, pour témoigner de notre filiale reconnaissance de chef d'État envers Dessalines, le Grand, envers tous ces Héros, forgerons de notre Indépendance, envers Killick, qui, un siècle plus tard, avant que de Le rejoindre, à dit à l'Aïeul que nous n'avions pas démérité.

Or donc, le souci le plus constant, le plus invariable des

Fondateurs de la Patrie et de tous ceux qui leur ont succédé au gouvernement de ce pays a toujours été de voir l'haïtien demeurer exclusivement maître de sa terre. Et c'est celui, - nous tenons à l'affirmer aujourd'hui, - qui domine notre esprit de chef d'État, car c'est la raison même de la survivance de la Patrie, de la Nation, de l'Etat, c'est ce par quoi s'explique, malgré les terribles erreurs commises dans le passé par certains de nos devanciers, l'existence de cette souveraineté dont nous pouvons nous prévaloir et qui nous permet d'élever si haut la tête en présence des États les plus puissants.

C'est grâce à cette terre, que nous foulons en maîtres, que nous pouvons fièrement regarder l'avenir en face et proclamer dignement que nous sommes un peuple libre et indépendant.

Il n'est point de sophisme, quelque habile qu'il puisse être, il n'est point de théorie philosophique ou sociale ou politique qui puisse valoir aux yeux d'un peuple, de notre peuple disposé, non seulement à maintenir notre intégrité politique, mais aussi et surtout l'intégrité de la propriété de son lopin de terre, quelque minuscule qu'il puisse être.

Tout notre système politique repose sur le régime de la petite propriété. Nous devons nous en convaincre et opposer, dès aujourd'hui, une barrière aux grandes sociétés haïtiennes ou étrangères dont les fonds sont illimités et qui voudraient proposer, pour le développement de leurs entreprises, l'aliénation d'immenses étendues de nos bonnes terres. Il nous faut dire que si jamais nous permettons la généralisation des latifundia sur notre territoire, c'en est fait de la liberté de nos frères des campagnes que nous aurons transformés en véritables esclaves. Et cela, nous ne le voulons pas et ne le voudrons jamais.

En cette période de l'Histoire du Monde où l'économique affirme son indiscutable primauté, livrer d'immenses étendues de nos terres à des entreprises anonymes, c'est nous condamner irrémédiablement à perdre notre véritable Indépendance, à nous voir frustrer comme en un tour de passe-passe, de cette souveraineté pour laquelle nous sommes décidés à nous faire tuer, si l'on nous y contraint.

Nous vous devons, à vous et au Pays en entier, d'exposer, en cette circonstance, la situation de la terre haïtienne.

La superficie de notre Pays, ainsi que vous le savez, est d'environ 2 millions 188 mille et trois cent quatre-vingt quinze carreaux de terre. Les grandes compagnies, soit à titre de propriétaires, soit par le truchement des fermiers, occupent plus de 21.000 carreaux de terre, qui, presque tous se trouvent dans les plaines, dans les régions les plus fertiles du pays. Et, conséquence de la possession d'une si grande quantité de terre de plaine, employées à des monocultures, telles le sisal, la canne-à-sucre, le cryptostégia ou la figue-banane, la majeure partie des populations de ces région se voient contraintes à gagner les montagnes et à y cultiver des vivres alimentaires, avec pour autre conséquence la dénudation des pentes et la marche croissante de l'érosion qui constitue une si terrible menace pour notre Pays.

Au point de vue social et national, le paysan est privé ou de sa terre ou de l'administration de sa terre. Et ceux qui, n'ayant pas gagné les mornes, ne possédant pas d'autres terres ailleurs, deviennent de pitoyables prolétaires ruraux, à la merci des crises économiques, ayant perdu toute indépendance.

Nous ne voudrions pourtant pas que l'on se méprît sur notre pensée et que l'on crût que nous sommes sur la voie d'un chauvinisme inintelligent. Loin de nous, l'idée de nous opposer, à l'instauration du capital étranger dans des exploitations agricoles! Nos moyens financiers sont trop précaires pour que nous puissions opposer une barrière au capital étranger... Au reste, nous voulons simplement protéger le rural contre la dépossession dont il peut être victime, soit du fait du capital indigène ou de celui du capital étranger.

Cependant, chacun sait que, contraint par la guerre actuelle qui a sérieusement menacé à un moment la sécurité de notre hémisphère, nous avons adopté des mesures d'exception afin d'assurer, sur une large échelle, la culture des plantes stratégiques, nécessaires à la défense continentale, à notre propre défense et afin d'apporter notre aide à la libération des peuples asservis par les barbares révoltés.

Les circonstances nous ont obligés à pratiquer la dépossession massive de vastes étendues de terre que nous avons mises spontanément à la disposition des organismes chargés d'entreprendre ces cultures stratégiques.

Ce sont des mesures strictement provisoires, appelées à disparaître, dès qu'auront cessé les causes qui les ont engendrées. Elles ont été prises par nous non d'un cœur léger mais en pleine conscience de nos responsabilités en vue de notre apport à l'effort de guerre des Nations Unies.

Aucun sacrifice ne saurait être plus grand pour l'haïtien, si attaché à son sol que de donner sa terre, - elle qui pour lui représente toute sa vie et toute sa raison d'être -, elle qu'il tient de ses pères qui l'ont largement arrosée de leur sang.

La terre est la seule richesse du paysan haïtien. C'est ce par quoi uniquement, il demeure un homme libre.

Si notre Pays n'a point connu les crises confrontées par certains états, s'il a pu garder son indépendance et son intégrité sociale et politique, à travers les différentes périodes de l'impérialisme économique ou politique des grandes puissances, c'est en partie, en très grande partie grâce aux mesures protectrices prises pour assurer à l'haïtien la propriété absolue de sa terre.

Une interdiction absolue serait indiscutablement mauvaise. Le capital indigène est bien trop insuffisant, je le répète, et nous ne sommes pas encore au stade de l'étatisation. Aussi bien, notre développement économique exige que nous ouvrions la porte au capital étranger,- en limitant et en conditionnant la possession ou le contrôle des terres par les grandes Compagnies, qu'elles soient étrangères ou haïtiennes.

C'est en nous conformant à ces disciplines que nous éviterons aux générations futures les crises révolutionnaires qu'ont connues certains pays qui avaient fait montre de trop d'insouciance en la matière.

Pour ne pas nous réveiller trop tard devant une situation sans issue, notre Gouvernement a décidé de prendre des mesures législatives de protection.

Pour me répéter, je veux que l'on retienne que l'attitude de notre Gouvernement n'implique aucun complexe de chauvinisme ridicule, aucun sentiment bêtement inamical. Au contraire, tout étranger ou toute compagnie étrangère qui voudront instaurer des capitaux en Haïti dans des entreprises agricoles, sont assurés du concours loyal de notre Gouvernement, de toute notre amitié et de toute notre protection. Les plus grandes facilités leur seront accordées - dans le cadre des lois qui vont être bientôt élaborées.

Nul ne peut nous faire grief de précautions qui s'imposent pour l'avenir de notre paysannerie, pour l'avenir de notre intégrité politique et sociale et la sauvegarde de notre économie.

Je tenais à dire toutes ces choses en cette Cité, qui doit être le sanctuaire sacré de tout Haïtien fier de sa Patrie, et je tiens à prendre, sur les mânes sacrés des Grands Ancêtres, l'engagement solennel de préserver le patrimoine national!

Bulletin des Lois et Actes
15 septembre 1943 - 15 septembre 1944, pp. 528 à 532.

APPENDICE V

DEUX DISCOURS HISTORIQUES
À LA VILLA EDGAR CANEZ DU PONT MORIN
16 AOUT 1949

Discours du Colonel Paul E. Magloire, commandant du département militaire du Palais National, à l'adresse du président Estimé.

Monsieur le Président,

Les mêmes Officiers du Département Militaire du Palais National qui, l'année dernière, à la même occasion, avaient eu l'honneur de vous apporter leurs souhaits, viennent aujourd'hui vous renouveler leurs sentiments d'indéfectible attachement à votre personne et de fidélité incorruptible à votre Gouvernement.

Nous saisissons l'occasion avec d'autant plus de plaisir que si, aujourd'hui, les hommes de bonne foi parlent de vos réalisations, évoquent le miracle de Belladère et le plus grand miracle de l'Exposition Internationale de Port-au-Prince, si certains reconnaissent enfin l'intégrité et le réalisme de cette politique qui fit couler l'eau dans les sillons du cultivateur et apporte l'énergie et la lumière dans nos villes obscures, nous avons, nous de l'Armée, des preuves à foison que, sans conteste, depuis l'haïtianisation du Corps, aucun Chef d'État n'a tant fait pour le soldat, pour son moral, son confort et je dirais pour son respect et sa dignité.

Il est donc naturel que nous qui formons votre Garde d'Honneur-je parle aussi au nom de l'Armée tout entière, avec la permission et l'adhésion complète du Chef d'État Major qui est ici avec nous- il est naturel que nous dressions autour de votre personne cette chaîne de loyalisme et de dévouement: c'est le remerciement de cette Organisation qui vous doit tant de choses.

Cette manifestation publique que pour la première fois nous offrons à un Chef d'État, sera bien au-dessous de ce que vous doit notre reconnaissance; nous l'avons cependant organisée avec tout notre cœur et toute notre foi de soldat. Si vous en emportiez, Monsieur le Président, quelque satisfaction ou quelque encouragement, nous serions une fois de plus, comblés par vous.

Réponse du Président de la République

Messieurs les Officiers,

Nous voici encore réunis, à cette heure pour fêter ensemble et sous de très heureux auspices un événement dont le souvenir nous est cher à tous. Vous avez une fois de plus convenu et décidé de m'avoir au milieu de vous pour m'exprimer combien vous êtes convaincus de l'élévation et de la noblesse des buts qu'entend poursuivre le Gouvernement en vue du bien-être de la Communauté et de la gloire de notre chère Patrie.

Les termes me manquent vraiment pour vous dire l'immense satisfaction que je ressens chaque jour, depuis le 16 Août 1946 et que j'éprouve aujourd'hui, de façon toute particulière, en constatant, combien vous êtes tous, du plus humble soldat jusqu'à l'officier du grade le plus élevé, conscients de la grandeur et de la délicatesse du rôle qui nous incombe dans l'obligation que nous avons tous, indistinctement, de travailler sans relâche à l'amélioration constante du stade d'évolution de chacun de mes concitoyens et au relèvement du statut de la Nation.

Messieurs les Officiers,

La tournure qu'avaient prise les événements en Janvier 1946 vous avait imposé une mission imprévue et extrêmement difficile dont vous vous êtes acquittés avec maîtrise, honneur et dignité. Le Comité Exécutif Militaire eut la gloire de conduire le Pays au delà de l'impasse, à la satisfaction générale. Le pouvoir vous avait été dévolu par la force des choses. Pas une minute, vous n'avez pensé à en faire un usage abusif; vous vous êtes plutôt empressés de rétablir les institutions nécessaires pour transmettre la direction des affaires de l'État dans l'ordre, la sécurité de la paix à celui à qui l'Assemblée Nationale avait décidé de les confier; et depuis vous n'avez fait que travailler à la consolidation d'une situation dont la majorité de nos concitoyens ne cesse de proclamer le caractère déjà efficace dans le présent prometteur et encourageant pour l'avenir.

Votre désir, que dis-je votre détermination de poursuivre avec foi et ardeur votre collaboration à l'augmentation du bien-être général se manifeste chaque jour avec un surcroît de conviction et d'orgueil.

La réunion de ce soir, est pour moi une occasion propice de rendre témoignage à l'égard de vous tous, chers Officiers et Soldats, et tout spécialement du Chef de l'État Major, le Brigadier Général Franck Lavaud, dont la longue et belle carrière toute pleine de prestige, de modération, de rectitude, de force morale, d'incorruptibilité et de savoir-faire constituent pour l'Armée et le Pays entier une garantie indiscutable de sécurité collective et de sûreté individuelle.

Je dois encore témoigner en faveur du Commandant du Département du Palais National, Chef de la Garde d'Honneur du Président de la République, le Colonel Paul Magloire dont les qualités et les aptitudes héréditaires se sont épanouies dans un climat particulier de loyauté pour en faire un modèle complet et achevé de soldat fidèle, zélé, courageux, un symbole de dévouement intégral et insurpassable au milieu de tant d'autres éléments dont il ne m'est guère possible de dénombrer toutes les heureuses dispositions, les rassurantes réalisations et les brillantes capacités.

Messieurs les Officiers, je vous remercie du plus profond de mon cœur pour la belle réception que vous avez organisée à mon intention, à l'occasion de l'anniversaire de mon investiture à la première Magistrature de l'État. Enfin il m'est particulièrement agréable de vous renouveler l'expression de ma confiance entière et inébranlable; et je vous demande de croire que parmi les vœux les plus doux que je formule en cette heureuse circonstance, celui de mettre l'Armée à son plus haut degré d'efficience pour le bonheur et l'honneur du Pays, est inscrit en place privilégiée.

16 août 1946 - 16 août 1949
La Patrie reconnaissante, pp. 17 à 21.

BIBLIOGRAPHIE

I.- SOURCES MANUSCRITES

Procès-verbaux des interrogatoires relatifs à l'attentat du 12 décembre 1937 (Affaire Calixte)
Rapports médicaux des médecins du Pénitencier National
Correspondance Sténio Vincent – Élie Lescot (1940-1941)
«Mon Carnet Quotidien» (1947 à 1950) tenu par Gérhartt Brutus.

II.- JOURNAUX ET REVUES

Le Temps-Revue (1934 à 1941)
Le Message, publication de la paroisse du Sacré-Coeur (1934)
L'Assaut (1936)
La Relève (1937)
Haïti-Journal (1941 à 1950)
La Phalange (1941 – 1948 – 1950)
Le Matin (1941)
Le Nouvelliste (1944 – 1945 – 1950 – 1977 – 1979 – 1987)
La Ruche (1946)
La République (1946 à 1950)
Les Cahiers de la SNAD - Entracte (1951)
Optique (1954)
Le National (magazine) (1954)
Revue de la Société Haïtienne d'Histoire (1990)

III. – PUBLICATIONS OFFICIELLES

Le Moniteur (1934 à 1950)
Bulletin des Lois et Actes (1934 à 1950)
Rapport annuel de l'ingénieur en chef des T.P. (1934 à 1940)

*Rapport mensuel (*Travaux publics, mai 1947*)*

Bulletin de Statistiques (Administration communale de Port-au-Prince) n° 1 (ex 1942-1943)et n° 2 (ex. 1943-1944)

Institut Haïtien de Statistique – Recensement général de la République d'Haïti, Août 1950, *vol. IV*

Bulletin de l'Université d'Haïti, n° 1, juin 1950

Bulletin du Département de l'Instruction Publique (numéro spécial), décembre 1938

Les résultats de la Troisième année de réforme de l'Enseignemen urbain (Département de l'Instruction publique), 1945

Éducation Physique et Sport (Bureau Central de l'Éducation Physique), 1941

Un aspect du Service de la Santé Publique (Département de la Santé publique), s.d.

Rapport trimestriel du Directeur du Service National d'Hygiène et d'Assistance Publique (Assistance Sociale), avril-juin 1939

*Code d'Hygiène d'Assistance Publique et Sociale (*Dr Jules Thébaud*), 1945*

Armée d'Haïti – Notes Historiques (1915-1950), Deschamps *1953*

*Le Mouvement folklorique en Haïti (*Publication du Bureau d'Ethnologie de la République d'Haïti) Série II, *n° 9*

*Haïti 1946-1949 (*Service d'Information de Presse et de Propagande*), 1949*

«16 août 46 – 16 août 49 – La Patrie reconnaissante», s.d.

Exposition Internationale sous le haut patronage du S.E. Monsieur Dumarsais Estimé, s.d.

Exposition Internationale du Bicentenaire de Port-au-Prince – Tableau d'honneur et Palmarès, *s.d.*

IV.- OUVRAGES GÉNÉRAUX

AMBROISE (Lys) : De bric et de broc (3 fascicules), 1988, 1990

AUDAIN (Julio Jean-Pierre), Les Ombres d'une politique néfaste, Imprenta Arana, *Mexico, 1976*

BELLEGARDE (Dantès) : Histoire du Peuple Haïtien, Held S.A., *Lausanne, 1953*

BISSAINTHE (Max) : Dictionnaire de Bibliographie Haïtienne, The Scarecrown Press, *Washington, 1951*

BONHOMME (Colbert) : Les Origines et les Leçons d'une Révolution profonde et pacifique, Imprimerie de l'État, *1946*

CALIXTE (Colonel D.P.) : Le Calvaire d'un soldat, New York, *1939*

CASTOR (Suzy) : Le Massacre de 1937 et les Relations haïtiano-dominicaine, Le Natal, *1988*

CHATELAIN (Joseph) : La Banque Nationale, son Histoire, ses Problèmes, Held

S.A., Lausanne, *1954*

CORNEVIN (Robert) : Le Théâtre haïtien, des origines à nos jours, Leméac, *1973*

DELINCE (Kern) : Armée et Politique en Haïti, L'Harmattan, Paris, *1980*

DÉPESTRE (René) : Bonjour et Adieu à la Négritude, Robert Laffont, Paris, *1980*

DORSINVILLE (Roger) : Marche Arrière, Collectif Paroles, tome I, *1986*

GALINDEZ (Jesus de) : L'Ère de Trujillo, Gallimard, Paris, *1962*

HEINL (Robert Debs and Nancy Gordon) : Written in Blood, Houghton Mifflin Co. Boston, *1978*

JAN (Mgr Jean-Marie) : Port-au-Prince – Documents pour l'Histoire religieuse, Henri Deschamps, *1956*

LEREBOURS (Michel Philippe) : Haïti et ses Peintres de 1804 à 1980, Tome I, L'Imprimeur II, *1989*

LESCOT (Élie) : Avant l'Oubli, Henri Deschamps, *1974*

MATHURIN (Dr Augustin) : Assistance sociale en Haïti (1804-1972), Imprimerie des Antilles, *1972*

MATHURIN (Dr Augustin) : Bicentenaire de la Fondation de Port-au-Prince – Exposition Internationale, Imprimerie des Antilles, *1975*

MOÏSE(Claude) : Constitutions et luttes de pouvoirs en Haïti, tome II, Éditions du CIDIHCA, Montréal, *1990*

PARENT (Louis-Marie) : Un coeur sur la main : Jean-Louis Collignon O.M.I., Évêque des Cayes, Ateliers Marquis Ltée, Montmagny, Canada, *1988*

PRESSOIR (Catts) : Le Protestantisme haïtien, vol. II, Imprimerie du Séminaire adventiste, 1977

PRICE-MARS (Dr Jean) : La République d'Haïti et la République Dominicaine, 2 Tomes, Held S.A., Lausanne, *1953*

ROLAND (Astrel) : Le Naufrage d'une Nation, Laprairie, Québec, *1981*

THOBY-MARCELIN (Philippe) : Panorama de l'Art haïtien, Imprimerie de l'État, *1956*

TURNIER (Alain) : Les États-Unis et le Marché haïtien, Imprimerie Saint-Joseph, Montréal, *1955*

TURNIER (Alain) : Quand la Nation demande des comptes, Le Natal, *1989*

VEGA (Bernado) : Trujillo et Haïti, (1930-1937), vol. 1, Fondatión Cultural Dominicana, Santo Domingo, *1995.*

VINCENT (Sténio) : Efforts et Résultats, Imprimerie de l'État, *1938 ?*

VINCENT (Sténio) : En posant les Jalons, 5 volumes, Imprimerie de l'État, *1939 et 1945*

VINCENT (Sténio) : Les Affaires d'Émile Rigaud dit Milo, vol. II, quatrième et dernier fascicule, Imprimerie de l'État, 1951

Trente Ans de Pouvoir noir en Haïti, Collectif Paroles, Payette et Simms Inc., Saint-Lambert, P.Q., 1976

1888 – 1983 – Un siècle de Constitutions haïtiennes, Le Petit Samedi Soir, Les Ateliers Fardin, 1985.

V.- DIVERS

Actualités Haïtiennes, Haïti of 1936 (Comité directeur du journal *Goodwill*), 1936

Du Passé... au Présent (Soixante ans d'Activités théâtrales – Hommage de la S.N.A.D.), Port-au-Prince, 1949

Les Noces de Diamant de l'École Normale d'Institutrices (1914-1974), Presses Nationales d'Haïti, s.d.

Saint-Martial – Un centenaire, Telhomme, s.d.

Église Épiscopale d'Haïti (1861-1961), Théodore, 1961

Procès-verbal de la session du 31 janvier 1938 de la Commission Permanente de Washington, relative au règlement du différend haïtiano-dominicain, rédigé par les soins de ladite Commission.

ILLUSTRATIONS

13   Devant le Palais Législatif, le président Lescot reçoit les honneurs militaires à l'issue de la séance de prestation de serment.

14   Le président Vincent, entouré de son cabinet ministériel, attendant l'arrivée de Lescot au Palais National pour la cérémonie de passation des pouvoirs.

15   Arrivée de Lescot au Palais présidentiel.

16   L'accolade Vincent-Lescot.

CAHIER II

1   À sa sortie du Palais, Vincent est une dernière fois salué par l'armée.

2   Arrivée en la résidence de Vincent à Pétionville, des présidents Vincent et Lescot, assis côte à côte dans la même voiture.

3   Reposoir de la Fête-Dieu du 12 juin 1941, érigé devant le péristyle du Palais National.

4   Entouré de son cabinet ministériel et de l'état major de l'armée, Lescot décide l'entrée en guerre d'Haïti contre le Japon.

5   Le Manoir des Lauriers au temps où le président Lescot l'habitait.

6   Inauguration de la cale de radoub de Bizoton et lancement du navire garde-côte *Savannah*.

7   Le Bureau d'Ethnologie quand il logeait dans le soubassement de l'Hôtel de ville.

8   Lors de sa visite aux États-Unis en 1943, le président Lescot s'entretient avec l'ambassadeur d'Haïti à Washington André Liautaud. À ses côtés, son adjudant spécial le lieutenant Roger Lescot.

9   Un dîner au Salon Rouge du Palais National.

10   Une réception au Salon Diplomatique.

11   Le président Lescot causant avec Me Torrès dans le jardin de la maison de campagne du ministre Rouzier à Mahotière.

12   Me Torrès entouré de journalistes et de membres de l'intellectualité haïtienne. À sa droite, le général Nemours, président du Sénat et Léon Laleau. À sa gauche, Antonio Vieux, Dominique Hyppolite et Jean Fouchard.

CAHIER IV

1   Dumarsais Estimé, président de la République d'Haïti (1946-1950)

2   Deux aspects de la Grande salle des séances du Palais Législatif, le jour de l'élection d'Estimé.

3   Le Corps diplomatique au Palais Législatif le 16 août.

4   Le président Estimé assistant à la cathédrale de Port-au-Prince au *Te Deum* chanté en son honneur après sa prestation de serment.

5   Le Comité Exécutif Militaire attendant l'arrivée au Palais du président Estimé.

6   Le président Estimé répondant au discours du président du Comité Exécutif, le colonel Franck Lavaud.

7   Le président Estimé en conseil de cabinet.

8   Manifestation au Champ de Mars pour fêter la libération financière.

9   Le président Estimé entouré du nouveau Conseil d'Administration de la BNRH.

10   Au cours d'un meeting organisé dans la cour arrière du Palais National, le président Estimé s'adressant aux officiers et soldats de la Garde présidentielle.

11   Parade militaire exécutée à l'occasion du Jour de l'Armée d'Haïti sous le commandement du colonel Paul E. Magloire, commandant de la Garde du Palais. Au fond, sur la grande tribune, le président Estimé chef suprême de l'Armée et la foule des spectateurs.

12   Le colonel Magloire présentant les troupes sous son commandement.

13   Défilé des artilleurs, des fusiliers-marins et des engins lourds.

14   Au cocktail du Club Militaire, le président de la République dansant avec Madame la générale Lavaud.

15   Les invités participant gaiement à la liesse du Jour de l'Armée.

16   Les sénateurs dissidents réunis dans la salle des séances au lendemain du sac du Sénat.

3   Le nouveau bâtiment de l'École Militaire (à gauche).

4   Vue en avion des casernes Dessalines nouvellement agrandies. Au second plan, le Palais National.

5   Façade est de la commerçante rue du Quai.

6   À la station routière de la rue du Quai, chargement du fret dans un camion desservant la province.

7   Vue aérienne, au premier plan, du *Sea-Plane Base*, au bas de la rue des Casernes.

8   Voiliers accostés au wharf de cabotage.

9   Navires de guerre américains à l'ancre au grand wharf.

10   Vitalité de l'enseignement congréganiste : sortie de la messe dominicale des élèves de l'École Mgr Jean-Marie Guilloux.

11   La cour de récréation du Pensionnat Sainte-Rose de Lima à Lalue.

12   Les scouts catholiques d'Haïti groupés autour de l'archevêque de Port-au-Prince et de leur aumônier sur les marches de la cathédrale.

13   Réception au Manoir des Lauriers du poète Nicolas Guillen, deuxième à partir de la gauche (à l'extrême droite Jacques Roumain).

14   Autre scène de la réception au Manoir du poète Nicolas Guillen.

15   Le président Lescot en compagnie de Madame Geneviève Tabouis et du député Henri de Kérillis.

16   Une soirée dansante au club *L'Amicale*.

CAHIER VII

1   Au Congrès de Philosophie, le professeur Jacques Maritain lisant sa communication.

2   Quelques congressistes haïtiens et étrangers. Au centre le professeur Jacques Maritain encadré du Dr Camille Lhérisson et du père Jean-Baptiste Bettembourg.

3   Au dîner organisé au cabaret *Chez Maxim's* en l'honneur des congressistes, le président Lescot prononce son discours.

4   Manifestation catholique en l'honneur du Christ-Rédempteur, le dimanche de Pâques 12 avril 1936.

CAHIER VIII

14   Au carnaval 1937, un groupe de jeunes festoyant gaiement.

15   Autre groupe de jeunes célébrant le carnaval 1937.

16   Groupe à pied figurant la famille Bouqui.

Cahier IX

1   Port-au-Prince à l'époque de la commémoration de son bicentenaire.

2   La cité de l'Exposition en construction.

3   Chantier du pavillon d'Haïti.

4   Échafaudages au pavillon du Tourisme.

5   Phase avancée de la construction du pavillon du Tourisme qui deviendra le Ministère des Affaires Étrangères.

6   Chantiers des pavillons industriels, au passage d'un train de canne à sucre.

7   La gaguère du « Coq d'or » en chantier.

8   Aménagement du parc des Palmistes.

9   La pavillon des Beaux-Arts achevé.

10   Entrée principale de l'Exposition.

11   Le chef de l'État inaugurant l'Exposition Internationale, le 8 décembre 1949.

12   Un bataillon de fusiliers-marins américains participant à la grande revue organisée à l'occasion de l'inauguration du boulevard Harry S. Truman.

13   La place de l'Hôtel de Ville. Au fond la Tour de l'Exposition ou Phare de la Découverte.

14   Vue générale du secteur nord de l'Exposition.

15   La fontaine des Nymphes d'ébène, place des Nations Unies.

16   Le pavillon d'Haïti ou de la Présidence.

Cahier X

1   Le pavillon de la Poste.

2   Le pavillon du Tourisme.

3   Le pavillon des États-Unis.

4   Le pavillon de l'Italie.

5   Le pavillon du Venezuela.

CRÉDITS PHOTOGRAPHIQUES

© Fondation pour la recherche iconographique et documentaire,
Fond multimédia du CIDIHCA et collections privées de Georges Corvington,
Roger Lescot, Peter C. Jeannopoulos, Guy Clérié et Raymond Gerdès.

POSTFACE

Le nouveau Corvington

Le Corvington nouveau, comme on dit de certains vins ? Le nouveau Corvington, comme pour indiquer la sortie d'un nouveau livre de l'auteur ? Il faut saluer cette réédition du *Port-au-Prince au cours des ans* de Georges Corvington en prenant cette expression dans ces deux acceptions : avec le temps, le livre prend de la valeur et on en apprécie de plus en plus les qualités ; la nouvelle édition est si belle dans sa nouvelle mise en page, si imposante dans sa version cartonnée, qu'on croirait qu'il s'agit d'un nouveau livre. Dans un cas comme dans l'autre il s'agit d'un événement dans notre petit monde d'historiens et d'amateurs d'histoire d'Haïti.

L'histoire de Port-au-Prince débute en 1650, quand les flibustiers de La Tortue commencent à fréquenter la côte ouest de l'île d'Española. Peu à peu ils se sédentarisent en quelques points de cette grande baie qui prend le nom de baie du Cul-de-Sac de Léogane. Trois regroupements se font spontanément :

- Trou-Bordet, qui correspond à l'espace qui va aujourd'hui de Martissant à Cotte-Plage ;
- Petite-Rivière, construite sur les deux rives de la rivière Grise qui s'appelle alors la Grande Rivière du Cul-de-Sac de Léogane ;
- L'Hôpital, dans les hauteurs connues aujourd'hui sous le nom de Turgeau.

Lorsque la France obtient de l'Espagne la concession de la partie ouest de l'ile, elle décide de construire une capitale à sa colonie. Après bien des hésitations, c'est la terre ferme en arrière de la baie du Cul-de-Sac de Léogane (que l'on appelle la baie du Prince depuis que le vaisseau royal *Le Prince* commandé M. de Saint-André y a trouvé refuge en 1706) qui est finalement retenue. Après avoir soupesé les avantages du Port-Royal (Martissant), de l'Hôpital (Turgeau) et du morne Fortin (l'actuel Bel-Air), le choix du gouverneur Charles Brunier, marquis de Larnage, et de Simon Pierre Maillard, intendant, se porte en 1743 sur l'habitation Morel ci-devant Randot. Les habitants des trois agglomérations existant au voisinage reçoivent l'ordre de se transporter sur l'habitation Morel et le 29 octobre 1743 les limites de la nouvelle ville sont fixées à l'intérieur d'un polygone compris entre la butte Fortin au Nord, l'actuelle rue Pavée au Sud, le Poste Marchand actuel à l'Est et la mer à l'Ouest. L'ingénieur du Coudray en trace le plan.

Ainsi nait la ville de Port-au-Prince, capitale de la colonie de Saint-Domingue puis capitale de la République d'Haïti.

Quand Corvington parle de Port-au-Prince, il s'agit bien de cet espace qui a éclaté depuis en cinq ou six communes : Pétionville, Delmas, Carrefour, Cité Soleil, Tabarre, Kenskoff ; il fait même des incursions dans la plaine du Cul-de-Sac qui le font toucher à la commune actuelle de Croix-des-Bouquets.

L'œuvre d'une vie

Georges Corvington est né à Port-au-Prince d'un père avocat originaire de la ville des Cayes. Il fait ses études au Petit Séminaire collège Saint-Martial et sa philo au lycée Louverture. Entré sur concours au département fiscal du ministère des Finances sous Estimé, il y gravit les échelons et reste 38 ans fonctionnaire de ce ministère qu'il quitte en 1986 au poste de directeur-adjoint du Trésor. Une carrière exemplaire dédiée au service public.

Georges Corvington a pris le goût de la monographie de ville en lisant l'histoire des grandes villes du monde pour échapper à l'ambiance politique lourde du début des années 60, plus précisément en 1963, année difficile. Il fréquente alors de façon systématique les bibliothèques haïtiennes des frères de l'Instruction chrétienne et des pères du Saint-Esprit à Saint-Martial, ainsi que la bibliothèque d'Edmond Mangonès à Pétionville. Tous les après-midis, le fonctionnaire devient historien.

Patience et longueur de temps. Corvington est historien comme on est artisan. Il n'est pas enseignant et ne peut se décharger du travail de recherche et compilation sur des étudiants en quête de savoir-faire : il prend toutes ses notes lui-même. Comme il se met lui-même à la machine à écrire pour mettre au propre ses manuscrits. Le premier tome est sorti en 1970 : on n'imagine même pas les facilités qu'apportera l'informatique aux écrivains et aux chercheurs. Corvington constitue peu à peu sa propre bibliothèque. *Port-au-Prince au cours des ans* est le produit de trente ans de patience et de travail méticuleux.

Le premier Corvington est sorti en 1970, le dernier en 1991. Entre ces deux dates, sept volumes, ramenés à quatre dans la réédition canadienne, soit 2 500 pages. Vingt-et-un ans pour écrire l'histoire de Port-au-Prince. Cette longue durée de l'écriture imprègne la trame même de l'ouvrage, qui a démarré comme une monographie de ville comme tant d'autres, qui se charge peu à peu d'histoire pour se transformer en fin de parcours en une histoire politique à la hauteur des Dorsainvil et des Bellegarde. Parti d'une trame spatiale simple, Corvington nous offre, pour finir, toute l'histoire sociale et politique de la capitale haïtienne : la vie culturelle, la mise en place d'un système éducatif, la gestion de l'espace urbain, l'implantation et l'expansion des églises, la création des lieux de mémoire, etc.

La structure du nouveau Corvington suit tout simplement la chronologie :
- Tome I : 1743-1804 ;
- Tome II : 1804-1915 ;

- Tome III : 1915-1934 ;
- Tome IV : 1934-1950.

Histoire politique et histoire sociale sont entremêlées de façon parfois inextricable pour le lecteur en quête d'événements ou d'éléments précis dans les deux premiers tomes. Dans les deux derniers, il y a alternance en parties, une partie consacrée à l'histoire politique précédant une partie formée de petits chapitres thématiques qui isolent les informations spécifiques touchant à l'urbanisme, les édifices publics, l'hygiène, les incendies, la presse, les religions, les sports, les hôtels, bars et restaurants, les divertissements.

Le choix de l'ordre chronologique strict a deux implications :

- On entre dans la conjoncture politique ; ce n'est donc pas seulement l'histoire *de* la ville qui nous est contée mais l'histoire *dans* la ville ;
- La multiplication des références de lieux et de personnes sur des périodes relativement courtes portait en elle des risques de redondances qui rendaient un index indispensable.

Tout au long des quatre tomes, un important travail de compilation iconographique permet de voir les changements dans la ville et de la ville. Cette iconographie est devenue plus abondante avec la réédition canadienne.

La structure même de l'ouvrage porte en elle ce temps long de l'écriture. Le livre qu'on aborde n'est pas le livre qu'on quitte. On est passé tout doucement d'une histoire de la ville de Port-au-Prince á l'histoire tout court.

Des leçons inédites

Georges Corvington est un badaud. Rien n'échappe à sa curiosité : l'apparition de la Vierge sous Soulouque, le scandale des fuites aux examens du Bac en juillet 1943, la dépigmentation d'Isméon Dauphin, la première émission radio en créole en 1926. C'est une masse impressionnante de faits, d'événements, grands et petits, nationaux ou locaux, qui sont offerts à l'appétit du lecteur : l'arrivée du téléphone, l'asphaltage de la première rue, l'arrivée de la première automobile, les débuts du « cinématographe », etc.

Il fait appel aux chroniqueurs du cru et du temps pour faire la sociologie des lieux. Pour traduire, par exemple, le rêve d'habiter Turgeau :

> *« Voir son nom suivi de ce mot Turgeau sur sa carte de visite, recevoir des lettres qui porteraient cette adresse. Dire à ses amis : je suis à Turgeau ! »*

On peut suivre l'évolution sociale des espaces. Bel-Air, Bolosse, Bois-de-Chênes ont été à un moment ou à un autre de leur histoire des quartiers chics, ce qu'on a du mal à imaginer au vu de leur déchéance actuelle.

Georges Corvington a les pudeurs des hommes de sa génération quand il nous parle des « lieux chauds », des « filles de la république voisine » avec la naissance de cette géographie particulière de la prostitution avec le développement de Carrefour. Il trouve des accents lyriques pour parler de la mort de l'actrice Renée Georges dont les activités celles d'une demi-mondaine, frisant la prostitution. C'est tout le lyrisme d'une époque qui passe dans sa plume :

> *« Destin cruel que celui de cette fleur d'Ile-de-France qui avait désiré s'acclimater sur la terre d'Haiti, mais qui si vite s'étiola, impitoyablement desséchée par le brulant soleil des tropiques ».*

Mais Georges Corvington c'est aussi un savoureux « créole en caleçons ». On devine sans peine le plaisir qu'il prend à fredonner les chansons satiriques ou grivoises de ces temps où il portait culottes courtes :

> *Ti Célia, collé, collé*
> *Nap bambilé ya !*

Ou encore :

> *Déba... chi... chi... chi*

Méringue qui fait rimer Débachy, escroc bien connu, avec Addis-Abeba.

Le minutieux travail d'archives effectué par Georges Corvington, discursif, nous fait revivre dans le détail des événements que nous ne connaissions que de façon condensée. Il nous raconte tous les détails de la mort de Mauduit, tous les détails du proconsulat de Sonthonax. Il nous apporte une masse d'éléments factuels qui permettent de se retrouver dans le dédale des événements qui ont conduit à l'indépendance d'Haiti. Les voltes-faces de Sonthonax, le conflit du commissaire avec les anciens libres, la colère de Montbrun, nous apprenons tout de première main. Peu d'auteurs permettent de suivre avec précision autant d'événements politiques majeurs.

Relire la période de l'occupation américaine à laquelle tout le tome III est consacré est une expérience curieuse pour ma génération qui, elle aussi, a vu débarquer les Blancs, 80 ans après Rosalvo Bobo. La description du combat nationaliste pour le départ des Américains a comme un goût de déjà vu. Quand l'Union Patriotique développe sa stratégie de lutte contre l'occupation, on y retrouve bien des ficelles que nous connaissons : utilisation de la presse américaine, des noirs américains – l'Association pour l'avancement des Gens de couleur dirigée par James W. Johnson, la recherche de l'appui du sénateur noir Hiram Johnson, manifestations dans les rues de Washington ou de New York contre le président Borno en visite officielle aux Etats-Unis. Le combat nationaliste prend toutes les allures d'un combat pour chasser Dartiguenave puis Borno du pouvoir plutôt que pour faire partir les Américains d'Haïti. C'est un paradoxe que l'on a revu depuis : faire appel à l'Américain pour chasser... le suppôt de l'impérialisme américain en Haïti. Le nationalisme semble s'accommoder de faire interroger le président de la République comme un criminel par une commission d'enquête étrangère. Le patriotisme et la démocratie semblent servir d'alibi pour la conquête du pouvoir comme ils le seront quatre-vingts ans plus tard.

De même, on éprouve un malaise certain à voir le gouvernement d'un pays sous occupation étrangère décider et réaliser la construction d'un mausolée aux pères de la patrie en 1928... comme d'autres iront déposer une gerbe de fleurs dans un nouveau mausolée en 1994, deux jours après avoir été ramenés au pouvoir politique par 20 000 soldats américains...

A nos yeux désabusés, on voit une pointe de générosité chez Corvington quand il pense que les grévistes de 1929 sont financés par le commerce « à leur insu ». La grève, comme outil politique, est découverte en 1929. On en use et abuse jusqu'en 1950. Les Chambres de commerce sont à la pointe des grèves. Mais Corvington sait aussi faire preuve de réalisme politique ; il nous présente les ligues de défense des droits de l'homme pour ce qu'elles n'ont pas cessé d'être dans le pays : des instruments de conquête du pouvoir politique.

Il y a aussi du romantisme chez Corvington qui voit une « révolution escamotée » dans les événements de 1946 quand il n'y a guère probablement que le combat de certains groupes de la petite bourgeoisie pour investir le politique et l'administration publique qui se font moucher par ceux qui tiennent en mains les institutions publiques.

De l'usage de la majuscule

Quelques repères sont nécessaires à l'utilisation des index du Corvington qui, comme les hommes de sa génération, professe un grand amour de la majuscule, particularité d'une écriture haïtienne du français tentée par les règles de l'anglais.

Par définition, le nom propre désigne un être ou une chose unique. Quand il s'agit des personnes, l'application de la définition pose peu de problèmes. Encore qu'il ne faut pas oublier de mentionner des noms propres qui s'appliquent à plusieurs personnes. Quand Georges Corvington parle des sœurs Oldrich ou de la famille Baussan, on doit indexer des noms propres qui s'apppliquent à plusieurs personnes. Dans un souci d'alléger l'index, il a fallu laisser tomber des noms tirés de la bible, de l'Antiquité grecque et romaine ou de la fiction. Le lecteur devra faire attention aux noms bretons avec des articles définis faisant partie intégrante de ces noms et savoir que le père Le Palud, par exemple, sera retrouvé à la lettre L et pas à P. De même, les nombreux aristocrates français du tome I demanderont au lecteur des efforts particuliers pour distinguer les titres, les noms et les prénoms. Le colonel de Mauduit du Plessis, lynché en 1791 a comme prénoms Antoine et non Mauduit.

Le chemin de l'index des noms de lieux est parcouru d'autres embûches. En effet, l'amour de la majuscule s'aggrave ici de l'habitude locale de désigner les choses spécifiques par le nom générique et l'inverse : nous connaissons tous les chewing-gum devenus chicklets et les lames de rasoirs devenues des Gilette. Quand il s'agit de nommer les lieux — ou chercher dans l'index un lieu particulier —, il faut résister à la séduction des majuscules : chemin des Dalles devra se chercher à D et non à C comme tendrait à le suggérer la graphie de l'auteur, Chemin des Dalles. Il en est de même du pont Morin, que l'on retrouve parfois écrit Pont-Morin. Comment traiter la cathédrale de Port-au-Prince qui se présente tantôt avec la majuscule du lieu unique tantôt avec la minuscule du nom commun ? C'est un peu comme si on ne prenait pas le temps de dénommer. Le marché neuf s'attribue des majuscules de Marché Neuf et l'abattoir de Port-au-Prince devient l'Abattoir avec un A de majesté... le lieu lui-même ne se signalant à l'attention que par l'inexistence des équipements indispensables à la fonction. C'est ainsi que l'on retrouvera cet Abattoir désigné par le toponyme des « Palans » par une classique métonymie, le mot désignant une partie de l'objet, l'appareil de levage pour équarrir l'animal abattu. Comme le Bureau du Port peut se lire bureau du port — et ne pas figurer dans l'index.

Nous assistons également au long des chapitres et des tomes aux métamorphoses des toponymes. L'habitation Bizoton de La Motte, du nom de son propriétaire français, devient l'habitation Bizoton, pour faire court, puis Bizoton. Et Bizoton devient finalement Bizoton-les-Bains dans sa partie balnéaire créée au 20e siècle. De même, on voit en direct le glissement orthographique qui fait de l'habitation de Volant le Tort, nom du colon français propriétaire du lieu, à l'habitation Tort puis à Thor, de la mythologie scandinave.

Comme pour les noms de personnes, les noms de lieux se référant à la Bible, à l'Antiquité grecque et romaine, à la mythologie, n'ont pas été répertoriés, de même que les noms de lieux trop généraux et revenant trop souvent : Port-au-Prince, Europe, France, Nord, Ouest, Sud, Artibonite, Saint-Domingue, Paris.

L'index matières enfin permet à celui qui n'a pas le temps de parcourir toute l'œuvre, qui s'intéresse à des thèmes, des sujets particuliers, de retrouver des mots-clefs, des champs lexicaux — donc des références synthétiques pour guider dans un ouvrage discursif — qui lui permettront d'aller directement à ses besoins particuliers. Mais cet index a aussi voulu prendre en compte le particulier, le singulier, tous ces mots qui traduisent un moment, un phénomène : les zinglins comme les cacos, mais aussi les moukas ou les zoreilles bourrique, les zouzounes comme les « la ligne ».

Ces quelques mois passés à explorer, une fois de plus, l'œuvre de Georges Corvington nous font sentir à quel point manquent des travaux de ce type, travail apportant des éléments factuels pour une lecture plus scientifique et moins passionnée de l'histoire d'Haïti. Georges Corvington a fait pour nous une ample provision d'éléments de l'histoire spatiale, politique et sociale de la capitale haïtienne. Qui relèvera le défi de continuer l'histoire de cette capitale arrêtée en 1950 par son chroniqueur officiel ?

Michèle Oriol
Port-au-Prince, le 23 février 2008

INDEX DES NOMS DE PERSONNES

——— **C** ———

Courtois, Julien : **2**: 491, 525, 531

Cowbs, Lewis (contre-amiral) : **4** : 81

Cox, Lise : **2**: 345

Coxe, Arthur (évêque) : **2** : 274

Craan, Alphonse : **4** : 266

Craan, Edouard : **4** : 158

Craan, Jude : **4** : 157

Crabon, du : **1** : 114

Craft, Barnave (sénateur) : **4** : 48

Crain, Richard : **2**: 357, 358

Créac'h, Athanase (père) : **3** : 683 ; **4** : 328, 350

Crébillon : **1** : 145

Crepsac, Fernand : **2**: 642 ; **3** : 344, 371, 372, 388; **4** : 247, 248

Crispin, Ch. : **2**: 660

Cruchon : **2** : 66

Cuebas, Emilio : **3** : 387

Cuebas, T : **2**: 549

Cugat, Xavier : **4** : 421

Cumberland (docteur) : **3** : 507

Cumberland, W. (conseiller financier) : **3** : 424, 432, 632

Curdy (pasteur) : **3** : 337

Cutts, Oliver : **2**: 362

Cutts, R.M. (colonel) : **3** : 455, 591

Cuvelier (père): **4**: 327, 329

——— **D** ———

Da, frè : voir Davilmar Théodore

Dadaille, Bertin : **4** : 264

Daguin : **1** : 263, 313

Dalban (colonel) : **1** : 384, 401

Dalencour, François (docteur) : **3** : 222, 227, 320, 559, 596, 645 ; **4** : 260, 309

Dalencour, Gaston (docteur) : **2**: 668, 680 ; **3** : 596

Dalman, André : **4** : 466

Dalmas : **1** : 297

Dame-Marie, comte de : voir de Delva

Damien (veuve) : **1** : 23

Damien, Lucas : **2**: 436

Damier, J .B. : **2** : 167 ; **3** : 253

Danache (sous-lieutenant) : **4** : 82

Danache, Berthomieux : **3** : 46, 97, 130, 153, 268, 269

Daniel (capitaine) : **1** : 349

Daniel, E. (docteur) : **3** : 596

Daniel, Léandre : **4** : 428

Daniels, Josephus : **3** : 80, 140, 142

Dantès, Edmond (roi de carnaval) : **2** : 476

Darbouze, René : **2**: 640

Dardignac (général) : **2**: 392

Darfour, Félix : **2** : 68

Darius (Mme) : **2** : 167

Darras : **2** : 667, 668, 678

Dartigue, Maurice : **3** : 482 ; **4** : 83, 251, 265, 250, 313

Dartigue, Maurice (Mme) : **4** : 365

Dartiguenave, Barnave : **3** : 20, 207

Dartiguenave, Clément : **3** : 20

Dartiguenave, Gulna : **3** : 20

Dartiguenave, Lys : **3** : 343, 671

Dartiguenave, Philippe Sudre : **2** : 695 ; **3** : 13, 14, 16-19, 21-24, 26, 30, 31, 35, 38, 40, 45, 46, 50, 65, 71, 74, 76, 80, 82-85, 88, 93, 96, 97, 100, 131, 133, 134, 144-147, 152-155, 159, 160, 168, 171, 194, 213, 225, 231, 235, 257, 267, 269, 288, 302, 304, 328, 342, 347, 362, 394, 396, 399, 402, 405, 590, 616, 619,

——— E ———

G

——— **I** ———

——— **J** ———

K

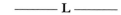

——— **L** ———

——— **M** ———

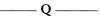

T

U

V

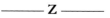

INDEX DES NOMS DE LIEUX

——— E ———

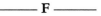

—— **F** ——

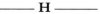

——— **H** ———

M

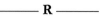

U

——— **X** ———

——— **Y** ———

INDEX DES MATIÈRES

H

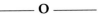

——— **P** ———

Pacte Gondra : **4** : 37

Paludisme : voir malaria

Panthéon des héros de l'Indépendance : **2** : 278, 279, 291

Pan American Airways : **3** : 471, 565, 569 ; **4** : 50, 130, 234, 383

Papier-monnaie: **2** :89, 233, 362, 486, 564, 686

Pâques (fêtes de): **2** :166

Parade scolaire : **4** : 371, 372

Paratonnerre : **1** : 180, 181

Parc communal : **3** : 173

Parc d'attraction : **3** : 367

Parfums/parfumerie : **2** : 179, 361

Parking : **3** : 537

Parti Communiste d'Haïti : **3** : 625 ; **4** : 131, 134, 147, 359

Parti Libéral: **2** :289

Parti National Travailliste : **3** : 615

Parti National: **2** :304, 306, 309

Parti Progressiste Haïtien : **3** : 271, 409, 613, 614, 654, 655

Parti Républicain (des Etats-Unis) : **3** : 147

Parti Socialiste Populaire : **4** : 131

Pâtes alimentaires : **2** : 448

Patinage : **2** : 643

Peine capitale: **2** :68 ; **4** : 44, 80, 86

Peintres/tableaux : **1** : 232, 233 ; **2** : 58, 93, 94, 149, 297, 335, 425, 492, 494 ; **3** : 339, 340, 694 ; **4** : 311, 363-369

Pénitencier/prison : **1** : 97, 182, 191, 211, 295 ; **2** : 37, 51, 95, 104, 139, 153, 312, 313, 497, 619, 698 ; **3** : 49, 69

Pensionnat: **2** :53, 54, 187, 188 ; **4** : 245, 252

Pepsi-Cola : **4** : 298

Perquisition domiciliaire: **2** :143

Petite industrie : **3** : 286 ; **4** : 69, 294, 297, 298, 301

Petite vérole : voir variole

Peuple souverain: **2** :214

Pharmacie : **2** : 110, 209, 244, 361, 404, 549, 624, 658 ; **3** : 295, 598, 639 ; **4** : 262

Phonographe : **2** : 432, 433, 544, 549

Photographes : **2** : 155, 179, 155, 156180, 223, 224, 366, 623, 624, 629, 639, 658 ;

Pierres de taille (carrière) : **3** : 449, 619

Pillage : **1** : 265, 298, 299, 427, 430 ; **2** : 40, 110, 144, 160, 214, 226, 227, 285, 286, 337, 338, 339, 390, 392, 483, 559, 681, 688, 698 ; **4** : 129

Piquets: **2** :117, 138, 145, 229

Places publiques : **1** : 207, 235, 236 ; **2** : 96, 171, 249, 396, 457, 502, 503, 574, 621, 662 ; **3** : 190, 535, 536, 538 ; **4** : 195, 196, 217, 218, 220, 221

Plan de la ville : **1** : 23, 35, 39, 42, 44, 97, 159, 200, 202 ; **2** : 102 ; **3** : 773

Plan quinquennal : **4** : 98, 99

Plébiscite : **3** : 87, 88, 413

Police : **1** : 42, 126, 193, 207, 234-236 ; **2** : 104, 108, 115, 138, 153, 234, 316, 456, 475 ; **3** : 24, 25, 27, 30, 49, 65, 68, 492 ; **4** : 123, 158, 226

Police rurale: **2** :42

Police urbaine: **2** :43, 90, 312 ; **3** : 48, 71

——— Q ———

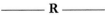

——— R ———

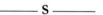

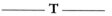

——— **T** ———

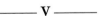

U

V

──── **Z** ────

──── **W** ────

──── **Y** ────

TABLE DES MATIÈRES

Appendices